U0154352

核心素養的學校本位課程發展

蔡清田　著

五南圖書出版公司 印行

推 薦 序 一

　　「十二年國民基本教育」於2014年8月起逐年全面正式實施，教育部也於2014年元月公布《十二年國民基本教育課程發展指引》，同年11月公布《十二年國民基本教育課程綱要總綱》以「核心素養」作為課程發展的主軸，進行了國小、國中、高中職等各級學校教育的課程改革。此次課程改革可說是我國國民教育課程的重大變革，在合乎課程綱要原則下，發展「核心素養」的學校課程，將是各個學校的重要責任。學校人員進行「核心素養」的學校本位課程發展，乃是重要課題。

　　本書作者蔡清田教授根據參與十二年國教課程改革研究經驗，及多年從事課程學術研究的理據，提出「核心素養」的學校本位課程發展理念與實踐，第一章「核心素養的學校本位課程發展導論」、第二章「核心素養的課程研究」、第三章「核心素養的課程規劃」、第四章「核心素養的課程設計」、第五章「核心素養的課程實施」、第六章「核心素養的課程評鑑」與第七章「核心素養的課程經營」等一系列成套的課程慎思熟慮構想，分別對照於學校本位課程發展的「情境分析」、「願景建構」、「方案設計」、「進行實施」、「評鑑回饋」與「配套措施」等課程發展實踐行動歷程，闡述其推動策略、行動綱領與相關配套措施，建構「核心素養」的學校本位課程發展永續經營模式，深具課程研究理論與實務的參考價值。相信本書的出版，能對國內課程改革研究，做出一定的貢獻。本書完成，我先睹為快且學習良多，因此不敢獨享，希望與教育同道共享，故特別加以推薦。

國立中正大學教育學研究所榮譽教授
黃光雄 於2019年1月

推薦序二

　　「核心素養」受到許多國際組織的重視，特別是「聯合國教育科學文化組織」、「歐洲聯盟」、「經濟合作與發展組織」等國際組織，近年來十分重視「核心素養」的未來課程。十二年國民基本教育具有課程改革的時代意義，蔡清田教授曾經參與國家科學委員會所委託進行的《全方位的國民核心素養之教育研究》，並擔任國家教育研究院所推動的《中小學課程相關之課程、教學、認知發展等學理基礎與理論趨向之研究》、《k-12中小學課程綱要之核心素養與各領域之連貫體系研究》以及《k-12一貫課程綱要各教育階段核心素養與各領域課程統整之研究》等整合型研究計畫主持人，他根據參與十二年國教課程改革研究經驗，提出「核心素養」的學校本位課程發展理念與實踐，第一章「核心素養的學校本位課程發展導論」、第二章「核心素養的課程研究」、第三章「核心素養的課程規劃」、第四章「核心素養的課程設計」、第五章「核心素養的課程實施」、第六章「核心素養的課程評鑑」與第七章「核心素養的課程經營」等一系列成套的課程慎思熟慮構想，分別對照於學校本位課程發展的「情境分析」、「願景建構」、「方案設計」、「進行實施」、「評鑑回饋」與「配套措施」等課程發展實踐行動歷程，闡述其推動策略、行動綱領與相關配套措施，建構「核心素養」的學校本位課程發展永續經營模式，可作為培養並提升學生核心素養之重要參考，我非常樂見此書之出版，故特別加以推薦。

國立臺北教育大學榮譽教授

歐用生 於2019年1月

自 序

　　我國教育部2014年11月28日公布《十二年國民基本教育課程綱要總綱》，本於全人教育的精神，以「自發」、「互動」及「共好」為理念，以「成就每一個孩子—適性揚才、終身學習」為願景，研訂課程目標及「核心素養」，指引學校進行課程發展。「十二年國民基本教育課程改革」進行了國小、國中、高中職等各級學校教育的課程垂直連貫與水平統整，更涉及研發《十二年國民基本教育課程發展指引》與《十二年國民基本教育課程綱要》，以「核心素養」為主軸，引導學校進行學校本位課程發展。此次「核心素養」課程改革是我國國民教育課程重大變革，在合乎課程綱要原則之下，以學校為主體，賦予教師進行課程改革空間，因此，學校人員如何進行「核心素養」的學校本位課程發展，乃是重要課題。

　　作者根據參與十二年國教課程改革研究經驗，及多年從事課程學術研究的理據，提出「核心素養」與「學校本位課程發展」的理念，第一章「核心素養的學校本位課程發展導論」，旨在從學校本位經營管理的改革觀點，探討學校本位課程發展的教改理念、時代意義及學校本位課程發展的模式、核心素養的學校本位課程發展之整體課程經營。第二章「核心素養的課程研究」、第三章「核心素養的課程規劃」、第四章「核心素養的課程設計」、第五章「核心素養的課程實施」、第六章「核心素養的課程評鑑」與第七章「核心素養的課程經營」等一系列成套的課程慎思熟慮構想，分別對照於學校本位課程發展的「情境分析」、「願景建構」、「方案設計」、「進行實施」、「評鑑回饋」與「配套措施」等「核心素養」的課程發展實踐行動歷程，闡述其推動策略、行動綱領與相關配套措施，建構「核心素養」的學校本位課程發展的永續經營模式。本書適合閱讀者如政府部門主管、社會賢達、學生家長、校長與教師等推動國內課程改革相關人士，特別是學校課程發展委員會與各領域科目課程小組及各教學研究會等學校課程經營團隊，作為參考。本書更可作為教育相關系所與師資培育中心之「十二年國民基本

教育課程改革」、「核心素養」、「學校本位課程發展」、「課程經營」、「課程管理」、「課程設計」、「課程發展」、「課程改革」、「課程實驗」、「課程經營研究」、「課程管理研究」、「課程計畫研究」、「課程設計研究」、「課程改革研究」與「課程實驗研究」等科目參考書籍。

國立中正大學教育學研究所
蔡清田 謹識於2019年1月

目　錄

第一章　核心素養的學校本位課程發展導論

　　面臨新世紀的AI人工智慧資訊時代，許多國際組織與國家地區都強調透過創新、創業、創造的新製造及區塊鏈等關鍵技術為人類社會生活謀福祉，並透過學校教育課程改革培養生活所需的「核心素養」，協助個人獲得成功的生活並建立功能健全的社會（蔡清田，2018）。尤其是「核心素養」是人民適應現在生活及面對未來挑戰，所應具備的知識、能力與態度的關鍵素養，更是現代人獲得成功生活與建立功能健全社會所需的必要素養（黃光雄、蔡清田，2015），這是特別受到「聯合國教育科學文化組織」（簡稱「聯合國教科文組織」）（United Nations Educational, Scientific and Cultural Organization, UNESCO）、「經濟合作與發展組織」（Organisation for Economic Cooperation and Development，簡稱OECD）及「歐洲聯盟」（European Union，簡稱「歐盟」EU）等國際組織所高度關注之課程改革議題（蔡清田，2014；EC, 2005; OECD, 2005, UNESCO, 2003）。

　　「核心素養」是培育能自我實現與社會健全發展的高素質人民與世界公民之重要素養。因此「核心素養」在當下教育研究界是非常熱門的話題，此一熱詞引發探討與追問，特別是「核心素養」是指統整的知識、能力及態度之關鍵素養，能積極地回應個人及社會的生活需求，使個人得以過著成功與負責任的社會生活，面對現在與未來的生活挑戰，而且「核心素養」承續過去的學科知識、基本能力與核心能力，但涵蓋更寬廣和豐富的教育內涵（蔡清田，2015）。「核心素養」是學習的結果，並非先天的遺傳，是後天努力學習而獲得的知識、能力、態度，合乎認知、技能、情意的教育目的，能糾正過去重知識、重能力、忽略態度之偏失，合乎「全人教育」的理念（蔡清田，2016）。尤其是，由於當今資訊社會變遷快速，許多國家和地區都擔心其人民學不到因應當前及未來社會生活所需的「核心素養」。因此，近年來許多學者都十分重視「核心素養」是人民適應現在生活及面對未來挑戰，所應具備的知識、能力與態度的必要素養，也是現代人獲得成功生活與功能健全社會所需的必要素養，而且「核心素養」是培育能自我實現與社會健全發展的高素質人民與世界公民之重要素養。「核心素養」已經成為許多國家和地區的共同關注之主題，紛紛透過

學校教育培養「核心素養」（蔡清田，2017）。

　　例如：「聯合國教育科學文化組織」教育研究所在2003年出版《開發寶藏：願景與策略2002-2007》，提出核心素養的「五大支柱說」，主張為適應社會不斷的變遷，現代人必須具備「學會求知」（learning to know）、「學會做事」（learning to do）、「學會共處」（learning to live together）、「學會自處」（learning to be）、「學會改變」（learning to change）等終身學習的五項核心素養，而且為了能充分發展閱讀、思考、生活與創造能力，學習已經成為終身的持續歷程；而且核心素養的發展，也是終身學習的歷程，並非僅存於生命中的某個階段，必須從個人小時候即開始培育，而後持續發展到終其一生。「聯合國教育科學文化組織」的上述報告書明確指出，教育是造就未來優質人才所需核心素養的重要方法，一方面，教育必須在持續變動不已的情境中，開展出複雜世界的地圖；另一方面，教育提供指南針，協助個人在環境的圖像中找到前進的通路。國家必須重視核心素養的培養之重要性，個人也必須運用所有可能的教育機會以培育其核心素養，將個人知識、能力與態度並加以擴展升級進化轉型成為核心素養，進而適應複雜多變的世界。上述五大支柱，涉及對知識、對事、對人、對自己以及對改變等各面向所需的核心素養。這些「核心素養」彼此關係密切，且與學習息息相關，國民要能具備上述核心素養，則必須先學會學習如何學習，俾能在各面向的核心素養日益精進（蔡清田，2016）。

　　又如「經濟合作與發展組織」從1997至2005年提出總結報告為止，動員了十二個主要會員國家，進行將近九年大規模跨國研究計畫，稱為「素養的界定與選擇」（Definition and Selection of Competencies: Theoretical and Conceptual Foundations，簡稱DeSeCo），提供一個全新架構，定義「能自律自主地行動」（acting autonomously）、「能互動地使用工具」（using tools interactively）、「能在異質社群中進行互動」（interacting in socially heterogeneous groups）等三面向九項內涵，構成一個嚴謹的架構體系。這些人民生活所需的核心素養之獲得，需透過終身學習的歷程來達成，其主要目的為建構一個關聯到個人立基於終身學習觀點所欲發展之

核心素養架構，由個人關聯到家庭、社區、社會、國家，亦關聯到國際間對這些「核心素養」的評估比較與詮釋，強調整體的觀點，不限於學校教育或職業生涯所需之素養，前瞻地探索未來社會中，人民應具備的核心素養，促成「成功的個人生活」及「功能健全的社會」（蔡清田，2014）。

歐盟執委會於2005年提出《終身學習核心素養：歐洲參考架構》，定義：1.母語溝通（communication in the mother tongue）；2.外語溝通（communication in a foreign language）；3.數學素養（mathematical competences）以及科技基本素養（basic competences in science and technology）；4.數位素養（digital competence）；5.學習如何學習（learning to learn）；6.人際、跨文化與社會素養（interpersonal, intercultural and social competences）以及公民素養（civic competence）；7.積極創新應變的企業家精神（entrepreneurship）；8.文化表達（cultural expression）等為終身學習八大核心素養。歐盟並透過相關目標規劃之教育訓練方案，以培養上述核心素養，旨在促使歐洲人能更積極參與不斷發展並行使民主公民權，以增進歐洲繁榮與社會融合。這項核心素養架構，於2006年正式被歐洲議會採用，成為各會員國的實踐策略。此「核心素養」架構的八大核心素養，彼此連結相互支援，特別是語言、識字、數學及資訊與通訊科技等素養是必要的學習基礎，學習如何學習的素養則支持一切學習活動之進行；此外，批判思考、創造力、主動積極、解決問題、風險評估、作決定、感受管理系貫穿於八項核心素養的具體內涵。此八大「核心素養」的架構，係涵蓋了歐盟的政策決策者、學者專家、實務工作者等各領域人士共同參與建構，制定過程相當慎重，而核心素養彼此連結且相互支持（蔡清田，2012）。

「聯合國教育科學文化組織」、「經濟合作與發展組織」及「歐洲聯盟」等等國際組織會員國的先進國家，紛紛推動以核心素養為指引的課程改革。特別是「經濟合作與發展組織」進行「素養的界定與選擇」之跨國研究，推動「國際學生評量計畫」（Program for International Student Assessment，簡稱PISA），試圖建構出讓學生不僅只有閱讀、數學、科學等方面的學科知能，而且能在複雜社會中，具有更廣泛解決問題的核心

素養。例如：美國配合「經濟合作與發展組織」進行「素養的界定與選擇」研究，提出溝通與資訊處理、規劃與管理、系統導向、社會素養與團隊合作、公民素養、價值導向、自主行動者等七類核心素養。美國教育部（U.S. Department of Education）及全國教育協會（National Education Association）與著名跨國公司如蘋果（Apple）、微軟（Microsoft）、戴爾（Dell Computer）、思科（Cisco Systems）等大公司憂心美國現行教育方式，不足以培育二十一世紀所需的人才，因此組成產官學界合作組織，創辦「新世紀技能聯盟」（Partnership for 21st century skills，簡稱P21）於2008年發表《二十一世紀技能、教育和競爭力報告》（*21st Century Skills, Education, and Competitiveness*），規劃培育二十一世紀人才所需的技術能力架構，包括：1.生活與生涯工作技能；2.學習與創新技能；3.資訊、媒體與科技技能。綜上所述，「核心素養」是指統整的知識、能力及態度之素養，能積極地回應個人及社會的生活需求，使個人得以過著成功與負責任的社會生活，面對現在與未來的生活挑戰（蔡清田，2018）。包含當代社會「優質生活」所需的核心素養，兼具傳統東方社會人文博雅通識與現代西方社會經濟競爭力的核心素養，涵蓋西方人常用的literacy、competence、competency、skills、abilities等意涵，更涵蓋東方人常用的將學科知識、基本能力、核心能力與關鍵能力，不只是過去「基本生活」所需的一般素養，而是相當於洪裕宏、胡志偉、顧忠華、陳伯璋、高湧泉、彭小妍等教授所稱「國民核心素養」（national core competencies）（蔡清田，2014），類似於中國大陸內地所稱「學生核心素養」（林崇德，2016；崔允漷，2016；鍾啟泉，2016；余文森，2017；褚宏啟，2017；呂立傑、韓繼偉、張曉娟，2017；楊九詮，2017）。

　　「聯合國教育科學文化組織」、「經濟合作與發展組織」及「歐洲聯盟」等國際組織的許多國家與地區都重視「核心素養」的課程發展，特別是強調「核心素養」的「學校本位課程發展」（school-based curriculum development）（或稱「校本」課程發展），主張鼓勵學校教育人員透過情境分析課程研究並規劃「學校願景」／學生圖像以呼應學生核心素養，進而規劃出各年級「學習目標」的課程計畫架構與設計各年級「主題課程內

容」，引導學生學習獲得自主行動、溝通互動與社會參與的核心素養（蔡清田，2017），以培養跨領域 π 型人才，特別是具備身心素質與建立自我精進的信心、系統思考並提出解決方案、規劃執行與創新應變、學會傾聽溝通表達、積極認眞的熱忱態度且能眞誠讚美感謝別人、贏得支持與人團隊合作的正向人際關係等等核心素養項目（蔡清田，2016），因爲核心素養會影響個人命運與社會發展，而且改變心態就會改變個人命運與社會發展，因此需要培養學生學習獲得終身學習的核心素養，以因應未來多變社會情境的需要，學習使用現在尚未發明出來的技術，學習解決我們現在尚未想過的問題，學習從事現在尚未存在的未來工作（蔡清田，2018）。

　　例如：自1968年迄今，臺灣歷經三波重要的基礎教育改革，第一波「九年國民義務教育改革」，重視學科知識；第二波是「國民中小學九年一貫課程改革」強調基本能力；「十二年國民基本教育」是第三波的課程改革（黃光雄、蔡清田，2015）提出《十二年國民基本教育課程發展建議書》（國家教育研究院，2014a）、《十二年國民基本教育課程發展指引》（國家教育研究院，2014b）、《十二年國民基本教育課程綱要總綱》（教育部，2014），強調培養能統整知識、能力與態度的「核心素養」，「核心素養」是指位於「核心」地位且最爲關鍵重要而必要的「素養」（蔡清田，2016），更是我國基礎教育課程改革的里程碑，延續並擴展「九年國民義務教育」強調的學科知識與「國民中小學九年一貫課程改革」培養基本能力之成效，成爲十二年國民教育課程改革之「核心」（蔡清田，2011；2012；2014），如圖1-1「學科知識、基本能力、核心素養的關係圖」所示（蔡清田，2016），亦即「核心素養」＝（學科知識 + 基本能力）^{態度情意}（蔡清田，2018）。簡言之，《十二年國民基本教育課程綱要》是延續《國民中小學九年一貫課程綱要》的努力成果，而且是升級版的《國民中小學九年一貫課程綱要》，是將國民中小學「九年」一貫課程改革，升級爲「十二年」國民基本教育課程改革；其次是將「基本能力」升級爲「核心素養」；其三是將九年一貫課程的「能力指標」升級轉型成爲「領域／科目核心素養」及其相互呼應的「領域／科目學習重點」；其四是將過去的學校本位課程發展升級轉型成爲「核心素養」導向的「學校本位課程發展」，更強調學生之學習內容與學習表現，呼應以學

習者爲主體的課程改革。特別是十二年國民基本教育強調「核心素養」導向的課程、教學、學習及評量，從課程規劃設計到教師教學實施及學習評量的方式，都是爲了落實十二年國民基本教育的「核心素養」；因此，教育當局應鼓勵學校教師進行「核心素養」的學校本位課程發展，以學生需求及學校社區情境資源爲起點，發展學校特色且培養學生「核心素養」；特別是《十二年國民基本教育課程綱要總綱》明確指出要透過學校課程發展委員會的組織與運作，持續精進「學校本位課程發展」（教育部，2014，31）。據此「學校本位課程發展」，是十二年國民基本教育課程改革的重要核心概念，而且「核心素養」導向的「學校本位課程發展」是以學校爲發展主體，強調由下而上的課程決定形式，經由選用、調整或自行創新課程與教材，回應學生的個別差異和學習需求，整合學校及社區特色與資源以學生爲中心的課程計畫，培養學生的「核心素養」，營造以學習者爲中心的新學習風貌，永續經營「學校本位課程發展」，有其劃時代課程改革的重要性，此乃本書之研究。

　　我國教育部2014年11月28日公布《十二年國民基本教育課程綱要總綱》，本於全人教育的精神，以「自發」、「互動」及「共好」爲理念，以「成就每一個孩子—適性揚才、終身學習」爲願景，研訂課程目標，指引學校進行課程發展（蔡清田，2018），培養國民所需「核心素養」以統整知識、能力與態度的身體實踐力行（林永豐、郭俊呈，2013），這

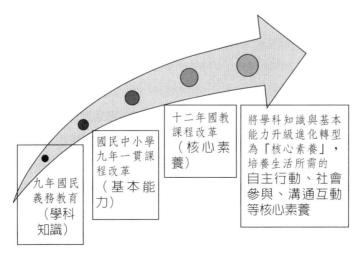

圖1-1　學科知識、基本能力、核心素養的關係圖

種以知能爲基礎的核心素養，不只重視認知、技能與情意的學習修養，強調知行合一（趙偉黎、孫彩平，2017），更強調具有「知識能力」可學以致用、而且態度上更「願意」在生活情境加以身體力行實踐（蔡清田，2016），這類似西方學者所倡導「強而有力的知識」（Young, Lambert, Robert, & Robert, 2014），不僅可以習得什麼（what）知識內容、如何（how）獲得能力、理解爲何（why）學習，有助於判斷在何時（when）與何處（where）可有效加以應用在生活情境中，更能累積生活經驗（life experience）與生命智慧（wisdom of life）（蔡清田，2014）。

《十二年國民基本教育課程綱要總綱》，以「自發、互動、共好」爲理念，以「成就每一個孩子—適性揚才、終身學習」爲願景，注重五育均衡發展的全人教育，強調核心素養整合知學用，推動課程連貫與統整，重視活力彈性的學校本位課程發展（洪詠善、范信賢，2015），強調由《十二年國民基本教育課程發展指引》的規劃到《十二年國民基本教育的課程綱要》設計，體現了以「核心素養」爲主軸，導引課程的連貫與統整。核心素養要運用於生活情境中，結合各教育階段核心素養的具體內涵，明確領域／科目核心素養，培養學生展現國民的核心素養以及帶得走的能力，而不是背不動的書包（蔡清田，2018），進而鼓勵學校結合願景及資源發展辦學特色，引導教師進行核心素養導向課程發展與設計（呂秀蓮，2017），提升學生核心素養；特別是，爲了因應新課程綱要，除了「部定課程」之外，國中小學階段另規劃「彈性學習課程」，學校可辦理全校性、全年級或班群活動，落實學校本位及特色課程；高級中等學校教育階段則分別規劃「校訂必修課程」、「彈性學習時間」、「專題、實作及探索課程」及更多的選修空間，提供學校發展特色、學生自主學習的機會（教育部，2014）。

但，「核心素養」的「學校本位課程發展」難度較高，需要學校教育相關人員一起專業學習發展，也須外部課程專家與資源人士前來協助，透過課程實驗逐步進行核心素養的學校本位課程發展（蔡清田，2017）。尤其「素養」是指一個人爲適應現在生活及未來挑戰，所應具備統整的知識、能力及態度，亦即「素養」＝（知識＋能力）^{態度}（蔡清田，2018），

使個人得以過著成功與負責任的社會生活，積極回應個人及社會生活情境需求，使個人得以過著積極與負責任的社會生活，面對現在與未來的社會生活挑戰，而且「核心素養」是個體發展與社會發展的重要關鍵，更是培育能自我實現與社會健全發展的高素質國民與世界公民之重要基礎，因此被譽為是課程發展與設計的DNA（蔡清田，2016）。十二年國民基本教育課程改革不只重視「學科知識」與「基本能力」，更強調「核心素養」承續過去的「基本能力」、「核心能力」與「學科知識」，但涵蓋更寬廣和豐富的教育內涵，彰顯學習者的主體性，不再只以學科知識作為學習的唯一範疇，而是關照學習者可整合運用於「生活情境」，強調其在生活中能夠實踐力行的特質。

　　特別是呼應現代社會生活與後現代未來社會生活情境所需要「自主行動」、「溝通互動」、「社會參與」等核心素養需在「學校教育」規劃之下，引導學生學習「核心素養」，進而促進社會凝聚力，厚植社會競爭力的根基。尤其是「自主行動」的「核心素養」，呼應十二年國教課程綱要的「自發」之基本理念，「自主學習」可透過後現代社會生活情境所需要的「身心素質與自我精進」、「系統思考與解決問題」、「規劃執行與創新應變」等核心素養內涵加以培養。這些核心素養，係指在學習情境脈絡中，個體能負責自我生活管理以及能進行自主行動選擇，達到提升身心素質與自我精進，能夠選擇適當的學習途徑，進行系統思考與解決問題，並具備創造能力與積極行動力，以進行搜尋檢索、閱讀、解釋、省思，並轉化成生活所需的規劃執行與創新應變的素養，彰顯了「自主學習」的重要性。「溝通互動」的「核心素養」，呼應十二年國教課綱的「互動」之基本理念，可透過「情境學習」學習現代社會生活與後現代未來社會生活情境所需要的「符號運用與溝通表達」、「科技資訊與媒體素養」、「藝術涵養與美感素養」等核心素養內涵，這些「溝通互動」的核心素養學習，係指強調廣泛地運用工具，有效地與人及環境互動。「社會參與」的核心素養，呼應十二年國教課綱的「共好」之基本理念，「合作學習」可透過學習後現代社會生活情境所需要的「道德實踐與公民意識」、「人際關係與團隊合作」、「多元文化與國際理解」等核心素養內涵，這些「核心素

養」，係指在彼此生活緊密連結的地球村之中，個人需要學習處理社會的多元性，與人建立適宜的合作方式與人際關係，個人亦需要發展如何與他人或群體良好互動的素養，以提升生活素質。如圖1-2核心素養的學習論架構所示：「自主行動」、「溝通互動」、「社會參與」等核心素養，可透過「自主學習」、「情境學習」、「合作學習」，促成「個體發展」與「社會發展」，可作為實施「十二年國民基本教育」課程改革之參考，更可作為核心素養之學習基礎（蔡清田，2018）。

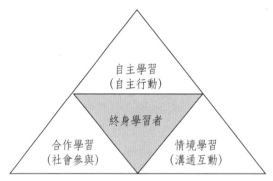

圖1-2　核心素養的學習論架構

　　十二年國民基本教育課程改革，進行了國小、國中、高中等各級學校教育核心素養的課程垂直連貫與水平統整，更涉《十二年國民基本教育課程發展建議書》，以及《十二年國民基本教育課程發展指引》與《十二年國民基本教育課程綱要》，引導學校進行核心素養的「學校本位課程發展」。各級學校應積極尋求資源與政府補助，發展其特色課程，以吸引學生就近入學，學校可運用校內及社區資源，配合各校的文化資源與脈絡，進行學校本位課程、議題課程、特殊需求學生支持課程、以及教材教法等研究。《十二年國民基本教育課程綱要總綱》的實施要點，明確指出課程發展要能因應不同教育階段之教育目標與學生身心發展之特色，提供彈性多元的學習課程，以促成學生適性發展，並支持教師課程研發創新。特別是「學校本位課程發展」，由學校課程發展委員會負責運作、規劃校本課程，鼓勵教師進行課程行動研究，活絡學校教師課程發展能量，進而提升

教育品質（教育部。2014）。

　　依據《十二年國民基本教育課程綱要總綱》對於「學校本位課程」（school-based curriculum）之說明，包含「部定課程」與「校訂課程」，「學校本位課程」不宜窄化爲「特色課程」，而且更重要的是需要經由「學校本位課程」之「發展」（development），特別是「發展」適合學校願景的校本課程，在適當情境、條件中追求理想，「發展」過程就是「學校本位課程發展」（school-based curriculum development），也就是強調以學校爲基地或根據地（base），重視學校人員團隊合作與循序漸進的學校本位課程發展（蔡清田，2016）。值得注意的是，我國教育部已於2018年1月25日以臺教授國部字第1070007209B號令訂定發布「十二年國民基本教育課程綱要國民中小學暨普通型高級中等學校語文領域－國語文」、「十二年國民基本教育課程綱要技術型高級中等學校語文領域－國語文」及「十二年國民基本教育課程綱要綜合型高級中等學校語文領域－國語文」，並自108學年開始，在各級學校逐年實施領域／科目核心素養；相似地，中國大陸也十分重視核心素養的校本課程開發（汪明帥、胡惠閔，2017），以及學科核心素養培養（呂立傑、韓繼偉、張曉娟，2017），特別是中國大陸教育部於2018年1月16日正式對外發布《普通高中課程方案和語文等學科課程標準（2017年版）》並於2018年秋季開始執行，強調學科核心素養的價值觀念及必備品格與關鍵能力之重要性；不僅說明「學科課程」是學校課程的重要組成部分，更說明核心素養可以提供了學校課程發展的思想武器（崔允漷，2016），蕩漾升學主義應試教育的汙泥濁水提供了有力的理論支撐（鍾啓泉，2016）。然而，立德樹人的中國學生核心素養，雖能貫串古今中外的理念，受到高度重視，但內部彼此矛盾衝突而暫無共識，並且與素質教育及關鍵能力等用詞混爲一談，而且有三大問題：一是太體系化了，卻架構疆化而缺乏眞正的核心；二是太抽象化了，強調立德樹人的培養卻忽略學科知識的重要性；三是太理想化了，雖然頂天但卻乏立地的實徵支持，強調全面發展的人之養成，卻無限誇大教育的有限功能（趙偉黎、孫彩平，2017）。特別是，核心素養不只是要有靜態體系架構，更有理念核心，更要有學習養成模式：一是輸入系統的知識，

是透過認知內化而習得的；二是輸出系統的能力，是素養的外觀展現；三是方向系統的態度，是情境當中培養出來的，因為素養是學生經由教師指導設計情境引導學生互動與學習內化而展現出來實踐行動以改善個人與社會生活情境，是學思知行合一的歷程與結果（蔡清田，2012；2018）。

　　依據《十二年國民基本教育課程綱要總綱》，未來的學校是一種以核心素養的學校，尤其是學校課程計畫是學生學習的地圖、課程公共對話與溝通的重要文件以持續精進「學校本位課程發展」（教育部，2014，31）。特別是如何組織運作「學校本位課程發展」相當重要，可透過「學習型學校」（learning school）的團隊學習來改變思維模式，建立「自我精進超越」（personal mastery）、「改善心智模式」（improving mental models）、「建構共同願景」（building shared vision）、「團隊學習」（team learning）及「系統思考」（systems thinking），並增進學校課程發展委員會的團隊成員溝通，形成新的學校文化，這涉及了「學習型組織」（learning organization）的理念與修煉（楊國德，1999；魏惠娟，2002；吳明烈，2004）。本書稍後各章將進一步指出可透過十二年國民基本教育的學校本位課程發展與學校課程發展委員會的學習型組織，打造學校教育的未來願景，建構「學習型學校」，進行課程研究的「自我精進超越」、課程規劃的「建構共同願景」、課程設計的「改善心智模式」、課程實施的「團隊學習」、課程評鑑的「系統思考」，進行「核心素養」的「學校本位課程發展」。

　　本章旨在說明「核心素養」的「學校本位課程發展」之教改理念與時代意義，指出核心素養的學校本位課程發展之理念，並在其後數章分別指出核心素養的學校本位課程發展永續經營的推動策略、行動綱領與配套措施。特別是十二年國民基本教育課程改革，是國民基本教育的重要課程變革，在合乎《十二年國民基本教育課程綱要總綱》的核心素養原則下，以學校為課程發展主體，鼓勵學校與教師進行課程改革實驗（蔡清田，2016），根據教育行動研究精神（蔡清田，2013），發展適合地方社區與學生經驗的教材（黃光雄、蔡清田，2015），避免過去一味追尋統編本教科書的天上彩虹，而忽略了學校教育人員的教育專業創意。因此，核心素

養的學校本位課程發展，將是各個學校的重要責任，課程發展在未來的校園內，將會有相當大的發展空間，可能成為許多教師在學校專業生活中的一個極重要的特色。然而，面對目前新課程改革全面實施，部分教育人員仍舊習慣遵照中央政府統一公布課程標準的科目時數，沿用過去的教科書進行教學，缺乏「學校本位課程發展」的動態理念，對教育鬆綁課程授權政策感到無所適從，或不知為何要研擬學校課程計畫，因而東拼西湊急於呈報上級備案應付了事，造成學校願景與目標不一致，未能真正結合學校情境分析的現象；應該結合「核心素養」的課程理論與「學校本位課程發展」實務，建構一套有效的「核心素養」的「學校本位課程發展」之推動策略，乃是重要課題。因此，作者根據親自參與教育部十二年國民基本教育課程綱要研修的理念，及協助新課程綱要前導學校課程發展實驗之實務經驗，強調「核心素養」的重要性，並重視學校本位課程發展，倡導核心素養的學校課程計畫之規劃統整設計實施與評鑑；一方面呼應課程綱要要求學校呈報的課程計畫方案，鼓勵教師進行課程統整；另一方面協助學校落實「教師共同經營課程」的辦學理念，促成核心素養的學校本位課程發展。

第一節 學校本位課程發展的教改理念

2014年11月28日我國教育部公布《十二年國民基本教育課程綱要總綱》，明令各校應成立「課程發展委員會」，進行學校組織再造，鼓勵以學校為基地進行「學校本位課程發展」，藉由中央政府教改方針倡導，及地方政府的支持，以學校為根據基地，考量學校教育環境並進行情境分析，透過學校課程發展委員會，進行學校組織再造，整合學校人力資源，重視學校人員的自主與責任，主動規劃設計、實施、評鑑，強調學校課程發展的影響因素以及因應行動（黃光雄、蔡清田，2015），合力發展核心素養導向的學校課程，要求各校組織「課程發展委員會」，發展學校本位課程。這種授權學校的彈性作法，可以激發學校改革機制，鼓勵各校規劃學校特色課程，進行「學校本位課程發展」（蔡清田，2017），合乎「學

校本位經營管理」的理念與「學校本位課程發展」潮流（Dimmock & Lee, 2000）。本節「學校本位課程發展」的教改理念，主要就學校本位經營管理的理念、學校本位課程發展的理念、學校本位課程發展的要素等分別加以說明。

一、學校本位經營管理的理念

「學校本位經營管理」（school-based management）的理念，不僅在行政革新方面發揮重大的影響（林明地，2000），同時也在課程研發中成為新的課題，此即所謂「學校本位課程發展」（陳伯璋，1999），此種改革方式，授權學校進行專業自主空間的經營管理，透過學校教育人員的專長，考量學校教育環境與條件，發展學校特色。儘管學校本位課程發展的概念，有許多紛亂而相似的表達方法，如「學校現場的課程發展」（school-site curriculum development）、「學校本位課程經營管理」（school-based curriculum management）也有以學校「課程自主」（curriculum autonomy）來表達相似的理念，強調專業與授權，使學校成為教育改革的主體，也使得學校的教育人員必須負起學校教育成敗的責任，甚至成為教改運動的發動者。

過去中央對中小學課程具有權威性的控制，亦即「中央—邊陲課程發展」（center-periphery curriculum development），隨著時代移轉，此種課程發展的過程產生了許多困境，如課程內涵無法顧及學生差異、學校社區的需要，導致教育僵化；教師成為教材的傳遞者或宣傳者的角色，造成課程發展與實施的隔閡，使教師對課程產生抗拒與誤解，因此課程方案實施成果不彰，教育改革失敗（Marsh, Day, Hannay, & McCutcheon, 1990）。

學校本位課程（school-based curriculum）源自各國教育改革的反思，與「學校重建運動」（movement to restructure school）。1973年，愛爾蘭阿爾斯特大學（The New University of Ulster）舉行「學校本位課程發展」國際研討會，會中Furumark與Mcmulln兩人首先揭櫫學校本位課程發展的意義；從此「國家本位課程」、「地方本位課程」、「班級本位課程」也

陸續在世界各地教育改革中被討論（蔡清田，2016）。「學校本位課程發展」是以「學校本位」的「課程發展」。這是起源於全國由上而下的課程發展模式缺乏草根（grassroots）的課程內涵，容易忽略學校的個別差異與風格。「學校本位課程發展」是回應全國課程發展方案缺失的權力擺盪，而將學校自主的權力加以擴充，強調學校人員參與學校課程的經營管理。這早在1970年代，英美澳等國在全國課程發展方案失敗之餘，體認到學校與教師才是課程發展的關鍵，從此以學校為課程發展主體的論述大量萌生，包括英國、美國、澳大利亞、加拿大、法國、瑞典與以色列等地都有不同程度的推行（Marsh, Day, Hannay, & McCutcheon, 1990）。

二、學校本位課程發展的理念

關於學校本位課程發展的意義，隨著歷史發展有著許多不同的說法，而且不同國家、不同學者的見解不同，因而所強調的課程概念也有差異。1970年代早期，學者認為學校本位課程發展「需要學校與教師加入計畫小組，從事課程的建立、試用評估和重建等複雜工作，它也需要校長之類的傳統權威人士，放棄某些權力，並且學習去分攤責任」（Skilbeck, 1976），這個定義提到了學校人員的參與課程權力的重新分配。其他學者主張「學校本位課程發展是以學校的自發活動或學校的課程需求為基礎的發展過程，在此過程中，對中央及地方的權力、責任和控制，重新加以分配，學校也獲得法律、行政的自主與專業的影響力，而能自行經營管理發展」（Eggleston, 1979），此一定義強調學校本位課程發展為一種「過程」的特色。

Skilbeck於1984年重申學校本位課程發展是「由學生所就讀之教育機構對學生的學習課程方案所做的規劃、設計、實施與評鑑」。相似的論點則強調學校本位課程發展是「由欲參與作課程決定的所有成員，包括校長、教師、學生與家長等涉入發展計畫、實施、評鑑整個學校方案活動的過程」（Sabar, 1985）。到了1990年代，Marsh等人認為「學校本位課程發展是一種強調『參與』『草根式』（grassroots）的課程發展，是一種重

視師生共用決定，創造學習經驗的教育哲學，也是一項課程領導與組織變革的技術」（Marsh et al., 1990）。此一定義進一步擴展學校本位課程發展的內涵，將學校本位課程發展視為整體學校文化與組織改變的動力，其引發的變革不僅止於課程領域，尚且包括教師專業參與、作決定的權力分享、學校教育哲學的創造、學校領導的變革與學校組織發展。學者對於學校本位課程發展一詞的定義，大多是基於其所處的國家政治、社會與文化情境，反映出該國與其他國家的不同之處。學校本位課程發展本身即具有相當彈性而多樣的概念，它具有特殊情境與實際而發展出各殊不同面貌的特質，學校本位課程發展的理念與下列因素有關（Skilbeck, 1984, 13）：

（一）學校課程自主的要求，是社會大眾對於參與經營管理所有公共事務與追求民主決策的現代社會中的一部分。

（二）中央集權式的課程發展模式漸漸暴露其失敗。

（三）學校是社會機構的有機體，具有複雜且非單一取向的特性，並且隨時與環境產生互動，以溝通其想法、人員與資源，並透過學校課程控制教育活動，以成功達到教育的目標。

（四）課程即學生的學習經驗，這些經驗來自於學生與學校互動的文化，並且經過規劃、充實、結構、組織與評鑑。

（五）課程需要因應地方的不同需求，加以修正與調適。

（六）教師必須參與學校本位課程發展的永續經營，才能實踐其成為自主與負責的專業人員。

（七）對課程發展而言，學校是永續的機構。

綜上所述，學校本位課程發展，是以學校自發的活動或課程需求為基礎，而且學校本位課程發展人員對課程的定義較廣，包括學校為達成教育目的所採取的方案，與學校指導下學生所具有的一切經驗，因此，課程發展範圍包括課程內容、教學方法、師生關係、教學情境等要素。

三、學校本位課程發展的要素

學校本位課程發展，是學校創始的發展活動，以學校為中心，以社會

為背景，透過中央、地方和學校三者的權力與責任之再分配，賦予學校教育人員相當權利和義務，使其充分利用學校內外的各種可能資源，主動、自主而負責地去規劃、設計、實施和評鑑學校課程，必要的話可以尋求外來的專家顧問之協助，以滿足學校師生的教育需要（黃政傑，1999）。學校本位課程發展的構成要素，主要包括：

（一）就目的而言

學校本位課程發展可分為「學校內部自發」與「回應外部命令」兩種類型（Kelly, 1989），其目的不在於發展出共通的課程成品，而在於達成學校全體共識的願景目標或解決學校的教育問題。

（二）就權力而言

學校本位課程發展是中央、地方教育當局與學校三者間課程權力的重新分配，也是學校內部課程決定權力的共同分享（OECD, 1979）。

（三）就人員而言

在參與成員方面，以學校人員為課程發展的主體，可以是個別教師、少數教師、教師小組或全體教職員（Brady, 1987），還可包括學校校長、行政人員與學生，甚至家長、社區人士與校外學者專家也是課程發展的經營管理者。

（四）就方式而言

學校本位課程發展源於學校的教育方案或實驗的課程教學架構，可能只發生於一個學校，可能注重某一學校的教育方案或某一科目之教學，也可能包含新教學策略的試用與評鑑（Skibeck, 1984）。此種類型的課程包括兩種發展方式，第一種方式源於學校長期需要為基礎的發展，採用獨特方式讓某科目的教學得以運作，因此學校為了達成特定教育目標的計畫，就必須自己發展新式的課程；第二種方式則是因應學校的短期或立即需要為基礎，因此較少具有預定的詳細計畫者，也缺乏詳盡深入的評鑑策略。這或許是為何Knight（1985）的觀察發現，評鑑是許多個案學校進行學校本位課程發展程式中最弱的一環，在50個學校本位課程發展個案，其中有17個有評鑑的程式，只有4個擬定了清楚的評鑑規準，其餘的不是缺乏評鑑項目，就是空有評鑑程式而無評鑑的實質流程。

（五）就項目而言

Marsh等人（1990）以「活動類型」與「參與人員」、「投入時間」三個向度，構成學校本位課程發展的64個類型，其中活動的型態包含「課程創造」、「現有課程改編」、「現有課程選擇」、「課程探究活動」。範圍包括課程計畫與執行、特殊需要方案的規劃、個別差異適應課程的規劃、學校特色課程的規劃、選修科目或校訂科目的開設、各科教學內容的調整、教科書的選用、教材編制、各科教學計畫、學校各項教育活動的辦理、潛在課程的發現與規劃、課程實驗的推動、課程評鑑的實施等（黃政傑，1999）。除了對課程材料的處理外，Skilbeck（1984）認為學校本位課程發展，應該包括情境分析、目標擬定、方案設計、解釋與實施、評鑑與修正等。各校可以考量學校實際條件，透過推動策略，挑選適合項目進行學校本位課程發展。黃政傑（1997）舉出了學校本位課程發展的具體項目：

1. 教育目標方面：除了貫徹課程標準的教育目標外，可以建立自己的教育哲學，發展學校自身的教學目標。

2. 教育方法上：學校的自主性極大，可以選用適合的教育方法。

3. 教學科目而言：必修科目亦可以加以調整來因應學生需求與社會需要，調整的方法不外整合、加強、簡化、補充、調序等。

4. 內容設計：加強各科內容的生活實例與生活應用。

5. 因應社會變遷方面：將新興議題不斷設法納入相關課程中施教。

6. 課程的統整與銜接是學校本位課程發展可以努力的方向。

7. 選修課：配合學生的需要，衡量學校特色與條件開設選修課程。

8. 活動課程的規劃與實施也可以發揮學校的彈性。

9. 教科書選用，參與編輯。

總之，學校本位課程發展的結果，即是學校對核心素養、課程目標、內容與方法進行選擇、組織、實施與評鑑，以發展課程成為一種學校本位課程發展模式的創造。學校本位課程發展是由學校來規劃設計與實施，將學校當成課程改革的基地或根據地（蔡清田，2016），重視學校教育人員的專業自主權力與責任，因為課程要能適合學校內個別學生之需求，要由

校內教師主動合作、規劃設計、試用、評鑑。不管學校本位課程發展的類型是在全國課程發展方案容許的範圍下自由發展出來的，或基於現成的課程材料加以修正，或接受全國性方案，或基於學校的特殊教育目標，或源於學校立即需要，都是以學校為主體的運作方式。這乃源於學校獨特的屬性，以學校為中心，學校成員不但是課程的使用者，也是課程的發展者，強調學校成員的專業責任，學校成員的專業能力也在課程發展的過程當中不斷成長。

第二節 學校本位課程發展的時代意義

　　本書所指的學校本位課程發展，係指在十二年國教課程綱要授權下，學校為了實踐教育改革的願景，以學校為課程發展的基地，學校教育人員為課程設計的參與決定者，對於學生的學習內容與方法，結合校內外的人力物力資源，進行學校整體課程的研究、規劃、設計、實施、評鑑與經營。學校本位課程發展的主體在個別學校，學校人員根據教育部提供的政策指示與課程綱要，進行民主協商與理性互動，是學校本位課程發展的必要過程。學校本位課程發展並非相對於國家課程控制的極端，仍然受到國家課程綱要指引，同時保留自主空間，可視為一種課程發展的分工互補。因此，學校本位課程發展雖是草根模式，卻不是草莽模式，應合乎國家教育的期望與規範（黃光雄、蔡清田，2015）。

　　國家主導之課程改革與學校本位課程發展並非兩不相容，可以互相補充。因為學校是教育改革的基點，而學校本位課程發展就是教育改革的內在機制之一。學校是最基本的教育社區，也是解決課程改革的問題與發展可能性的重要單位。學校本位課程發展是以學校自發活動或學校課程需求為基礎的發展過程，在此過程當中，透過中央、地方和學校三者的權力與責任之再分配，賦予學校教育人員相當權利和義務，主動自主而負責地去規劃設計、實施和評鑑學校課程，並尋求外來的專家顧問之協助，以滿足學校師生的教育需要，提供師生多元的選擇機會。這也是我國課程改革的重要任務，更是發展學校課程特色的重要指標之一。

一、十二年國民基本教育課程改革的時代意義

　　《教育基本法》第11條明訂：「國民基本教育應視社會發展需要延長其年限。」2014年8月1日將「國民中小學九年國民義務教育」延長為「十二年國民基本教育」本於全人教育的精神，以「自發」、「互動」及「共好」為「基本理念」，以「成就每一個孩子—適性揚才、終身學習」為「願景」，強調學生是自發主動的學習者，學校教育應善誘學生的學習動機，透過適性教育提升學生學習的渴望與創新的勇氣，激發學生生命的喜悅與生活的自信，引導學生妥善開展與自我、與他人、與社會、與自然的互動能力，協助學生應用及實踐所學、體驗生命意義，成為具有社會適應力與應變力的終身學習者，善盡國民責任，期使個體與群體的生活和生命更為美好，願意致力社會、自然與文化的永續發展，共同謀求彼此的互惠與共好（教育部，2014）。

　　十二年國民基本教育具有課程改革的時代意義，十二年國民基本教育培養生活所需的「核心素養」，透過學校課程習得統整的知識、能力及態度，包括三項重要的時代意義，首先是《十二年國民基本教育課程綱要》是升級版的《國民中小學九年一貫課程綱要》，將國民中小學「九年」一貫課程改革，升級為「十二年」國民基本教育課程改革；其次《十二年國民基本教育課程綱要》的重要改革是將「基本能力」升級為「核心素養」；其三是將九年一貫課程眾多繁複而流於繁雜瑣碎的「能力指標」升級轉型並簡化成為「領域／科目核心素養」及其相互呼應的「領域／科目學習重點」（簡稱學習重點）之學習內容與學習表現（蔡清田，2018）。一方面，《十二年國民基本教育課程綱要總綱》之三面九項核心素養是「跨領域」的概念；另一方面「核心素養」擴展並延續了十大基本能力的主要內涵，並加以升級成為三面九項核心素養，突顯重要特色，詳如表1-1所示：

表1-1　《十二年國民基本教育課程綱要》與《國民中小學九年一貫課程綱要》比較表

十二年國民基本教育課程綱要	國民中小學九年一貫課程綱要
國家教育研究院研擬，並由教育部課程審議委員會審議通過後，於2014年公布總綱	國民中小學九年一貫課程發展專案小組研擬，並由教育部於1998年公布總綱
國民中小學連貫到高中的十二年課程改革	國民中小學九年一貫課程改革
自發、互動、共好等三大基本理念，呼應「成就每一個孩子—適性揚才、終身學習」的願景（以學習者為主體）	人本情懷、統整能力、民主素養、鄉土與國際意識、終身學習等五大基本理念
四大課程目標	十大課程目標
三面九項核心素養與各教育階段核心素養（核心素養導向）	十大基本能力（基本能力導向）
五個學習階段（國小低、中、高年段、國中與高中／職）	四個學習階段（國小低、中、高年段與國中）
部定課程與校訂課程的課程架構部定必修課程之安排，學校得依實際條件就授課年段、學期或週數進行彈性開設，以降低學生每學期修習科目數。高一及高二每學期部定必修科目之開設以十二科以下為原則	學習領域節數與彈性學習節數課程
八大領域（科技從原來的「自然與生活科技領域」分出，並將「生活科技」與「資訊教育」加以統整成為一個新的「科技領域」	七大學習領域
領域內可分科教學（單領域可單科或多科）。自然科學、社會、藝術、綜合活動、健體等領域均含數個科目，除實施領域教學外，經學校課程發展委員會通過後，亦得實施分科教學，同時可在不同年級彈性修習不同科目，不必每個科目在每學期都修習，以減少每學期修習的科目數量，但領域學習總節數應維持不得減少。跨領域統整課程最多占領域學習課程總節數五分之一，其學習節數得分開計入相關學習領域，並可進行協同教學	領域內協同教學為原則（單領域不分科）
各領域／科目課綱明訂領域／科目核心素養（領域／科目依特性彈性對應九項核心素養）	各領域課程綱要明訂領域能力指標（各領域必須對應十大基本能力）
領域／科目學習重點含學習表現與學習內容	基本學習內容
實施要點（重視核心素養學校本位課程發展）	實施通則（重視學校本位課程發展）
各領域／科目課程綱要附錄含學習重點與領域／科目核心素養之呼應表	各領域課程綱要附錄含基本學習內容

　　十二年國民基本教育課程改革圖像，具有八項重要特色：第一項特色是「以核心素養為導向的課程改革」，十二年國民基本教育課程培養的「核心素養」，係指現代與未來國民透過新學校課程習得面對未來生活挑戰，所應具備的知識、能力與態度，這些具有國際化的「核心素養」，歸納延續了過去課程綱要的「基本能力」、「核心能力」與「學科知識」，但涵蓋更寬廣和豐富的教育內涵。「核心素養」強調學習不宜以學科知識及技能為限，而應關注學習與生活的結合，透過實踐力行而彰顯學習者的全人發展。核心素養的表述可彰顯學習者的主體性，關照學習者可整合運用於「生活情境」，強調其在生活中能夠實踐力行的特質。十二年國民基本教育課程之「核心素養」乃是呼應「聯合國教育科學文化組織」、「經濟合作與發展組織」及「歐洲聯盟」等國際組織對「核心素養」的界定，是指國民能在現代社會中扮演積極公民角色所需具備的核心素養，呼應了《十二年國民基本教育課程綱要總綱》的「自發」、「互動」、「共好」理念的全人圖像，彰顯國民教育可以引導國民的全人發展，強調以人為本的終身學習者，包括「自主行動」、「溝通互動」、「社會參與」等三面，以及「身心素質與自我精進」、「系統思考與解決問題」、「規劃執行與創新應變」、「符號運用與溝通表達」、「科技資訊與媒體素養」、「藝術涵養與美感素養」、「道德實踐與公民意識」、「人際關係與團隊合作」、「多元文化與國際理解」九項（教育部，2014），此即三面九項「核心素養」的「三維論」與「九軸論」（蔡清田，2014），學生學習核心素養，能在不同教育階段學習解決生活問題（蔡清田，2015），更能如圖1-3「核心素養的滾動圓輪意象」所示因應生活情境快速變遷而時俱進成為終身學習者（蔡清田，2016）。

　　核心素養強調教育功能，如表1-2所示可彌補十大基本能力的涵蓋範疇不全、區隔不清以及缺漏重要生活議題，如「道德實踐與公民意識」、「科技資訊與媒體素養」及「藝術涵養與美感素養」等，可因應現在及未來社會之需要，重視在學習過程中促進個體全人的發展以及終身學習的培養。「以核心素養為導向的課程改革」可透過課程綱要的「核心素養」、「教育階段核心素養」、「領域／科目核心素養」及「領域／科目學習重

點」轉化落實於課程實施，確保每一個接受十二年國教的學生都具備基本且共同的核心素養（蔡清田，2018）。

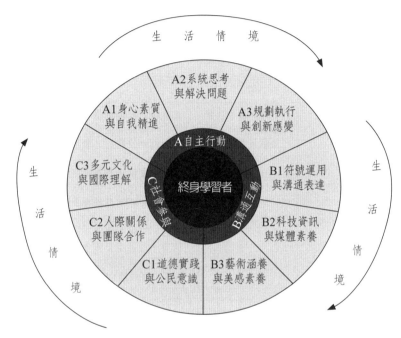

圖1-3　核心素養的滾動圓輪意象

表1-2　「三面九項核心素養」可涵蓋「十大基本能力」

三面九項核心素養內涵			十大基本能力內涵
A.自主行動	A1.身心素質與自我精進	具備身心健全發展的素質，擁有合宜的人性觀與自我觀，同時透過選擇、分析與運用新知，有效規劃生涯發展，探尋生命意義，並不斷自我精進，追求至善。	1.了解自我與發展潛能（充分了解自己的身體、能力、情緒、需求與個性，愛護自我，養成自省、自律的習慣、樂觀進取的態度及良好的品德；並能表現個人特質，積極開發自己的潛能，形成正確的價值觀。） 3.生涯規劃與終身學習（積極運用社會資源與個人潛能，使其適性發展，建立人生方向，並因應社會與環境變遷，培養終身學習的能力。）

表1-2（續）

三面九項核心素養內涵		十大基本能力內涵
A.自主行動	A2. 系統思考 與 解決問題	具備問題理解、思辨分析、推理批判的系統思考與後設思考素養，並能行動與反思，以有效處理及解決生活、生命問題。	9. 主動探索與研究（激發好奇心及觀察力，主動探索和發現問題，並積極運用所學的知能於生活中。） 10. 獨立思考與解決問題（養成獨立思考及反省的能力與習慣，有系統地研判問題，並能有效解決問題和衝突。）
	A3. 規劃執行 與 創新應變	具備規劃及執行計畫的能力，並試探與發展多元專業知能、充實生活經驗，發揮創新精神，以因應社會變遷、增進個人的彈性適應力。	2. 欣賞、表現與創新（培養感受、想像、鑑賞、審美、表現與創造的能力，具有積極創新的精神，表現自我特質，提升日常生活的品質。） 3. 生涯規劃與終身學習（積極運用社會資源與個人潛能，使其適性發展，建立人生方向，並因應社會與環境變遷，培養終身學習的能力。） 7. 規劃、組織與實踐（具備規劃、組織的能力，且能在日常生活中實踐，增強手腦並用、群策群力的做事方法，與積極服務人群與國家。）
B.溝通互動	B1. 符號運用 與 溝通表達	具備理解及使用語言、文字、數理、肢體及藝術等各種符號進行表達、溝通及互動，並能了解與同理他人，應用在日常生活及工作上。	4. 表達、溝通與分享（有效利用各種符號〔例如：語言、文字、聲音、動作、圖像或藝術等〕和工具〔例如：各種媒體、科技等〕，表達個人的思想或觀念、情感，善於傾聽與他人溝通，並能與他人分享不同的見解或資訊。）
	B2. 科技資訊 與 媒體素養	具備善用科技、資訊與各類媒體之能力，培養相關倫理及媒體識讀的素養，俾能分析、思辨、批判人與科技、資訊及媒體之關係。	8. 運用科技與資訊（正確、安全和有效地利用科技，蒐集、分析、研判、整合與運用資訊，提升學習效率與生活品質。）

表1-2（續）

三面九項核心素養內涵		十大基本能力內涵
B.溝通互動	B3. 藝術涵養 與 美感素養	具備藝術感知、創作與鑑賞能力，體會藝術文化之美，透過生活美學的省思，豐富美感體驗，培養對美善的人事物，進行賞析、建構與分享的態度與能力。	2. 欣賞、表現與創新（培養感受、想像、鑑賞、審美、表現與創造的能力，具有積極創新的精神，表現自我特質，提升日常生活的品質。）
C.社會參與	C1. 道德實踐 與 公民意識	具備道德實踐的素養，從個人小我到社會公民，循序漸進，養成社會責任感及公民意識，主動關注公共議題並積極參與社會活動，關懷自然生態與人類永續發展，而展現知善、樂善與行善的品德。	5. 尊重、關懷與團隊合作（具有民主素養，包容不同意見，平等對待他人與各族群；尊重生命，積極主動關懷社會、環境與自然，並遵守法治與團體規範，發揮團隊合作的精神。）
	C2. 人際關係 與 團隊合作	具備友善的人際情懷及與他人建立良好的互動關係，並發展與人溝通協調、包容異己、社會參與及服務等團隊合作的素養。	4. 表達、溝通與分享（有效利用各種符號〔例如：語言、文字、聲音、動作、圖像或藝術等〕和工具〔例如：各種媒體、科技等〕，表達個人的思想或觀念、情感，善於傾聽與他人溝通，並能與他人分享不同的見解或資訊。） 5. 尊重、關懷與團隊合作（具有民主素養，包容不同意見，平等對待他人與各族群；尊重生命，積極主動關懷社會、環境與自然，並遵守法治與團體規範，發揮團隊合作的精神。）
	C3. 多元文化 與 國際理解	具備自我文化認同的信念，並尊重與欣賞多元文化，積極關心全球議題及國際情勢，並能順應時代脈動與社會需要，發展國際理解、多元文化價值觀與世界和平的胸懷。	6. 文化學習與國際理解（認識並尊重不同族群文化，了解與欣賞本國及世界各地歷史文化，並體認世界為一整體的地球村，培養相互依賴、互信互助的世界觀。）

　　第二個特色是「以學生為主體的課程發展」，《十二年國民基本教育課程綱要總綱》以學生為主體，彰顯學習主體的重要性（洪詠善、范信賢，2015），一方面強調「彈性學習課程」與「彈性學習節數」的實施，增加學生自主學習的時間與空間，例如：彈性學習課程每週節數國小高年級「第三學習階段」原3-6節改為4-7節，國中「第四學習階段」原7、8年級4-6節；9年級3-5節，皆改為3-6節（國家教育研究院，2014a），而且高中學科的必修時數下降，選修課學分占了1/3，且各高中須以發展特色，增加4到8學分「校訂必修」；另一方面更重視學生學習獲得國民因應社會生活所需的「核心素養」，不僅可依據各教育階段循序漸進加深加廣，更是希望所有學生都能依教育階段的身心發展階段任務逐漸具備國民所需的「核心素養」（蔡清田，2012），核心素養的表述可彰顯學習者的主體性，不再只以學科知識作為學習的唯一範疇，而是強調「以學生為主體的課程發展」，關照學習者可整合運用於「生活情境」，強調其在生活中能夠實踐力行的特質（蔡清田，2014）。

　　第三個特色是「以終身學習者為核心的課程設計導引課程連貫與統整」，《十二年國民基本教育課程綱要總綱》強調生活所需的「核心素養」係以「終身學習者」為核心，界定核心素養的三面向為「自主行動」、「溝通互動」、「社會參與」，透過「以終身學習者為核心的課程設計導引課程連貫與統整」，引導學生學習獲得國民個體自主行動、溝通互動及參與社會生活所需之核心素養，進而導向社會永續發展的共好生活，特別是以「核心素養」為各教育階段及各領域／科目課程連貫統整的主軸，導引課程連貫與統整，強化學生主動探究與終身學習角色（蔡清田，2018），使其具備因應生活情境所需的「核心素養」以統整知識、能力、態度，而非片段的知識或能力，而且「核心素養」和幼兒園課程、國民中小學與高級中等教育等教育階段各領域／科目具有連貫與統整的密切關係（黃光雄、蔡清田，2015），可強化幼兒園課程、國民中小學與高級中等教育之課程連貫與課程統整，建置以「學生主體」，以「核心素養的連貫與統整」之K-12年級課程（蔡清田，2016），特別是各教育階段核心素養除可進行垂直連貫外，並可與各教育階段領域／科目進行課程連貫與

統整（蔡清田，2014），進而發展符合核心素養之領域／科目課程，培養學生的知識、能力、態度，使其具備核心素養，確保每一個接受十二年國教的學生都具備共同的核心素養。各領域／科目課程綱要的研修，需參照教育部審議通過的《十二年國民基本教育課程綱要總綱》及《十二年國民基本教育課程發展指引》，考量領域／科目的理念與目標，結合或呼應核心素養具體內涵，以發展及訂定「各領域／科目之核心素養」及「各領域／科目學習重點」。有關總綱與各領域／科目課程綱要的關係，如圖1-4所示：

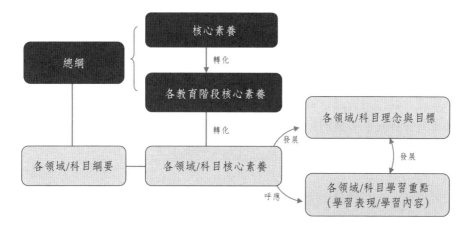

圖1-4　核心素養在課程綱要的轉化及其與學習重點的對應關係

資料來源：國家教育研究院（2014b）。十二年國民基本教育課程發展指引（頁8）。
　　　　　臺北市：作者。

第四個特色是「以領域／科目與核心素養為基礎的課程統整」，《十二年國民基本教育課程綱要總綱》指出課程發展要能因應不同教育階段之教育目標與學生身心發展之特色，提供彈性多元的學習課程，以促成學生適性發展，以學生為主體，彰顯學習主體的重要性，一方面強調「部定課程」與「校訂課程」的「彈性學習課程」與「彈性學習節數」的實施，重視領域／科目的重要性，並增加學生自主學習的時間與空間，如表1-3「十二年國民基本教育」各教育階段課程類型所示（教育部，2014，

表1-3 「十二年國民基本教育」各教育階段課程類型

教育階段 課程類型		部定課程	校訂課程
國民小學		領域學習課程	彈性學習課程
國民中學			
高級中等學校	普通型高級中等學校	一般科目 專業科目 實習科目	校訂必修課程 選修課程 團體活動時間 彈性學習時間
	技術型高級中等學校		
	綜合型高級中等學校		
	單科型高級中等學校		

8）：另一方面核心素養主要應用於國民小學、國民中學及高級中等學校的一般領域／科目，至於技術型、綜合型、單科型高級中等學校則依其專業特性及群科特性進行發展，核心素養可整合或彈性納入。《十二年國民基本教育課程綱要總綱》與各領綱皆重視各領域／科目與核心素養學科知識、能力、情意之統整的重要性，核心素養能因應生活情境需求，統整知識、能力與態度等面向的學習內容並加以運用，以核心素養作為領域課程設計的核心，可避免有所偏失的現象，也可強調知識、能力與態度統整的理念，也可以引導領域／科目內容的發展，各教育階段領域／科目的課程內涵，宜具體統整並融入核心素養。

　　一方面保留傳統課程綱要優點，另一方面又注入核心素養的新生命力，可循序漸進逐步進行課程改革，而且各「領域／科目核心素養」與學習重點規劃與訂定時，已參酌學習節數發展適切的領域課程綱要。各領域／科目考量本身的理念與目標，結合各「教育階段核心素養」，發展及訂定符合學習節數的「領域／科目核心素養」及「領域／科目學習重點」，各「領域／科目」課程綱要可保留部分原有課程目標，並創新增訂各「領域／科目課程目標」，確立與核心素養關係最為密切的課程目標，並發展成為「領域／科目核心素養」，彰顯該領域／科目的特色，而且各領綱特別重視「領域／科目學習重點」及其呼應的「領域／科目核心素養」

以統整「領域／科目學習內容」與「領域／科目學習表現」（蔡清田，2015）。

　　第五個特色是「以核心素養進行跨領域／科目的課程統整」，《十二年國民基本教育課程綱要總綱》之三面九項「核心素養」是同時強調「領域／科目核心素養」與「跨領域／科目」（transversal or cross domain／subject）的「核心素養」（蔡清田，2016）。國民所需的「核心素養」，是國民因應現在及未來社會生活情境所需具備的「知識」、「能力」與「態度」之統整，可透過各「領域／科目課程目標」與「領域／科目核心素養」引導各「領域／科目學習重點」的課程發展（蔡清田、陳伯璋、陳延興、林永豐、盧美貴、李文富、方德隆、陳聖謨、楊俊鴻、高新建、李懿芳、范信賢，2013），並透過「學習內容」與「學習表現」，展現各「領域／科目學習重點」課程設計（蔡清田，2018），引導學生學到更為寬廣且能因應社會生活情境所需的「核心素養」。過去的課程標準強調「學科知識」的獲得，國民中小學九年一貫課程強調培養學生帶著走的「基本能力」，而十二年國民基本教育課程改革則進一步強調培養學生能應用在生活情境所需的「核心素養」，較過去的「學科知識」、「基本能力」、「核心能力」涵蓋更寬廣和豐富的教育內涵，更注重學習歷程及方法策略（蔡清田，2014），強調培養終身學習者，彰顯學習者的主體性，不以學科知識作為學習的唯一範疇，不以傳統有限的「基本能力」窄化教學內容或以「核心能力」束縛學習內容，而是以「基本能力」與「核心能力」為基礎，加以擴展轉型升級為核心素養（蔡清田，2011），關照學習者可將「學科知識」與「基本能力」整合運用於生活情境（黃光雄、蔡清田，2015），並由個體生活擴展到社會生活，強調在生活情境中實踐力行的特質，培養學生因應現在及未來生活挑戰所應具備的「核心素養」（蔡清田，2016）。換言之，《十二年國民基本教育課程綱要總綱》一方面重視「領域／科目核心素養」，亦即各「領域／科目」內部的學科知識、能力、情意的統整學習，另一方面也重視「跨領域／科目」的「核心素養」之培養，兩方面相輔相成且同等重要。尤其是在符合教育部教學正常化之相關規定及領域學習節數之原則下，學校得彈性調整或重組「部定課程」

之領域學習節數，實施各種學習型式的跨領域統整課程。跨領域統整課程最多占領域學習課程總節數五分之一，其學習節數得分開計入相關學習領域，並可進行協同教學。教師若於領域學習或彈性學習課程進行跨領域／科目之協同教學，提交課程計畫經學校課程發展委員會通過後，其協同教學節數可採計為教師授課節數，相關規定由各該主管機關訂定之（教育部，2014）。

　　第六個特色是「以核心素養為焦點的教學與學習」，十二年國民基本教育課程改革重視不僅強調以學生作為學習的主體以及師生互動參與，同時重視知識能力與態度情意的「領域／科目核心素養」，透過「領域／科目學習重點」的課程設計，統整學科知識的「學習內容」與核心能力的「學習表現」，兼顧能力導向學習與知識導向學習，並且配合學生認知結構發展，因應學生由國小到國中、高中的認知技能情意之階段發展過程；而且延續「跨領域／科目」課程統整的特色，教師教學應調整過去偏重學科知識的教學型態，活化教學現場與學習評量，除了引導學生學習學科知識之外，也要強調轉化實踐行動的知能，培養學生因應未來生活所需的「跨領域／科目」的核心素養。特別是《十二年國民基本教育課程綱要總綱》，一方面強調校訂課程和公開觀課，讓教師專業社群經營成為學校行政與課程發展的重心，共同備課和觀課也將營造全新的學校團隊氛圍，翻轉傳統的教師教學（洪詠善、范信賢，2015）；另一方面《十二年國民基本教育課程綱要總綱》重視「核心素養」，強調以學生作為學習的主體以及師生互動參與，而非傳統的教師講授主導教學。尤其是以核心素養為的十二年國民基本教育課程改革，同時重視知識能力與態度情意的教學與學習，透過「領域／科目學習重點」的課程設計，統整學習內容與學習表現，並配合學生認知結構發展，因應學生由國小到國中、高中的教育階段發展過程。過去《國民中小學九年一貫課程綱要》重視基本能力，強調能力指標以學生須習得的能力展現為主，而《十二年國民基本教育課程綱要》重視核心素養，強調「領域／科目學習重點」統整「學習表現」與「學習內容」二個向度，組成「學習重點」能較完整呈現學習歷程、方法及內容，並作為教材設計之參考，引導教師的教學與學習。

　　簡而言之，「領域／科目學習重點」指的就是領域／科目的「學習內容」與學生的「學習表現」（林永豐，2017），這些是教師的教學重點，也是學生的學習重點，也是提供各領域／科目進行課程發展的教材設計、教科書審查及學習評量的重要依據。特別是「學習內容」是該領域／科目「核心」的知識、能力、態度等有價值的「內容」，能呼應核心素養的重要、關鍵、必要之特質（蔡清田，2018），並引導學生透過「學習內容」而展現「學習表現」以達成目標，但毋須像傳統教材大綱一樣列出所有教材或內容，以避免教材太多或不當重複或脫節遺漏之缺失。學習內容需能涵蓋該領域／科目之重要事實、概念、原理原則、技能、態度與後設認知等知識。學習內容是該領域／科目重要的、基礎的內容，學校、地方政府或出版社得依其專業需求與特性，將學習內容做適當的轉化，以發展適當的教材。此種學習重點的架構方式，提供各領域／科目進行教材設計時的彈性，在不同版本的教材中，學習表現與學習內容可以有不同的對應關係。教科用書編輯人員或學校教師可依不同學生的需求或學習階段的差異，彈性地組合領域／科目的「學習表現」與「學習內容」，這有利於將課程綱要內涵轉化為實際教材，且提供學生更為適性的學習機會（國家教育研究院，2014a）。

　　第七個特色是「以核心素養為依據的學習評量」，十二年國教課改強調以核心素養為依據的學習評量，應依據「領域／科目學習重點」為依據的學習評量；換言之，學習評量應依據「核心素養」的「學習重點」，考量學生生活背景與日常經驗，妥善運用在地資源，發展真實有效的學習評量工具。以「核心素養」為主軸的學習評量，須兼顧整體性和連續性，以了解學生在相對於「核心素養」的「領域／科目學習重點」之學習進展，並有效進行追蹤，長期評估學生在「領域／科目學習重點」的「學習內容」與「學習表現」之成長與進步。特別是「學習表現」是指該領域／科目關鍵而重要的「核心」認知、技能、情意等有價值的「表現」，能呈現該領域／科目有關「非內容」（non-content）面向的學習特質，引導學生學習達成認知、技能、情意之學習表現而達成學習目標，且能呼應領域／科目核心素養的重要、關鍵、必要之特質（蔡清田，2014），毋須像傳

統課程綱要一樣列出所有能力指標或學習指標，以避免指標過多數量龐大或流於繁瑣而難以掌握或不當重複或脫節遺漏之缺失。學習表現是強調以學習者為中心的概念，學習表現重視認知、情意與技能之學習展現，代表該領域／科目的非「內容」向度，應能具體展現或呼應該領域／科目核心素養。認知向度包括記憶、理解、應用、分析、評鑑、創造等層次；情意向度包括接受、反應、評價、價值組織、價值性格化等層次；技能向度包括感知、準備狀態、引導反應（或模仿）、機械化、複雜的外在反應、調整、獨創等層次。

　　第八個特色是將過去的學校本位課程發展升級轉型成為「核心素養」導向的「學校本位課程發展」，更強調學生之學習內容與學習表現，呼應以學習者為主體的課程改革。特別是十二年國民基本教育強調「核心素養」導向的課程、教學、學習及評量，從課程規劃設計到教師教學實施及學習評量的方式，都是為了落實十二年國民基本教育的「核心素養」；「核心素養」學校本位課程發展，以學生需求及學校社區情境資源為起點，發展學校特色且培養學生「核心素養」；特別是《十二年國民基本教育課程綱要總綱》明確指出要透過學校課程發展委員會的組織與運作，持續精進「學校本位課程發展」（教育部，2014，31）。據此「學校本位課程發展」，是十二年國民基本教育課程改革的重要核心概念，而且「核心素養」導向的「學校本位課程發展」是以學校為發展主體，強調由下而上的課程決定形式，經由選用、調整或自行創新課程與教材，回應學生的個別差異和學習需求，整合學校及社區特色與資源以學生為中心的課程計畫，培養學生的「核心素養」，營造以學習者為中心的新學習風貌，永續經營「學校本位課程發展」，課程改革未來的學校是核心素養的學校，尤其是學校課程計畫是學生學習的地圖、課程公共對話與溝通的重要文件以持續精進「學校本位課程發展」。本書稍後各章將進一步指出可透過學校課程發展委員會的學習型組織，透過課程研究的「自我精進超越」、課程規劃的「建構共同願景」、課程設計的「改善心智模式」、課程實施的「團隊學習」、課程評鑑的「系統思考」，進行「核心素養」的「學校本位課程發展」。

　　過去《國民中小學九年一貫課程綱要》「七大學習領域」包括語文、健康與體育、數學、社會、自然與生活科技、藝術與人文、綜合活動；《十二年國民基本教育課程綱要總綱》「八大學習領域」則將「九年一貫」課程綱要的原「語文領域」分為本國語文領域、外國語文領域，原「自然與生活科技領域」分為自然科學領域與科技領域（包括資訊科技、生活科技）；原「藝術與人文領域」更名為藝術領域。目前的《十二年國民基本教育課程綱要總綱》則將領域節數加以調整，國小低年級「國語文」增加為6節課，「綜合活動」與「生活課程」整合；國小低、中年級「數學」增加為4節課；國中統整生活科技與資訊科技課程為「科技」實施2節課。保留國中小彈性學習課程，並規劃實施方式，以確保學生多元學習的管道，並強化校本課程發展，落實課程統整、結合教育新興議題和學生適性發展的教育目標。彈性學習時間包括學生自主學習、選手培訓、充實（增廣）／補強性課程、全校性／全年級／班群團體活動及重補修課程。「學生自主學習」每學期每週訂定最低節數1-3節，以發揮學生「自發」規劃學習內容的精神。若為全校共同安排課程、活動或是充實／補強性課程，盡可能於團體活動或校訂選修中實施。

　　值得注意的是《十二年國民基本教育課程綱要》，由國家教育研究院「十二年國民基本教育課程研究發展會」負責課程研議，教育部「十二年國民基本教育課程審議會」負責課程審議，本於教育宗旨，盱衡社會變遷、全球化趨勢，以及未來人才培育需求，持續強化中小學課程之連貫與統整，實踐素養之課程與教學，以期落實適性揚才之教育，培養具有終身學習力、社會關懷心及國際視野的現代優質國民。在前述基本理念引導下，《十二年國民基本教育課程綱要總綱》明訂「啟發生命潛能」、「陶養生活知能」、「促進生涯發展」、「涵育公民責任」四項總體「課程目標」，以協助學生學習與發展（教育部，2014）。

　　就課程發展的原理而言，十二年國民基本教育課程改革，延續過去國民中小學九年一貫課程改革強調「課程綱要取代課程標準，學生學習中心取代學科本位中心，學校本位課程發展取代中央政府統一編輯」，鼓勵教師主動發展課程。此項課程改革是由中央政府主導的教育革新，重視學

校本位課程發展的專業任務，強調學校本位課程發展的永續經營，賦予教師進行課程發展之專業角色，合乎世界各國教改潮流，深具時代意義。此種課程改革途徑，結合國家政策本位的課程發展（national policy-based curriculum development）、教師教學本位的課程發展（teacher teaching-based curriculum development）、行動研究本位的課程發展（action research-based curriculum development）等進路（黃光雄、蔡清田，2015），強調「教師即研究者」的課程發展理念，說明了教師不僅是國家層次課程改革的實施者，更是學校課程的發展者，這是臺灣課程改革的一個里程碑（蔡清田，2016）。

　　簡而言之，過去的臺灣中小學必須遵照教育部課程標準的規定實施，甚少長期從事自發性的課程發展，缺乏辦學特色。此次十二年國教課程綱要的內涵與以往課程標準有顯著差異，其特色包括：以培養現代國民生活所需的核心素養為課程設計核心；提供學校及教師更多彈性教學自主空間；降低各年級上課時數，減輕學生負擔；減輕對教科書的依賴；結合課程、教學與評量，改進中小學課程的一貫性與統整性。其改革重點至少包括兩方面，一方面統一國民教育階段學校教育目標，重視當代生活所需的核心素養；第二方面依據核心素養，規劃領域課程內容，取代只重視升學準備考試之傳統科目，避免科目分立，知識支離破碎；藉由核心素養導向的學校本位課程發展與教室層面課程設計，縮短「理念建議的課程」、「正式規劃的課程」、「資源支持的課程」、「運作實施的課程」、「學習獲得的課程」、「評量考試的課程」之間的差距（蔡清田，2016），落實核心素養的學校本位課程發展過程與結果，充實學生學習經驗，符合從情境觀點界定核心素養的學校本位課程發展，更合乎學校本位課程發展的永續經營之理念。

二、十二年國民基本教育課程改革倡導學校本位課程發展的理念

　　過去威權體制反映在課程標準的控制上，由中央對學校課程進行十分嚴密的控管，使得學校能運用課程彈性相當有限，以致學校教育人員不被

期望去設計學校課程，因而喪失課程設計能力（黃政傑，1997）。但是今日政治、經濟因素發生巨大轉變，學校在此次課程改革運動中獲得較大的課程自主空間，因此期待學校人員恢復課程發展的能力。學校本位課程發展的理念，近年來已經成爲課程研發當中的新課題（陳伯璋，1999）。由於每個學校皆有其獨特性，如果學校教育人員未能主動從事課程發展，將難以滿足其特殊情境需求。是以，學校教育人員必須根據學校所面臨的實際問題，採取具體行動，進行學校本位課程發展。

　　十二年國民基本教育課程改革，延續過去《國民教育法》第4條、《教育基本法》第13條、《教育部指定中等學校及小學進行教育實驗辦法》等有關規定，推動學校本位課程發展，側重學校課程發展委員會之組織、運作方式、行政組織調整、統整課程的設計與安排、教學群組織與協同教學模式、教學資料的蒐集編選與新舊課程學習銜接性的探討、試圖編撰新課程教材活動設計、教師專長的提升與發展、彈性課程的規劃、多元評量的策略、教師任課時數的調整安排、家長參與及社區支援的策略與模式等。此一課程改革，是由中央政府主導的教育革新，強調學校本位課程發展的永續經營。教育部透過官方政策檔案，正式倡導學校本位課程發展的永續經營，規範全國各校必須授課的最低「領域學習課程」，各校除此而外，每週尚有「彈性學習課程」，留供班級、學校、地區進行適性發展，可執行教育行政機關委辦活動，及依學校特色所設計的課程；更主張各校應透過具體行動，組織「課程發展委員會」，進行學校組織再造，課程發展委員會應於每學年開學前，合理分配各學習領域學習節數，考量學校條件、社區特性、家長期望、學生需要等相關因素，整合學校全體教師和社區資源，發展核心素養的學校本位課程。

　　十二年國民基本教育課程改革更進一步倡導「核心素養」，並延續國民中小學九年一貫課改倡導學校本位課程發展的理念，指出各校應組織「課程發展委員會」，發展學校課程，授予學校彈性時間與空間，激發學校改革的機制（蔡清田，2017）。特別是，因應2014年11月7日我國立法院院會三讀通過，並經總統正式公告《高級中等以下教育階段非學校型態實驗教育實施條例》（103年11月19日總統華總一義字第10300173311號

令公布）、《學校型態實驗教育實施條例》（103年11月19日總統華總一義字第10300173321號令公布）以及《公立國民小學及國民中學委託私人辦理條例》（103年11月26日總統華總一義字第10300177151號令公布）等「實驗教育三法」，臺灣教育已由過去傳統保守作風，翻轉改變為教育實驗與創新，鼓勵實施學校型態與非學校型態實驗教育，以保障人民學習及受教育權利，增加人民選擇教育方式與內容之機會，促進教育多元化發展，落實《教育基本法》第13條規定，特制定《學校型態實驗教育實施條例》，該條例第3條指出「本條例所稱學校型態實驗教育，指依據特定教育理念，以學校為範圍，從事教育理念之實踐，並就學校制度、行政運作、組織型態、設備設施、校長資格與產生方式、教職員工之資格與進用方式、課程教學、學生入學、學習成就評量、學生事務及輔導、社區及家長參與等事項，進行整合性實驗之教育。」

第三節 學校本位課程發展的理念模式

學校本位課程發展，為達成教育目的或解決學校教育問題，以學校為主體，由學校成員所主導進行的學校本位課程發展的永續經營，其發展結果可以是針對課程目的、內容與方法進行選擇、組織、實施與評鑑，也可以是課程發展模式（model）的創造。「模式」即實際運作狀況的縮影，或是理想運作狀況的呈現，希望透過介紹、溝通或示範發展的藍圖，使未來的行動獲得指引（黃光雄、蔡清田，2015）。因此，所謂課程發展模式，即有呈現理念的課程發展過程、介紹相關的影響因素、溝通相關課程發展人員、示範行動進行策略的涵義。

課程發展強調演進、生長的課程理念，並聚焦於人員、及其運作的程式，包含誰負責課程決定、影響課程決定因素間的交互作用、談判協商等要素（蔡清田，2016；Zais, 1976; Pratt, 1980）。所以課程發展理想模式的呈現，包括人員、權力、程式與參與等四項基本因素，在這四個因素的互動下，使課程發展具有以下的特質（黃政傑，1998）：一是為了作成決定的人際運作過程；二是一種政治性的過程；三是人的作用；四是一種合作

事業；五是一種斷續增進（disjointed incremental）的決定過程，它不是純然理性、客觀、系統的工作。所謂「斷續增進」，乃是指課程發展的決策過程中，課程發展人員根據不斷在改變的新情勢，重新檢視資料，並作片段的、連續的、修補的、調適目標的決策。因此課程發展模式的提出，不但為學校人員提供課程行動的指引，更是為課程發展過程中不斷產生的人際互動與協商提供冷靜思考的準備。

　　綜觀學者所提出的課程發展模式，「經濟合作與發展組織」（Organization for Economic Co-operation and Development，簡稱OECD）提出的模式與M. Skilbeck的模式，頗能化繁為簡，可作為學校課程發展之參考。

一、「經濟合作與發展組織」的模式

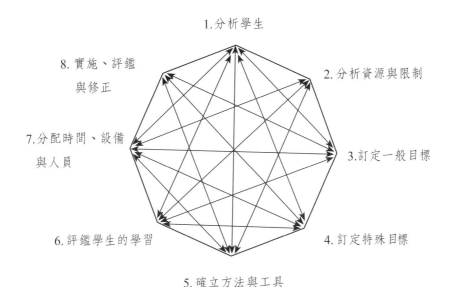

圖1-5　「經濟合作與發展組織」的學校本位課程發展模式

經濟合作與發展組織（OECD, 1979）提出的學校本位課程發展的因素有：

（一）分析學生：了解學生的年齡、社經背景、先備知識、如何引起學習動機等問題。

（二）分析資源與限制：了解教師人數、教師經驗、教師知能、經費、外部支援，與控制、課表彈性、家長學生與行政當局的反應等。

（三）訂定一般目標：一般目標指全體教育體系的價值或哲學，常稱教育宗旨或目的。

（四）訂定特殊目標：特殊目標指學生經歷學習歷程後，應具備的知識、能力與態度。

（五）確立方法工具：確認達成目標的適切方法與工具。

（六）評鑑學生的學習：評鑑學生的學習，考慮是否採用比較評鑑的方式，對學生的學習結果評鑑，以判斷課程方案的成效。

（七）分配時間、設備與人員：安排配置空間、時間、人力等資源，做好實施的相關準備工作。

（八）實施、評鑑與修正：評鑑時應兼顧認知、情意與技能的目標，建構客觀、科學的指標作為評鑑的依據。並根據評鑑結果決定是否需要進行修正。

此模式的特點在於認為課程的使用者是學生，因此課程發展的第一步驟應從「分析學生」開始，將課程發展的焦點置於學生身上，以發展出真正切合學生所需要的課程內容。這八大步驟有邏輯上的順序，學校在實際應用時，則可以自任何一點開始，並且在進行任一步驟時，都應考量其他七項因素的配合。其課程發展模式見圖1-5。

二、Skilbeck的模式

Skilbeck（1976）根據理性規劃的程度，提出三種課程發展策略：第一種理性演繹式（rational deductive）指中央控制課程的決策，無論是政

策指示、課程綱要、學習資源、考試制度等，皆由中央透過層級組織加以規劃。第二種「理性互動式」（rational interactive）係指課程決定由教育工作者的參與者共用，中央教育機構只提供政策指示、課程大綱與建議，學校可以在國家規劃的範圍內進行課程發展。第三種「直覺式」（intuitive）強調教師的立即判斷與當下的直覺，重視教師的課程發展角色。這三種模式分別強調社會統一、民主決策與教師個人自主創意，各有其功能，事實上這三種模式可以並存於一個學校中。

　　學校本位課程發展必須重視學校脈絡，而且學校的角色並不是只是接受者、傳遞者與採用者，而應是夥伴、合作者與倡導者。因此，學校絕非是漠不關心的保守勢力或者是革新的阻力（Skilbeck, 1984）。特別是學校為課程發展的主體，其課程發展實施內容，包括如黃炳煌（1996）所提出的六階段課程發展模式：課程規劃、課程設計、課程發展、課程實驗、課程實施、課程評鑑。同時針對學校的正式課程與非正式課程進行設計。例如：課程發展進行之初，學校本位課程發展人員必須進行課程規劃，以評估學生、家長與社區對學習的需求、確定課程發展的範圍、衡量學校資源的提供、師資的供給等情境與環境上的問題，進行整體評估。並著手進行課程內容的安排與設計，包括課表上排定的正式課程、學校運動會與社區活動等非正式課程的安排，甚至由於師生的互動與社會文化的影響所產生的潛在課程，也是學校可加以規劃設計。狹義的課程發展則包含課程決定的溝通與協商，組織與人際間互動的過程，透過課程協商的過程，形成初步的課程方案，以進行課程實驗，蒐集回饋的訊息，進一步修正與調整後，付諸課程實施，並在每個環節中進行評鑑的工作。這種模式的特點，強調課程發展具有價值的特性，不同的壓力團體與利益會影響課程發展過程。所以此模式不「憑空」作建議，而是先就學校情境，進行分析，然後才著手進行課程規劃設計，因為課程發展的焦點必須置於個別的學校及教師身上，亦即，學校本位課程發展的永續經營，是促成學校真正改變的最有效方式。學校本位課程發展，必須掌握相關的影響因素，經過情境分析評估，進而擬定目標，據此提供不同的計畫，進行方案設計，解釋和實施，檢查評估回饋與重新建構（黃光雄、蔡清田，2015；Skilbeck,

1984）。

　　國內外學校本位課程發展的實例，許多學校與學者皆自覺地或不自覺地使用Skilbeck的模式（李隆盛，1997；Price & Strakley, 1981; Ben-Peretz & Dor, 1986; Bezzina, 1989）。高新建（2000）並就此加以說明：

1. 評估情境。
2. 成立工作小組。
3. 擬訂學校課程願景及課程目標。
4. 方案設計。
5. 解釋與準備實施。
6. 實施。
7. 檢視進度與問題、評鑑與修正。
8. 維持與制度化。

　　特別是根據史克北（Skilbeck, 1984）的觀點，課程的概念即經驗，亦即教師、學生及環境三者之間的溝通與互動。因此學校層次的課程發展，須始自學習情境的評估和分析，據而提供不同的計畫內容，並將課程設計置於學校文化的情境脈絡架構中，因此模式又稱情境分析模式。如圖1-6說明：

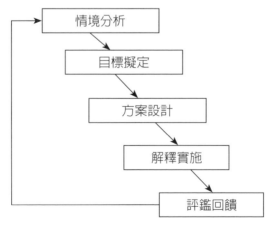

圖1-6　課程發展的情境分析模式（黃光雄、蔡清田，2015）

　　Skilbeck（1984）將課程發展模式置入學校文化脈絡中，強調價值轉化過程，以說明不同壓力團體和意識型態設法影響文化傳遞的過程。「情境分析模式」具彈性適應力，可依情況的改變而加以解釋。這種模式視課程爲一種手段，教師藉此手段，透過文化價值、解釋架構和符號系統的領悟，而改變學生的經驗這一模式不像「目標模式」，事先設定一種直線進程，以貫穿其各個構成要素，亦即，學校教師可以在各個階段開始，各種活動能夠同時開展，並不事先設定手段和目的分析；只是鼓勵學校經營者，考量課程發展過程中不同的要素和層面，視歷程爲一種有機的整體，並以一種相當系統的方式從事課程發展（Taylor & Richards, 1979）。這一模式提醒學校經營者，系統地考慮其特殊情境內涵，並且將其決定建立在較廣的文化和社會探討之上（黃光雄、蔡清田，2015）。

第四節 核心素養的學校本位課程發展

　　因應臺灣社會快速的變遷與課程改革的需要，我國教育部2014年11月28日公布《十二年國民基本教育課程綱要總綱》，本於全人教育的精神，以「自發」、「互動」及「共好」爲理念，以「成就每一個孩子—適性揚才、終身學習」爲願景，研訂課程目標並結合「核心素養」加以發展，指引學校進行課程發展（教育部，2014），其實施原則要求各校組織「課程發展委員會」，呈報學校課程計畫。其實施原則更明確指出：應充分考量學校條件、社區特性、家長期望、學生需要等相關因素，結合全體教師和社區資源，發展學校課程，並審愼規劃全校課程計畫。就十二年國民基本教育課程改革的時代意義而言，可見我國十二年國民基本教育課程改革，不僅倡導學校本位課程發展，更重視核心素養的學校本位課程發展及其學校課程計畫。

　　但是，學校課程計畫的意義與內涵爲何？有待探討，學校「總體」課程計畫是否相當於「整體課程」（whole curriculum），也有待進一步就課程專業領域加以研究。特別是學校進行課程發展，依規定將學校課程計畫呈報教育當局核備，也不一定保證帶來學校進步，除非相關人員了解「整

體課程」的理念,而並具備「課程經營」的能力,進行整體課程的研究、規劃、設計、實施與評鑑,掌握整體課程的推動策略、行動綱領與配套措施,方能確保優質的課程發展過程與結果,實踐教育改革的願景。本節旨在說明核心素養的學校本位課程發展的重要意義與永續經營。

一、學校本位課程發展的整體課程重要意義

　　《十二年國民基本教育課程綱要總綱》明確指出「部定課程」之「領域課程」與「校訂課程」的「彈性學習課程」(教育部,2014),所構成的學校整體課程,應該經過整體規劃設計,不應該只是個別年級科目領域的拼湊總和,或個別課程計畫的書面資料呈報。「整體課程」,可以用來說明學校課程之「整體」(wholeness)特色。課程的整體論是指課程系統是由系統的每一個部分所組成,整體論鼓勵合作,整體論也重視多樣差異,整體大於部分之合。

　　學校的「整體課程」是從學校教育機構的整體觀點,進行學校本位課程發展的永續經營(蔡清田,2016)。就理想而言,整體課程的概念,涵蓋學生的整體學習經驗(Holt, 1980),其內容包括正式課程與非正式課程,以及可能的「潛在課程」(陳伯璋,1997;Horton, 1983)。潛在課程是指學生從物理環境、學校政策、學校教育過程當中所獲得的可能學習。由於潛在課程的發生是一種可能性,而沒有必然性,學校必須因應實際發生情境加以處理(陳伯璋,1997;黃政傑,1997),不宜事前統一規範。因此,就學校課程規劃實務而言,英國國定課程(the national curriculum),便明確指出學校「整體課程」的內容,應該包括國定課程科目、宗教教育、其他科目、課外活動、以及跨越課程的要素,而未包括潛在課程的部分(NCC, 1990)。國民中小學九年一貫課程綱要與十二年國民基本教育課綱,皆指出學校必須就全校總體課程,進行整體規劃,特別是學校本位課程發展的總體課程計畫,不應只是個別年級科目領域的拼湊總和而已,而應該是透過整體規劃,整合「部定課程」之「領域課程」與「校訂課程」的「彈性學習課程」,以規劃全校的「整體課程」。一方

面不僅改變科目本位的窠臼，避免學校科目林立與知識分離破碎的現象，另一方面，更結合整體學校人力物力資源，促成學校課程的水平統整與垂直連貫，進行整體課程的永續經營。是以學校整體課程，與教育人員、課程方案、學習對象、學習時間、課程發展等因素變項，皆有密切關聯。茲就其重要意義，說明如次：

（一）重視學校本位課程發展的整體教育人員

就參與人員而言，學校本位課程發展的永續經營，重視由學校教職員所共同參與，透過全體教職員工的共同努力，整合學校人力資源與地方社區資源（黃政傑，1999；歐用生，1999），透過「整體學校」的組織發展，發揮團隊精神並打破個人孤離主義（Fullan & Hargreaves, 1992）。特別是邀請家長與社區人士或學者專家，參與學校課程發展委員會的經營團隊運作（蔡清田，2002），激發討論與深思熟慮構思的過程，不僅可以獲得外在觀點的課程觀（outer curriculum），更可進一步發展自己的內在課程觀（inner curriculum）（Brubaker, 1994），使學校本位課程發展的願景明確化，以建構具體的學校本位課程發展目標（Schwab, 1983）。

（二）重視學校本位課程發展的整體課程方案

就課程方案而言，個別教師或課程小組所進行的統整，可能只是針對某一學習領域科目或活動所進行的課程計畫，而未能顧及學校行事其他面向與全校整體課程計畫的整體規劃。因此，站在學校的立場，有必要從學校整體的觀點，透過學校整體課程目標，整合領域科目正式課程方案與學校行事學習活動的非正式課程方案，顧及重要議題內容，並且考慮可能發生的潛在課程之正反面影響（黃光雄，1996；黃政傑，1997；陳伯璋，1997；歐用生，2000），透過學校教師的團隊合作，合力進行學校層面之整體課程規劃，結合各課程方案，成為學校整體課程，而非個別課程方案之拼湊總和。

（三）重視學校本位課程發展的整體學習對象

就學習對象而言，個別教師或課程小組所進行的統整，可能只是針對某一年級或班級學生，而未能顧及其他學生。因此，站在學校整體的觀點而言，有必要從學校層面，進行全校性的整體課程計畫之整體規劃，整合

學校教師力量，進行學校整體課程規劃設計，使個別學生或個別教室班級層面的主題統整，成爲學校整體課程之一部分。

（四）重視學校本位課程發展的整體學習時間

就學習時間而言，個別教師或課程小組所進行的統整，可能只是針對某一節課、日、週、月、學期，而未能顧及國小六年或國中三年甚或國民教育九年一貫的統整與銜接。因此，有必要從學校層面，同時考量學生的學習領域節數與彈性學習節數，研擬近程、中程與長程的計畫，進行學校整體課程規劃設計，使近程的節、日、週、月等主題，成爲學期年度或跨年度之中長程計畫的整體課程之一部分。

（五）重視學校本位課程發展的整體課程發展

就動態歷程而言，整體課程，重視學校機構整體的教育目的、課程目標、課程方案設計、課程實施與課程評鑑等學校的整體課程發展之動態歷程與結果，而不在於個別班級或單一科目年級的片面課程現象描述，或靜態的書面課程計畫。一般而言，課程的範圍包括了理念建議的課程、正式規劃的課程、資源支持的課程、實施教導的課程與學習獲得的課程（黃光雄、蔡清田，2015），如果學校未能致力於課程發展，將導致學校課程理想與課程實際的落差過大的現象（Goodlad, 1979），因此，有必要進行學校整體課程研究、規劃、設計、實施、評鑑的永續發展，連結不同層次的課程，以縮短課程理念與實際運作之間的差距（Tanner & Tanner, 1995）。

學校整體課程，重視整體的教育人員、整體的課程方案、整體的學習對象、整體的學習時間與整體的課程發展，透過學校課程的整體經營改造（蔡清田，1999），進行學校本位課程發展的永續經營；藉由中央政府教育政策方針的倡導，與地方政府的支持，發展學校特色，追求卓越教育，這是學校教育人員「用心」與「創意」的表現（蔡清田，2016），以彰顯學校課程的整體性（wholeness）或總體性（totality）。簡言之，學校整體課程經營，旨在透過學校本位課程發展永續經營的推動策略，喚醒學校教育專業工作人員與社區居民對學校教育的認同感，透過學校教育專業人員與地方熱心人士組成課程經營團隊，積極參與學校本位課程發展的永續經營，進行學校整體課程的經營改造，經由課程發展具體行動，發揮學校本位課程發展永續經營的理念，呼應世界教改浪潮。

二、核心素養的學校本位課程發展之整體課程經營

　　我國十二年國民基本教育課程改革延續國民中小學九年一貫課程改革（黃光雄、蔡清田，2015），皆倡導學校本位課程發展的理念，希望整合學校人力資源，進行學校課程發展。因此，各校應該透過課程發展委員會組成學校課程經營團隊，研擬適當的推動策略，以進行課程發展。特別是課程經營的推動策略，具有核心素養的學校本位課程發展參考價值：首先，可以作爲達成學校本位課程發展的計畫書；其次，可以協議的行動方案作爲基礎，可減少武斷的決定；第三，簡化的推動策略步驟，對於課程發展的進行是具有實用的價值；第四，課程推動計畫將有助於呈現與溝通課程發展的各個部分。

　　學校本位課程發展的整體課程理論，是指課程系統是由系統的每一個部分所組成，整體論鼓勵合作，整體論也重視多樣差異，整體大於部分之合。學校本位課程發展的整體課程經營，包含了過去戴明（W. E. Deming）所謂規劃、執行、檢核及行動（Plan, Do, Check, Act，簡稱PDCA）的全面品質管理步驟，進行「規劃構想」、「審愼實施」、「檢核評估」、「回饋行動」而促使品質持續改善，可結合「目標模式」、「歷程模式」、「情境模式」（蔡清田，2016），進一步擴展爲學校本位課程發展永續經營的循序漸進程式，分別是：（一）課程研究、（二）課程規劃、（三）課程設計、（四）課程實施、（五）課程評鑑、（六）課程經營的「持續改進螺旋」（Continuous Improvement Spiral）。這種學校本位課程發展的永續經營模式，彰顯學校本位課程發展的基本假定，乃是以學校爲課程發展的焦點所在，亦即，學校本位課程發展的永續經營乃是促進學校改變的有效方法，而核心素養的學校本位課程發展重點如下圖1-7核心素養的學校本位課程發展重點所示。

　　值得注意的是，本書指出核心素養的學校本位課程發展，並非僵化固定的步驟，學校可根據不同的情境條件與需要加以彈性應用，發展核心素養的學校本位課程發展永續經營之理論建構與實踐行動的推動策略與行動綱領。作者提出「核心素養的課程研究」、「核心素養的課程規劃」、

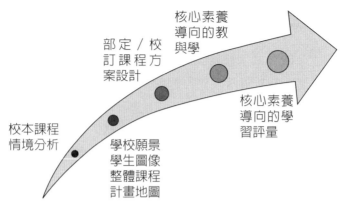

部定／校訂課程方案設計

核心素養導向的教與學

校本課程情境分析

學校願景學生圖像整體課程計畫地圖

核心素養導向的學習評量

圖1-7　核心素養的學校本位課程發展重點

「核心素養的課程設計」、「核心素養的課程實施」、「核心素養的課程評鑑」、「核心素養的課程經營」等核心素養的學校本位課程發展理論建構，相對應於「情境分析」、「願景建構」、「方案設計」、「執行實施」、「評鑑回饋」、「配套措施」等課程發展實踐行動，綜合歸納核心素養的學校本位課程發展模式，循序漸進發展可由圖1-8加以說明。

（一）核心素養的課程研究：「核心素養」的課程研究，應該不只是進行現況掃描而應該進行情境分析，研究影響核心素養學校本位課程發展的內外在動態情境因素，進行核心素養的學校本位課程發展需求評估，以了解「核心素養的學校本位課程發展問題與需要是什麼？而且如何去分析情境？」，以便可以進一步解釋課程發展的相關現象。

（二）核心素養的課程規劃：透過核心素養課程研究情境分析與需求評估，指出核心素養的學校共同願景與整體課程目標慎思構想，核心素養的學校共同願景引導整體課程目標的前進方向，整體課程目標的陳述，則應包括教師與學生的行為與預期的學習結果。

（三）核心素養的課程設計：包含成立核心素養的領域科目與活動課程方案設計小組，進行教學活動的設計、教材的編選設計、學

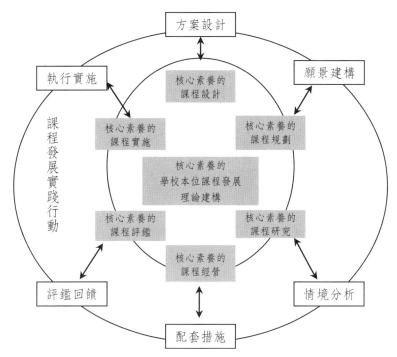

圖1-8　核心素養的學校本位課程發展模式

　　生的分組、教學內容的範圍、順序與組織，以及空間、資源與
　　設備的配置等等。

（四）核心素養的課程實施：為減少對核心素養的誤解與抗拒，在此
　　階段需透過教育人員在職進修與學校組織發展，進行專業反省
　　與溝通，化解歧見，充實核心素養課程實施必要的知能，以使
　　方案順利實施。

（五）核心素養的課程評鑑：評鑑的意義在於蒐集適當而充分的證
　　據，以判斷並改進核心素養的課程發展過程與成效，結合教育
　　行動研究建構不斷循環的評鑑系統，以發揮評鑑與回饋的功
　　能。

（六）核心素養的課程經營：核心素養的學校本位課程發展永續經營
　　配套措施，包括核心素養的課程研究與課程規劃等政策層級的

領導，方案設計、執行實施與評鑑回饋等專業層級的管理，以及配套措施等運作層級的行政。核心素養的課程經營，是為了獲致核心素養的學校本位課程發展永續經營之一系列領導管理行政推動策略、行動綱領與配套措施等。

在上述核心素養的學校本位課程發展模式中，學校可從任何一個或同時數個步驟著手，進行核心素養的學校本位課程發展，系統地考慮學校情境的特定內涵，並將其決定建立在較廣的文化和社會的脈絡之上，回應大環境中政治、經濟、社會的動態情境變化，例如：臺南市復興國中便透過下表1-4臺南市復興國中學校情境分析，依據情境分析綜整結果，提出表1-5十二年國教課程改革之下的臺南市復興國中學校本位課程發展因應策略與計畫：

表1-4　臺南市復興國中情境分析表

項目	內部		外部	
	優勢	劣勢	機會	威脅
課程規劃相關行政工作	教務處對十二年國教新課綱精神和內涵掌握良好，校長為課綱委員兼課審會國中分組委員。	處室之間整合仍有困難，由於本校班級數多，日常行政業務龐大，難挪出共同討論時間進行協調與整合	配合前導培力工作導入系統思考和引導觀念，將帶動行政團隊更有效率運作。	新課綱實施時程愈來愈接近，若遇行政人員更換，經驗傳承是嚴重考驗，甚者影響團隊落實執行效能。
方案設計	已試行社團多元選修課程並有優良績效，各教師社群也已經運作多年，經驗豐富。	九年一貫學習時數與十二年國教新課綱有落差，領域師資結構面臨微調。	前導計畫提供課程試排與運作的經費支持，能協助學校課程開發和持續試運行。	惟專任教師授課時數多，難以全數依序分配參加研習。
教學活化	有多位教師引入學思達、學習共同體、分組合作學習……教學法教師動能足夠。	部分教師教學慣性大，仍然維持傳統講授教學。	領域輔導團隊、活化教學等團隊中有許多教師自發性發展新的教學法，能引進學校。	家長對於升學觀念改變緩慢，家長的觀念仍待溝通。
學生學習	本校雖已訂校本課程，但需要修定，以便課程可以對應素養導向。	學生學習主動性仍然不足，依賴老師給予系統整理和記憶材料。	鄰近學校進行跨校共備活化課程的氛圍連動本校許多課程。	補習班對變革認為只要顧好升學就好，對彈性與校本課程的不夠積極。

表1-4（續）

項目	內部		外部	
	優勢	劣勢	機會	威脅
教師專業發展	本校教師專業社群發展茁壯，目前計有單科、跨科、跨領域、等近11個社群。	部分學科對社群推動仍然明顯抗拒，且個人或學科本位主義盛行，有待突破。	本校教師願意自外校帶回研習經驗進行分享，也願意與他校分享本校經驗。	部分學生和家長習慣傳統教學法（講述法），較無法接受核心素養導向的課程。

表1-5　十二年國教課改之下的臺南市復興國中學校本位課程發展因應策略與計畫

重點發展課題	因應策略	對應之子計畫
核心素養導向修訂校本課程	透過核心素養導向工作坊，教師協力修訂核心素養導向。	A-1素養導向與課程地圖
社群運作突破部分固著科目	取經他校作法，安排教師赴他校進行課程交流，暖化教師動能。	B-1教師社群經營
以學生為中心教學法引入	透過教師相互觀課，理解運用學生為中心教學法之教與學效益。	B-1教師社群經營
多元社團課程先行試跑	新學年度課程試行，以不斷檢驗與修正調整課程內容。	B-2課程設計跨領域協作增能
核心素養導向課程發展能力提升	安排核心素養導向課程設計增能研習公教師增能，提供核心素養導向課程設計案例，供教師參考應用。	B-2課程設計跨領域協作增能

　　一方面，可以避免學校課程科目林立與知識分離破碎；另一方面，可以依據十二年國教新課程綱要的基本理念、課程目標、核心素養、部定課程與校訂課程等，透過學習型組織，結合整體學校人力物力資源，共同打造核心素養導向學校課程發展的未來願景，建構核心素養導向學習型學校，進行核心素養的課程研究之自我精進超越、核心素養的課程規劃之建構共同願景、核心素養的課程設計之改善心智模式、核心素養的課程實施之團隊學習、核心素養的課程評鑑之系統思考、核心素養的課程經營之永續發展，發展學校整體課程，進行核心素養的學校本位課程發展永續經營，以下各章將分別就此加以逐項闡明。

第二章　核心素養的課程研究：情境分析

　　「核心素養」的學校本位課程發展應該進行課程研究，特別是「核心素養」的課程研究，應該不只是進行學校現況掃描而應該進行學校情境分析，以便可以進一步解釋學校本位課程發展的相關現象（蔡清田，2018），其貢獻不僅限於解答特殊的課程問題，而在於提供核心素養的課程概念、模式與通則，以協助課程研究人員理解核心素養的校本課程發展動態歷程，進而協助核心素養的校本課程規劃設計、實施與評鑑之實踐（黃光雄、蔡清田，2015）。學校通常是教師最能自發地與校內外人員進行溝通協調，共同發揮教育理想之處（Stenhouse, 1975; Skilbeck, 1984）。因此，學校是課程研究發展的基地，不只是外來機構的實驗場所（蔡清田，2017）。特別是十二年國教課程綱要以「核心素養」作為課程發展的主軸。強調彰顯學習者的主體性，除關注知識及技能外，也應注重學習的策略與方法，將學習與生活情境結合，並能應用所學於不同生活情境中。因此，許多學校紛紛透過十二年國教課綱前導學校計畫研究，因應十二年國教新課綱之學校情境分析課程研究，了解新舊課綱轉換所衍生之問題所在，重整學校課程發展組織運作機制及配套措施。特別是核心素養的「課程研究」是核心素養的學校本位課程發展入門，是在特定的教育情境條件之下，發展出一套課程系統，以達成教育目標的一種課程行動（蔡清田，2018），學校可以透過「核心素養」的「學校本位課程發展」之「課程研究」，進行SWOT分析的經驗，學校人員通過腦力激盪對學校進行了客觀、全面的分析，剖析了學校進行課程研究的內外因素，分析學校教育的實際情境，衡量教育需要與學校條件，考量學生實際需求、知識發展與家長期望，注意政府的相關教育政策、課程綱要、社會經濟文化發展趨勢，研擬學校整體課程發展計畫（蔡清田，2016），以利課程發展委員會研擬學校整體課程架構並試行核心素養導向教學實驗，以適當的教學方法培養某些核心素養、多元教學方法與評量、整合與應用社區資源、發展教師專業學習社群、進行校長與教師公開授課與議課、邀請家長與民間參與等，如表2-1竹崎高中核心素養的學校本位課程發展課程研究之「情境分析」與因應策略所示：

表2-1　竹崎高中核心素養的學校本位課程發展之「情境分析」與因應策略

項目	內部		外部	
	優勢 Strengths	劣勢 Weaknesses	機會 Opportunities	威脅 Threats
課程規劃相關行政工作	1.已成立十二年國教新課綱規劃核心小組，目前運作順利。 2.核心小組對於新課綱有一定程度了解與理想。	1.學校活動多元，不見得可以整合至新課綱之團體活動或彈性學習。 2.教師人數少，多元選修開課數量不確定可符應學生需求。	1.運用優質化方案補助，聘請學者專家到校協助釐清新課綱重點。 2.運用優質化方案經費，外聘專業師資協助多元選修的開設。	1.符應學生理想圖像所開設之選修課程未必吸引學生。 2.課程計畫整合需要時間，行政工作負擔沈重，不利延續及整合。
課程發展	1.完全中學可發揮更長的課程串連與延續。 2.教師深具創意與專業知識，樂於研發設計新課程。	1.完全中學師資通常優先補足基礎學科，應用（藝能）學科教師仍不足，影響課程安排。 2.缺乏理解與認同在地文化的課程。	1.課綱的推動，教學將有機會趨於正常化與特色化。 2.將國、高中固有的特色整合並加以課程化，讓所有學生有機會接受。	1.特色課程可吸引部分學生，但不一定讓家長認同。 2.課程與升學的聯繫是否足夠，可能影響學生修習意願。
教學活化	1.多數教師具有碩士學位，教師素質高。 2.教師教學年資平均10年，教學仍具創新，與學生互動佳。	1.受限課程進度，仍強調教完而非學會。 2.部分教學方式需要團體共創合作，但該校各領域教師人數少，負擔較重。	1.新課綱的推動，教學將朝以學生學習為考量之教學設計。 2.選修課程的開設有機會鼓勵新創教學方式。	1.相關設備陳舊，與國立高中相去甚遠。 2.學生是否適應教學方式的學習。
學生學習	1.優質學生人數比率增加。 2.學生多來自臺三線，傾向率直純樸。 3.學生樂於學習及參與各類活動。	1.學生在藝文、音樂、科學上，刺激不足。 2.缺乏國際視野的長期培育。 3.學生較缺乏自信，怯於表現自我。	1.十二年國教推動，適性揚才，多元展能。 2.繁星推薦與個人申請名額逐年增加，對該校學生升學是利多。	1.入學學生程度落差極大，學習弱勢者需要補救教學及適性輔導。 2.家長仍重升學率，讓多元智慧的學習難以實現。

表2-1（續）

項目	內部		外部	
	優勢 Strengths	劣勢 Weaknesses	機會 Opportunities	威脅 Threats
教師專業發展	1. 教師樂於學習，吸取教學新知，不斷修正改良教學教法。	1. 完全中學教師負擔沈重，雖欲專業成長，卻心有餘而力不足。 2. 地處偏僻，進修不易。	1. 推動教師專業評鑑，提升教師專業成長。 2. 組織教師學習社群，發揮團隊合作力量，精進教學。	1. 教師多來自外縣市，流動率高。影響教學品質的穩定性。 2. 部分教師對新課綱認知不足，難以落實課綱精神。

重點發展課題 （依據 SWOT 分析綜整結果，提出學校當前最重要的發展課題）	因應策略 （學校可依據分析結果，思考如何重振基礎、提升優勢、破除限制及找出替代作法）	對應之子計畫編號與名稱
勤讀書	1. 辦理第二外語課程，提供學習第二外語的機會。 2. 透過學校發展在地課程，讓社區更能認同與支持學校，從而就近入學。 3. 符應課綱，注重實作體驗課程。 4. 發展多元選修，供學生適性發展。	A-十二年國教新課程總體發展計畫—勤讀書
喜教學	1. 強化課程發展社群，提升課程設計動能。 2. 成立教師專業社群，利用團隊合作力量，提升教師學科專業成長。 3. 建構數位化教學環境，增進教學效能。	B-教師課程協作與教學增能計畫—喜教學
	1. 建立課程本位，引導行政處室作為，配合教學發展。	C-十二年國教新課綱核心小組計畫
怡陶養	1. 將藝文素養的核心能力規劃融入於正式、非正式及潛在之課程。 2. 推動藝術教育課程，陶冶學生身心靈之美，並改善藝能學習設備。	D-2-1藝術陶養
	1. 因應十二年國教的實施，深化學生生命陶養，提升生命感知能力。 2. 提升學生自我心理素質。	D-2-2心性陶養

　　核心素養的研究（research），不只是在蒐尋（search）核心素養的現象，更是以新的視野重新搜尋（re-search）核心素養的現象（蔡清田，2017）。「研究」，是一種系統化的活動，透過蒐尋與再蒐尋的重新審視歷程，以發現或建構一套有組織的行動知識體系。「研究」可以指出因素，以便了解說明現象，而且「研究」的發現，可作為繼續探究的指引。「研究」的目的在於增進對現象的理解，透過探究以建構理論、模式或行動方案（Stenhouse, 1975），可以協助相關人員理解教育歷程，並作為進一步規劃與實施教育方案之參考依據。核心素養的課程研究，不只是在蒐尋核心素養的課程現象（蔡清田，2016），更是以新的視野重新蒐尋核心素養的課程現象（黃光雄、蔡清田，2015），以便協助學校實務工作者能看見其置身所在的核心素養課程發展情境制度結構，進行學校教育情境分析以發現問題、診斷問題與確認問題並進行問題分析的需求評估（蔡清田，2013），建構學校教育願景，規劃設計適當課程方案，並進行實施與評鑑回饋，不僅強調「將事作對」（do the thing right），更重視「作對事情」（do the right thing）。核心素養的「課程研究」是指一種對核心素養的課程現象追求更寬廣更深層的理解之努力行動（蔡清田，2008），根據過去經驗，分析探究實際情境與相關理論，對於可能遭遇的困難如衝突抗拒等，加以預測與防範。特別是學校可以透過核心素養的需求評估（Taba, 1962; Tanner & Tanner, 1995）、情境分析（Price & Stradley, 1981; Skilbeck, 1984）與課程探究（Short, 1991a; 1991b; 1991c），描述分析課程、檢視課程綱要與學校教育計畫（Henderson & Hawthorne, 2000），配合整體社會發展的需要（Oliva, 1992），透過ORID（Objective Reflective Interpretive Decisional）的擴散聚焦之焦點討論，進行核心素養的情境分析課程研究，指出影響課程發展的因素，以便了解並說明課程發展現象，而且根據核心素養的課程研究發現，凝聚學校課程發展願景共識，了解目標的來源（Tyler, 1966）繼續進行規劃設計與實施評鑑（蔡清田，2000）。課程研究的主要推動策略，包括成立學校課程發展委員會的學校經營團隊，分析過去學校本位課程發展狀況、當前學校本位課程發展需求與學校本位課程發展影響因素，考量學校本位課程發展的成功因素，研議學校本

位課程發展的未來可能方向。

　　「學習型學校」（learning school）是屬於「學習型組織」的一種，其學校成員普遍具有共同學習，專業分享、反思對話等技巧（魏惠娟，2002）。學校的氣氛是活潑而開放，學校成員樂於求知、創新、改進，並以團隊學習的角度而進行的，不但可增進個人的學習能力，同時也創造出不斷學習的組織文化。因此，「學習型學校」的成員不再只是個人的專業成長，而是透過團隊學習的方式，經由正式或非正式的學習過程，讓學校成員能夠聚在一起相互學習，使學習效果更加卓越，學校成員更能表現出專業發展（吳明烈，2004）。核心素養的學校課程發展委員會組織第一項修練是透過核心素養的「課程研究」（curriculum research）進行「自我精進超越」（Personal Mastery）。「自我精進超越」是不斷精進自我能力並加深個人的真正願望，特別是鼓勵追求創新，勇於嘗試以因應挑戰，而且不拘泥於個人價值，以達組織最大優勢。所以「自我精進超越」是學習型組織的基礎，強調只有透過個體學習時，才可能讓組織學習。學習型學校可以結合整體學校人力資源，包括校長、主任、組長等行政人員、年級及學科領域教師代表、家長及社區代表，學者專家，組成課程發展委員會，進行核心素養的「課程研究」情境分析以努力邁向自我精進超越，打破洞穴人的陰影，評估政府教改政策、課程綱要、社會發展趨勢與學校條件、教師專長、學生特質、家長期望、社區資源與內部的優勢（strength）、弱點（weakness）、外部的機會（opportunity）與威脅（threat），歸納未來行動（action）的方向策略。

　　本章旨在探究核心素養的學校本位課程發展之課程研究推動策略與行動綱領，共分為五節，就五項策略分別指陳其行動綱領，分別是第一節成立學校課程發展委員會組織；第二節分析過去與現行課程發展狀況；第三節分析當前學校課程發展的需求；第四節分析學校課程發展的影響因素；第五節分析學校課程發展的方向特色。茲就其要點列表整理如下，說明如次：

表2-1　核心素養的學校本位課程發展之「情境分析」

階段	課程研究推動策略	課程研究行動綱領	主要參與成員
1.核心素養的課程研究	1.1成立學校課程發展委員會之組織	1.1.1參考《十二年國民基本教育課程發展指引》與《十二年國民基本教育課程綱要總綱》等政府文件依據或相關核心素養理論，研擬學校課程發展委員會組織，成立學校課程發展委員會。	學校課程發展委員會可以包括：校長、主任與組長等學校行政人員、年級及領域／群科／學程／科目（含特殊需求領域課程）之教師、教師組織代表及學生家長委員會代表，高級中等學校教育階段應再納入專家學者代表，各級學校並得視學校發展需要，聘請校外專家學者、社區／部落人士、產業界人士或學生。
	1.2分析過去與現行課程發展狀況	1.1.2透過課程發展委員會，進行課程研究，分析學校情境。 1.2.1分析過去課程發展經驗的利弊得失。 1.2.2分析現行課程發展經驗的利弊得失。	
	1.3分析當前學校本位課程發展需求	1.3.1分析當前課程改革的規模與範圍。	
	1.4分析核心素養的學校本位課程發展影響因素	1.4.1分析核心素養的官方政策對學校本位課程發展的要求。 1.4.2分析社會變遷對學校本位課程發展的衝擊。 1.4.3分析學科知識對學校本位課程發展的影響。 1.4.4分析學生特質對校本需求。 1.4.5分析地方文化與地區特性對學校本位課程發展的可能影響。 1.4.6分析師資特色、學校組織文化、設備資源等對學校本位課程發展的可能影響。	
	1.5分析學校課程的發展方向特色	1.5.1根據課程研究，了解學校優缺點。 1.5.2根據研究，化影為光，列出可能行動方向。	

第一節 成立學校課程發展委員會組織

　　《十二年國民基本教育課程綱要總綱》明確指出「部定課程」與「校訂課程」（教育部，2014），構成的核心素養學校課程，應該經過部定課程與校訂課程的整體課程規劃設計，不該只是個別年級領域科目的拼湊

總和，而是應透過領域／科目的主題統整領域／科目目標、核心素養、學習內容與學習表現，進而透過年級主題課程統整各領域科目課程主題統整領域／科目目標、核心素養、學習內容與學習表現，進而加以實施以培育學生核心素養（蔡清田，2018）。我國行政院教育改革審議委員會，曾針對學校教育現象分析，指出我國傳統學校各科教學與各項活動的獨自分立（黃光雄、蔡清田，2015），各處室實施計畫欠缺協調與統合，導致學生承受零散的課程內容，學生經驗無法統整（蔡清田，2004a），學生人格發展無法統整，全人教育無法實現的弊端（蔡清田，2004b）；行政院教改會總諮議報告書（1996）曾提出課程改革的改進策略，期望透過學校本位課程發展（蔡清田，2005），重視課程的整體性，落實「共同經營課程」的辦學理念，促成學校課程的永續發展。特別是「學習型組織」是指一起合作的一群人，透過不斷加強個體和團體的能力，創造其所渴望的過程與成果，由學習型個人、學習型團隊、學習型組織、學習型社會，建構「學習型學校」，以學校作為課程發展的基地，校長即課程領導者、主任與組長即課程規劃者、領域科目召集人與學年主任即課程設計者、教師即課程設計實施者、課程發展委員會即評鑑者，進行課程研究的「自我精進超越」、課程規劃的「建構共同願景」、課程設計的「改善心智模式」、課程實施的「團隊學習」、課程評鑑的「系統思考」、課程經營的永續發展，落實「共同經營課程」的辦學理念，促成學校課程的永續發展（蔡清田，2016）。

一、參考法源，研擬組織，結合資源，組成課程發展委員會

學校可以參考《十二年國民基本教育課程綱要總綱》（教育部，2014），以及高中、高職、綜合高中課程綱要等法令依據或相關理論（教育部，2008a；2008b；2008c；2011a；2011b；2012a；2012b），擬定課程發展委員會組織章程，成立課程發展委員會的學校經營團隊，進行學校本位課程發展需求評估的課程研究（蔡清田，2016），甚至可以成立核心工作小組成員包括校長、主任、組長和領域科目召集人，至少每月開會一

次，引導並協助全校教師認識十二年國民基本教育課程綱要，如圖2-1為嘉義宏仁女子高級中學核心小組所示：

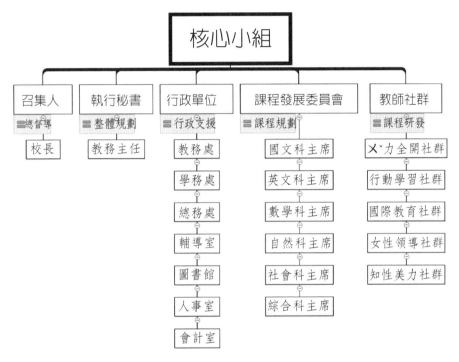

圖2-1 嘉義宏仁女子高級中學核心小組

就學校課程發展委員會組織與運作而言，《十二年國民基本教育課程綱要總綱》，指出學校為推動課程發展應訂定「課程發展委員會組織要點」，經學校校務會議通過後，據以成立學校課程發展委員會。學校課程發展委員會下得設各領域／群科／學程／科目教學研究會（教育部，2014）。學校得考量學校規模與地理特性，聯合成立校際之課程發展委員會。學校課程發展委員會之組成及運作方式由學校校務會議決定之，其學校課程發展委員會成員應包括學校行政人員、年級及領域／群科／學程／科目（含特殊需求領域課程）之教師、教師組織代表及學生家長委員會代表，高級中等學校教育階段應再納入專家學者代表，各級學校並得視學

校發展需要聘請校外專家學者、社區／部落人士、產業界人士或學生。而且就彈性調整組織而言，學校得彈性調整學校組織架構，設置學校課程與教學研究發展之專責單位如研究處或教務處研究組，並應予以專業培育，使之在學校課程與教學研發及推動、教師專業成長等相關工作中，發揮統籌、規劃、協調與溝通等功能（蔡清田，2017）。

　　核心素養的學校本位課程發展，提供教育人員更多專業的空間，使其充分利用學校內外的各種人力資源，參與核心素養的學校課程方案的規劃設計、實施與評鑑過程（蔡清田，2001）。依據《十二年國民基本教育課程綱要總綱》的規定，各校應成立課程發展委員會，作為學校本位課程發展基地的決策中樞，共同研發學校課程。學校為推動課程發展應訂定「課程發展委員會組織要點」，經學校校務會議通過後，據以成立學校課程發展委員會。學校課程發展委員會下得設各領域／群科／學程／科目教學研究會。學校得考量學校規模與地理特性，聯合成立校際課程發展委員會。

　　就課程發展委員會的專業性而言，教育部規定各校應組織「課程發展委員會」，學校課程發展委員會之組成及運作方式由學校校務會議決定之，其學校課程發展委員會成員應包括學校行政人員、年級及領域／群科／學程／科目（含特殊需求領域課程）之教師、教師組織代表及學生家長委員會代表，高級中等學校教育階段應再納入專家學者代表，各級學校並得視學校發展需要聘請校外專家學者、社區／部落人士、產業界人士或學生，或地方社區關心教育的人士、如地方政府行政當局代表、大學與研究機構之專家學者等備詢人員。特別是，學校本位課程發展，讓參與者建立合作夥伴的團隊關係是相當重要的。學校本位課程發展，視個別學校為課程發展的中心，學校人員透過民主的互動與決策參與，接受校外資源的支持並成為一種夥伴關係。

　　特別是就技術型高級中等學校而言，根據《十二年國民基本教育課程綱要總綱》，指出為發展學校本位課程，學校應成立一般領域／科目及各科別之教學研究會，由其專任教師組成之（教育部，2014，22）；如有同群二科別（含）以上，則應組成群課程研究會，成員包含同群之各科別專任教師，由同群之科主任互推一人擔任召集人，以規劃、統整群科課程科

目及教學資源。各校應組成課程發展委員會，研擬課程計畫，並適時進行修訂，學校本位課程之規劃與修定程序則依由下而上發展，應經由科教學研究會、群課程研究會、校課程發展委員會等程序，並得循環之，以完備課程發展程序與凝聚共識。未來其課程實施，應注重學生個別差異之學習需求，配合產業發展適時更新課程內容，培養學生動手操作之實作能力，以提升其未來之就業競爭力。學校本位課程之規劃，包含部定科目及校訂科目，學校應著重於校訂科目之規劃。校訂科目分為必修及選修，均得包含一般科目、專業科目、實習科目等三種科目屬性。學校宜在本課程綱要的基礎上，考量其發展願景、社區需求、產業概況、學生程度、師資人力、家長期待等因素，在校長的領導下，經由教師、家長、業界、專家學者的共同參與，建立符應學生進路需求與務實致用之課程特色。

　　核心素養的學校本位課程發展經營團隊，除了校內人員之外，最好也能慎選合適的校外人士共同參與，引入校外的可能資源。是以學校應該爭取社區與家長等「合作夥伴」，加入學校經營團隊，以提升學校課程發展委員會的功能，進而提升其他委員們的課程發展能力。例如：家長是支持學校教育進步的最大助力，如果家長水準高，熱心參與，全力支持學校，自然能形成良好的學校文化。另一方面，學生的參與應考量其認知能力是否勝任。值得注意的是，課程發展委員會人數不宜太多，以避免無法進行學校經營團隊的深思熟慮構想的討論。而且課程發展委員會的各學習領域小組代表，不宜由該領域的新進教師擔任，最好是由教學經驗豐富的各學習領域資優教師擔任該領域團隊的召集人，並且同時擔任學校課程發展委員會委員，以便充分代表該領域教師團隊的意見，並且確保該領域可以貫徹學校課程發展委員會的共同決議。根據《十二年國民基本教育課程綱要總綱》，為發展學校本位課程，各校應組成課程發展委員會，研擬課程計畫，並適時進行修訂。而研擬與修定程序則依由下而上發展，由領域／學程教學研究會、群課程研究會、校課程發展委員會等程序進行，並得循環之，以完備課程發展程序與凝聚共識。例如：國立嘉義大學附設實驗小學學校課程發展委員會組織圖如下：

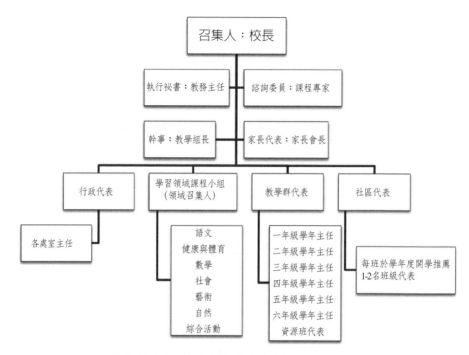

圖2-2　國立嘉義大學附設實驗小學學校課程發展委員會組織圖

　　根據《十二年國民基本教育課程綱要總綱》，指出學校課程發展委員會組織與運作包括：1.學校為推動課程發展應訂定「課程發展委員會組織要點」，經學校校務會議通過後，據以成立學校課程發展委員會。學校課程發展委員會下得設各領域／群科／學程／科目教學研究會。學校得考量學校規模與地理特性，聯合成立校際之課程發展委員會。2.學校課程發展委員會之組成及運作方式由學校校務會議決定之，其學校課程發展委員會成員應包括學校行政人員、年級及領域／群科／學程／科目（含特殊需求領域課程）之教師、教師組織代表及學生家長委員會代表，高級中等學校教育階段應再納入專家學者代表，各級學校並得視學校發展需要聘請校外專家學者、社區／部落人士、產業界人士或學生。3.學校課程發展委員會應掌握學校教育願景，發展學校本位課程，並負責審議學校課程計畫、審查全年級或全校且全學期使用之自編教材及進行課程評鑑等。4.學校課程

計畫為學校本位課程規劃之具體成果，應由學校課程發展委員會三分之二以上委員出席，二分之一以上出席委員通過，始得陳報各該主管機關。例如：國立嘉義大學附設實驗小學學校課程發展委員會，其主要任務包括：審查各年級課程計畫、課程實施之階段性與總結性檢討、提供改進教學之建議、彙整教學實驗成果、提供相關問題之諮詢，並以學校願景「每個孩子都是一顆閃亮的星星」為核心，進行規劃實踐與檢核，下圖2-3呈現該校課程教學運作情形：

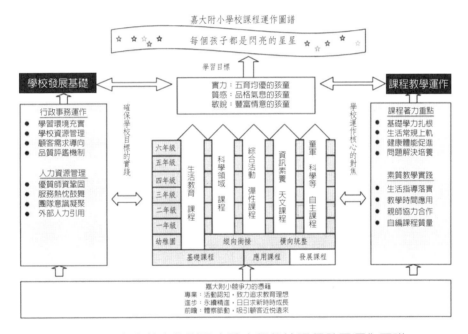

圖2-3　國立嘉義大學附設實驗小學學校課程發展運作圖譜

　　國立嘉義大學附設實驗小學的學校課程發展運作圖譜與課程發展委員會組織，是課程發展的重要情境，該校自92學年度起，即以「每個孩子都是一顆閃亮的星星」為學校發展願景，揭示了師長們對每個學生的正向積極期待，肯定並重視孩子多元差異的背景與能力，要使每個孩子都獲得學習的成就感。學校課程發展運作圖譜，將「每個孩子都是一顆閃亮的星星」的學校願景，以及培育具素養實力（Competence）、有質感

（Quality），夠敏銳（Sensitivity）好兒童的教育目標，繪製於圖譜最上方，讓星星小學課程發展的架構與內容，更明確呼應學校願景與課程目標。從圖2-3知，國立嘉義大學附設實驗小學學校課程依時間主要涵蓋領域課程、活動課程與加值課程依內涵包括基礎課程、應用課程與發展課程。其中，學校本位特色課程有英語、資訊素養、天文科學及藝術學習等課程。教師對「提升健康體能」、「養成良好學習態度」、「鞏固基礎學習力」，以發展「批判思考、問題解決能力」的教育目標具有共識。根據課程總綱的規定，各校應成立「課程發展委員會」，下設「各學習領域課程小組」，於學期上課前完成學校整體課程之規劃、設計教學主題與活動。因此，其學校本位課程發展經營團隊的運作機制的機制包含課程發展委員會、學年教學研究會、領域教學研究會、教師專業學習社群、課程教學評鑑機制及課程教學領導會議，如下表2-2國立嘉義大學附設實驗小學學校課程發展運作機制表所示。

表2-2　國立嘉義大學附設實驗小學學校課程發展運作機制表

項目	主要內容	執行簡述
課程發展委員會	研議課程發展內容、審議課程計畫	每年舉辦兩次
學年教學研究會	研議橫向課程教學內容、開發主題統整課程教學	每周舉辦一次／每個年級
領域教學研究會	研議縱向課程教學內容、開發領域特色課程教學	每月舉辦一至二次／各領域
教師專業學習社群	研發重要議題或教學策略、進行教學示範與檢核、社群成果發表與分享、應用於教學實驗	每月舉辦一次工作坊／各社群 每年舉辦一次發表會／跨校、跨縣市聯盟
課程教學評鑑	檢視各學年橫向課程實施情形、檢視領域教學成效、教學觀察與教學檔案評鑑	每年兩次課程評鑑／每位教師 每年進行一次教學觀察評鑑／每四年進行一次教學檔案評鑑
課程教學領導會議	透過學年主任會議、社群召集人會議、領域召集人會議研擬及領導課程教學之發想、實踐與檢核	學年主任會議每月一次 社群及領域召集人會議每年各兩次

就核心素養的學校課程發展運作圖譜而言，核心素養的「課程規劃」是課程發展的「築夢」行動，學校持續發展的重要因素，同時是學校經營團隊，根據社會文化價值、學生學習學科知識的需要與興趣，針對學校共同願景，整體課程目標、課程計畫、課程架構與進程等因素，進行一系列選擇、組織、安排之規劃建構（蔡清田，2002）。其因應行動分別為：規劃學校課程共同願景，規劃學校整體課程目標，規劃學校整體課程計畫架構。

二、透過課程發展委員會，進行課程研究，分析學校情境

教育部於2014年實施十二年國民基本教育課程改革，十分重視核心素養的學校本位課程發展，國內已有許多學者進行課程領域的開闢耕耘，專書成果累累（黃光雄、蔡清田，2015；黃政傑，1999；陳伯璋，2001；歐用生，2000；潘慧玲，2016；蔡清田，2016；蔡清田，2017；蔡清田，2018），奠定我國課程研究的基礎。同時由於下列課程期刊的引進，逐漸開拓國人課程研究的視野，因此，學校課程發展委員會應該善用這些課程研究的資訊。

表2-3　臺灣地區課程研究領域現有的主要期刊

期刊出版單位	期刊名稱
(1)中華民國課程與教學學會	課程與教學季刊
(2)高等教育圖書公司	課程研究
(3)英國Routledge	課程學期刊（Journal of Curriculum Studies）
(4)英國Triangle Journals	課程學（Curriculum Studies）
(5)英國Taylor & Francis	課程期刊（The Curriculum Journal）
(6)加拿大安大略教育研究所 The Ontario Institute for Studies in Education of the University of Toronto	課程探究（Curriculum Inquiry）

表2-3（續）

期刊出版單位	期刊名稱
(7)課程理論基金會（Foundation for Curriculum Theor）	課程理論期刊（The Journal of Curriculum Theorizing）
(8)美國視導與課程發展學會 Association for Supervision & Curriculum Development (ASCD)	教育領導（Educational Leadership）課程與視導期刊（Journal of Curriculum and Supervision）
(9)英國東英格蘭大學教育應用研究中心Center for Applied Research in Education, University of East Anglia, UK	教育行動研究（Educational Action Research）
(10)澳洲課程學學會 Australian Curriculum Studies Association (ACSA).	課程觀點（Curriculum Perspectives）
(11)澳洲詹姆士尼古拉出版社 James Nicholas Publishers, Australia	課程與教學（Curriculum and Teaching）

　　學校課程發展委員會，也可以參考表2-4所列的課程研究方法及其所處理的問題，特別是運用分析的、思辨的、慎思的、行動的等方法，評估社會變遷、知識發展和學生需求對學校課程的期許，指出可用的資源與可能的限制之處。

表2-4　不同課程研究方法所處理的問題（改自Short, 1991a, 17）

課程研究的方法	所處理的課程問題
(1)分析的	「課程」一詞通常是指什麼？有什麼比「目標」更佳的「概念」可以引導課程實務？
(2)擴充的	支持某課程方案的論點所蘊含的研究假設規範是什麼？其論點是否適切？其他另類的理論基礎是否更適切？
(3)思辨的	個人有關課程設計過程（或需要改變課程方案）的綜合經驗知識，可與他人分享？是否能提出課程理論與實務貢獻？

表2-4（續）

課程研究的方法	所處理的課程問題
(4)歷史的	何種因素使得美國三十六州在1983至1986年間，通過增加高中畢業的課程要求標準？在1968至1973年間，學校系統的課程決策過程及其所處政治脈絡為何？
(5)科學的	有多少學校利用芝加哥大學杜威實驗學校所發展的課程模式？「擴展的環境」是美國1-3年級社會科用以組織課程單元的最普遍架構嗎？
(6)俗民誌的	什麼要素構成影響學區或州層級的課程決策？課程規劃過程的何種因素改善或阻礙教師參與課程發展？
(7)敘述的	我的老師或我修過的課，對我的職業選擇，有何歷史性（自傳式）意義或影響？在過去二十五年來，我身為一位音樂教師，我對音樂課程重要內容的觀點有沒有改變？
(8)美學的	史密斯女士班上學生經驗到的課程影響，如何透過質性方式呈現出其美感經驗？某公司研究開發的閱讀方案中，書面材料的美感特質為何？
(9)現象學的	學生對被安排半天在職業學校課程方案，另外半天在綜合中學課程方案，其感受和知覺為何？如果教師、學科主任或課程行政人員身為委員會一員，他們對學區所研發出來的健康教育課程方案是否有不同的觀感？
(10)詮釋學的	某高中被退學的學生在其週記寫出「我恨學校」的話，其真意為何？十九世紀末期課程文獻所採用的「課程分流」名詞，其意義為何？
(11)理論的	「課程設計」是否能有效組織某一課程的不同部分成為一個可行課程整體（包括規範的、實用的和結構的）？
(12)規範的	在何種前提下，某一課程可被創造出來？某項建議的課程，有何系統的合理說明？
(13)批判的	當今課程決策實務與基本規範（如機會均等，學術自由、人類尊嚴）之間是否予盾不一致？課程所指的「沒有偏見」（性別的、經濟的、意識型態的）口號宣稱及其實際行動之間聯結情形如何？
(14)評鑑的	教師使用課程指引是有助益或阻礙課程實施？
(15)整合的	目前有關學校課程如何改變的實證研究是否與理論一致？是否能作為未來的研究假設？採用不同類型課程發展策略的個案研究所提出的解釋，是否能舉出證據證明哪一種策略最有效？

表2-4（續）

課程研究的方法	所處理的課程問題
(16)慎思的	是否應改變課程政策或綱要（如目標、內容、組織與資源分配）？什麼是完成理想目的的最佳行動方案？
(17)行動的	應採取何種行動，才能與目標一致？根據上一步驟的發生結果，必須如何調整下一步驟？

　　上述課程研究方法，就實用程度而言，可區分為「課程基礎研究」（curriculum basic research）、「課程應用研究」（curriculum applied research）、「課程行動研究」（curriculum action research）等三種不同類型（蔡清田，2016）。課程研究人員希望自己的研究發現能夠合乎自己個人或研究領域學者興趣所進行的理論研究，此類型的研究可稱為「課程基礎研究」，目的在於求知，與解釋課程現象的課程史、課程哲學、課程社會學與課程心理學等學術理論，以及課程之理論化發展有密切的關聯。第二種類型「應用研究」，是指課程研究發展人員希望自己的研究發現，能引起雇主、一般社會大眾、教育體制的消費顧客之關注，此類研究稱為「課程應用研究」。為了能夠明智地運用「課程基礎研究」的結果，通常有必要把一般的概念與原則，轉化為特定的內容與歷程。「課程應用研究」之目的，乃在追求課程之實用價值。此種應用研究與課程概念的接納、課程設計方法的採用與課程改革方案實施之轉化有關。

　　第三種類型的「行動研究」，是利用「應用研究」之結果，解決實際課程問題，此類稱為「課程行動研究」。「基礎研究」或「應用研究」的課程蘊義，有待於學校教育工作者，將研究發現落實特定學校與教室層次的「課程行動研究」，指引進行學校課程規劃設計實施評鑑之依據，在實際情境中，發現分析問題、決定解決課程問題的途徑、測試檢證或修正。「課程行動研究」，不在追求普遍的課程知識與原理原則，而在協助實務工作者處理所遭遇的課程實務問題。「課程行動研究」就是研究課程知識和課程行動，獲得有用的資訊，以解決遭遇的課程實務問題之一種課程研究（陳伯璋，1988；歐用生，2000）。儘管課程行動研究方法論可

能受到反省思考的內在效度限制，然而，行動研究強調研究過程當中方法與所欲解決問題的研究對象之互動關係，引導實務工作者的問題意識，逐漸理解問題現象與進行反省批判，並採取行動，嘗試解決問題（方德隆，2001）。就知識論而言，行動研究重視對問題的「說明」、「理解」與「辯證」，強調「知」與「行」的聯繫結合，重視個體反省思考與主體意識型態批判，強調主體在批判思考和自覺行動中促進社會環境改造的「實踐」，這是一種理性與開放的精神也是一種改造教育環境的解放行動（黃政傑，2001；陳伯璋，2001）。

　　學校課程發展委員會可以透過「課程基礎研究」、「課程應用研究」、「課程行動研究」等不同類型的課程研究，確定學校本位課程發展的可能方向與特色。學校本位課程發展，始自學習情境的評估分析，據此而提供不同的課程方案規劃內容。課程發展必定先有「情境」的存在，而情境一詞即指課程發展階段所應注意的寬廣教育環境與課程內涵。換言之，學生處在一種發現自己，並受到許多因素影響的狀態，這一狀態和這些因素稱為「情境」（Skilbeck, 1984），這是由於若干交互作用的課程發展要素所構成，課程發展人員在研發課程時，必須了解課程發展過程中的學校情境之文化脈絡因素，以考量課程的可行性。

　　核心素養的課程發展進行之初，學校經營團隊必須進行核心素養的課程研究，特別是分析學校條件、學生興趣、教師特質、家長需求、社區特色、地方資源，以確定學校本位課程發展的原因與需求範圍、衡量學校資源、師資特色等情境問題，進行整體評估（Taba, 1962）。進行課程研究（蔡清田，1999；Short, 1991a; 1991b; 1991c），必須知道核心素養的課程問題及需求是什麼？必須從學校課程情境分析著手，不只要了解學校的課程大綱，更要了解學生在教室內外學到什麼，課程發展委員會可以藉由觀察學生的學習經驗，描繪出課程方案及學校活動，以進行情境分析。分析情境時，該回答哪些問題呢？例如：

　　　（一）學校方面：(1)目前的課程是如何？包括學校規則、典禮儀式、
　　　　　　　　　　　　價值。
　　　　　　　　　　　(2)學生的課程經驗？

(3)學校課程內容？

(4)學校教職員的能力？

(5)課程可利用的資源是什麼？

（二）環境方面：(1)社區是什麼型態？

(2)主要的教育政策？

學校經營團隊在發展課程時，必須了解核心素養的課程發展過程中學校教學的社會文化脈絡，以考量核心素養的課程發展可行性，據此進一步提出核心素養的課程發展的目標、方案、實施與評鑑。因此，核心素養的課程研究是課程發展的要素，旨在引導課程發展人員注意寬廣的學校環境與課程內涵，這些因素都是課程發展人員所要蒐集的資料（黃光雄、蔡清田，2015）。

第二節 分析過去與現行課程發展狀況

核心素養的課程發展是一種探究課程實際的過程，校長、教師與家長及社區人士等組成的經營團隊必須合作進行深思熟慮構想，觀察或訪問學生、教師及家長對現行課程的看法與意見，深入了解其觀點，評估適合學校與社區需要的教育立場，作為建構學校願景與課程發展目標的基礎（Henderson & Hawthrone, 2000）。《十二年國民基本教育課程綱要總綱》指出，學校可因應生活環境、學校願景、師資專長、社區資源、教育新興議題等，並考量學生資質、能力、經驗、學習速度、家庭背景、城鄉差距、文化族群（如原住民、新住民）等的差異，透過學校課程發展委員會的討論，發展規劃統整性主題／專題／議題探究、社團活動、服務學習、自主學習、補救教學等合宜的校訂課程方案，辦理全校性、全年級、班群或學生自由選修的學習活動，以提升學生學習興趣並鼓勵適性發展（教育部，2014）。核心素養的學校課程發展採用「情境模式」的特點，在強調學校課程發展受到學校情境背景影響的特性，而且學校內外不同的團體與利益會影響課程發展的過程。所以教務主任必須事先就學校情境進行分析，然後才著手進行課程規劃設計，因為學校本位課程發展的焦

點必須置於個別的學校情境脈絡背景之上，必須掌握相關的影響因素，經過情境分析評估，方能進而擬訂目標，據此提供不同的計畫，進行方案設計、解釋和實施，檢查評估回饋與重新建構（黃光雄、蔡清田，2015：Skilbeck, 1984）。

　　例如：國立嘉義大學附設實驗小學是十二年國民基本教育課程改革的前導學校，該校自1971年成立以來歷經9任校長；學校宗旨一貫以「教育國家未來主人翁、協助培育國家未來優異師資」為主要教育目標，因此探討該校進行校本課程發展的情境分析，不能忽略該校的學校歷史沿革及學校現況，特別是透過「課程研究」分析學校所處情境的優劣、機會與威脅，考量學生知識發展及實際需求、與家長期望；同時掌握相關教育政策，諸如課程綱要、社會經濟、文化發展趨勢，方能透過學校課程發展委員會，研擬學校整體課程計畫，並訂定學校課程發展的可能方向。其次，就學校現況分析而言，該校所在縣市規模約60平方公里、人口數約27萬人，交通便利，市區內小學數20所，校際間交流頻繁，利於教育資源共享。該校位於臺灣南部，屬於都會型學校，目前班級數約30班，小學部學生約有將近900人，教師人數50餘人，屬於中型學校規模，在學校編制裡，介於24-36班之間，具有較完整的行政編制，由於學校負有師資培育與教學研究的使命，行政組織設有「研究處」，學校具有良好的課程發展成效，並受到社區家長的肯定，該校105學年度學校基本資料現況分析如表2-5。

　　是以課程研究的情境分析對該校的核心素養課程發展有其貢獻，因為核心素養的學校課程發展受到學校情境背景影響的特性，而且學校內外不同的團體與利益會影響核心素養的課程發展過程。所以必須事先就學校情境進行分析，然後才著手進行核心素養的課程規劃設計，因為學校本位課程發展的焦點必須置於個別的學校情境脈絡背景之上，必須掌握相關的影響因素，經過情境分析評估，方能進而擬訂目標，據此提供不同的計畫，進行方案設計、解釋和實施，檢查評估回饋與重新建構（黃光雄、蔡清田，2015）。由此可見，情境分析的課程研究，有其必要。茲說明如次：

表2-5　國立嘉義大學附設實驗小學105學年度學校基本資料現況分析

學校規模	國小部：一般班30班，資源班3班；學生880人。
學生結構	國小學生880人中，男生446人（50.7%），女生434人（49.3%）。 族群比例為：原住民生2人（0.002%），新住民子弟49人（5.6%），閩客語生829人（94.2%）。
教師背景	國小教師55人中，男生10人（18.2%），女生45人（81.8%）；無原住民與新住民身分。 具英語專長教師4位；閩南語專長1位；體育專長3位；音樂專長2位；美勞專長5位；自然專長5位；電腦專長1位；特教專長6位；輔諮專長3位。
行政組織	行政組織共計8個處室，分別為： 1.教務處：設有主任、課程教學組、資訊組、註冊評量組、圖書設備組； 2.學務處：設有主任、訓育組、生活教育組、體育組、衛生組； 3.總務處：設有主任、文書組、事務組、出納組； 4.輔導室：設有主任、特教組、輔導組、資料組； 5.研究處：設有主任、實習輔導組、實驗研究組、資料出版組； 6.幼兒園：設有主任、教保組； 7.人事室：設有主任； 8.主計室：設有主任。 　除事務組、出納組、人事室主任、主計室主任外，皆由教師兼任。
地理位置	學校位於市區，為都會型學校，距火車站約7分鐘車程，步行5分鐘可至市文化局、市博物館，位處林業文化園區。
社區資源	鄰近森林鐵道園區、林務局、中山公園、樹木園，鄰近之大專院校亦提供豐富社區資源。
學校本位課程特色方案	發展多元化課程：自89學年度起，以兒童美語、資訊教育、天文教育、EQ教育、兩性教育、校園植物教育為學校本位課程特色方案；至今，英語課程、資訊素養課程、天文科學課程特色方案持續發展漸趨成熟。
教學研究	101-102年度，持續進行之教學研究包括：「教師專業發展學習社群」與「教學行動研究」、「資訊素養課程」教學研究、「課文本位閱讀理解策略」教學研究、「課中及時補救教學模式」研究、「學校本位國際教育」課程等。

資料來源：國立嘉義大學附設實驗小學102-105學年度校務中程發展計畫。

一、分析過去課程發展經驗的利弊得失

　　過去全國統一的課程方案，由中央統一事權主導，將課程標準、教材內容、教學科目與時數等進行標準化規範，提供給學生相同的學科知識，保障相同的學習內容。一方面，學校往往忽略情境分析，容易忘卻立場，因此，可能為了追尋天上彩虹，而踐踏地上的小花小草，甚至缺乏需求評估，上錯月臺而搭錯車或開錯跑道，以致迷失方向。另一方面，由於國內教育行政配套措施的不完備，加上師資培訓過程不夠重視課程設計素養，往往只有課程程發展與設計一門課兩個學分，因此學校從事課程發展仍有許多困難，這種途徑忽視學校教師專業參與，導致教師對課程方案的曲解，同時也就引起教師對課程的抗拒與不滿，更漠視了地方學校與學生的特殊需求（Skilbeck, 1984; Marsh et al., 1990）。一般學校都存在著原有的舊課程，這些舊課程對新課程的實施，有正面的影響，也有負面的影響。例如：隨著學術的快速分化，中小學課程科目不斷增加，成為學生沈重的負荷。以國小課程而言，依過去國民小學課程標準規定一至六年級共包含：國語、數學、社會、自然、道德與健康、藝能學科（音樂、美勞、體育）、團體活動、輔導活動與鄉土教學活動等11個科目（教育部，1993）。而依過去國民中學課程標準之規定的教學科目更是國小的兩倍以上，包括國文、英文、數學、社會學科（認識臺灣、公民與道德、歷史、地理）、自然學科（生物、理化、地球科學）、健康教育、家政與生活科技、電腦、藝能學科（體育、音樂、美術）、童軍、鄉土藝術活動、輔導活動、團體活動和選修科目（教育部，1994）。這些學科數量增多了，卻與日常生活愈來愈疏離。分析歷年來我國中小學課程組織型態可以發現，其實國小課程組織型態基本上及傾向合科，而國中的分科情形則愈來愈為分化，這種趨勢亦是催促十二年國民基本教育課程改革的原因之一，因此《國民中小學九年一貫課程綱要》嘗試減少科目加以統整成為七大學習領域，《十二年國民基本教育課程綱要》則延續七大學習領域之外，又因應時代需要，從自然科學領域新分出科技領域，成為八大領域科目。如表2-6十二年國民基本教育課程架構與國民中小學九年一貫課程架構比較表所示：

表2-6 十二年國民基本教育課程架構與國民中小學九年一貫課程架構比較表（洪詠善、范信賢，2015）

比較項目	十二年國教課程綱要總綱	國民中小學九年一貫課程綱要	十二年國教課程綱要總綱補充說明
課程規劃	八大領域	七大領域	國民中學階段增設「科技領域」
	彈性學習課程	彈性學習節數	為學校校訂課程，以形塑學校教育願景及學生適性發展
領域名稱／內容調整	語文領域（國語文、本土語文、新住民語文及英語文）	語文領域（本國語文及英語文）	為尊重人權、多元文化及增進族群關係，鼓勵學校聘請合格師資，開設「本土語文／新住民語文」課程，國小應依據學生的需求開課，國中則可於彈性學習課程實施，落實學生的適性學習
	科技領域	自然與生活科技領域	為培養學生的科技思維、科技設計及創作能力，保有生活科技的課程品質，將「生活科技」與「資訊教育」整合為一個新的「科技領域」
	藝術領域	藝術與人文領域	為了能與國際中小學藝術領域／科目名稱對應，強調人文融入各領域內涵
	生活課程（統合社會、藝術、自然科學及綜合活動等領域）	生活課程（統合社會、藝術與人文、自然與生活科技等學習領域）	第一學習階段之生活課程與綜合活動領域皆重視兒童的探索、體驗、實踐與省思，兩者基本理念相近，因此，整併國民小學第一學習階段「生活課程」與「綜合活動」
	健康與體育領域（健康教育與體育）	健康與體育領域（健康與體育）	原「健康」名稱是概念並非科目名稱，故國中教育階段調整為「健康教育」
領域學習節數調整	各領域採固定節數，並有彈性學習課程	各領域節數採彈性比例制，並有彈性學習節數	參考九年一貫課程各領域學習節數比例及學校現場各領域節數實施現況，取消百分比，以每週實際上課節數規劃，並以不增加領域學習總節數為原則

表2-6（續）

比較項目	十二年國教課程綱要總綱	國民中小學九年一貫課程綱要	十二年國教課程綱要總綱補充說明
領域學習節數調整	國民小學第一學習階段「國語文」增加為6節課	國民小學第一學習階段「國語文」最高5節課	語文與數學是學習各領域的重要工具，同時世界各國在國民中小學教育階段，語文及數學課程所占的節數比例皆較高，故調整國語文及數學的學習節數，讓學生在第一、二學習階段能獲得充分學習，奠立基礎
	國民小學第一、二學習階段「數學」增加為4節課	國民小學第一、二學習階段「數學」最高3節課	
	國中新增科技領域2節課	國中於彈性學習節數實施資訊科技1節課	國中科技領域整合「生活科技」與「資訊科技」

資料來源：洪詠善、范信賢（主編）（2015）。同行：走進十二年國民基本教育課程綱要總綱（頁22-23）。新北市：國家教育研究院。

　　例如：國立嘉義大學附設實驗小學，自1971年成立以來，參與多項課程實驗方案。1999年試辦國民中小學九年一貫課程改革後，陸續開展主題統整課程、學校本位課程、多元加值學習活動等課程方案。此外，由於嘉大附小屬實驗研究型學校，校內教學團隊也自主開發多樣化的課程教學研究如表2-7國立嘉義大學附設實驗小學自主進行之課程發展項目所示，目的就是要培育每個孩子都能成為閃亮的星星。

表2-7　國立嘉義大學附設實驗小學自主進行之課程發展項目

嘉大附小自主研發之課程教學教材		
教材名稱	研發團隊	績效評估
主題統整課程教材研發	全校教師	全校教師各年級每年進行兩次主題統整課程教育實驗，透過主題統整課程，引導學生發展探索與自主式學習的能力。
甘特寓言融入教學實驗	全校教師	配合遠哲科學教育基金會推廣科學教育，100學年度進行甘特寓言融入教學，並進行教案編輯，以作為科學教育及環境教育推廣教學用。

表2-7（續）

嘉大附小自主研發之課程教學教材		
教材名稱	研發團隊	績效評估
教師專業學習社群	全校教師	1. 每年度所有教師自由組成教師專業學習社群進行教材教法研發與行動研究。 2. 97學年度18個行動研究、99學年度11個社群教材教法研發成果集、101學年度10個社群教學研究成果集、103學年度9個社群，目前彙編研究集共3冊，。 3. 社群成果獲得教育部榮登於教育部社群網站供全國教師參酌，也獲得教育部102學年度社群優等獎佳績。 4. 每年度辦理社群成果發表會。
天文科學深耕教學	天文教學團隊	研擬校本天文科學教育教材，低年級於晨光與夜間天文科學進行深耕教學活動，三到六年級則結合自然科學教學進行天文科學深耕教學。
資訊素養課程教學	資訊素養團隊	研擬縱貫式資訊素養課程與教學，並建置完整教學媒材，目前已完成一~五年級之課本、作業本及教師手冊，未來繼續完成六年級教材。
走讀社區教學媒材研發	走讀社區團隊	1. 研擬與開發定點式教學媒材。 2. 培訓走讀社區林業文化解說員。 3. 設置走讀社區網頁，分享教學資源。 4. 走讀社區學習共同體教學研究1份。
閱讀亮點教學媒材研發	閱讀亮點團隊	1. 閱讀理解策略教學媒材研發。 2. 閱讀理解策略教案研發。
英語教學媒材研發	英語教學團隊	1. 英語教學綱要6份。 2. 英語寫作教學縱貫式教學研究1份。
音樂教學媒材研發	音樂教學團隊	1. 附小名曲60首選用與編輯。 2. 直笛教材研發與編纂共8冊。
藝術社團教學研究	國管弦樂團	1. 組成國樂團、管樂團及弦樂團，全校三分之一學生參加課後藝文社團。 2. 每年參加校內外各項比賽及演出，提升學生美感學習力。 3. 透過親師生共同發展藝術社團教學模組，促進藝文深耕學習。

二、分析現行課程發展經驗的利弊得失

　　就現行課程的問題而言，我國以往的課程發展多循「由上而下」的行政模式進行，由教育部召集學校教育行政人員與學科專家，全權主導課程綱要的修訂，教科書以此綱要為準則，學校教師奉教科書為教學的圭臬，失卻教師專業自主的地位。然在十二年國民基本教育課程改革與國民中小學九年一貫課程改革，本著「草根性」改革與「離中化」（decentralized）的改革思潮下，追循「由下而上」的改革精神，期待將「課程標準」鬆綁，改為「課程綱要」，同時賦予學校本位課程發展的空間（陳伯璋，2001）。近年來社會各界對學校教育改革的期許殷切，紛紛對當前的學校課程提出批判與建議，不僅教育部積極進行課程綱要的修訂，民間教育改革團體也透過如森林小學、種子學苑等教育實驗的方式進行課程改革，教育專業團體更對課程改革提出如統整課程、潛在課程與課程領導等課程理論基礎。這些全民的努力與期待，可由行政院教育改革審議委員會總諮議報告書（1996），有關促進中小學教育鬆綁、帶好每位學生、改革課程與教學、提早學習英語、協助學生具有基本學力等建議中看出改革方向，所以此次教育改革，必須進行新觀念的課程改革，以回應社會的期待。例如：國立嘉義大學附設實驗小學為國立師資培育大學之實驗小學，因此便具備參與教育部及大學的課程發展合作方案，下表為101學年度迄今仍持續進行的課程方案：

表2-8　國立嘉義大學附設實驗小學與教育部及大學合作研究發展之課程
　　　　方案

嘉大附小與教育部及大學合作研究發展之課程方案		
方案名稱	合作單位／人員	該校參與者
行動學習專題探究	教育部／ 成功大學楊雅婷教授	該校資訊教學團隊
國際教育課程教學深耕探究	教育部／ 中正大學林永豐教授	該校國際教育團隊

表2-8（續）

嘉大附小與教育部及大學合作研究發展之課程方案		
方案名稱	合作單位／人員	該校參與者
分組合作學習專案	教育部／ 中正大學姚如芬教授	該校走讀社區教學研究團隊
教師專業發展評鑑及專業學習社群專案研究	教育部／ 嘉義大學王瑞壎教授	該校全體正式教師
課文本位閱讀與理解教學研究	教育部／ 國立中正大學曾玉村教授 清華大學陳明蕾教授	閱讀理解教學團隊
閱讀深耕教育	教育部	圖書教師／全校教師
補救教學方案	教育部	補救教學團隊／全校教師
資訊素養課程教材教法探究	嘉義大學林菁教授	該校資訊素養團隊
天文深耕教育方案	嘉義大學科教所	該校天文科學團隊
童軍教育方案	嘉義大學綜合活動教材教法	該校童軍團隊
特教師資培用聯盟	嘉義大學特教系	該校特教專長教師（含幼兒園特教教師）
體育師資培用聯盟	屏東教育大學	該校體育團隊教師
國語文師資培用聯盟	國立臺南大學	該校國語文領域召集人
英語free-writing閱讀策略研究	嘉義大學外國語言學系張淑儀、張芳琪教授	該校英語教學社群團隊
英語web-based國際交流教案研究	嘉義大學張再明教授	該校英語教學團隊

　　上述與教育部及大學合作的課程方案經過深耕研討頗有成效，茲簡述如下：1.資訊素養課程實驗教學：於93年開始列入正式課程研發與實驗，目前持續進行中，由嘉義大學教科所師生參與實驗方案之研究，101年度榮獲教育部教學卓越銀質獎。2.天文科學探索實驗教育：每年辦理課外天文科學探索教育230小時，自89年開始進行，並結合嘉義大學資源辦理雲嘉南國小學童科學競賽，榮獲102年全國科展賽數學第一名、104年全國科展賽地球科學第二名。3.童軍探索學習方案：每年辦理10次課外童軍學習

方案，自89年度開始進行，並榮獲96年全國教學卓越金質獎。4.教師專業發展評鑑：自95學年度起開始參與，98學年度起全校教師均參加，同時組成教師專業學習社群，每年進行全校公開發表與績效評估，並榮獲102學年度全國教專社群比賽優等獎。5.閱讀教育深耕：透過圖書教師與全校教學活動彼此緊密連結，103年度榮獲閱讀磐石獎殊榮，仍持續推廣閱讀融入各科學習的創新教學活動。6.補救教學：整體運作榮獲嘉義市比賽第一名，並承辦嘉義市補救教學研究方案。

　　然而，就課程轉化的問題意識而言，國立嘉義大學附設實驗小學長期進行課程教學實驗與研究，無論教育部或縣市政府的課程教學前瞻議題都參與，因此課程轉化的機制已然建立穩定的機制。但在102學年度進行全國附小校務評鑑之後，該校也發現課程教學需要轉化的問題。經過103學年度課程教學修正，並以十二年國教核心素養進行檢視後，發現目前學生學習、教師教學及家長合作的難點，包括：（一）學生學習：自我精進的學習力較弱，符號運用溝通表達的精熟度須加強，道德實踐與公民意識需要再強化。（二）教師教學：課程評鑑的質與量需再強化，教學活化能力需要持續發展，學習評量多元化方案需要再深耕。（三）家長參與：培育家長參與課程教學之協同合作能力，發展家長參與教學觀察之實務能力，提升家長的學習評量理念。

第三節 分析當前學校課程發展的需求

　　隨著2014年（103年）11月7日立法院院會三讀通過，且經總統正式公告教育部所制定《高級中等以下教育階段非學校型態實驗教育實施條例》、《學校型態實驗教育實施條例》以及《公立國民小學及國民中學委託私人辦理條例》等「實驗教育三法」，鼓勵教育創新與實驗、保障學生學習權及家長教育選擇權，以落實教育基本法鼓勵政府及民間辦理教育實驗的精神。教育部更進一步指出應以「打破固有觀念鬆綁限制、推動實驗教育創新課程、運用數位科技翻轉學習、城鄉共學互動分享體驗、引入外部資源活絡教學、累積經驗擴大成果效益」等六大原則出發推動學校辦

理創新教育實驗，並在「實驗教育、教育創新」、「數位融入、虛實共學」、「資源媒合、社群互聯」與「看見改變、典範分享」等多元思維的架構下，規劃辦理學校型態實驗教育、試辦混齡教學、夏日樂學試辦計畫、特色遊學、城鄉共學、規劃偏鄉國民中小學學習體驗之旅、數學奠基活動計畫、國民中學英語及數學分組教學、大學協助偏鄉地區國民中小學發展課程與教學、整合民間活力提升師資質量、整合民間資源推動翻轉教室、記錄翻轉教學有成之教學歷程等，提升學生學習成效（臺灣新生報，2015.9.20）。學校課程發展委員會應該透過課程研究，分析當前課程改革的規模與範圍，發現學校課程的問題與需求。

一、課程革新的契機

　　臺灣近年來對於教育投注的關注漸次升高，無論政府機關或民間團體，以及學生家長莫不對教育事務表示關心，而形成了一股催促改革的浪潮，衝擊傳統的學校教育園地，意圖使之煥然一新（教育部，2014）。特別是十二年國教新課程綱要核心素養的公布、以及教師專業素養的提升，已經提供國內課程革新的契機。「課程革新」是一項慎思熟慮的系統嘗試，介紹新課程觀念與新課程方法技術的意圖，企圖改進學校課程之嘗試過程與結果。「課程革新」是學校教育人員所面臨的某種教育理想及嘗試企圖所支持的新課程、修訂課程、新課程政策或新的課程理念（Fullan, 1992）。事實上可以從「技術途徑」、「政治途徑」與「文化途徑」等三個層面來分析「課程革新」現象（蔡清田，2016）。特別是，如果能從某一特定課程革新所在的大社會變革之整體脈絡來加以詮釋，將能有助於相關人員對核心素養的「課程發展」之理解（House, 1979）。

　　核心素養的學校本位課程發展牽涉到學校組織、個別教師、社區特質等力量的衝突互動與凝聚等問題，需要教師素養、學校設備與技術上許多因素的配合（林生傳，1999），所以這個龐大工程，並不能期望它一夕間完成。因此許多教育工作者面對核心素養的學校本位課程發展，一方面期待透過學校承擔課程發展的責任，以加強學校對學生個別差異的關注、

充實教師的專業知能，並結合社區教育資源以開創學校教育的新猷，但另一方面卻對學校必須承擔的責任與權力間的衝突，以及教師專業知能產生疑惑。因此，如何幫助學校人員進行核心素養的學校本位課程發展相關工作，將是現階段課程改革刻不容緩的課題。

二、滿足學校特定情境的需求

　　學校是最基本的教育社區，也是解決課程改革問題與發展可能性的重要單位。學校是教育改革的基礎，而核心素養的學校本位課程發展，就是教育改革的內在機制之一。由於每個學校皆有其獨特性，如果學校教育人員未能主動從事核心素養的課程發展，將難以滿足其特殊情境需求。是以，學校教育人員必須根據學校所面臨的實際問題，採取具體行動，進行學校本位課程發展。這是以學校自發活動或學校課程需求為基礎的發展過程，並透過中央、地方和學校三者的權責再分配，賦予學校人員相當權利和義務，去規劃設計、實施和評鑑課程，並尋求外來的專家顧問協助，以滿足學校師生的教育需要（黃光雄，1996；高新建，1999；陳伯璋，1999；黃政傑，1999；歐用生，1999；蔡清田，2002；Eggleston, 1979; Skilbeck, 1984; Sabar, 1991）。因此，國家主導之課程改革與學校本位課程發展並非兩不相容（黃光雄、蔡清田，2015）。

三、補充全國課程方案之不足

　　核心素養的學校本位課程發展的決定，主要是由中央、地方與學校的教育工作者共享，中央教育機構提供政策指示與課程綱要，學校可以在國家規劃的範圍內進行課程發展。究竟中央政府賦予地方與學校多少自主的空間，也就決定了學校本位課程發展的範圍。

　　核心素養的課程研究之一個重要功能，在於了解學校本位課程發展與全國課程發展之間，並非兩不相容。透過對整體教育系統的了解，可以幫助學校本位課程發展人員定位學校本位課程發展行動與全國課程發展間

相互補充的關係，如同王文科（1997）主張發展學校課程可視為一種具有互補作用的補充課程，黃政傑（1998）也提到這個相互補充的概念，方德隆（1999）亦建議應釐清中央、地方與學校層次課程行政的職責，讓學校本位課程發展發揮承上起下的功能。至於如何與現行課程綱要契合，並針對過去與現在課程發展經驗加以評估了解，就需要學校經營團隊透過課程研究，了解學校面對學生、家長、社區等方面的要求，並承襲過去的經驗下，在社會、文化、教育等脈絡中進行適當的課程發展。

第四節 分析學校課程發展的影響因素

《十二年國民基本教育課程綱要總綱》指出，學校整體課程設計與發展，宜先檢視實施核心素養的課程發展要素：包含學校的教育願景和課程特色、校長的課程領導理念、教師的專業背景、家長的期待、學生的學習需求、社區的相關資源、縣市政府的教育政策等，規劃最適切全體親師生的整體課程（教育部，2014）。換言之，學校課程發展委員會應該充分考量學校條件、社區特性、家長期望、學生需要等相關因素，結合全體教師和社區資源，發展學校本位課程，並審慎規劃全校整體課程計畫。學校課程發展委員會在擬定學校課程目標之前，宜針對社會需求、社區特色、教師專長、學生需求等情境因素，加以研究。課程研究乃是考量學校文化的課程發展之主要任務，重新檢視目前對於課程、教學及學習的研究（Glatthorn, 2000）。例如：澳洲學者J.Chapman便建議從系統架構、學校架構、社區架構與個體架構等四個架構，了解其對課程發展的影響力（郭昭佑、陳美如，1997）。學校課程發展委員會所進行的課程研究分析，可依探討外在及內在兩方面的因素進行，以了解「課程問題與需求是什麼？如何回應這些課程問題與需求？」。

表2-9　課程研究情境分析的考慮因素（黃光雄、蔡清田，2015）

外在因素	內在因素
1.社會的變遷及其趨勢	1.學生性向、能力、動機、價值觀及需要
2.家長、雇主和工會的期望和要求	2.教師價值觀、態度、技能、經驗、知識
3.社區的假定事項和價值標準	3.學校性格和政治結構
4.學科或教材性質的改變	4.物質資源和財源
5.教師支援制度的服務	5.現行課程的問題和缺點
6.教育制度的要素和挑戰	
7.流入學校的社會資源	

　　學校課程發展委員會，可以考慮上列因素，以便聽到各種聲音和看到各種觀點，並且針對衝突對立意見進行論辯，進而針對特定問題進行研究，並將其研究結果向學校同仁公布，並徵詢意見與評論，進行需求評估。上述因素都是核心素養的課程發展所要蒐集的資料（黃光雄、蔡清田，2015）。但是內、外因素並非截然可分，其劃分的用意只在引導課程發展委員會，將注意集中於較為寬廣的學校課程內涵問題，及留心於直接的學校環境。特別是學校課程發展委員會，應該分析官方政策對學校本位課程發展的要求、社會變遷對學校本位課程發展的衝擊、學科知識對學校本位課程發展的影響、學生特質對學校課程的需求、地方文化與地區特性對學校本位課程發展的可能影響，進而評估學校組織文化、學校氣氛、師資特色、場地設備、時間經費等對學校本位課程發展的可能影響。

一、分析官方政策對學校本位課程發展的要求

　　我國教育部2014年2月17日發布《十二年國民基本教育課程發展指引》（國家教育研究院，2014），以生活所需「核心素養」作為十二年國民基本教育課程核心，引導十二年國民基本教育課程綱要研發，教育部2014年11月28日再公布《十二年國民基本教育課程綱要總綱》（教育部，2014），本於全人教育精神，以「自發」（taking the initiative）、「互

動」（engaging the public）及「共好」（seeking the common good）爲基本理念，以「成就每一個孩子—適性揚才、終身學習」爲願景，結合「核心素養」進行國小、國中、高中職等學校教育階段課程的連貫與統整（蔡清田，2018），賦予各領域／科目課程綱要彈性空間設計「領域／科目核心素養」（蔡清田，2016）。

值得注意的是十二年國教課程綱要總綱與九年一貫課程綱要總綱在學習節數與課程內容的呈現方式均不同（洪詠善、范信賢，2015），各「領域／科目核心素養」與學習重點規劃與訂定時，已參酌學習節數發展適切的領域課程綱要，彰顯該領域／科目的特色」（蔡清田，2015），而且各領域學習節數也有所更動，詳如表2-10十二年國教課程綱要總綱與九年一貫課程綱要總綱學習節數之更動表所示：

表2-10　十二年國教課程綱要總綱與九年一貫課程綱要總綱學習節數之更動表

總綱學習節數更動表（國民中小學階段）				
	國小低年級	國小中年級	國小高年級	國中
領域學習課程每週節數	維持20節	維持25節	原27節改為26節	原7、8年級28節；9年級30節，皆改為29節。
彈性學習課程每週節數	維持2-4節	維持3-6節	原3-6節改為4-7節	原7、8年級4-6節；9年級3-5節，皆改為3-6節。
每週總學習節數	維持22-24節	維持28-31節	維持30-33節	維持32-35節

資料來源：國家教育研究院（2015）。十二年國民基本教育課程綱要總綱Q&A（頁4）。

彈性學習課程規劃爲學校課程發展委員會之權責，應依學校需求開課，各該主管機關負監督之責。特別是，就彈性學習課程規劃而言：彈性學習課程由學校自行規劃辦理全校性、全年級或班群學習活動，提升學生學習興趣並鼓勵適性發展，落實學校本位及特色課程。依照學校及各學習

階段的學生特性，可選擇統整性主題／專題／議題探究、社團活動與技藝課程、特殊需求領域課程或是其他類課程進行規劃，經學校課程發展委員會通過後實施。彈性學習課程可以跨領域／科目或結合各項議題，發展「統整性主題／專題／議題探究課程」，強化知能整合與生活運用能力。「社團活動」可開設跨領域／科目相關的學習活動，讓學生依興趣及能力分組選修，與其他班級學生共同上課。「技藝課程」部分，以促進手眼身心等感官統合、習得生活所需實用技能、培養勞動神聖精神、探索人與科技及工作世界的關係之課程爲主，例如：可開設作物栽種，運用機具、材料和資料進行創意設計與製作課程，或開設與技術型高級中等學校各群科技能領域專業與實習科目銜接的技藝課程等，讓學生依照興趣與性向自由選修。「特殊需求領域課程」專指依照下列特殊教育及特殊類型班級學生的學習需求所安排之課程：

（一）特殊教育學生（含安置在不同教育情境中的身心障礙或資賦優異學生）其特殊學習需求，經專業評估後，提供生活管理、社會技巧、學習策略、職業教育、溝通訓練、點字、定向行動、功能性動作訓練、輔助科技應用、創造力、領導才能、情意發展、獨立研究或專長領域等特殊需求領域課程。

（二）特殊類型班級學生（含體育班及藝術才能班的學生）依專長發展所需，提供專長領域課程。

「其他類課程」包括本土語文／新住民語文、服務學習、戶外教育、班際或校際交流、自治活動、班級輔導、學生自主學習等各式課程，以及領域補救教學課程。國民中學得視校內外資源，於彈性學習課程開設本土語文／新住民語文，或英語文以外之第二外國語文課程，供學生選修；其教學內容及教材得由學校自行安排。原住民族地區及原住民重點學校應於彈性學習課程，規劃原住民族知識課程及文化學習活動。國民小學及國民中學實施彈性學習課程，應安排具備專長的教師授課，並列爲教師授課節數。在十二年國教課程綱要總綱的國民小學及國民中學課程規劃中，彈性學習課程節數規劃如表2-11十二年國教課程綱要總綱的彈性學習課程節數規劃：

表2-11　十二年國教課程綱要總綱的彈性學習課程節數規劃

領域＼學習階段		第一學習階段	第二學習階段	第三學習階段	第四學習階段
彈性學習課程	統整性主題／專題／議題探究課程	2-4節	3-6節	4-7節	3-6節
	社團活動與技藝課程				
	特殊需求領域課程				
	其他類課程				

資料來源：教育部（2014）。十二年國民基本教育課程綱要總綱（頁10）。臺北市：作者。

　　過去行政院成立教育改革審議委員會，曾提出教育改革建議，要求教育部積極研擬相關計畫加以實施，而成為教育部擬定教育改革政策的主要依據。主要課程改革項目包括：第一，國民中小學課程，應以生活為中心。第二，建立基本學力指標，為課程綱要的最低規範，取代現行課程標準，使地方、學校及教師能保有彈性的空間，因材施教或發展特色。第三，積極統整課程，減少學科之開設，並避免林立，以落實生活教育與身心發展的整體性。第四，減少正式上課時間，減輕課業負擔，增加活動課程，對生活上的重要課題，整合於各科教學與活動中（行政院教育改革審議委員會，1996）。十二年國民基本教育課程綱要的規劃，力求十二年國民基本教育的學習一貫連續與內容的統整，在教學時間、節數、教材選用與課程範圍上則賦予學校更多的彈性自主空間，在核心素養的學校本位課程發展，則為前次課程修訂所沒有的課程革新。特別是十二年國民基本教育課程綱要，提供學校及教師更多彈性自主空間，以及降低各年級上課時數，減輕學生負擔，其中校定課程的彈性學習節數則由學校及班級教師決定。

二、分析社會變遷對學校本位課程發展的衝擊

當人類邁向二十一世紀時，世界各地在社會、政治、經濟、文化上都發生重大變遷，各國都了解教育的重要性，先後進行教育改革，以激發個人潛能，促進社會進步。在此趨勢下，世界各國無不積極進行教育改革，思考如何培育新觀念、新技術、新視野的個人，以促進社會進步發展，與提升國家競爭力。

社會變遷及其趨勢，諸如工業發展、政府政策與指示命令、文化運動及社會意識型態轉變等，對學校課程造成衝擊。過去威權體制反映在學校課程的控制上，由中央對學校課程進行嚴密的控制，使得學校能夠運用的課程彈性相當有限，更由於此種彈性很小，以致學校教育人員不被期望去設計學校課程，因而喪失課程設計能力（黃政傑，1997）。但是今日臺灣社會的政治經濟因素發生巨大的轉變，學校在此次課程改革運動中擁有課程自主的空間，其最大的特點是反映了臺灣社會從中央集權到權力下放的時代趨勢，從以往「由上而下」的課程控制，轉而鼓勵學校本位課程發展。因為在民主多元的社會中，由中央統一制訂的課程已無法滿足各種學生的需要，而學校本位課程發展，給予個別學校與教師發展課程的空間，則可以發展適合地方社區與學生經驗的教材（黃光雄、蔡清田，2015）。

國民中小學九年一貫課程綱要總綱指出人本情懷、統整能力、民主素養、本土與國際意識、終生學習等五項基本理念，符合「教育鬆綁、帶好每位學生、暢通升學管道、提升教育品質、建立終身學習社會」的理念（行政院教育改革審議委員會，1996，摘9）。而《十二年國民基本教育課程綱要總綱》則明確指出三項基本理念、四大課程目標、九項核心素養、八大學習領域，這是臺灣地區國民教育課程改革劃時代的里程碑」。特別是其基本理念指出：十二年國民基本教育之課程發展本於全人教育的精神，以「自發」、「互動」及「共好」為理念，強調學生是自發主動的學習者，學校教育應善誘學生的學習動機與熱情，引導學生妥善開展與自我、與他人、與社會、與自然的各種互動能力，協助學生應用及實踐所學、體驗生命意義，願意致力社會、自然與文化的永續發展，共同謀求彼

此的互惠與共好。依此，本課程綱要以「成就每一個孩子—適性揚才、終身學習」為願景，兼顧個別特殊需求、尊重多元文化與族群差異、關懷弱勢群體，以開展生命主體為起點，透過適性教育，激發學生生命的喜悅與生活的自信，提升學生學習的渴望與創新的勇氣，善盡國民責任並展現共生智慧，成為具有社會適應力與應變力的終身學習者，期使個體與群體的生活和生命更為美好。

三、分析學科知識對學校本位課程發展的影響

《十二年國民基本教育課程綱要總綱》因應多元智力論，提出本國語文領域、外國語文領域、社會、自然、科技、數學、健康與體育、藝術、綜合活動等領域來探究人的生活，對學校教育知識造成衝擊。十二年國民基本教育課程依據全人教育之理念，配合知識結構與屬性、社會變遷與知識創新及學習心理之連續發展原則，將學習範疇劃分為八大領域，提供學生基礎、寬廣且關聯的學習內涵，獲得較為統整的學習經驗，以培養具備現代公民所需之核心素養與終身學習的能力。部分領域依其知識內涵與屬性包含若干科目，惟仍需重視領域學習內涵。國民小學階段，以領域教學為原則；國民中學階段，在領域課程架構下，得依學校實際條件，彈性採取分科或領域教學，並透過適當的課程設計與教學安排，強化領域課程統整與學生學習應用；高級中等學校教育階段，在領域課程架構下，以分科教學為原則，並透過跨領域／科目專題、實作／實驗課程或探索體驗等課程，強化跨領域或跨科的課程統整與應用（教育部，2014）。「正式課程」是指官方有意計畫和教導的領域／科目，例如：我國《十二年國民基本教育課程綱要總綱》指出「十二年國民基本教育」各教育階段共同課程之領域課程架構如表2-12。

表2-12　「十二年國民基本教育」各教育階段共同課程之領域課程架構

教育階段	國民小學						國民中學			高級中等學校		
階段	第一學習階段		第二學習階段		第三學習階段		第四學習階段			第五學習階段（一般科目）		
領域＼年級	一	二	三	四	五	六	七	八	九	十	十一	十二
部定課程　語文	國語文											
	本土語文／新住民語文		本土語文／新住民語文		本土語文／新住民語文							
			英語文		英語文		英語文			英語文		
										第二外國語文（選修）		
數學	數學		數學		數學		數學			數學		
社會	生活課程		社會		社會		社會			社會		
自然科學			自然科學		自然科學		自然科學			自然科學		
藝術			藝術		藝術		藝術			藝術		
綜合活動			綜合活動		綜合活動		綜合活動			綜合活動		
科技							科技			科技		
健康與體育	健康與體育		健康與體育		健康與體育		健康與體育			健康與體育		
										全民國防教育		
校訂課程　彈性學習／必修／選修／團體活動	彈性學習課程									校訂必修課程　選修課程　團體活動時間　彈性學習時間		

　　同時重視因應現在及未來生活需要，特別強調生活所需核心素養的培養，檢視新興議題融入各學習領域的情形，增補現有「懸缺課程」不足之處（黃光雄、蔡清田，2015），如人口販運、性交易防制、《性別平等教育法》、《性侵害犯罪防制法》、《家庭暴力防治法》中有關課程實施之規定、媒體素養、金融知識及正確投資理財觀念與素養、勞動人權、勞工運動史、社會主義思潮、法治教育、消費者保護、智慧財產權、生命教育、永續環保等，在課程綱要內規定以課程統整的精神設計非正式的活動課程，輔導學生積極參與社團與服務社區，並對當前社會關注的新興議題，生涯教育、資訊教育、環保教育、兩性教育、人權教育、家政教育、海洋教育等亦融入課程中，以培養生活所需核心素養。

　　在「自發」、「互動」及「共好」為理念引導下，延續並整合過去分別列舉的國民中小學九年一貫課程目標，1.增進自我了解，發展個人潛能；2.培養欣賞、表現、審美及創作能力；3.提升生涯規劃與終身學習能力；4.培養表達、溝通和分享的知能；5.發展尊重他人、關懷社會、增進團隊合作；6.促進文化學習與國際了解；7.增進規劃、組織與實踐的知能；8.運用科技與資訊的能力；9.激發主動探索和研究的精神；10.培養獨立思考與解決問題的能力。以及普通高級中學教育，除延續國民教育階段之目的外，並以提升普通教育素質，增進身心健康，養成術德兼修、五育並重之現代公民為目的，須從生活素養、生涯發展及生命價值三層面輔導學生達成下列目標：1.提升人文、社會與科技的知能。2.加強邏輯思考、判斷、審美及創造的能力。3.增進團隊合作與民主法治的精神及責任心。4.強化自我學習的能力及終身學習的態度。5.增強自我了解及生涯發展的能力。6.深植尊重生命與全球永續發展的觀念；訂定如下十二年國教四項總體課程目標，以協助學生學習與發展：

（一）啟發生命潛能

　　啟迪學習的動機，培養好奇心、探索力、思考力、判斷力與行動力，願意以積極的態度、持續的動力進行探索與學習；從而體驗學習的喜悅，增益自我價值感。進而激發更多生命的潛能，達到健康且均衡的全人開展。

（二）陶養生活知能

　　培養基本知能，在生活中能融會各領域所學，統整運用、手腦並用地解決問題；並能適切溝通與表達，重視人際包容、團隊合作、社會互動，以適應社會生活。進而勇於創新，展現科技應用與生活美學的涵養。

（三）促進生涯發展

　　導引適性發展、盡展所長，且學會如何學習，陶冶終身學習的意願與能力，激發持續學習、創新進取的活力，奠定學術研究或專業技術的基礎；並建立「尊嚴勞動」的觀念，淬鍊出面對生涯挑戰與國際競合的勇氣與知能，以適應社會變遷與世界潮流，且願意嘗試引導變遷潮流。

（四）涵育公民責任

　　厚植民主素養、法治觀念、人權理念、道德勇氣、社區／部落意識、國家認同與國際理解，並學會自我負責。進而尊重多元文化與族群差異，追求社會正義；並深化地球公民愛護自然、珍愛生命、惜取資源的關懷心與行動力，積極致力於生態永續、文化發展等生生不息的共好理想。

　　以上課程目標應結合核心素養加以發展，並考量各學習階段特性予以達成，期落實十二年國民基本教育「自發」、「互動」與「共好」的課程理念，以臻全人教育之理想。

四、分析學生特質對學校課程的需求

　　進行核心素養的學校本位課程發展，一定要透過核心素養的課程研究，分析學生的背景資料，如學生年齡、社經背景、先備知識、性向、能力、動機、價值觀念及需要等，作為課程目標的來源之一（Tyler, 1949; Taba, 1966），作為規劃方案之參考（Skilbeck, 1984）。為落實十二年國民基本教育課程的理念與目標，《十二年國民基本教育課程綱要總綱》以「核心素養」作為課程發展之主軸，以裨益各教育階段間的連貫以及各領域／科目間的統整。核心素養主要應用於國民小學、國民中學及高級中等學校的一般領域／科目，至於技術型、綜合型、單科型高級中等學校則依其專業特性及群科特性進行發展，核心素養可整合或彈性納入。

　　核心素養，是個體學習吸收學科知識後，經過「認知」、「技能」、「情意」的內在機制，將知識加以統整成為有意義的整體，加以轉化並類化應用成為學以致用的能力，一方面「以知識為能力之本」，另一方面又「以能力為知識之用」，將知識與能力加以統整為一體之兩面，流露出合乎情理法的行動態度傾向，並在適當社會情境之下，以合乎社會文化的價值情意方式，展現出合乎情理法的行動；簡言之，「素養」是「知識」、「能力」與「態度」的統整，「知識」、「能力」與「態度」三者是相互依賴且部分交織重疊，核心素養是指個人為了健全發展，並發展成為一個健全個體，必須因應社會之複雜生活情境需求，所不可欠缺的知識、能力、態度，特別是指經過課程設計、教學引導、學習獲得的「素養」，不同於過去的能力，詳如表2-13「素養」與「能力」之比較。

　　「核心素養」是指一個人為適應現在生活及面對未來挑戰，所應具備的知識、能力與態度。「核心素養」強調學習不宜以學科知識及技能為限，而應關注學習與生活的結合，透過實踐力行而彰顯學習者的全人發展。十二年國民基本教育之核心素養，強調培養以人為本的「終身學習者」，分為三大面向：「自主行動」、「溝通互動」、「社會參與」。三大面向再細分為九大項目：「身心素質與自我精進」、「系統思考與解決問題」、「規劃執行與創新應變」、「符號運用與溝通表達」、「科技資訊與媒體素養」、「藝術涵養與美感素養」、「道德實踐與公民意識」、「人際關係與團隊合作」、「多元文化與國際理解」。

　　「核心素養」是指統整的知識、能力及態度之素養，能積極地回應個人及社會的生活需求，使個人得以過著成功與負責任的社會生活，面對現在與未來的生活挑戰。換言之，「核心素養」是指一個人為適應現在生活及未來挑戰，所應具備的知識、能力與態度。「核心素養」承續過去課程綱要的「學科知識」、「基本能力」與「核心能力」，但涵蓋更寬廣和豐富的教育內涵（蔡清田、陳伯璋、陳延興、林永豐、盧美貴、李文富、方德隆、陳聖謨、楊俊鴻、高新建、李懿芳、范信賢，2013）。核心素養的表述可彰顯學習者的主體性，而非只是針對某個特定的學習領域／科目而已，更重要的是強調不以「學科知識」作為學習的唯一範疇，而是關照學

表2-13 「素養」與「能力」之比較

名稱	內涵定義	外延定義	先天／後天	適用社會	理論依據	實例範疇
素養	素養的內涵定義比較精確，優良素質教育涵養包括知識、能力與態度之統整，不會引起能力相對於知識之誤解，能反映外部表面所見的特徵，尚能展現態度內在潛藏特徵的重要性	素養的外延定義較為嚴謹周延，能清楚界定知識、能力與態度之差異，不易引起能力與態度之混淆，而且所謂「誠於中而形於外」，因此素養是「知行合一」，不僅有能力而且態度適當	素養強調教育價值功能，素養是學習的結果，並非先天遺傳，是後天努力學習而獲得的，合乎認知、技能、情意的教育目標	素養適用於複雜多變的「新經濟時代」與「資訊社會」之科技網路世代各種生活場域，可積極地回應生活情境下的複雜需求，特別是因應當前後現代社會複雜生活所需的知識、能力與態度	兼重小我與大我，超越行為主義的能力，具有哲學、人類學、心理學、經濟學、社會學等不同學門的理論根據，可促進個人發展與社會發展	例如：語文素養 人文素養 倫理素養 科學素養 民主素養 資訊素養 媒體素養 美感素養 國際素養 多元文化素養 環境生態素養 能自律自主行動 能與他人互動 能使用工具溝通會開車且願禮讓
能力	能力的內涵定義較不精確，能力的範圍比較狹隘而不完整，只能反映能力的外部表面特徵，不易彰顯能力的內在特徵，容易引起能力相對於知識之誤解	能力的外延定義過於寬鬆較不周延而不夠準確，未能清楚界定知識、能力與態度之差異，易引起能力包含態度的混淆，然有開車能力卻不一定態度適當，有開車能力但態度不一定會禮讓行人	能力的形成是經由先天遺傳與後天努力學習獲得的	能力是偏向於過去「傳統社會」與「工業社會」所強調的技術能力、技能、職能	重視小我，偏個人工作謀生偏向「個人主義」與「功利導向」，易有流於能力本位行為主義之爭議	聽、說、讀、寫以及操作簡易的機器設備，如會使用打字機、傳真機、收音機、隨身聽、電視、電話、洗衣機、會開車等能力

習者可透過「做中學」、「知行合一」與「學以致用」，統整運用於「生活情境」之中，強調其在動態發展的社會生活情境中能實踐力行的特質。「核心素養」一詞，廣義地包含competence與literacy之意涵，係指能積極地回應個人或社會的生活需求，包括使用知識、認知與技能的能力以及態度、情意、價值與動機等；且「核心素養」的內涵涉及積極生活與功能健全社會對個人的期望。儘管core competencies或key competencies過去在國內或被譯為「基本能力」或「關鍵能力」，然英文中指涉「能力或技能」的用詞，另有ability, capacity, skill及proficiency等，且依據洪裕宏等學者研究，若「核心素養」翻譯為「基本能力」或「核心能力」，較容易被狹隘地誤解為「技能」，較不能完整表示包含知識、技能、態度、價值觀等較為廣泛意涵，且無法與國際組織與國外學者之定義一致。是以如表2-14「核心素養」與「基本能力」之比較所示，可從意義界定、實例範疇、先天／後天、適用社會、理論依據、教育功能等進一步澄清「核心素養」與「基本能力」之異同。

核心素養實例範疇包括「自主行動」的「身心素質與自我精進」（body fitness and self-improvement）、「系統思考與解決問題」（system thinking and problem-solving）、「規劃執行與創新應變」（plan execution and creative change），「溝通互動」的「符號運用與溝通表達」（symble application and communication expression）、「科技資訊與媒體素養」（technology information and media literacy）、「藝術涵養與美感素養」（art cultivation and aesthetic literacy），「社會參與」的「道德實踐與公民意識」（moral praxis and citizen consciousness）、「人際關係與團隊合作」（interpersonal relationship and teamwork collaboration）、「多元文化與國際理解」（multi-culture and international understanding）等內涵主軸，可涵蓋國民中小學十大「基本能力」如：1.了解自我與發展潛能；2.欣賞、表現與創新；3.生涯規劃與終身學習；4.表達、溝通與分享；5.尊重、關懷與團隊合作；6.文化學習與國際了解；7.規劃、組織與實踐；8.運用科技與資訊；9.主動探索與研究；10.獨立思考與解決問題。「核心素養」涵括了我國所通稱之「基本能力」，不只重視知識，也重視基本能

表2-14　「核心素養」與「基本能力」之比較

名稱	意義界定	實例舉隅	先天/後天	適用社會	理論依據	教育功能
核心素養	核心素養 core competencies 界定較精確而周延，核心素養是個人與社會生活所不可或缺、必須具備核心的素養，必須為了發展成為一個健全個體，必須因應社會複雜多變未來情境所不可欠缺的知識、能力與態度	一、「自主行動」 1.身心素質與自我精進 2.系統思考與解決問題 3.規劃執行與創新應變 二、「溝通互動」 4.符號運用與溝通表達 5.科技資訊與媒體素養 6.藝術涵養與美感素養 三、「社會參與」 7.道德實踐與公民意識 8.人際關係與團隊合作 9.多元文化與國際理解	核心素養強調教育價值功能；素養是學習的結果，並非先天遺傳，是後天努力學習而獲得的，合乎認知、技能、情意的教育目標	核心素養適用於複雜多變的「新經濟時代」與「資訊社會」之科技網路世代各種生活場域，可積極地回應生活情境下的複雜需求，特別是因應當前後現代的社會複雜生活所需的知識、能力與態度	核心素養已超越行為主義的能力，具有哲學、人類學、心理學、經濟學、社會學等不同學門的理論根據	個核心素養重「社會發展」與「雙重功能」的教育重視發展，特別是個健全個體能，為一個健全個體，必須因應社會複雜社會情境未混沌複雜社會情境所需求之需「優質」、實質生活」之需求所不可欠缺的知識、能力、態度
基本能力	基本能力 basic ability 界定比較含糊不精確；基本能力是指個人有能力夠勝任具有實際任務的才能之實際能力與潛在能力，可能未涉及態度、價值，且不一定情意與社會有密切關係	1.了解自我與發展潛能 2.欣賞、表現與創新 3.生涯規劃與終身學習 4.表達、溝通與分享 5.尊重、關懷與團隊合作 6.文化學習與國際了解 7.規劃、組織與實踐 8.運用科技與資訊 9.主動探索與研究 10.獨立思考與解決問題	基本能力的形成是經由先天遺傳與後天努力學習獲得的	基本能力偏向於過去美國、澳洲、紐西蘭等傳統工商社會所強調的技術能力、技能、職能等用語，目前這些資訊社會也都因應國家而提出新時代的核心素養	基本能力偏向「個人工作謀生」與「個人主義」、「個人利導向」，易流於能力本位行為主義之爭議	基本能力強調「個人發展」所具備的能力，較重視職能的培養，以滿足個人的「謀生」之需要、解決日常生活、學習等基本生生的問題

力，更強調態度情意的重要性，可超越過去傳統的學科知識、基本能力和核心能力，更可導正過去重學科知識、基本能力、核心能力而忽略態度價值之偏失。

表2-15　「三面九項核心素養」與「十大基本能力」之內涵比較（蔡清田，2014，44）

三面九項	三面	三面九項核心素養內涵		十大基本能力內涵
A.自主行動		A1. 身心素質 與 自我精進	具備身心健全發展的素質，擁有合宜的人性觀與自我觀，同時透過選擇、分析與運用新知，有效規劃生涯發展，探尋生命意義，並不斷自我精進，追求至善。	1. 了解自我與發展潛能（充分了解自己的身體、能力、情緒、需求與個性，愛護自我，養成自省、自律的習慣、樂觀進取的態度及良好的品德；並能表現個人特質，積極開發自己的潛能，形成正確的價值觀。） 3. 生涯規劃與終身學習（積極運用社會資源與個人潛能，使其適性發展，建立人生方向，並因應社會與環境變遷，培養終身學習的能力。）
		A2. 系統思考 與 解決問題	具備問題理解、思辨分析、推理批判的系統思考與後設思考素養，並能行動與反思，以有效處理及解決生活、生命問題。	9. 主動探索與研究（激發好奇心及觀察力，主動探索和發現問題，並積極運用所學的知能於生活中。） 10. 獨立思考與解決問題（養成獨立思考及反省的能力與習慣，有系統地研判問題，並能有效解決問題和衝突。）
		A3. 規劃執行 與 創新應變	具備規劃及執行計畫的能力，並試探與發展多元專業知能、充實生活經驗，發揮創新精神，以因應社會變遷、增進個人的彈性適應力。	2. 欣賞、表現與創新（培養感受、想像、鑑賞、審美、表現與創造的能力，具有積極創新的精神，表現自我特質，提升日常生活的品質。） 3. 生涯規劃與終身學習（積極運用社會資源與個人潛能，使其適性發展，建立人生方向，並因應社會與環境變遷，培養終身學習的能力。） 7. 規劃、組織與實踐（具備規劃、組織的能力，且能在日常生活中實踐，增強手腦並用、群策群力的做事方法，與積極服務人群與國家。）

表2-15（續）

三面九項	三面九項核心素養內涵		十大基本能力內涵
B.溝通互動	B1. 符號運用 與 溝通表達	具備理解及使用語言、文字、數理、肢體及藝術等各種符號進行表達、溝通及互動，並能了解與同理他人，應用在日常生活及工作上。	4.表達、溝通與分享（有效利用各種符號〔例如：語言、文字、聲音、動作、圖像或藝術等〕和工具〔例如：各種媒體、科技等〕，表達個人的思想或觀念、情感，善於傾聽與他人溝通，並能與他人分享不同的見解或資訊。）
	B2. 科技資訊 與 媒體素養	具備善用科技、資訊與各類媒體之能力，培養相關倫理及媒體識讀的素養，俾能分析、思辨、批判人與科技、資訊及媒體之關係。	8.運用科技與資訊（正確、安全和有效地利用科技，蒐集、分析、研判、整合與運用資訊，提升學習效率與生活品質。）
	B3. 藝術涵養 與 美感素養	具備藝術感知、創作與鑑賞能力，體會藝術文化之美，透過生活美學的省思，豐富美感體驗，培養對美善的人事物，進行賞析、建構與分享的態度與能力。	2.欣賞、表現與創新（培養感受、想像、鑑賞、審美、表現與創造的能力，具有積極創新的精神，表現自我特質，提升日常生活的品質。）
C.社會參與	C1. 道德實踐 與 公民意識	具備道德實踐的素養，從個人小我到社會公民，循序漸進，養成社會責任感及公民意識，主動關注公共議題並積極參與社會活動，關懷自然生態與人類永續發展，而展現知善、樂善與行善的品德。	5.尊重、關懷與團隊合作（具有民主素養，包容不同意見，平等對待他人與各族群；尊重生命，積極主動關懷社會、環境與自然，並遵守法治與團體規範，發揮團隊合作的精神。）

表2-15（續）

三面九項		三面九項核心素養內涵	十大基本能力內涵
C.社會參與	C2. 人際關係與團隊合作	具備友善的人際情懷及與他人建立良好的互動關係，並發展與人溝通協調、包容異己、社會參與及服務等團隊合作的素養。	4.表達、溝通與分享（有效利用各種符號〔例如：語言、文字、聲音、動作、圖像或藝術等〕和工具〔例如：各種媒體、科技等〕，表達個人的思想或觀念、情感，善於傾聽與他人溝通，並能與他人分享不同的見解或資訊。） 5.尊重、關懷與團隊合作（具有民主素養，包容不同意見，平等對待他人與各族群；尊重生命，積極主動關懷社會、環境與自然，並遵守法治與團體規範，發揮團隊合作的精神。）
	C3. 多元文化與國際理解	具備自我文化認同的信念，並尊重與欣賞多元文化，積極關心全球議題及國際情勢，並能順應時代脈動與社會需要，發展國際理解、多元文化價值觀與世界和平的胸懷。	6.文化學習與國際理解（認識並尊重不同族群文化，了解與欣賞本國及世界各地歷史文化，並體認世界為一整體的地球村，培養相互依賴、互信互助的世界觀。）

　　如表2-15「三面九項核心素養」與「十大基本能力」之內涵比較：核心素養強調教育的價值與功能，核心素養的三面向及九項目之內涵同時可涵蓋知識、能力、態度等，其理念重視在學習的過程中透過素養促進個體全人的發展以及終身學習的培養，核心素養承續十大基本能力，但可彌補十大基本能力的涵蓋範疇不全、區隔不清以及缺漏重要生活議題，如「道德實踐與公民意識」、「科技資訊與媒體素養」及「藝術涵養與美感素養」等，可因應現在及未來社會之需要。核心素養是一系列目標的組合，可作為學校課程目標的具體教育指標，如同美國課程學者泰勒（Ralph W. Tyler）在「八年研究」（The Eight Year Study），設計「可欲改變的學生一般行為組型」之具體目標，協助課程設計人員，敘寫具體的課程目標（Tyler, 1949），進一步再加以細部設計教材內容與學生的「學習經

驗」，以達成一套預期的學生學習結果。

　　核心素養是學生在所有領域／科目所必須學習的，「領域／科目核心素養」是進行課程設計的重要因素。「領域／科目核心素養」的定義，根據《十二年國民基本教育課程發展指引》與《十二年國民基本教育課程綱要總綱》的核心素養與各「教育階段核心素養」，結合各領域／科目理念與目標後，在各《領域／科目課程綱要》展現的核心素養具體內涵，例如：「自然科學領域核心素養」係依循《十二年國民基本教育課程發展指引》與《十二年國民基本教育課程綱要總綱》的各「教育階段核心素養」具體內涵，結合自然科學領域之理念與目標後，在《十二年國民基本教育自然科學領域課程綱要》展現的（自然科學領域）核心素養具體內涵。是以為落實《十二年國民基本教育課程發展指引》與《十二年國民基本教育課程綱要總綱》之九項核心素養，各領域／科目均可進行設計，在各教育階段培養學生能習得相關核心素養項目，稱為「領域／科目核心素養」，各「領域／科目核心素養」都透過各《領域／科目課程綱要》加以發展設計，因此又稱為「領綱核心素養」，這是「6-18歲學生於某領域／科目所應具備重要而關鍵（基本且共同）的核心素養」。

　　各「領域／科目核心素養」具體內涵需能符合《十二年國民基本教育課程綱要總綱》之核心素養，特別是「領域／科目核心素養」需能符合《十二年國民基本教育課程綱要總綱》之各「教育階段核心素養」具體內涵。「領域／科目核心素養」係為各類學校的學生所應培養的「最低共同要求」。各「領域／科目核心素養」的編碼，宜依據教育部公布《十二年國民基本教育課程綱要總綱》的核心素養編碼方式處理，亦即E代表12歲的國民小學教育階段（Elementary school education）、J代表15歲的國民中學教育階段（Junior high school education）、U代表18歲的高級中等學校教育階段（Upper secondary education），例如：以國小教育階段數學領域核心素養「數-E-B3具備感受藝術作品中的數學形體或式樣的素養」為例，第1碼「數」代表「領域／科目」：是指屬於數學領域；第2碼「E」代表「教育階段」：是指屬於國小階段；第3碼「B3」代表「核心素養項目」：是指屬於「B3藝術涵養與美感素養」的項目，以數學領域的核心素

養為例：

表2-16 「領域／科目核心素養」具體內涵（以數學領域為例）

總綱核心素養三面	總綱核心素養九項	總綱核心素養項目說明	數學領域核心素養具體內涵		
			國民小學教育（E）	國民中學教育（J）	普通型高級中等學校教育（U）
A 自主行動	A1 身心素質與自我精進	具備身心健全發展的素質，擁有合宜的人性觀與自我觀，同時透過選擇、分析與運用新知，有效規劃生涯發展，探尋生命意義，並不斷自我精進，追求至善。	數-A1 具備學好數學的信心與態度，理解數學的意義性與有用性，並能自主學習，努力不懈地探究、分析與解決數學問題。		
	A2 系統思考與解決問題	具備問題理解、思辨分析、推理批判的系統思考與後設思考素養，並能行動與反思，以有效處理及解決生活、生命問題。	數-E-A2 具備基本的算術操作能力、並能指認基本的形體與相對關係，在日常生活情境中，用數學表述與解決問題。	數-J-A2 具備有理數、根式、座標系之運作能力，並能以符號代表數或幾何物件，執行運算與推論，在生活情境或可理解的想像情境中，分析本質以解決問題。	數-S-A2 具備數學模型的基本工具，以數學模型解決典型的現實問題。了解數學在觀察歸納之後還須演繹證明的思維特徵及其價值。
	A3 規劃執行與創新應變	具備規劃及執行計畫的能力，並試探與發展多元專業知能、充實生活經驗，發揮創新精神，以因應社會變遷、增進個人的彈性適應力。	數-A3 具備轉化現實問題為數學問題的能力，並探索、擬定與執行解題計畫，以及從多元、彈性與創新的角度解決數學問題。		

表2-16（續）

總綱核心素養三面	總綱核心素養九項	總綱核心素養項目說明	數學領域核心素養具體內涵		
			國民小學教育（E）	國民中學教育（J）	普通型高級中等學校教育（U）
B 溝通互動	B1 符號運用與溝通表達	具備理解及使用語言、文字、數理、肢體及藝術等各種符號進行表達、溝通及互動，並能了解與同理他人，應用在日常生活及工作上。	數-E-B1 具備日常語言與數字及算術符號之間的轉換能力，並能熟練操作日常使用之度量衡及時間，認識日常經驗中的幾何形體，並能以符號表示公式。	數-J-B1 具備處理代數與幾何中數學關係的能力，並用以描述情境中的現象。能在經驗範圍內，以數學語言表述平面與空間的基本關係和性質。能以基本的統計量與機率，描述生活中不確定性的程度。	數-S-B1 具備描述狀態、關係、運算的數學符號的素養，掌握這些符號與日常語言的輔成價值；並能根據此符號執行操作程序，用以陳述情境中的問題，並能用以呈現數學操作或推論的過程。
	B2 科技資訊與媒體素養	具備善用科技、資訊與各類媒體之能力，培養相關倫理及媒體識讀的素養，俾能分析、思辨、批判人與科技、資訊及媒體之關係。	數-E-B2 具備報讀、製作基本統計圖表之能力。	數-J-B2 具備正確使用計算機以增進學習的素養，包含知道其適用性與限制、認識其與數學知識的輔成價值、並能用以執行數學程序。能認識統計資料的基本特徵。	數-S-B2 具備正確使用計算機和電腦軟體以增進學習的素養，包含知道其適用性與限制、認識其與數學知識的輔成價值，並能用以執行數學程序。能解讀、批判及反思媒體表達的資訊意涵與議題本質。
	B3 藝術涵養與美感素養	具備藝術感知、創作與鑑賞能力，體會藝術文化之美，透過生活美學的省思，豐富美感體驗，培養對美善的人事物，進行賞析、建構與分享的態度與能力。	數-E-B3 具備感受藝術作品中的數學形體或式樣的素養。	數-J-B3 具備辨認藝術作品中的幾何形體或數量關係的素養。並能在數學的推導中，享受數學之美。	數-S-B3 領會數學作為藝術創作原理或人類感知模型的素養，並願意嘗試運用數學原理協助藝術創作。

表2-16（續）

總綱核心素養三面	總綱核心素養九項	總綱核心素養項目說明	數學領域核心素養具體內涵		
			國民小學教育（E）	國民中學教育（J）	普通型高級中等學校教育（U）
C社會參與	C1 道德實踐與公民意識	具備道德實踐的素養，從個人小我到社會公民，循序漸進，養成社會責任感及公民意識，主動關注公共議題並積極參與社會活動，關懷自然生態與人類永續發展，而展現知善、樂善與行善的品德。	數-C1 具備立基於證據的態度，建構可行的論述，並發展和他人理性溝通的素養，成為理性反思與道德實踐的公民。		
	C2 人際關係與團隊合作	具備友善的人際情懷及與他人建立良好的互動關係，並發展與人溝通協調、包容異己、社會參與及服務等團隊合作的素養。	數-C2 具備和他人合作解決問題的素養，並能尊重多元的問題解法，建立良好的互動關係。		
	C3 多元文化與國際理解	具備自我文化認同的信念，並尊重與欣賞多元文化，積極關心全球議題及國際情勢，且能順應時代脈動與社會需要，發展國際理解、多元文化價值觀與世界和平的胸懷。	數-E-C3 具備理解與關心多元文化或語言的數學表徵的素養，並與自己的語言文化比較。	數-J-C3 具備敏察和接納數學發展的全球性歷史與地理背景的素養。	數-S-C3 具備欣賞數學觀念或工具跨文化傳承的歷史與地理背景的視野，並了解其促成技術發展或文化差異的範例。

註：以上僅就數學領域提供示例，有關數學領域核心素養之編碼及內涵，以數學領綱大會之決議並經教育部正式公告為準。

　　核心素養是基於社會變遷及未來生活需求所做的評估，雖有理想色彩，但核心素養比以往教育目標較為具體，亦需在各學習領域中轉化為「領域／科目核心素養」及其相呼應的「領域／科目學習重點」之「領域／科目學習表現」與「領域／科目學習內容」，一方面既可為課程設計之依據與學習成效評估，進而實施補救或充實教學。另一方面也是學校必須達成的基本目標，此不僅為各學科內容編輯的基準，同時更可以此發展為

學力測驗，替代入學考試，或是作爲評估學校「績效責任」的尺度。然而，如何在學習領域當中，透過學習單元的精心設計，將學習內容轉化成爲具有連貫與統整的組合，反應「領域／科目核心素養」及其相呼應的「領域／科目學習重點」之「領域／科目學習表現」與「領域／科目學習內容」，引導學生獲得核心素養，將是一項具有挑戰性的艱鉅任務。

　　然而，就十二年國民基本教育核心素養的作用而言，核心素養是培育能自我實現與促進社會健全發展的國民所需終身學習的「素養」，可作爲各領域／科目垂直連貫與水平統整課程設計的組織「核心」。核心素養的培養原則：核心素養的培養需秉持漸進、加廣加深、跨領域／科目等原則，可透過各教育階段的不同領域／科目的學習達成。就核心素養與各領域／科目課程內容的對應關係而言，各教育階段領域／科目的課程內涵應能呼應所欲培養的核心素養，但各領域／科目各有其獨特性，因此，未必對應所有的核心素養項目，而會有其所強調的重點。無須勉強將所有核心素養內容全部納入其課程內涵中。例如：以高中數學科之領域核心素養爲例，草案原先只有包括五條（而非九條）核心素養：

　　數-U-A2　系統思考與解決問題（能以數字做系統性思考，並在實際生活情境加以應用並解決問題）。

　　數-U-B1　符號運用與溝通表達（具備演算、抽象化、推理、連結、解題、溝通等數學能力，並能運用數學符號進行邏輯思考、分析並解決問題）

　　數-U-B2　科技資訊與媒體素養（具備使用計算工具的能力，藉此處理繁瑣的計算，進行較爲複雜的問題解決）。

　　數-U-B3　藝術涵養與生活美學（能欣賞數學內涵中以簡馭繁的精神與結構嚴謹的特質）。

　　數-U-C3　多元文化與國際理解（能將數學知識與具體世界連結，了解其在公共事務或不同文化中的形式與意義，並能進行批判性識讀）。

　　可見每一個領域／科目，未必要呼應所有九項核心素養，而且核心素養具有跨領域／科目的特質，某一項核心素養，可以透過不同領域／科目來促進與培養，例如：「C3.多元文化與國際理解」可透過社會、國文、

藝術等來培養；相似地，同一領域／科目的學習也可促進不同的核心素養，例如：自然領域的學習，應該有助於「A2.系統思考與解決問題」、「A3.規劃執行與創新應變」、「B2.科技資訊與媒體素養」養成。

五、地方文化與社區特性對學校本位課程發展的可能影響

學校在發展核心素養的課程時，應留意地方社區的價值觀與態度，特別是家長、雇主的期望和要求，諸如家長對於識字、外語學習、家庭作業等的看法；雇主對於識字、手藝、商科等課程標準的要求等。因此，學校如何結合現有的資源與地方特色，切合學生的生活經驗，建立核心素養的課程特色，將是學校的重要任務。

社區背景，也是影響學校課程的重要因素。例如：在軍眷區、在工商業區、在文教區、在都市、在鄉間或在山地等等的學校文化，絕對有明顯的不同。不一樣的社區文化環境決定了其特有的學校文化。而學校是一個社區文化的教育組織，是由於人類文化的發展導致學校的產生，決定學校教育承擔文化的累積、傳承和改造的地位和功能，藉由學校把文化去蕪存菁，並加以選擇傳授給學生和再生新文化，故學校文化亦反映社區的文化，但另一方面則有其獨特風格、學校氣氛、師生之間的價值觀與行為表現，且由教師與行政人員的理念與期望產生學校特有文化特質。當今時代是多元化的，所以必須把學校辦得有活力，教育須有特色才能符合現在的需求。透過提高師生的文化素質如心理素質，使師生員工在實踐中發現自我的價值和責任，而促進自我發展的實現，促成社會文化的變遷。

理想的社區文化應該鼓舞終身學習意願的文化，學生的學習是校內最重要的活動。在現代的社會中成人教育和終身學習倍受重視，我們常可以在公車、火車上看到許多人閱讀報章雜誌，校外的讀書會如雨後春筍般的成立，學校內的文化更應如此。社區文化應能鼓舞學生學習的意願，提供學習的環境，同時，學習不僅是在吸收知識，更重要的是養成繼續學習的意願和興趣。

六、分析師資特色、學校組織文化、設備資源等對學校本位課程發展的可能影響

　　學校人員的價值觀念、態度、技能、知識、經驗等，校舍、設備、學習資料及經費的分配等設備資源，都會影響學校的課程發展。特別是對學校人事物的價值觀念、態度等共同假定事項和期望，包括權力的分配、權威關係、培育順從規範和處理偏差行為的方法等學校組織的文化，對課程發展都會有某種影響。

　　學校文化是由年輕一代的學生文化及成人有意安排的文化兩方面形成，常由學校的儀式與活動表現出來。學校文化的主體為學校組織成員，包括學生、教師、行政人員、校長等學校文化形成主體，他們透過交往互動的方式，實現群體價值觀念、行為模式、思想觀念等活動手段影響學校發展。學校文化特質有哪些，如學校的傳統、規章、制度、儀式、學校精神等，在同儕文化，如課外活動型態社團活動，學長學弟妹的薪傳，自治團體。在硬體建設上，如學校校地大小，校舍建築、校園布置上，校園設備上等物質皆會形成學校特有的文化。而這學校文化會使其成員發展特有的情意特質，藉由學校的行政文化、教師文化、學習環境、規章制度、學生文化並整合社區資源以有計畫或潛移默化的各種有教育意義的活動，以互動的方式，順利發展健全人格和價值觀。

　　要了解過去與現行的學校本位課程發展，就要了解學校教師、學生的生活、行為方式，以及學校所使用的各種器物、圖像，更重要的要知道學校教師、學生們的想法、觀念和價值，這些都是可能的潛在課程來源。如何了解核心素養的學校本位課程發展的相關因素？可以從一些有形的指標來分析：

（一）儀式與典禮

　　任何學校都有許多的儀式、典禮。例如：新生訓練、成人禮、頒獎。為什麼要有典禮？典禮又透露出什麼意義呢？有些典禮是表現威權，有些則是傳達精神。典禮和儀式能反映出一些價值觀與功用。

　　實質的功用。例如：新生訓練可以幫助學生了解新的角色、新的學習

環境，使學生較易適應新的環境。

象徵性的功用。例如：成人禮，透過成人禮的儀式使其明白成人應扮演的角色、義務與責任，儀式過後身分不同，協助學生認知未來生涯路與榮譽、感恩、責任、自我肯定、尊重生命。

增強的功用。例如：頒獎典禮。如果頒發的是智育成績的前三名，則反映了學校重視的項目與價值；反之，若頒發的是全勤獎，其代表的意義與價值則與前者大相逕庭。學生需要獎勵，教師也需要鼓勵，如果校長獎勵的都是勤於研發課程的教師，相信學校裡的同仁都能感受得到校長所重視的行為和價值。

（二）標語與銅像

學校中有很多象徵學校文化的器物和圖象，例如：標語和銅像。標語，是學校用一些簡單的文字，例如：共同校訓禮義廉恥，來表達教師期望學生努力的目標、表現在外的行為。如果學生都能認同標語的內容，那標語就成為群體的共識，變成群體的文化。

學校中所擺設的銅像如果是孔子，便具有孔子的意義，放的若是王陽明，意義便有所不同，不同的銅像就有不同的意義和價值。特別是學校裡有否傳誦一些過去學校歷史上偉大的事蹟？如果有，那些事蹟便是文化的一部分，從過去歷史事蹟中看出學校的文化，重點不在事蹟本身，而是事蹟本身反映的價值觀念。例如：國立臺北教育大學校園樹立該校畢業的健康幼稚園林靖娟老師的銅像，是為了紀念她在大火燃燒的車中，為了搶救四位小朋友，而成了浴火鳳凰。像她所表現的英勇行為，顯示了崇高的教育價值，成為校園推崇的文化。

第五節 分析學校課程發展的方向特色

核心素養的「課程研究」功能，乃在於協助學校分析內部優劣與外在機會點與威脅點的情境，了解學校立場，使核心素養的學校本位課程發展未來願景目標具體而方向明確（黃光雄、蔡清田，2015），避免學校本位課程發展人員站錯跑道，迷失方向。核心素養的「課程研究」可以幫

助學校了解課程發展的情境，更可以幫助教師採取可能之核心素養課程行動，進而改進教學實務品質，落實學校層面的「課程發展」。因此，核心素養的「課程研究」與「課程發展」並不是一種純粹以求知為目的之理論研究，更進一步地，核心素養的課程研究發展乃是結合了過去各自分立的「研究」與「發展」工作，成為改進課程的一套行動綱領，可以保證課程成品和程序的完美（黃政傑，1999）。

一、根據課程研究，了解學校優缺點

　　就核心素養的「初級」課程研究而言，學校課程發展委員會可採取SWOT分析，蒐尋學校資料，包括學校沿革、學校設備、社區概況、教職員編制、學生人數、家長職業等。蒐尋學校資料後，再剖析學校情境，分別從地理環境、學校規模、硬體設備、教師特質、行政人員、學生素質、家長期望、社區參與、地方特色等項目，分析其優勢（Strengths）、劣勢（Weaknesses）、機會點（Opportunities）及威脅點（Threats）。並根據研究結果，作為建構願景、擬定目標、設計方案之參考。例如：國立嘉義大學附設實驗小學，在嘉義地區具有實驗研究與師培的專業地位，經過學校課程發展委員會與對話省思後，提出學校優劣勢SWOT分析表，藉以規劃未來之教育行動方案。

二、根據研究，化影為光，列出可能行動方向

　　就核心素養的「中級」進階課程研究而言，學校課程發展委員會的成員，可以利用日本學者川喜田二郎（Kawakita Jiro）所研發的創造性問題解決法（KJ法），透過SWOT分析將許多不同意見並陳、歸納分類建立各類之間關聯，尋找問題核心，重新發現學校與社區的光與影（光就是優點、影就是缺點），並努力化影為光，以作為學校願景、整體課程目標、各領域課程目標之間連貫的起點。例如：國立嘉義大學附設實驗小學為發展實驗學校功能，學校的發展方向定位為卓越教學與研究團隊，期望成為

表2-17 國立嘉義大學附設實驗小學學校課程發展情境SWOT分析（修改自梁維慧，2014，69）

	有助於學校課程發展因素	有礙於學校課程發展因素
	優勢（Strength）	劣勢（Weakness）
內部情境	1.獨立招聘教師，擁有優質教師群。 2.已形塑良好學習型組織文化。 3.學校教職員工具有地區卓越教學典範的使命感。 4.持續創造優質教育與安全學習的校園環境。 5.視家長為教育合夥人，具優質家長與社區資源。 6.歷任校長皆重視閱讀教育，視圖書館經營為校務發展重點。 7.擁有設備良好的天文星象廳與設備。	1.開放教師介聘後，教師文化受到衝擊與改變。 2.非本市籍教師占85%，對學校與社區了解較少。 3.教師教學任務繁重，教學研究與計畫實施力量無法集中。 4.學生學習型態隨時代與家長教養觀而改變。 5.親師溝通方式改變。 6.縱貫性課程尚待發展。 7.學校校地運用飽和。
	機會（Opportunity）	威脅（Threat）
外部情境	1.擁有鄰近大學的支援與資源。 2.透過大學教授學術交流，教學臨床實驗案持續進行。 3.擁有市政府教育相關支援，參與教育處、文化局辦理之相關進修研習、學生學習活動。 4.擁有國立小學教育經驗交流之優勢。 5.獲得教育部經費補助，較縣市小學擁有充裕課程發展資源。 6.地處林業古蹟保留推廣區，利於發展臺灣林業校本課程。	1.接觸國際人士與活動機會皆不如臺北、臺中、高雄等大型都會區，不利國際文化理解課程。 2.學生雖具有優質之英語聽說讀寫能力，但實際應用經驗不足，國際語言學習環境欠佳。 3.少子化情形嚴重，社區結構逐年老化與受限。 4.教育部實驗方案轉移至縣市政府辦理。

名符其實的「專業發展學校」。近年來，該校已經榮獲教育部3座教學卓越金質獎以及2座銀質獎的肯定，同時也曾榮獲標竿一百學校團隊獎、閱讀磐石獎及績優實習輔導獎、閱讀理解亮點基地、教育部教專社群優等獎等殊榮。學生在此學習氛圍中，也屢屢在各項比賽中獲得佳績，獎項包含總統教育獎、全國科展數學科第一名及地科第二名、全國少年科技賽冠

軍、世界發明展金牌獎、全國客語歌謠比賽第三名、國管弦樂團全國南區音樂比賽優等、游泳團隊屢破嘉義市紀錄等等。引進外籍教師進行實驗英語課程教學，這是嘉義市學校首見之教學實驗研究方案，也是極大的特色。林林總總顯現該校深耕課程教學與實驗研究之足跡，也凸顯學校定位發展為卓越的課程教學與實驗研究。

　　更進一步地，就核心素養的「高級」課程研究而言，課程發展委員會的經營團隊，可以根據SWOT分析之後，化影為光，並列舉出可能的核心素養課程發展行動方向（action），進行核心素養的學校本位課程發展SWOTA研究。例如：為培養二十一世紀具人本情懷、統整能力、民主素養、鄉土與國際意識、以及能進行終身學習的現代國民，雲林縣莿桐鄉育仁國小擬定下列教育目標：培養學生具有九大核心素養，能夠適應社會與進行生涯發展。加強學生生活教育，重視道德規範與團體紀律，培養學生成為二十一世紀良好公民。提升學生語文能力，培養其溝通、閱讀與寫作的基本能力。發展學生使用鄉土語言與英語的能力，培養其具有鄉土情懷與國際觀。引導學生充分利用科技資訊能力，進行數位學習與解決生活的相關問題。進行多元統整活動課程設計，讓學生主動且快樂的學習，內化統整為有效的知識、技能與情意。教師方面：能夠具備專業知識與能力，運用多元有效的教學方法，進行課程的設計與教學活動。教師能以有教無類為起點，注重因材施教的過程，開發學生最大的潛能。能夠創新評量方式，建構多元化的評量，協助學生培養基本能力。能夠創新教學方法，進行多元化、個別化與適性化的教學。注重身教與境教的功能，引導學生發展生活與道德教育。推動學校成立組織學習團體，建立教師專業成長與行動研究的環境，能發揮核心素養的學校本位課程特色，成為學習型學校。進而指出其未來可能採取的行動方向。

表2-18 雲林縣莿桐鄉育仁國小的SWOTA研究

因素	S（優勢）Strength	W（劣勢）Weakness	O（機會點）Opportunity	T（威脅點）Threate	A（行動策略）Action
地理環境	位在莿桐鄉外圍。附近環境自然優雅，是典型農村學校。	該校離市區有段距離，平常出入以斗六市為主。有時也會出入西螺鎮。	學區附近交通網路尚稱發達，目前學校已經建構ADSL數位寬頻，可縮短城鄉差距。	學區屬於農村社會的結構，需要付出更大的力量推展教育。	認識校園及社區自然生態、人文環境。
規模	全校6班，各年級平均每班10人左右，全校65名學生。	班級間動力不足。學生人數較少，缺乏同儕互動氣氛以及競爭力。	每班學生人數較多，師生互動機會增加。九年一貫課程實施，學校本位課程逐步落實。	近幾年學生人數因少子化影響，開始大幅減少。新校舍交通方採光良好。校園廣大、文化利設施欠完善、文化刺激少。	1. 發展協同教學。2. 行政支援教學。
設備	因為學校歷史悠久，教室充足，設備仍稱完善。	目前學校有風雨教室、學生室內表演與活動空間增加。	可以爭取校舍建築經費，進行整體性規劃，包括各學習區及室內外展覽、活動場所。	學校校舍及設備更動速度稍嫌緩慢、不利於新式課程的規劃與實施。	1. 爭取經費、充實各項設備。2. 有效管理及維護設備。3. 活化校園公共空間。4. 充實班級資訊設備。
學生	具有可塑性，配合學校教育活動，對學校教育高度的認同感。	比較缺乏主動積極的精神。需要適度的督促。	本性善良，具有高度的潛力，單純熱心活潑可塑性高，活動力強，身體健康，學校可提供多元性學習活動，發展多元化教學。	隔代教養及單親家庭比例仍高。	1. 申請夜光天使、補救教學計畫、教育優先區、兒福聯盟、洪育基金會等，幫助學生提升學習意願。2. 申請特教巡迴教師，協助特殊生。3. 推動品格教育。4. 推動閱讀。

表2-18（續）

因素	S（優勢）Strength	W（劣勢）Weakness	O（機會點）Opportunity	T（威脅點）Threate	A（行動策略）Action
家長	關心學校，配合學校活動，尊重老師，有部分家長經常給教師鼓勵肯定。	部分家長因工作忙碌或隔代教養，較為放任學生的教育工作。	提供親職教育，配合學校措施，鼓勵家長關心學校。	家長也非常重視紙筆測驗。單親率比及隔代教養比率增加，少數對學校事務參與性不高。	1. 學期初班級經營計畫告知。 2. 寒暑假家訪或電訪。 3. 班親會。 4. 家長會。 5. 節慶活動。
社區資源	家長肯定學校辦學，能夠提供配合資源辦學校活動。	學區距離附近文教設施有段距離，主要設施都在尾鎮，且交通複雜頻繁，資源設施使用不易。	學校與社區進行互動，爭取家長認同，主動協助校務發展。	少數社區人士比較不關心學校辦學，較少參與學校活動，無法傳遞訊息與溝通。	1. 社區活動與學校活動相互支援，如國樂社、社區發展會、會長聯誼會。 2. 建立社區家長人力資源庫。
教師	教師年齡層逐漸增加，但教師仍具主動積極、熱心教育工作。	學校教師資歷程度整齊，經驗較相嫌不足。為學校特色發展不易。	教師具有課程系統整協同教學理念，必須繼續落實教師資訊能力鼓勵教師進修研究、協助教師專業成長。	班級數不多，教學兩頭忙，行政需要投入課程發展時間較為不足。	1. 與鄰近學校策略聯盟，精進教師專業知能。 2. 規劃多元進修，增進教師專業能力。 3. 成立課程發展委員會，進行課程研究。 4. 參加教師專業發展評鑑。
行政人員	任事態度積極主動負責。行政人員相互之間感情融洽，溝通容易。	行政員額編制不足，工作負擔較重。擔任行政人員意願須加強。	加強推行行政電腦化，減少行政流程。進行學年學期計畫，提升工作成效。	兼任教學工作，缺乏時間進行課程發展及研究，壓力較重。	1. 行政工作分層負責。 2. 加強行政人員在職訓練強化專業能力。 3. 建立行政支援教學機制。 4. 建立教學資源共享平臺—雲端管理。

　　總之，核心素養的課程研究，重在情境分析以發現學校教育問題，並化影爲光，營造和諧進取的學校情境氣氛，以利於核心素養的學校本位課程發展，進而建構核心素養的課程方案，設計達成學校教育目標的課程。因此，學校必須研究自己學校的課程發展行動方向，透過需求評估，就學校本身環境與條件，發展適合自己學校的核心素養課程，符合地方需求與學校特色。換言之，核心素養的學校本位課程發展，是要經歷時間醞釀才能逐漸開展，在核心素養的課程發展開始之初，可先透過情境分析或需求評估，針對學校情境進行課程研究，進而透過課程發展委員會的愼思熟慮構想，共同規劃學校教育願景與課程目標，並擬定中長期及短期的課程計畫架構與實施進程，才不會茫然不知所措，才不致迷失方向。作者將在下一章加以詳細說明。

第三章 核心素養的課程規劃：願景建構

　　「核心素養」的學校本位課程發展，應該進行「課程規劃」
（curriculum planning），特別是「核心素養」的課程，是達成「核心素養」的學校願景與教育目標之通道（黃光雄、蔡清田，2016），學校人員必須透過事前的慎思熟慮構想（蔡清田，2016; Schwab, 1983; Walker, 1991; McCutcheon, 1995; Reid, 1999），清楚了解十二年國教新課綱轉換所衍生之問題所在，以便進行「核心素養」的課程規劃。特別是「核心素養」導向的學校本位課程規劃，其學生圖像與學校願景要能對應國家層面學生核心素養的三面向九項目，並且相對應的課程計畫還需再細分為小學一到六年級、國中七到九年級、高中十到十二年級的各年級課程目標，以利後續的核心素養學校本位課程設計，以便透過領域／科目的主題統整領域／科目目標、核心素養、學習內容與學習表現，進而透過年級主題課程統整各領域科目課程主題統整領域／科目目標、核心素養、學習內容與學習表現。尤其是《十二年國民基本教育課程綱要總綱》強調核心素養統整知識能力態度情意價值，推動課程連貫與統整，重視活力彈性的「學校本位課程發展」，鼓勵學校結合願景與理想學生圖像及資源發展辦學特色（蔡清田，2018），《十二年國民基本教育課程綱要總綱》當中「學校本位課程發展」的概念，包括「部定課程」及「校訂課程」的學校課程之規劃設計與實施評鑑；「部定課程」：由國家統一規劃，以養成學生的基本學力，並奠定適性發展的基礎，1.在國民小學及國民中學為培養學生基本知能與均衡發展的「領域學習課程」。2.在高級中等學校為部定必修課程，其可包含達成各領域基礎學習的「一般科目」，以及讓學生獲得職業性向發展的「專業科目」及「實習科目」。「校訂課程」：由學校安排，以形塑學校教育願景及強化學生適性發展，1.在國民小學及國民中學為「彈性學習課程」，包含跨領域統整性主題／專題／議題探究課程，社團活動與技藝課程，特殊需求領域課程，以及本土語文／新住民語文、服務學習、戶外教育、班際或校際交流、自治活動、班級輔導、學生自主學習、領域補救教學等其他類課程；2.在高級中等學校則為「校訂必修課程」、「選修課程」、「團體活動時間」（包括班級活動、社團活動、學生自治活動、學生服務學習活動、週會或講座等）及「彈性學習時間」

（包含學生自主學習、選手培訓、充實（增廣）／補強性課程及學校特色活動）。其中，部分選修課程綱要由領域課程綱要研修小組研訂，作為學校課程開設的參據（教育部，2014，8）。依據上述內容，「彈性學習課程」強調跨域、適性、選修，不應為「部定課程」單一領域／科目的重複學習。學校訂定「校訂課程」時，上述四到五類課程可視學校特色與學生需求等適切納入，不需四或五類均納入。特別是「校訂課程」因應地方的差異性發展學校的特色課程、適性課程；因此除了「部定課程」之外，國中小學教育階段另規劃「彈性學習課程」，學校可辦理全校性、全年級或班群活動，落實學校本位及特色課程；高級中等學校教育階段則分別規劃「校訂必修課程」、「彈性學習時間」、「專題、實作及探索課程」及更多的選修空間，提供學校發展特色、學生自主學習的機會。是以「學校課程計畫」至少包含「總體架構」、「彈性學習」及「校訂課程」規劃（含特色課程）、各領域／群科／學程／科目之教學重點、評量方式及進度等。在遵照教學正常化規範下，得彈性調整進行跨領域的統整及協同教學，「學校課程計畫」應由「學校課程發展委員會」通過後，於開學前陳報各該主管機關備查，並運用書面或網站等多元管道向學生與家長說明。為有利於學生選校參考，高級中等學校應於該年度新生入學半年前完成課程計畫備查與公告說明（教育部，2014，31）。

　　本章核心素養的「課程規劃」，是核心素養的學校本位課程發展要素，乃是學校經營團隊從計畫的觀點，進行核心素養的課程發展「築夢」行動，特別是根據社會文化價值、學科知識與學生興趣，針對學校願景、整體課程目標、課程計畫、課程方案架構與進程等因素，進行一系列選擇、組織、安排之規劃建構（蔡清田，2018），因應《十二年國民基本教育課程綱要》核心素養的呼籲，期望學校依據新課綱組成課程發展委員會，審慎發展學校願景和學生圖像、研議課程計畫、規劃全校課程學習地圖，提出十二年國教新課程規劃，依時程呈報學校課程計畫，特別是規劃符合十二年國教新課綱之校訂必修、彈性學習、多元選修課程或加深加廣課程，強調學生學習的主體性，以適性發展其多元智能、興趣和性向。在國中小學階段規劃統整性主題／專題／議題探究課程、技藝課程、特殊需

求領域課程、社團活動、服務學習、戶外教育、自主學習等課程，在高級
中等學校教育階段則提供選修課程、彈性學習時間、專題跨領域／科目統
整、實作（實驗）及探索體驗、職涯試探、專業及實習科目等課程，使學
生有更多適性學習的空間，落實以學生學習為核心的理念，如圖3-1基隆市
中華國小校本課程架構的規劃所示（莊明貞、方廷彰、彭麗琦、潘志煌、
劉淑芬，2017）。值得注意的是，「部定課程」的「領域學習課程」或高
級中等學校的「一般科目」、「專業科目」及「實習科目」可因應學生學
習差異而實施適性分組教學，學校也可依據學校願景及在地特色規劃「校
訂課程」的「彈性學習課程」或「校訂必修課程」、「選修課程」、「團
體活動時間」、「彈性學習時間」（洪詠善、范信賢，2015）；尤其是
《十二年國民基本教育課程綱要》強調「核心素養」的課程教學及學習評
量，從教科用書的設計、教師的教學實施及評量的方式，皆不同於過往的
中小學課程綱要，學校需透過課程規劃的願景建構以落實新課綱的「核心

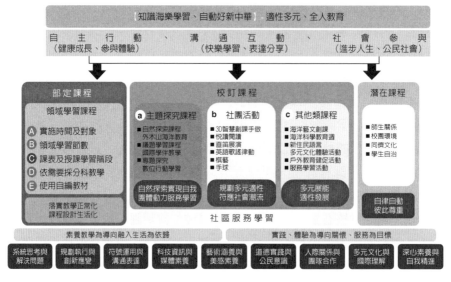

圖3-1　基隆市中華國小學校本位課程架構的規劃

資料來源：莊明貞、方廷彰、彭麗琦、潘志煌、劉淑芬（2017年10月20日）。學校本
　　　　　位課程規劃與實施。教育部國民及學前教育署辦理十二年國民基本教育課
　　　　　程綱要（總綱）實踐策略、教師增能課程設計及主題進階回流計畫簡報。

素養」。

　　因應十二年國民基本教育課程綱要核心素養的實施，有關學校總體計畫，「校訂課程」需與「部定課程」整合，從整體校本課程角度加以發展，各級各類學校需發展「核心素養」的學校課程計畫，核心素養主要應用於一般領域／科目，學校可參照《十二年國民基本教育課程綱要總綱》的核心素養，研訂學校願景、學生圖像、學習地圖、校訂課程等，做好「部定課程」及「校訂課程」的整體規劃，規劃校訂課程時，可先參酌九年一貫課程時的學校本位課程，配合學校在地文化、學校願景、學生需求與新課綱，進行永續性與延續性的校本課程檢視、微調與發展，讓十二年國教的校訂課程與九年一貫課程的學校本位課程能無縫接軌，裨益學習結果的連貫，以及各領域、科目間的統整，例如：圖3-2嘉義縣北回國小太陽魔法課程空間想像圖所示，嘉義縣的北回國小位處北緯23度半，以「北回歸線，太陽學校」為發展願景，積極回應《十二年國民基本教育課程綱要總綱》的學校本位課程發展本於全人教育的精神，以「自發」、「互動」及「共好」為理念，以「成就每一個孩子—適性揚才、終身學習」為願景，透過適性教育，激發每一個孩子生命的喜悅與生活的自信，提升學生學習的渴望與創新的勇氣，強調學生是自發主動的學習者；「太陽魔法」的學校課程計畫以素養導向作為規劃重點，以在地的「北回歸線」、「太陽魔法」作為學校本位課程發展元素，結合「部定課程」與「校訂課程」，融入在地的「北回歸線」、「太陽魔法」發展統整式主題探究課程，由「SUN」散發光芒，結合星系軌道運轉的四個課程元素星球，轉換成「在地出發的觀看」（See）、「環境想像的整合」（Unite）、「回歸自明的本性」（Nature），規劃出「天行健、地勢坤、人文立、時空合」四大課程系列，透過天、地、人、我的課程系列，體驗探索天地間的天文科學、生態綠能、人文歷史，進而達到自明美學，涵育在地觀看／環境想像／自明本性的小太陽，積極發展學生的核心素養（嘉義縣水上鄉北回國小，2017）。

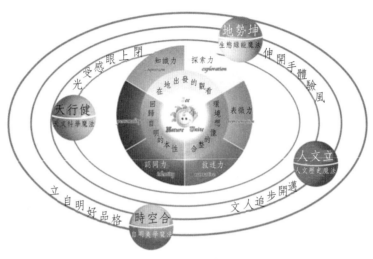

圖3-2　嘉義縣北回國小太陽魔法課程空間想像圖

　　北回國小甚至根據十二年國教新課綱的核心素養，進一步規劃出學校本位課程的校本核心素養，如表3-1：

表3-1　嘉義縣水上鄉北回國民小學十二年國教新課綱的核心素養與學校本位核心素養對照表

面向	核心素養	總綱核心素養項目說明	學校本位課程核心素養項目說明
A 自主行動	A1 身心素質 與 自我精進	具備身心健全發展的素質，擁有合宜的人性觀與自我觀，同時透過選擇、分析與運用新知，有效規劃生涯發展，探尋生命意義，並不斷自我精進，追求至善。	本-E-A1 能保有好奇心、想像力，運用五官敏銳觀察生活情境。並透過與自然、社會、人文的連結互動，擁有合宜的自我觀，促進身心健全發展。
	A2 系統思考 與 解決問題	具備問題理解、思辨分析、推理批判的系統思考與後設思考素養，並能行動與反思，以有效處理及解決生活、生命問題。	本-E-A2 從觀察、閱讀、體驗、實作活動，理解北回歸線、太陽魔法的天文科學、生態綠能、歷史人文等概念。並透過生活實踐，解決日常問題。
	A3 規劃執行 與 創新應變	具備規劃及執行計畫的能力，並試探與發展多元專業知能、充實生活經驗，發揮創新精神，以因應社會變遷、增進個人的彈性適應力。	本-E-A3 對周遭事物充滿好奇心與探究力，能體會與感受生活情境的奧祕與樂趣。並學習主動發現問題、解決問題，持續學習以增進生活適應力。

表3-1（續）

面向	核心素養	總綱核心素養項目說明	學校本位課程核心素養項目說明
B 溝通互動	B1 符號運用與溝通表達	具備理解及使用語言、文字、數理、肢體及藝術等各種符號進行表達、溝通及互動，並能了解與同理他人，應用在日常生活及工作上。	本-E-B1 具備運用語言、文字、數理、肢體及藝術等符號，與他人溝通、互動與分享。並學習體察他人感受，給予適當回應，達成溝通互動的目的。
	B2 科技資訊與媒體素養	具備善用科技、資訊與各類媒體之能力，培養相關倫理及媒體識讀的素養，俾能分析、思辨、批判人與科技、資訊及媒體之關係。	本-E-B2 能運用網際網路和資訊科技學習北回歸線、太陽魔法等相關概念。透過搜尋、選擇、分析、綜合、評鑑等媒體識讀，培養使用科技資訊的素養。
	B3 藝術涵養與美感素養	具備藝術感知、創作與鑑賞能力，體會藝術文化之美，透過生活美學的省思，豐富美感體驗，培養對美善的人事物，進行賞析、建構與分享的態度	本-E-B3 具備運用多重感官感受空間美學，體驗生活中天文科學、自然生態、歷史人文、自明美學等美感事物，增進生活的豐富性與創意表現。
C 社會參與	C1 道德實踐與公民意識	具備道德實踐的素養，從個人小我到社會公民，循序漸進，養成社會責任感及公民意識，主動關注公共議題並積極參與社會活動，關懷自然生態與人類永續發展，而展現知善、樂善與行善的品德。	本-E-C1 培養對科學敏察、對生態珍惜、對人文關懷、對自我肯定的道德責任與關懷行動。主動參與學校、社區與家鄉的公共活動，展現良善品德。
	C2 人際關係與團隊合作	具備友善的人際情懷及與他人建立良好的互動關係，並發展與人溝通協調、包容異己、社會參與及服務等團隊合作的素養。	本-E-C2 具備友善人際關係，能理解、包容與尊重多元意見。並透過合作學習，培養與同儕溝通表達、團隊合作與和諧相處的素養。
	C3 多元文化與國際理解	具備自我文化認同的信念，並尊重與欣賞多元文化，積極關心全球議題及國際情勢，且能順應時代脈動與社會需要，發展國際理解、多元文化價值觀與世界和平的胸懷。	本-E-C3 透過北回歸線、太陽魔法等主題學習，認識地球村的現況與特性。培養理解與關心本土及國際事務，並認同自我文化，尊重與欣賞多元文化。

　　特別是，學校課程發展委員會可運用第二項修練，透過核心素養的「課程規劃」，慎思熟慮「建構共同願景」（Shared Vision）勾勒，進而擬定學校整體課程目標。這就是蘇哲賢（2017）從學校願景出發之校本

課程發展的概念，指出思維為什麼（why）要發展校本課程、思維有什麼措施（what）及該措施為什麼可以落實校本課程、思維如何（how）完成措施與為什麼如此做、思維學生學習評價的方法與修正改善之措施。特別是，核心素養的共同願景整合涉及成員對組織的忠誠度、歸屬感的高低。所以讓組織成員有共同的目標，是使組織成員有向心力的指導原則（Senge, 1990），以可突破旅鼠困境的忙、盲、茫，進而具體構想規劃發展學校整體課程目標與整體課程藍圖計畫架構（蔡清田，2016），並且不斷反思檢討各課程方案領域／科目以及活動經驗的整體貢獻，將學校課程計畫視為學習型學校組織的團隊作品而不只是公文報表書面作業。

　　根據《十二年國民基本教育課程綱要總綱》，指出核心素養的課程發展要能因應不同教育階段之教育目標與學生身心發展之特色，提供彈性多元的學習課程，以促成學生適性發展，並支持教師課程研發與創新。學校課程計畫是學生學習的藍圖、課程公共對話與溝通的重要文件，因此要能透過學校課程發展委員會的組織與運作，以穩定踏實的腳步審慎發展學校課程地圖、規劃全校整體課程，規劃具體的學生圖像、規劃「校訂必修課程」、規劃多元選修課程、規劃彈性學習課程、規劃課程地圖構想、規劃教師的課程社群，持續精進核心素養的學校本位課程發展以因應新課綱的挑戰。就核心素養的「課程規劃」的途徑而言，至少可參考下述三種常見的途徑（黃光雄、蔡清田，2015）：1.泰勒（Ralph W. Tyler）在「八年研究」（The Eight Year Study）所發展的「目標模式」（objectives model）。2.史點豪思（Lawrence Stenhouse）在「人文課程方案」（The Humanities Curriculum Project）所規劃之「歷程模式」（process model）。3.史克北（Malcolm Skilbeck）的「情境分析模式」，以及羅通（Denis Lawton）的文化分析模式（cultural analysis model）。R. Tyler於1949年提出目標模式之後，D. Wheeler在1967年也提出了圓環的目標模式，J. Kerr發展出綜合的目標模式，皆強調目標在課程發展中的重要性，此種課程發展偏重行為目標的敘寫而迭受批評，因此，L. Stenhouse便主張強調教育過程的歷程模式，然而課程目標並未在教育舞臺上消失，反而成為有關課程著作的必要章節（黃炳煌，1994；黃政傑，1998）。此外，

規劃課程目標之前，應進行情境分析，從文化分析的觀點而言，文化是生活的全部，而課程來自文化的選擇，課程如同文化的航海地圖（Skilbeck, 1984）。本章綜整上述模式說明核心素養的學校課程規劃推動策略與行動綱領，共分為五節就五項策略分別指陳其行動綱領，第一節規劃學校課程共同願景；第二節規劃學校整體課程目標；第三節規劃整體課程計畫架構；第四節規劃整體課程計畫進程；第五節確立整體課程之可行性。茲將重點列表說明如次：

表3-2　核心素養的學校本位課程發展之「願景建構」

階段	課程規劃推動策略	課程規劃行動綱領	主要參與成員
2.核心素養的課程規劃	2.1規劃學校本位課程發展共同願景	2.1.1依據課程研究結果，慎思構想《十二年國民基本教育課程綱要》學校本位課程發展的共同願景 2.1.2組成學習型組織，構想學校教育願景 2.1.3透過提名小組技術，形成學校教育願景共識	2.1透過課程發展委員會，建構願景與整體課程目標計畫 2.2重視校長與處室主任的課程規劃與溝通協調專業角色
	2.2規劃學校整體課程目標	2.2.1草擬可實踐共同願景的學校整體課程目標 2.2.2明確指出可以實踐願景的學校整體課程目標	
	2.3規劃達成整體目標的學校整體課程計畫架構	2.3.1規劃落實學校願景目標的部定課程與校訂課程方案計畫架構 2.3.2學習節數的整體分配計畫 2.3.3部定課程與校訂課程的方案規劃	
	2.4規劃學校整體課程計畫進程	2.4.1草擬可能達成整體目標的學校整體課程計畫進程 2.4.2組織年度計畫	
	2.5確立學校整體課程之可行性	2.5.1確定學校整體課程願景、目標與課程架構 2.5.2重視各課程方案目標計畫的整體貢獻	

第一節 規劃學校課程共同願景

　　學校課程發展委員會進行課程規劃，應該考慮所要達成的學校願景（Vision）與核心素養什麼？並且確保學校課程計畫的整體性以呼應學生核心素養，而非零星的活動總和（蔡清田，2017）。願景是內心所持有的意義景象，描繪未來的遠景，象徵的是一種追求的希望和理想景象（Senge, 1990），是一種長遠的目標（蔡清田，2016）。一個學校的共同願景（Shared Vision）是全體師生及家長所共有共用的未來遠景，是一種對學校教育發展的共同期望（蔡清田，2008）。換言之，學校共同願景應該是學校所有成員，包括學校行政人員、教師、學生及家長，甚至社區人士等，對學校教育發展共同的期望、共同努力達成的教育理想圖像（Henderson & Hawthorne, 2000）。學校共同願景是學校行事活動、課程教學、教訓輔措施、空間規劃、情境布置等之重要依據，更是發展學校課程不可或缺之指引。特別是核心素養導向的校本課程規劃之學生圖像與學校願景應該是一體的兩面，而且學生圖像與學校願景也應該與學生核心素養要能相互呼應。

　　是以，校長宜透過學校課程發展委員會幫助學校同仁進行內部溝通，鼓勵同仁主動參與核心素養的課程發展，針對核心素養的學校課程計畫執行進行聚焦對話反思及修正，藉由外聘學者專家諮詢與輔導之功能，使學校有機會聽取外界意見，發展核心素養的課程行動策略及加強核心素養的課程實施執行力，達成新課綱課程與優質化發展之共識。特別是學校課程發展委員會應掌握學校教育願景，發展核心素養的學校本位課程，依據課綱規劃新課程（包括「部定課程」及「校訂課程」），提出核心素養的課程計畫與課務實施問題及尋求解決策略，並審議核心素養的學校課程計畫、審查全年級或全校且全學期使用之自編教材及進行課程評鑑等。學校課程計畫為學校本位課程規劃之具體成果，應由學校課程發展委員會三分之二以上委員出席，二分之一以上出席委員通過，始得陳報各該主管機關。

　　就逐步凝聚共識而言，校長與主任可以領導學校成員組成核心素養

的課程發展核心團隊，或是召集多數教師，透過一段時間的溝通、輔以學校參觀、講座邀請等方式，針對學校教育願景、學生學習圖像進行討論，並提交學校課程發展委員會，以凝聚出學校課程發展主軸的共識。學校教育願景，可以依據《十二年國民基本教育課程綱要總綱》（教育部，2014），轉化基本理念、課程目標與核心素養，考量地方與社區的教育文化特色，建構學校教育的願景。整體而言，核心素養的課程規劃慎思熟慮構想焦點，都是以學校為中心，學校經營團隊所進行的課程規劃必須考慮實際的學校情境分析的課程研究結果（蔡清田，2008）。

一、依據課程研究結果，慎思構想學校本位課程發展的共同願景

　　學校共同願景，應該是衍自情境分析的課程研究結果（蔡清田，2016）。根據學校環境、教師特質、學生需求與家長期望等等情境因素，進行課程研究，指出未來課程發展方向，建構學校的「願景」。從社會的觀點，教育就是社會化，是引導人們進入規範、價值、道德與信念系統的一種意圖與過程。在學校本位課程發展的各個層面中，需要有共同的「願景」作為核心素養的課程規劃的基礎。所謂「願景」應有寬廣而前瞻的教育目標，因為學校教育是兒童與青少年發展生活中的一大部分，而學校課程與整體學生的關係密切，不只是孤立的知識與技能的獲得而已（Skilbeck, 1984）。例如：圖3-3嘉義宏仁女子高級中學學校願景。

　　願景是未來的前進方向，學校本位課程發展的共識願景，在於達成學校的教育目標（Kelly, 1989）。願景的構想，乃從課程研究的情境分析而來，必先了解其學生需求、社區期望與學校特色，才能提出一個具有鼓舞人心、促進希望，並包含歷史與文化理想的價值，成為學校願景。特別是《十二年國民基本教育課程綱要總綱》，提供機會協助學校教育人員了解「部定課程」與「校訂課程」的規劃理念與學校課程發展的重要性（黃光雄、蔡清田，2015），以進行學校課程發展，引導教師經由專業發展學習社群，帶動教師專業設計學校課程，循序漸進地進行學校課程發展與轉型創新（蔡清田，2016）。特別是十二年國民基本教育課程綱要要求每一所

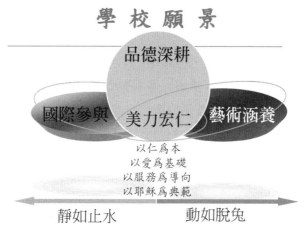

圖3-3　嘉義宏仁女子高級中學學校願景

高中必須依據學校願景和特色，發展學校課程，特別是學校課程發展必須與學生所需核心素養及適性發展等目標緊密結合，設計學校的各年級各領域科目課程並結合學生學習階段發展的關係進行教學實施，以培養學生成為現代與未來生活所需核心素養，如圖3-4嘉義宏仁女子高級中學學校願景與核心素養的課程規劃所示：

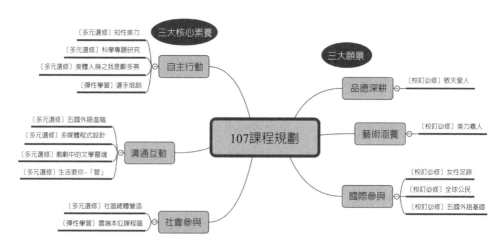

圖3-4　嘉義宏仁女子高級中學學校願景與核心素養的課程規劃

　　建構學校願景乃是首要任務，因爲願景是引導組織行動的方針，形塑組織形象的指標，凝聚組織成員力量的催化劑，更可據此規劃理想的學生圖像與學習地圖等，如圖3-5嘉義宏仁女子高級中學學生圖像、表3-2嘉義宏仁女子高級中學校本課程學習地圖、表3-3嘉義宏仁女子高級中學新課綱核心素養的課程發展總表所示：

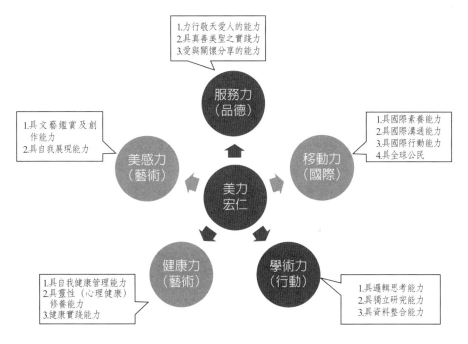

圖3-5　嘉義宏仁女子高級中學學生圖像

　　依據圖3-4嘉義宏仁女子高級中學三大願景與三大核心素養課程規劃與圖3-5嘉義宏仁女子高級中學學生圖像，可以進一步規劃該校的校本課程學習地圖，如圖3-6嘉義宏仁女子高級中學學習地圖所示：

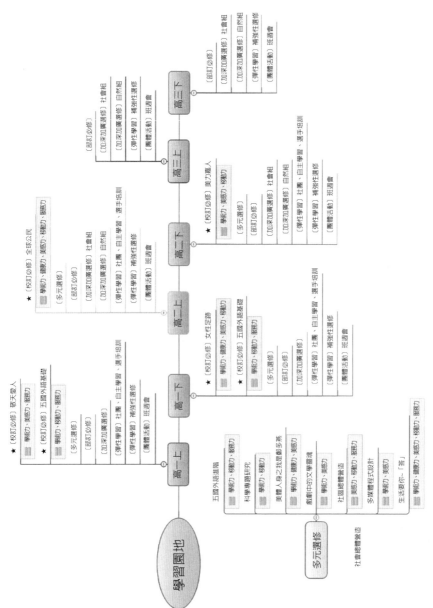

圖3-6　嘉義宏仁女子高級中學學習地圖

　　圖3-6嘉義宏仁女子高級中學學習地圖說明學生圖像與學習地圖之關聯，呼應了該校核心素養與學校願景的課程規劃，特別是高一到高三設計之課程使學生能具備學術力、移動力、美感力、健康力及服務力之能力，以因應未來人才之需求，該校因應十二年國教新課綱所發展之課程，符合十二年國教課綱之核心素養，這彰顯了為養成學生核心素養與基本學力，奠定適性發展的基礎，由國家統一規劃「部定課程」的「領域學習課程」，高級中等學校則以「一般科目」、「專業科目」及「實習科目」實施，普通型高中因不涉及職業準備，故僅有「一般科目」，且延續國民中小學的學習領域，進行更高一階的學習領域課程。十二年國教課綱為彰顯「適性揚才」之精神，「部定課程」學分數相較於99高中課綱減少20學分，讓學校有較多彈性用以規劃「校訂必修」及其他選修課程（潘慧玲，2016）。「校訂必修」是99高中課綱中沒有的課程，學校可依據學校願景、學生圖像以議題融入方式或跨領域統整探究的型態設計校訂必修，作為校本特色課程的發展，一方面提供學生選校就讀的考量依據，另一方面也增加了學校的招生優勢。此外，核心素養的學習亦強調跨科目、跨領域的整合，可規劃跨科、跨領域的課程發展，並以專題、體驗、探究、實作、表現、活用為核心。

表3-2　宏仁女子高級中學校本課程學習地圖

	校訂必修	多元選修	彈性學習	團體活動
高一上	1. 敬天愛人 2. 五國外語基礎（上）	1. 知性美力 2. 美體人身之我是鄭多燕 3. 戲劇中的文學靈魂 4. 多媒體程式設計 5. 科學專題研究 6. 生活要你～「管」	1. 補強性選修 2. 自主學習 3. 選手培訓	1. 班週會 2. 社團活動 3. 特色學生團隊（藍園美聲合唱團、藍園交響管樂團、藍園傳藝鼓術團、藍園女童軍團）
高一下	1. 女性足跡 2. 五國外語基礎（下）	1. 知性美力 2. 美體人身之我是鄭多燕 3. 戲劇中的文學靈魂 4. 多媒體程式設計 5. 科學專題研究 6. 生活要你～「管」	1. 補強性選修 2. 自主學習 3. 選手培訓	1. 班週會 2. 社團活動 3. 特色學生團隊（藍園美聲合唱團、藍園交響管樂團、藍園傳藝鼓術團、藍園女童軍團）
高二上	1. 全球公民	1. 知性美力 2. 美體人身之我是鄭多燕 3. 戲劇中的文學靈魂 4. 多媒體程式設計 5. 科學專題研究 6. 生活要你～「管」 7. 五國外語進階（上）	1. 補強性選修 2. 自主學習 3. 選手培訓	1. 班週會 2. 社團活動 3. 特色學生團隊（藍園美聲合唱團、藍園交響管樂團、藍園傳藝鼓術團、藍園女童軍團）
高二下	1. 美力嘉人	1. 知性美力 2. 美體人身之我是鄭多燕 3. 戲劇中的文學靈魂 4. 多媒體程式設計 5. 科學專題研究 6. 生活要你～「管」 7. 五國外語進階（下）	1. 補強性選修 2. 自主學習 3. 選手培訓	1. 班週會 2. 社團活動 3. 特色學生團隊（藍園美聲合唱團、藍園交響管樂團、藍園傳藝鼓術團、藍園女童軍團）
學分數	共8學分	共6學分		

表3-3　嘉義宏仁女子高級中學新課綱核心素養的課程發展總表

課程名稱	十二年國教課綱對應之核心素養	課程性質	課程領域	開課師資	授課年段	對應該校學生能力指標	發展狀態
敬天愛人	■A1身心素質與自我精進　■A2系統思考與解決問題　■C1道德實踐與公民意識　■C2人際關係與團隊合作	■校訂必修　□多元選修　□加深加廣選修　□補強性選習　□彈性學習　■團體活動　□其他＿＿	□語文　■社會　□藝術　■科技　□數學　□自然科學　■綜合活動　■健康與體育　□跨領域／科目專題　□實作（實驗）及探索體驗　□職涯試探　□其他＿＿	■教師社群　□教師個人　□學校指定　□校內外協同　□外聘師資　□其他＿＿	高一	學術力　美感力　服務力	試行
女性足跡	■A2系統思考與解決問題　■A3規劃執行與創新應變　■B2科技資訊與媒體素養　■B3藝術涵養與美感素養　■C2人際關係與團隊合作　■C3多元文化與國際理解	■校訂必修　□多元選修　□加深加廣選修　□補強性選習　□彈性學習　■團體活動　□其他＿＿	□語文　■社會　■藝術　□科技　□數學　□自然科學　■綜合活動　□健康與體育　□跨領域／科目專題　□實作（實驗）及探索體驗　□職涯試探　□其他＿＿	■教師社群　□教師個人　□學校指定　□校內外協同　□外聘師資　□其他＿＿	高一	學術力　健康力　美感力　移動力	試行

表3-3（續）

課程名稱	十二年國教課綱對應之核心素養	課程性質	課程領域	開課師資	授課年段	對應該校學生能力指標	發展狀態
全球公民	■A2系統思考與解決問題 ■A3規劃性考與創新應變 ■B1符號運用與溝通表達 ■C1道德實踐與公民意識 ■C2人際關係與團隊合作	■校訂必修　□多元選修 □加深加廣選修 □補強性選修 □彈性學習　□團體活動 □其他___	■語文　■數學 ■社會　■自然科學 ■藝術　■綜合活動 ■科技　■健康與體育 ■跨領域／科目專題 ■實作（實驗）及探索體驗 □職準試探 □其他___	■教師社群 □教師個人 □學校指定 ■校內外協資 □外聘師資 □其他___	高一 高二	學術力 健康力 美感力 移動力 服務力	試行
美力嘉人	■A1身心素質與自我精進 ■B3藝術涵養與美感素養 ■C2人際關係與團隊合作 ■C3多元文化與國際理解	■校訂必修　□多元選修 □加深加廣選修 ■補強性選修 □彈性學習　□團體活動 □其他___	□語文　□數學 □社會　□自然科學 ■藝術　□綜合活動 □科技　■健康與體育 ■跨領域／科目專題 ■實作（實驗）及探索體驗 □職準試探 □其他___	■教師社群 □教師個人 □學校指定 ■校內外協資 □外聘師資 □其他___	高二	健康力 美感力 移動力	研發
五國外語	■A1身心素質與自我精進 ■B1符號運用與溝通表達 ■B2科技資訊與媒體素養 ■C2人際關係與團隊合作 ■C3多元文化與國際理解	■校訂必修（高一） ■多元選修（高二） □加深加廣選修 □補強性選修 □彈性學習　□團體活動 □其他___	■語文　□數學 □社會　□自然科學 □藝術　□綜合活動 □科技　□健康與體育 □跨領域／科目專題 ■實作（實驗）及探索體驗 □職準試探 □其他___	□教師社群 □教師個人 □學校指定 □校內外協資 ■外聘師資 □其他___	高一 高二	學術力 移動力 服務力	完成

表3-3（續）

課程名稱	十二年國教課課綱對應之核心素養	課程性質	課程領域	開課師資	授課年段	對應該校學生能力力指標	發展狀態
科學專題研究	■A1身心素質與自我精進 ■A2系統思考與解決問題 ■A3規劃執行與創新應變 ■B1符號運用與溝通表達 ■B2科技資訊與媒體素養 ■C2人際關係與團隊合作	□校訂必修 ■多元選修 □加深加廣選修 □補強性選修 □彈性學習 □團體活動 □其他_____	□語文 □數學 □社會 ■自然科學 □藝術 □綜合活動 ■科技 □健康與體育 ■跨領域/科目專題（實驗）及探索體驗 ■實作 □職涯試探 □其他_____	■教師社群 □教師個人 □學校指定 □校內外協同 □外聘師資 □其他_____	高一、高二	學術力 移動力	試行
美體人美——是我是燕都多燕	■A1身心素質與自我精進 ■A3規劃執行與創新應變 ■B2科技資訊與媒體素養 ■C2人際關係與團隊合作	□校訂必修 ■多元選修 □加深加廣選修 □補強性選修 □彈性學習 □團體活動 □其他_____	□語文 □數學 □社會 □自然科學 □藝術 □綜合活動 ■科技 ■健康與體育 ■跨領域/科目專題（實驗）及探索體驗 ■實作 □職涯試探 □其他_____	■教師社群 □教師個人 □學校指定 □校內外協同 □外聘師資 □其他_____	高一、高二	學術力 健康力 美感力	完成

表3-3（續）

課程名稱	十二年國教課綱對應之核心素養	課程性質	課程領域	開課師資	授課年段	對應該校學生能力指標	發展狀態
戲劇中的文學靈魂	■A1身心素質與自我精進 ■A3規劃執行與創新應變 ■B2科技資訊與媒體素養 ■B3藝術涵養與美感素養 ■C2人際關係與團隊合作	□校訂必修 ■多元選修 □加深加廣選修 □補強性選習 □彈性學習 □團體活動 □其他_____	■語文 □社會 ■藝術 □科技 □數學 □自然科學 □綜合活動 □健康與體育 □跨領域／科目專題 ■實作（實驗）及探索體驗 □職涯試探 □其他_____	■教師社群 □教師個人 □學校指定 □校內外協同 □外聘師資 □其他_____	高一、高二	學術力 美感力	試行
社區總體營造	■A2系統思考與解決問題 ■A3規劃執行與創新應變 ■B1符號運用與溝通表達 ■B3藝術涵養與美感素養 ■C1道德實踐與公民意識 ■C2人際關係與團隊合作	□校訂必修 ■多元選修 □加深加廣選修 □補強性選習 □彈性學習 □團體活動 □其他_____	□語文 ■社會 ■藝術 □科技 □數學 □自然科學 □綜合活動 □健康與體育 □跨領域／科目專題 ■實作（實驗）及探索體驗 □職涯試探 □其他_____	■教師社群 □教師個人 □學校指定 □校內外協同 □外聘師資 □其他_____	高一、高二	美感力 移動力 服務力	完成

表3-3（續）

課程名稱	十二年國教新課綱對應之核心素養	課程性質	課程領域	開課師資	授課年段	對應該校學生能力指標	發展狀態
多媒體程式設計	■A1身心素質與自我精進　■A2系統思考與解決問題　■B2科技資訊與媒體素養　■B3藝術涵養與美感素養　■C2人際關係與團隊合作	□校訂必修　□加深加廣選修　□補強性選習　□彈性學習　■多元選修　□團體活動　□其他＿	□語文　□社會　■藝術　■科技　■跨領域（科目）專題　■實作（實驗）及探索體驗　□數學　□自然科學　□綜合活動　□健康與體育　□職涯試探　□其他＿	■教師社群　□教師個人　□學校指定　□校內外協同　□外聘師資　□其他＿	高一、高二	學術力　美感力	完成
生活要你～「管」	■A1身心素質與自我精進　■B3藝術涵養與美感素養　■C2人際關係與團隊合作　■C3多元文化與國際理解	□校訂必修　□加深加廣選修　□補強性選習　□彈性學習　■多元選修　□團體活動　□其他＿	□語文　■社會　■藝術　□科技　□跨領域（科目）專題　■實作（實驗）及探索體驗　■數學　■自然科學　■綜合活動　■健康與體育　□職涯試探　□其他＿	■教師社群　□教師個人　■學校指定　□校內外協同　□外聘師資　□其他＿	高一～高三	學術力　健康力　美感力　移動力　服務力	試行
彈性學習選手培訓	■A1身心素質與自我精進　■A2系統思考與解決問題　■B1符號運用與溝通表達　■C2人際關係與團隊合作	□校訂必修　□加深加廣選修　□補強性選習　■彈性學習　□多元選修　□團體活動　□其他＿	□語文　□社會　□藝術　■科技　□跨領域（科目）專題　■實作（實驗）及探索體驗　■數學　■自然科學　■綜合活動　■健康與體育　■職涯試探　■其他＿	■教師社群　□教師個人　■學校指定　□校內外協同　□外聘師資　□其他＿	高一～高三	學術力　健康力　美感力　移動力　服務力	完成

又如嘉義竹崎高中為因應新十二年國民基本教育課程綱要即將實施，便以新課綱理念「自發、互動、共好」為核心價值，進行了學校願景與學生圖像的重新對焦，經歷多次的核心素養課程核心小組工作坊與學生圖像工作坊，並對全校教師舉辦「十二年國教課綱共識營」，共同形塑未來「成為一所可以信賴的社區高中」的學校願景及學生學習圖像——「營造全人適性幸福溫馨學園‧成就智學樂活有品竹中青年」，建構「全人、適性、智學、樂活」的優質學園，培育「具有學習力、公民力與健康力的竹中青年」，如圖3-7嘉義竹崎高中學生理想圖像所示：

圖3-7　嘉義竹崎高中學生理想圖像

並在此竹崎高中學生理想圖像下，研擬出師生可以「喜教學‧勤讀書‧怡陶養優質高中」的優質化發展目標，如圖3-8嘉義竹崎高中優質化發展目標所示：

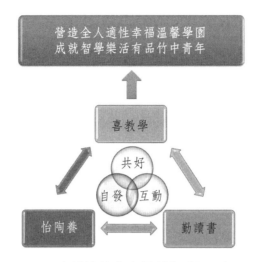

圖3-8　嘉義竹崎高中優質化發展目標圖

　　在《十二年國民基本教育課程綱要》的精神下，竹崎高中組織了新課綱核心素養的核心小組，彙整了學生原貌及學生理想圖像，營造全人適性幸福溫馨學園‧成就智學樂活有品竹中青年，並規劃了「校訂必修」課程及發展多元能力的「加深加廣選修」、「多元選修」，透過多元選修一以培養學生的學習力、公民力、健康力，給學生達成理想圖像所需能力，以符應學生所需要的教學內涵。並依照新課綱理念，建構竹崎高中的新課程架構圖，如圖3-9嘉義竹崎高中的課程架構圖所示：

圖3-9　嘉義竹崎高中的課程架構圖

　　嘉義竹崎高中的課程架構呼應學校課程發展願景與目標扣合十二年國教新課綱以「成就每一個孩子—適性揚才、終身學習」的願景，培養學生成為具有學習力、公民力與健康力的終身學習者。

二、組成學習型組織，規劃學校教育願景

　　為了塑造學校共同的願景，必須先鼓勵個人建立願景，經由溝通，共同規劃學校的共同願景，凝聚一體的感受，為學校提供共同努力方向。在改革過程中最重要的是「人」的因素，包括校長、教師、行政人員、家長等學校經營團隊，是否能夠凝聚共識，建立共同願景，將學校建構為「學習型學校」，將課程問題、議題、主題或論題，聚焦於學生核心素養的系列學習之上，並重視教育品質的提升，如此課程改革才有成功的希望。特別是校長與教務主任與各領域科目召集人等課程領導者所組成的學校課程發展團隊是學校課程發展的主要推動者，更是學校課程及教學的核心，可將學校的共同願景理念帶到教學現場加以實踐，以開展學生潛能並提升學生核心素養。共同願景的實行步驟與策略要包括：發掘並分享，善用未來景象的技巧，同時要助長真正的承諾與投入，而非要求順從（Senge，1990）。所以，時常透過個人與學校經營團隊描繪未來發展的故事，可以激發期待願景實現的動力泉源。但是，學校願景的建構，並不是一次事件，而是一種持續進行的交互作用過程（Fullan, 1991），應該先有全校願景的初步共識，以逐漸形成學校整體課程目標，再進行整體課程計畫的研擬與細部方案設計。因此，學校課程發展委員會等經營團隊，必須考慮透過正式與非正式的會議來形成願景與共識，特別是（Doll, 1996）：

　　（一）當教師與其他成員覺得有必要時，必須適時召開會議。

　　（二）開會之前或之後，甚至可以安排社交活動與充電點心。

　　（三）針對重要主題，規劃一系列會議，不要想靠單次性的一次會議解決所有問題。

　　（四）鼓勵成員參與會議之規劃。

　　（五）找出與會者所真正關心的內容或焦點。

（六）讓會議成爲衆所矚目的焦點。

（七）運用所知的有效團體歷程，例如：透過討論，釐清問題與情境，鼓勵取得資訊，鼓勵尋求事實眞相而非純粹意見，在會議進行過程中，適時總結所獲得的進度結論。

（八）經由討論或預先準備的評鑑表格，評鑑會議，並運用此資料，作爲規劃下次會議的參考依據。

　　例如：嘉義縣阿里山鄉的達邦國小的實驗課程願景在於培育眞正的鄒族人，呼應十二年國民基本教育課程綱要強調學校本位課程、重視學生核心素養的養成。故該校課程願景除符應十二年國民基本教育課程綱要之自發、互動、共好的精神外，並希望能在達邦部落課程與新課綱核心素養的交互影響下，以學生生活經驗及領域課程作文化回應的學習，設計部落學歷課程，兼具保留鄒族文化的期待。該校經校內團隊共塑學習、文化、生態、永續爲達邦國小的願景，強調並期待可以培養出具自主、文化、生態、永續素養的鄒族學童如下圖所示：

圖3-10　嘉義縣達邦國小的學校願景

三、透過提名小組技術，形成學校教育願景共識

　　學校課程發展委員會可以透過練習腦力激盪、多重投票的提名小組技術，發展學校共同願景。茲就「提名小組技術」（Nominal Group Technique），具體步驟作法說明如次（Glatthorn, 2000）：

（一）透過學校課程發展委員會召集會議討論，如果人數過多，可加以分組，透過小組分組討論。

（二）由學者專家或課程發展委員會召集人，向課程發展委員會成員解釋打造學校課程願景過程的意義與重要性，並且強調未來將會使用課程願景來規劃課程計畫、設計方案，並作為評鑑課程之參考依據。

（三）探究各項有關學校課程的情境因素，例如：政府的相關法令、社區的情境、社會變遷、學科知識內容、教師專長與學生需求。

（四）向成員說明其需要各自完成如下的句子：「我心目中理想的課程是……」。在未經小組討論的情形下，每位成員都必須寫出五個能夠表達其個人願景的形容詞，以便完成這個句子。例如：「有意義的」、「統整的」、「健康的」、「感恩的」、「快樂的」等。

（五）其後，每位成員寫出一或兩句話來說明這個形容詞的意義。例如：「有意義的」：課程應該讓學生能由學習內容中發現意義與目的，課程應該與學生的生活連結。

（六）然後，每個小組成員輪流和組員分享其所想出的形容詞與句子，並請小組長在黑板上一一列出這些形容詞。

（七）其後，小組成員分別針對有疑問之處提出問題，小組成員再次讀出其所擴展的句子，並針對不清楚之處加以解釋，以澄清其形容詞的意義。

（八）每位成員利用三至五分鐘說明其所強調的形容詞。在說明完畢之後，每位成員最多可以投10到15票，就黑板上所列出的形容詞，選出個人認為最重要的十個項目。

（九）各小組進一步討論所有列出的項目，以確定獲得最多票數的各項形容詞，並確定該組成員共同最支持的五個形容詞項目。

（十）在學校課程發展委員會全體大會上，每個小組分別呈現各組的結果，大會主席則協助委員確定共同的項目，凝聚共識。

建立學校本位課程發展的共識願景，不只是參與人員的「作文比賽」而已，需要努力實踐，想要創造一個可行的學校本位課程發展願景，可以透過小組腦力激盪的過程凝聚共識，如此，方能建構符合社會變革趨勢、地方特色與學生身心的學校課程願景。值得注意的是，這些願景應該透過學校課程發展委員會加以確定，並且加以合法化與公開，進而透過具體可行的目標計畫，並且轉化為落實執行的具體課程方案行動，並持之以恆的實施，才能達成理想的共同願景。

當然學校教育願景，是可以根據《憲法》第158條、教育宗旨、課程綱要或參考共同校訓「禮義廉恥」或《十二年國民基本教育課程綱要》的共同願景、教育目標或核心素養，加以具體轉化期望能成為學生的學習經驗。然而值得注意的是，不應忽略學校情境的不同需求。學校願景是可以根據學校所在地區的文化，並且考量學校教育情境因素而量身訂作的努力，可作為提升學校教育品質的方針與發展學校課程方案的根據。這樣的願景是可以經過課程發展委員會加以規劃，特別是經由親師生的討論與對話，勾勒親師生理想圖像，作為再進一步修正願景的參考，並透過不斷的修正，形塑更美好的學校共同願景。有了學校共同願景之後，校長最好親自帶領老師們宣誓，堅定信念，立志為學校共同願景的校本課程發展貢獻一己之力，莊嚴的宣誓，隆重的儀式感，讓每位老師感受到對核心素養導引下的校本課程研究肩負著責任與使命，更加明確了未來校本課程發展的學校課程願景目標，並可進而將學校共同願景具體細化為年級目標。

第二節　規劃學校整體課程目標

核心素養導向的學校願景目標「課程規劃」是課程發展的「築夢」行動，學校持續發展的重要因素，同時是學校經營團隊，根據社會文化價

值、學生學習學科知識的需要與興趣，針對學校共同願景，課程目標、課程計畫、課程架構與進程等因素，進行一系列選擇、組織、安排之規劃建構（蔡清田，2016）。其因應行動分別為：規劃學校課程共同願景，規劃學校課程目標，規劃學校課程計畫架構。課程發展委員會進行學校願景的慎思熟慮構想，是「初級」的課程規劃。就進階的「中級」課程規劃而言，乃是透過課程發展委員會將學校共同願景轉化成為課程目標。學校課程目標，負責達成三至六年的長期目標責任，而年級目標則是一學期或學年規劃的中短期目標。學校本位課程發展的目標是一連續歷程的一部分，不是終點，而是學校課程目標的一部分（黃光雄，1988）。因此，學校經營團隊協助學校成員將共同願景轉化成為學校課程目標，是一件重要的課程發展任務。甚至，課程目標可以成為評鑑所有課程成果的一種指標。

　　學校可以根據課程綱要總綱的四大課程目標與九大核心素養，進行學校課程目的之規劃，如果總綱的這些課程目標不夠明確，則可以透過學校課程發展委員會，運用歸納或演繹的歷程，發展學校課程目標。特別是學校共同願景的塑造，必須加以具體轉化為學校課程目標，以便引導各學習領域教學。因此，就算是以「活活潑潑的好學生，樂觀進取的青少年」為學校共同願景，也應該具體加以轉化成為具體的課程目標，否則極易流於口號或標語，而忽略了學校所處環境的不同需求，缺乏對於社區與地方的使命感，未能為地方社區的學生量身訂製他們的學習目標，這個現象可能是造成今日學生與學校疏離的原因之一，有待改進。

一、草擬可達成共同願景的學校整體課程目標

　　在核心素養的學校本位課程發展過程當中，學校整體課程目標是衍生自課程綱要總綱的課程目標與學校共同願景（蔡清田，2016）。核心素養導向的學校本位課程發展在課程目標方面，可分析社區特性，建立學校的辦學願景，發展學校目標，可依學生需求及經驗背景，整合「部定課程」內容，亦可於「校訂課程」時數安排領域外加深加廣或補救的學習，規劃如：新住民語文親子共學課程、生活化的技藝課程等，提供學生適性化的

學習；在課程教材組織方面，可以強化各年級，各領域單元橫向、縱向的課程聯繫，以及整合不同領域的統整性課程，做學習經驗的統整；在教學時間方面，可以做彈性調配以符合彈性學習課程實施的需求（何雅芬、張素貞，2018）。建構核心素養導向的學校願景與課程目標，以每依各處室與每一個領域／科目皆有對應的課程目標規劃各領域／科目課程的設計，各處室與每一個領域／科目課程設計小組針對核心素養的課程教學與行政配套進行規劃。學校課程的願景，透過課程目標，指出了學校師生學習之旅的方針。其後學校課程發展委員會，必須對學生的學習之旅，擬定周詳的計畫方案架構。學校課程發展委員會應引導全校各年級課程計畫的整體規劃，以確保教育品質。而各學習領域的發展具有縱向發展與橫向發展的特性，必須透過各領域課程小組，依據課程的相關學門與範圍、學習表現，配合學生的身心發展、社區的需求等因素規劃一個兼具寬廣與縱深的學習空間，並結合教師專長授課，以利教學系統的運轉。換言之，核心素養導向的課程目標規劃，源自於課程研究後的學校共同願景。目標是一連續歷程的一部分而非終點，因此，目標的擬定需要不斷地評估、修正與確認（蔡清田，2018）。儘管目標包括教師和學生的行動，但不必是明顯的行為，其方式包含可欲的學生學習與可預期的學習結果，亦即，目標包含並陳述學校教育活動方向的喜好、價值和判斷。許多學者皆認為明確的課程目標，確實有其存在的重要理由（黃政傑，1991；黃炳煌，1994）：
1.邏輯上的理由：合理的活動必受明確的目的或目標的指引。2.科學上的理由：科學管理追求明確、清晰與技術的效率。3.政治、經濟上的理由：納稅人有權了解目標達成的程度，要求了解學校教學和課程發展的效果。4.教育上的理由：從教育評鑑的觀點來看目標的必要性，事先詳述目標，才能評量，能明確地加以評量，才能教的有效果。因此，學校可以用一個形容詞來代表學校的共同願景，並用一個完整的句子來來說明此一願景所形容的整體課程目標。例如：雲林縣麥寮鄉明禮國民小學教育願景，乃是全人教育，強調「表達溝通與分享」、「團隊合作」、「欣賞、表現與創新」的核心素養，明定「鼓動明禮、文武雙全」的學校教育目標，進而加以具體轉化為「做一個快樂的讀書人」、「做一個高尚的好國民」、「做

一個充滿創意的人」目標。

表3-4 雲林縣麥寮鄉明禮國小的學校願景與教育目標

雲林縣麥寮鄉明禮國民小學願景：全人教育		
表達溝通與分享	團隊合作	欣賞、表現與創新

教育目標：鼓動明禮、文武雙全		
做一個快樂的讀書人	做一個高尚的好國民	做一個充滿創意的人
有效利用各種符號（例如：語言、文字、聲音、動作、圖像或藝術等）和工具（例如：各種媒體、科技等），表達個人的思想或觀念、情感，善於傾聽與他人溝通，並能與他人分享不同的見解或資訊。	具有民主素養，包容不同意見，平等對待他人與各族群；尊重生命，積極主動關懷社會、環境與自然，並遵守法治與團體規範，發揮團隊合作的精神。	培養感受、想像、鑑賞、審美、表現與創造的能力，具有積極創新的精神，表現自我特質，提升日常生活的品質。

　　當課程發展委員會進行課程研究情境分析之後，才能了解學校問題與需要，也才能預期某些目標。由於長短目標環環相扣、交互影響的因素之下，具體的課程目標必須（Skilbeck, 1984）：

　　（一）清晰簡潔的描述。課程目標應說明希望學生學到什麼，教師及其他相關人員的行動是什麼？課程目標應以敘述學生學習與教師所採取的行動之間相關的影響為主，因此目標必須清晰簡潔，並使學習者本身有能力了解。

　　（二）不斷地修正。目標是有方向與動力的，但是必須做檢查、修改，假如有必要，即使教學活動過程已展開，還示可以修改預定的目標。

　　（三）擁有法令基礎。由一般目標及教與學的可行性而來，也是從目標在學校建構與採用的方式上，獲得法令的基礎，雖有困難但

仍須展現目標的合理與合法的基礎。

（四）包含多種的型式。目標的形式有許多種類型，例如：可以是一般性目標或特定的目標；長程目標或短程目標；特別的目標或廣泛的目標。

（五）民主參與。課程目標的建構需要共同參與，包括學生、教師、家長與社區與專業人士共同參與。

　　這五個要點是訂定目標時所需注意的，尤其是共同參與的考量，因為學校課程強調的是團隊與專業的行動，而一個成功的專業地位要求並不是因其職位、資格與地位而來，而是實際上共同合作的能力，並將這些資格與品質能夠清楚的展現。例如：國立嘉義大學附設實驗國民小學，基於十二年國教基本教育課程的自發、互學與共好的理念，並以培育終身學習者為主旨，其參與前導學校工作計畫擬定了三年的目標：104學年度：理解核心素養的意涵，並以彈性課程與主題統整課程為主軸設計課程及教學，同時加強相關課程之評鑑及家長參與教學能力之提升，從彈性學習的轉化提升學生的「公民意識與道德實踐」素養，並強化「自主行動」的實踐力。105學年度：深化核心素養的意涵，並以領域課程進行課程教學及評量轉化，同時培養家長共同觀課的能力及評量理念的調整，藉由領域課程教學評量之精緻化，提升學生「符號運用及溝通表達」素養精緻化。106學年度：解構核心素養的意涵，從學校整體經營的面向整合前兩年的課程教學資源，建立以核心素養為主軸的教師專業發展評鑑，並以學生學習力、家長參與力進行成長型的校務評鑑，藉以提出整體方案執行成效，提供其他學校參酌。國立嘉義大學附設實驗國民小學也列出前導學校工作計畫的實施項目如表3-5：

表3-5　國立嘉義大學附設實驗國民小學前導學校工作計畫的實施項目

一、選擇學校課程轉化的實施項目	（一）轉化總綱課程架構	1.總綱課程架構內涵之轉化 ■統整性主題課程（主題名稱：學校本位主題課程） ■專題探究課程（專題名稱：資優資源教育方案） ■議題探究課程（議題名稱：資訊素養課程教學方案）
		2.素養導向之領域或跨領域統整教學 ■素養導向之領域教學 ■素養導向之跨領域統整教學
		3.轉化總綱的核心素養為： ■A1身心素質與自我精進　　■A2系統思考與解決問題 ■A3規劃執行與創新應變　　■B1符號運用與溝通表達 ■B2科技資訊與媒體素養　　■B3藝術涵養與美感素養 ■C1道德實踐與公民意識　　■C2人際關係與團隊合作 ■C3多元文化與國際理解
	（二）轉化總綱實施要點	■課程發展組織與運作　　■教材與教學資源發展與應用 ■發展教師協同教學　　　■邀請家長參與課程 ■運用多元教學方法與學習評量 ■發展教師專業社群　　　■社區民間資源整合與應用 ■進行校長與教師公開授課與議課 □其他：
	（三）決定實施課程轉化項目的考量因素	■學校的教育願景　　　　■學校原有課程特色 ■校長的課程領導理念　　■教師的專業背景 ■社區家長的期待　　　　■學生的學習需求 ■社區的相關資源　　　　■縣市政府的教育政策 ■其他：實驗小學精進專業前瞻的教育信念
	（四）決定實施課程轉化項目的機制	■學校核心成員決定 ■學校課發會討論 ■校務會議決議 □其他：
二、規劃學校工作計畫	凝聚學校共識的作法	■召開核心成員會議　　　■召開課發會 ■進行學校教師說明會　　■辦理專家講座 ■辦理讀書會　　　　　　■參觀學校 ■其他：召開親師座談會

　　國立嘉義大學附設實驗國民小學並進一步將此前導計畫課程轉化為實施策略方法如下表3-6：

表3-6　國立嘉義大學附設實驗國民小學前導計畫課程轉化實施策略方法

學年度	課程轉化目標	實施策略方法
104	學生創新學習	1.全校學生都參與主題統整課程與彈性課程轉化學習任務。 2.全校學生都參與多元學習與多元評量任務。 3.全校學生都參與思考力、應變力的學習任務。 4.中高年級學生強化國際素養能力。
	教師創意教學	1.全校教師學習十二年國教課綱與核心素養概念。 2.全校教師學習教育前瞻議題，進行翻轉教學實踐。 3.全校教師持續進行教專評鑑，結合十二年國教課綱轉化。 4.全校教師以十二年國教課綱核心素養為主軸進行主題統整課程與彈性課程規劃、教學及評鑑。 5.全校教師以專業學習社群進行十二年國教課綱進行創新教學研究。 6.辦理雲嘉地區公開教學觀察5場，結合十二年國教課綱進行說課、觀課與議課。 7.參觀南區典範學校，形成策略聯盟，共同學習成長。
	家長積極參與	1.家長參與親師課程說明與發表會，了解十二年國教議題。 2.辦理家長讀書會，了解十二年國教課綱與核心素養等內涵。 3.辦理家長學習成長營，引進專長家長參與協同教學。 4.結合社區資源，建置社區學習地圖。
105	學生精緻學習	1.每位學生參與領域課程轉化課綱與核心素養的學習任務。 2.每位學生在領域課程中以多元智慧方式強化自學能力、思考能力及表達能力。 3.每位學生在領域學習中參與融入美感教育與合作學習的任務。 4.中高年級學生精熟科技資訊與媒體素養。 5.每位學生能透過差異化、適性化、多元化學習評量滿足學習需求。
	教師精進教學	1.教師參與十二年國教課綱與核心素養融入領域教學研討工作坊。 2.每位教師參與領域課程轉化，以十二年國教課綱核心素養為主軸規劃。 3.強化美感教育與資訊科技融入領域教學的能力。

表3-6（續）

學年度	課程轉化目標	實施策略方法
105		4.引進多方資源發展精進教學能力。 5.教師組成教學專業領域工作坊，進行精進教學研發與探究。 6.辦理雲嘉地區公開教學觀察五場，結合十二年國教課綱進行說課、觀課與議課。
	家長成長參與	1.家長教學團與讀書會持續研修。 2.家長共同參與課程教學發表研討。 3.家長參加教學觀察素養培訓。 4.建構社區資源融入領域教學藍圖。
	學生扎實學習	1.每位學生參與領域課程、主題課程與彈性課程課綱轉化學習與評量任務。 2.以核心素養進行每位學生學習成效與表現水準評估。 3.以量化及質性學習效益建構十二年國教課綱轉化學生學習手冊。
	教師紮根教學	1.全校教師精熟十二年國教課綱與核心素養內涵。 2.全校教師檢視領域教學、主題與彈性課程教學效益。 3.全校教師參與精緻化教師專業發展評鑑，持續參與社群並進行課程教學評鑑。 4.以領域、主題及彈性學習建置十二年國教課綱核心素養實務教學手冊。 5.持續辦理雲嘉地區公開教學觀察5場，結合十二年國教課綱進行說課、觀課與議課。
	家長合夥參與	1.家長持續參與親師課程說明與發表會，了解十二年國教課綱轉化教學成果。 2.家長教學團、讀書會與教學觀察團新舊成員攜手學習。 3.結合社區資源，建置社區學習網絡。 4.建構十二年國教課綱轉化中的家長角色與參與指引。

　　依據《十二年國民基本教育課程綱要總綱》對於「學校本位課程」之說明，包含「部定課程」與「校訂課程」（教育部，2014），「學校本位課程」非常廣義，不宜窄化爲「特色課程」。「學校本位課程」更重要的是需要經由「學校本位課程」之「發展」，特別是「發展」適合學校願景的學校本位課程，也就是以學校爲基地，發展學校課程計畫，而且規

劃學校「整體」課程時，能涵蓋「部定課程」與「校訂課程」，並且整體規劃一起發展，在特定情境、條件中追求理想，發展過程就是「學校本位課程發展」。核心素養的「學校本位課程」不等於「特色課程」，「學校本位課程」包含「部定課程」與「校訂課程」，以學校的情境需求做規劃設計，在課程發展過程中透過各種工具策略以凝聚共識。從核心素養的學校課程發展的策略而言，學校課程計畫爲「學校本位課程發展」之具體展現，因此如何建構一個流程，幫助學校達成所規劃的願景目標及核心素養的則更爲重要。例如：十二年國教課改前導學校的臺南市復興國中便以圖3-11來呈現學校課程地圖、圖3-12來呈現學校課程結構，進行關係聯結式的課程統整設計。

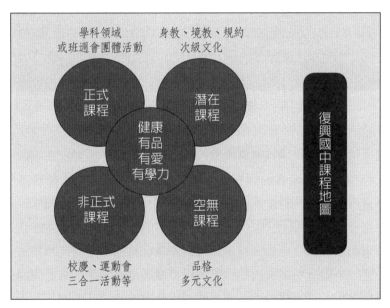

圖3-11　臺南市復興國中的學校課程地圖

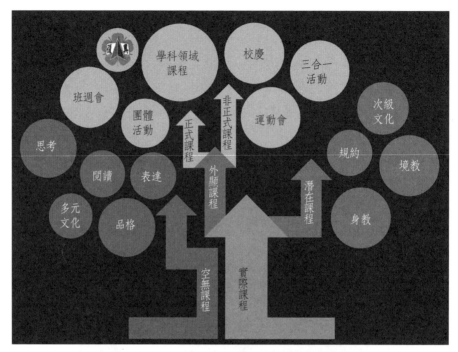

圖3-12　臺南市復興國中的課程架構圖

　　另一種呈現方式是以寬廣的學校整體課程目標作為課程規劃的開端，
關注如何透過核心素養的課程目標方案，聯結到學校整體課程目標。例
如：臺南市復興國中便以表3-7來呈現復興國中的三年學習地圖。

　　這可以由個別學校界定學校整體課程目標，並透過各個核心素養的
課程方案領域科目或活動，達成學校整體課程目標。因而，學校透過課程
研究，進行情境分析後導出的整體課程目標與核心素養，有必要規劃其計
畫架構與進程，呈報學校核心素養的課程計畫以強調其整體性（教育部，
2014），並就達成願景目標與核心素養的計畫架構與時間表，向學生、家
長、社區與政府表達實踐願景的專業承諾。

表3-7　臺南市復興國中的三年學習地圖

		一年級		二年級		三年級	
		上學期	下學期	上學期	下學期	上學期	下學期
實際課程	學科領域	國5英4數3生4科3健1體1美1表1綜2綜一1綜三1	國5英4數3科1歷1地1公1音1綜一1綜二1綜三1	國5英4數3科4歷1地1公1音1資訊1綜一1綜二1綜三1	國5英4數3科1歷1地1公1音1美1表1綜一1綜二1綜三1	國5英4數4理3科1歷1健1體1美1表1綜一1綜二1綜三1	國5英4數3科1歷1地2公1音1綜一1綜二1綜三1
	彈性時間	班會1社團1資訊1白1	班會1社團1閱讀1英語1空	班會1社團1社會1	社團1資訊1閱讀1英語1空白1	社團班1文化與生活1民與生活1	社團班1文化與生活1閱讀1公
潛在課程	健康	防災演練 運動會	防災演練 健康復興與人 交通安全宣導	防災演練 運動會 藥物濫用防制	防災演練 交通安全宣導	防災演練 運動會	防災演練 交通安全宣導
	有品	生活榮譽競賽 禮貌大使	生活榮譽競賽 禮貌大使	生活榮譽競賽禮 生活榮譽大使 小市長選舉	生活榮譽競賽禮 生活榮譽大使	生活榮譽競賽	生活榮譽競賽
	有愛	老師節活動 歲末感恩活動 環境教育日	教師節活動 母親節活動 反霸凌活動	老師節活動 歲末感恩活動 環境教育日	教師節活動 母親節活動 反霸凌活動	老師節活動 歲末感恩活動 環境教育日	教師節活動 母親節活動 反霸凌活動
	有學力	閱讀推動 校外教學 校慶運動會	閱讀推動	閱讀推動 隔宿露營 高中職五專課程 得勝者課程 國際交流	閱讀推動 高中職五專課程參訪 得勝者課程 國際交流	閱讀推動 畢業旅行 校慶運動會 技藝教育課程	閱讀推動 畢業旅行 技藝教育課程

二、明確指出可以實踐願景的學校整體課程目標

發展核心素養的學校本位課程時，必須建構一套完整的學校整體課程目標與核心素養，進而促使學校的「部定課程」的八大「領域學習課程」課程目標與「校訂課程」的「彈性學習課程」的課程目標，能與學校整體課程目標與核心素養，緊密聯結與前後一貫。

（一）將學校整體課程目標與核心素養，和學校整體課程方案相互聯結校正，使其前後一貫

如果學校採取演繹歷程，發展學校整體課程目標與核心素養，則學校整體課程目標必須與學校的整體課程方案相互聯結校正，使其前後一貫，進而將學校整體課程目標與核心素養，逐條分配到「部定課程」的「領域學習課程」與「校訂課程」的「彈性學習課程」。

1. 將學校整體課程目標與核心素養，分配到適當的課程方案計畫

當學校整體課程目標與核心素養已經完整地規劃出來之後，必須將每一條整體課程目標與核心素養，分配到「部定課程」的「領域學習課程」與「校訂課程」的「彈性學習課程」。

表3-8　學校整體課程目標與課程方案的關係對照表舉隅

學校課程方案類型　　　　　整體課程目標與核心素養	「部定課程」的「領域學習課程」	「校訂課程」的「彈性學習課程」
作個快樂的讀書人	A	B
作個活力的健康人	A	B
作個前瞻的現代人	B	A

上述雙向分析表的最上方第一列分別指出學校課程方案的兩種類型，亦即「部定課程」的「領域學習課程」與「校訂課程」的「彈性學習課程」。表中左方的第一欄則逐條列出學校整體課程目標與核心素養。學校經由團體討論方式，決定透過哪一類型的課程方案負責達成該項目標，以

及有助於達成該項目標的其他次要類型課程方案。例如：上表中A代表主要負責達成學校整體課程目標的課程方案，B代表有助於達成學校課程目標的其他次要課程方案。

2. 將「部定課程」的領域學習課程目標，分配到適當的領域／科目計畫

確定學校整體課程目標與核心素養的「部定課程」領域學習課程方案目標之後，必須進而將其分配到適當的領域／科目，可利用雙向分析表，同時列出「部定課程」的領域學習課程方案目標與領域／科目之間的對照關係表，將能順利達成此一任務。

表3-9　課程目標與領域／科目的關係對照表舉隅

領域／科目 整體課程目標與核心素養	國語文	英語文	本土／新住民語文	數學	科技	自然科學	社會	藝術	健康與體育	綜合活動
作個快樂的讀書人	A	A	A	A	A	B	A	B	B	A
作個活力的健康人	B	B	B	B	B	A	B	A	A	B
作個前瞻的現代人										

學校可以透過全校教職員的討論或問卷調查，完成上項雙向分析表，針對上列「部定課程」目標，選出應該主要負責達成該項目標之領域／科目，與有助達成該目標之其他學習領域。上表中，A代表主要負責達成該項「部定課程」目標的領域／科目，B代表有助於達成該項目標的其他次要領域／科目。例如：來惠國小曾經就此加以規劃如次：

表3-10 雲林縣來惠國小學校課程整體目標核心素養與領域課程關係對照表

願景目標 領域	健康	快樂	力行	創造
語文	➢運用語言文字，表情達意，溝通分享，培養樂觀向善的心境。	➢培養語文欣賞評價，體認文化習俗，增進心靈快樂。	➢透過語文學習，提升學習效率，培養獨立思考，解決問題的能力。	➢培養語文創作賞析的興趣與能力，進而養成主動探索，開創新知，豐富生活。
健康與體育	➢充實促進健康的知識，培養運動習慣，發揮運動精神，鍛鍊強健體魄。	➢養成尊重生命的觀念，豐富健康與體育的生活。	➢發展運動技能，培養運用健康與體育的資訊、產品和服務的能力。	➢培養營造健康社區與環境的責任感和能力。
數學	➢尊重關懷並互相幫助解決問題。	➢發現數、量、形的奧妙，並樂於與他人分享思考歷程與成果。	➢挑戰並增加自我的數學能力。	➢以數學的概念與方法，探討並解決問題。
社會	➢了解自我身心的成長，並知道身心健康的重要。	➢察覺並尊重不同文化的歧異性，且能欣賞並包容不同文化的特性。	➢培養社會參與，做理性決定及實踐的能力。	➢培養探究、創造和處理資訊的能力。
藝術	➢參與藝術活動，美化自己的生活。	➢由藝術活動的體驗，感受喜悅與樂趣。	➢藉由生活的體認，建立審美的經驗，並表達自己的感受。	➢從藝術生活中，引發豐富的想像力、創造力。
自然科學	➢經由對自然科學的了解，養成尊重生命，珍惜資源。	➢體認並欣賞自然與人世間萬物生命之美。	➢應用科技和資訊，以認識問題，處理問題。	➢對自然的探索，養成批判推理及創意的思考，以解決問題。
綜合活動	➢體會團隊合作的重要，並能關懷團隊成員。	➢認識並欣賞周遭環境，且能分享在團體中與人相處的經驗。	➢規劃整理自己的生活空間，進而能融入團體的生活。	➢蒐集並運用各類休閒生活的資料，提升生活素養。

3. 將「校訂課程」目標，分配到適當的「彈性學習課程」計畫活動當中

　　確定「校訂課程」目標，必須將其分配到與學校教務、學務、輔導、總務等各處室規劃的「彈性學習課程」之中。特別是「全人教育」是十二年國教課程綱要總綱研修的精神，總綱在國中小階段的彈性學習課程中，規劃社團活動與技藝課程，在高級中等學校教育階段則增加非考試科目的比例以及設計團體活動時間、彈性學習時間等。特別是第一年可以先協助學校教師了解十二國教課程總綱的內涵以凝聚學校教師共識，研議彈性學習課程並依總綱中彈性學習課程項目擇一試行轉化，如：統整性主題／專題／議題探究、社團活動與技藝課程、特殊需求領域課程、服務學習、戶外教育、自主學習…等，並在課程納入適當的議題（如性別、人權、環境教育等）。前項課程須以適當的教學方法培養某些核心素養，提出素養導向教學案例。

　　若能利用雙向分析表，同時列出「校訂課程」目標與「彈性學習課程」之間的關係對照表，將能順利透過學校課程發展並注重五育均衡發展以達成「全人教育」任務。

表3-11　校訂課程目標與彈性學習課程之間的關係對照表舉隅

校訂課程目標與核心素養 ＼ 彈性學習課程的類型	社團活動	社區服務	整潔活動	慶典活動	團體活動合作	親師活動	民俗活動
作個快樂的讀書人	A	B	B	B	B	B	B
作個活力的健康人	A	B	B	B	A	A	B
作個前瞻的現代人	B	A	B	A	B	B	A

　　可以透過學校全體教職員工的共同討論或經由問卷調查，完成上表，確定每一項「校訂課程」的目標，皆有其負責達成的「彈性學習課程」的與之相互對應，並可透過其他相關的「彈性學習課程」的活動協助，增進其效果。上表中，A代表主要負責達成該項「校訂課程」目標的「彈性學

習課程」的活動，B代表有助於達成該項非正式課程方案目標的其他「彈性學習課程」的活動。

（二）確定整體課程目標核心素養與各類課程方案目標計畫相互呼應

經由核心素養導向的整體課程目標與方案課程目標的緊密聯結與前後一貫之校正歷程，學校經營團隊可以完成下列任務：1.擬訂一份學校的整體課程目標核心素養清單，藉以規劃學校課程計畫，建構學校整體課程。2.擬訂一份每項領域科目課程目標清單，藉以規劃並評鑑正式課程方案的領域學習內容。3.擬訂一份活動課程目標清單，藉以規劃並評鑑非正式課程方案的活動。例如：國立嘉義大學附設實驗國民小學，便列出前導計畫的各年度計畫內容與總綱之對應表。

表3-12 國立嘉義大學附設實驗國民小學前導計畫的各年度計畫內容與總綱之對應表

項目	104學年度	105學年度	106學年度
學生學習	1. 從彈性學習課程與主題統整課程教學活動發展公民意識並產生正向的道德實踐（E-C1）。 2. 應用彈性學習課程與主題統整課程教學精進良好的人際溝通與團隊合作能力（E-C2）。 3. 更深入理解多元文化，強化本土與國際素養（E-C3）。 4. 透過多元活化的教學強化身心健全發展，並發展個人潛能（E-A1）。 5. 透過翻轉學習的方法，培養系統思考與解決問題的能力（E-A2）。 6. 藉由主題統整課程發展規劃執行與應變的能力（E-A3）。	1. 歸納統整104學年度核心素養與主題統整、學校本位、彈性學習與專題探究學習活動學習成長效益。 2. 從各領域學習活動核心素養轉化學習，達到精熟領域知能素養，並強化溝通表達分享能力（E-B1）。 3. 從多元化學習、適性化學習與差異化學習之核心素養課程轉化學習活動中，發展科技資訊能力與媒體素養能力（E-B2）。 4. 透過核心素養轉化課程教學立基，結合美感教育、合作學習力，發展藝術創作欣賞能力與生活美感體驗實踐能力（E-B3）。	1. 歸納統整104學年及105學年度核心素養轉化學校整體課程（含領域課程、主題課程等）學習效果及評估。 2. 結合多元評量、適性評量、差異化評量、國際教育評比等多項學習評鑑機制，評估十二年國教課程綱要轉化為核心素養之學習效果。 3. 建立十二年國教學生學習策略參考手冊，提供學生學習評估與學生學習精進的參考資源。

表3-12（續）

項目	104學年度	105學年度	106學年度
教師教學	1. 理解學生學習的九項核心素養，並以A層面及C層面為主軸進行彈性、主題統整及學校本位課程設計與教學，並選擇適合的教學媒材藉以輔助教學。 2. 以翻轉教育、學習共同體、分組合作學習、創新教學為理念，進行教學實施與學習評量。 3. 以核心素養為主軸進行課程評鑑、教師專業發展評鑑，藉以檢視實驗教學成效。 4. 以核心素養教學為主軸，建構學校行政支援系統，發展精緻課程教學與評量的能力。	1. 檢視第一年度核心素養、主題統整及學校本位課程教學成效，進行滾動式教學修正。 2. 深入理解十二年國教核心素養，並以B層面進行學校領域課程、創新課程教學與設計，並選擇適合的教學媒材藉以輔助教學。 3. 以核心素養為主軸進行領域／社群工作坊，結合多元化資源發展十二年國教領域優質教學模組。	1. 檢視前兩年教師教學發展效果，並進行滾動式修正。 2. 歸納統整核心素養九大面向的整體課程教學、創新課程教學效果，進行教學評鑑與檢核，提升教師專業能力。 3. 建構多元評量、適性化教學、差異化教學與補救教學資源，結合核心素養進行課程教學評鑑與精緻化教師專業發展評鑑，產出學校本位十二年國教課綱轉化教學參考資源，作為教學推廣之參酌。
家長參與	1. 組成家長學習團，並融入彈性學習、主題統整課程學習與學校本位課程學習活動，使家長成為教學的輔助者、分享者。 2. 進行家長讀書會，共同討論與理解本學年度六項核心素養的意涵，並從家庭教育中進行相關素養發展的探討與實踐。	1. 持續進行104學年度家長教學團與讀書會，精進家長參與教學的能力。 2. 培訓家長參與教學觀察之素養與能力，並從核心素養內涵進行家長參與教學觀察實務演練，發展家長輔助教學的能力。	1. 檢視與評估105學年度家長參與、輔助教學的效益，進行微調與修正。 2. 建構家長參與教學、輔助教學之實務策略，彙整相關成果資料，提供學校十二年國教課綱家長合夥教育學習資源，提升親師合作教學的效益。

　　就預期成效而言，國立嘉義大學附設實驗國民小學透過前導學校計畫任務，可熟悉十二年國教課綱及核心素養內涵，並持續滾動修正學校整體課程。促使學生、教師與家長從中翻轉學習，促進精緻教育的發展。並藉由前導學校任務，提升親師生及社區有良好的溝通，形成共好及互學的學習文化，並持續開放教室、共同參與教學，期使培育每位學生成為閃亮的星星。藉由公開觀課、典範教學分享等師資培育推廣任務，展現實驗小學特色，並建立十二年國教課綱內涵實踐的課程方案、教學策略、學習策略

與家長合作策略參考手冊，提供更多學校互學共好的機制。

　　一方面，就運用歸納歷程而言，學校可以經由規劃核心素養的「部定課程」目標與「校訂課程」課程目標，進而歸納整體課程目標。另一方面，在運用演繹過程中，學校必須從嶄新的觀點，規劃所要達成的整體課程目標，甚至可以邀請家長、社區人士與學者專家，共同參與與核心素養的整體課程目標之規劃。簡言之，整體課程計畫，可再細分為二，一是「部定課程」的「領域學習課程」課程計畫，以學習領域為系統所建構的課程方案計畫；二為「校訂課程」的「彈性學習課程」活動課程計畫，以學生生活經驗為中心，透過學校行事曆活動的規劃，結合實際學校生活的課程方案。兩者雖然各有其獨特的價值。但是，不論是領域課程或活動課程，都應該是針對學校整體課程目標所衍生出來的課程計畫方案，並設法融入議題的內容，因此，應該雖然個別課程方案規劃有其獨特的功能，但課程發展委員會所形成的整體課程目標，仍具有指導課程發展的主要功能。特別是透過學校課程發展委員會的整體課程規劃，可使學校成員更為緊密接觸而視為一個整體，而能珍視學校整體的重要教育議題；整體課程可增進成員之間的溝通與共識；確保所提的方案會受到學校課程發展委員會的支持，可使其順利實施。總之，學校應該強調整體課程的重要性，致力研擬一套整體的學校課程目標，作為規劃並改進學校課程計畫的依據，整合學校整體人力與資源，規劃學校課程，如表3-13雲林縣莿桐鄉育仁國小的學校願景核心素養與各年級計畫呼應表：愛我家鄉行腳趣。

　　又如，學校可以在「培養有生命活力的人」的願景之下，規劃學校本位的「生命樹課程」，也依此規劃對應校課程的六個年級的主題課程——一年級的「種子」課程、二年級的「萌芽」課程、三年級的「新苗」課程、四年級的「綠葉」課程、五年級的「繁花」課程、六年級的「碩果」課程。特別是一年級「種子課程」旨在給孩子埋下興趣的種子，埋下習慣的種子。包含語文、數學、體育、音樂、美術、資訊技術、科學七個學科。各學科圍繞「有趣的十二生肖」為主題，進行跨學科的主題深度整合，站在兒童立場，借助積木、磁力等玩具，以表演、打擂等遊戲化的形式，促進年級「敢表現、愛學習、懂規則」的核心素養的目標的落實。除

表3-13 雲林縣莿桐鄉育仁國小的學校願景核心素養與各年級計畫呼應表：愛我家鄉行腳題

年級	語文 表達溝通與分享	社會 探索與解決問題	藝文 欣賞、表現與創新
一年級 人文小戶長 （家鄉亮點-親水公園）	育仁小記者 學生能完成親水公園採訪單並回班分享	育仁觀察家 學生能發揮創意提出改善親水公園的建議	育仁小畫家 學生能畫出親水公園美麗的角落並分享
二年級 人文小鄉長 （家鄉亮點-花海）	育仁小詩人 學生能創作花海童詩並發表	育仁攝影師 學生能拍攝美麗的花海照片	育仁插畫家 學生能運用落花進行書插創作並發表
三年級 人文小村幹事 （家鄉的守護神-石敢當）	育仁說書人 學生能利用網路搜尋守護神資料，完成學習單並發表。	育仁調查員 學生藉由學習單能了解家庭工作分配	育仁設計師 利用查得的資料，進行守護神壁報創作
四年級 人文小村長 （家鄉的信仰中心--天宗寺）	育仁解說員 學生能依據各自的主題，搜尋資訊並上臺報告。	育仁小信徒 學生能了解社區的信仰與傳說，完成學習單並發表	育仁導覽員 學生能製作導覽手冊並發表
五年級 人文小鄉長 （家鄉風華誌）	育仁特派員 學生能研究家鄉名人軼事，製作主題報告並發表	育仁小玩家 學生能探索莿桐鄉的旅遊景點，並製作簡易旅遊地圖	育仁彩繪家 學生能對社區牆面進行彩繪，美化社區
六年級 人文小縣長 （家鄉的前世今生）	育仁文學家 學生藉由了解家鄉歷史沿革，提出家鄉未來展望並發表主題報告並發表作	育仁科學家 學生能上網查詢人口資料，製作統計圖表並進行人口遷徙分析	育仁藝術家 學生能調查家鄉產業，並製作產業調查立體地圖

了顯性的課程，還力求透過教室文化這樣的潛在課程，從時間和空間上上進行精心設計，實現學科學習與生活的融合，為小種子的成長培育沃土。二年級「萌芽課程」承接了一年級的目標敢表現，引導學生會表達，在愛學習的基礎上聚焦有愛好的人，在懂規則的基礎上注重情感培養，希望培養學生成為會表達，有愛好，能感恩的人。三年級「新苗課程」秉承了跨學科、趣味性、體驗性、合作性等選擇，依託橋這一載體設計了年級主題課題，意在培養敢質疑，有情趣，樂合作的小新苗。四年級「綠葉課程」依託運河這個載體，旨在培養學生成為善思辨，能同理，會創新的人。五年級「月是故鄉時明」「繁花課程」統整了八個學科，縱向指向學科核心素養，橫向與級部課程目標對應，培養會關懷，有主見，勤志願的人。六年級「碩果課程」落實本級部富探索精神，能自主管理，樂承擔責任的核心素養。從兩方面進行統整，一是學習流程的整合，設計了碩果纍纍的學生學習表現評量手冊，二是學習內容的整合，通過大整合和小整合的方式讓每一個孩子都參與到探索，讓每一個孩子在研究中承擔任務，都有展示的機會，讓每一個孩子都收穫碩果，每一個生命都成長，充滿活力。

第三節 規劃整體課程計畫架構

規劃核心素養的學校整體課程計畫，含部定課程、校訂彈性學習課程，其具體項目，包括應先規劃成立核心小組成員包括校長、主任、組長和學科召集人，至少每月開會一次，確認全校教師了解十二年國教新課綱，提出十二年國教新課程整體計畫規劃之甘特圖，每月固定檢核進度，完成學校願景目標素養和學生圖像，完成課程學習地圖，確認教師參與與核心素養的新課程規劃與專業增能，學校課程發展委員會進行課程審查、自編教材審查與課程評鑑，學校整體課程計畫草案滾動修訂。特別是，學校進行十二年國教課程轉化須經由系統思考與策略性規劃，重塑學校願景與學生圖像，發展課程學習地圖，規劃與核心素養的整體課程計畫架構，甚至進一步規劃部定各領域／科目課程與教學之規劃，進行主題式／跨領域課程規劃、進行加深加廣選修授課年段及時數的課程規劃。

　　「初級」的課程規劃是進行學校願景的慎思熟慮構想，就進階的「中級」課程規劃是將學校共同願景轉化成為整體課程目標。學校課程發展委員會如果能將學校整體課程目標再度加以轉化成為課程方案計畫，則是「高級」的課程規劃行動。學校可以根據整體課程目標，提出學校課程計畫，規劃課程計畫架構與進程，特別是找出整體目標的理想與課程現況之間的差距，進而規劃可達成學校整體課程目標的課程方案。整體課程計畫，可稱為長期計畫或整體計畫的規劃，著重於學校整體課程的可能未來，並為整個學校建立努力的目標、計畫、方案與引導進步的規準（Fullan, 1992），如圖3-13嘉義宏仁女子高級中學優質計畫所示：

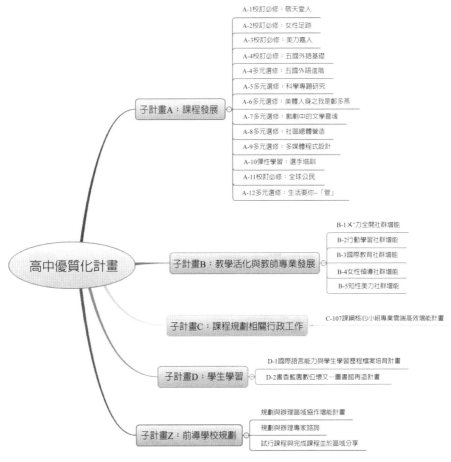

圖3-13　嘉義宏仁女子高級中學優質計畫

　　就課程結構而言，我國《十二年國民基本教育課程綱要總綱》指出「十二年國民基本教育」課程類型區分為二大類：「部定課程」與「校訂課程」，如表3-14所示。

表3-14　「十二年國民基本教育」各教育階段課程類型

課程類型　　　　　　教育階段		部定課程	校訂課程
國民小學		領域學習課程	彈性學習課程
國民中學			
高級中等學校	普通型高級中等學校	一般科目 專業科目 實習科目	校訂必修課程 選修課程 團體活動時間 彈性學習時間
	技術型高級中等學校		
	綜合型高級中等學校		
	單科型高級中等學校		

　　依據《十二年國民基本教育課程綱要總綱》，「部定課程」是由國家統一規劃，以養成學生的基本學力，並奠定適性發展的基礎。在國民小學及國民中學為培養學生基本知能與均衡發展的「領域學習課程」，在高級中等學校為部定必修課程，其可包含達成各領域基礎學習的「一般科目」，以及讓學生獲得職業性向發展的「專業科目」及「實習科目」。「校訂課程」則是由學校安排，以形塑學校教育願景及強化學生適性發展。在國民小學及國民中學為「彈性學習課程」，包含跨領域統整性主題／專題／議題探究課程，社團活動與技藝課程，特殊需求領域課程，以及服務學習、戶外教育、自治活動、班級輔導、學生自主學習、領域補救教學等其他類課程。在高級中等學校則為「校訂必修課程」、「選修課程」、「團體活動時間」（包括班級活動、社團活動、學生自治活動、學生服務學習活動、週會或講座等）及「彈性學習時間」（包含學生自主學習、選手培訓、充實（增廣）／補強性課程及學校特色活動）。其中，部分選修課程綱要由領域課程綱要研修小組研訂，作為學校課程開設的參考依據。特別是彈性學習課程規劃為學校課程發展委員會之權責，應依學校

需求開課。校訂必修課程由學校依其特色發展之需要自主設計課程為原則。部分課程，如本土語文、第二外國語文、實作（實驗）、議題探究等課程可由領域課程綱要研修小組、普通高級中學學科中心、教育專業團體或校際教師社群等研發，經各該主管機關或學校課程發展委員會通過後，由學校自主選用。校訂必修以通識、知識應用或校本特色課程為原則，不得為部定必修課程之重複或加強。學校得依其發展特色、師資結構及相關條件開設之；領域／科目之選修課程，可由教育部訂定或指定教育專業團體（大學、學術團體或普通高級中等學校學科中心等）發展課程綱要供學校選用或運用，或由學校發展選修課程教學大綱；上述內容經學校課程發展委員會通過後，納入學校課程計畫，送各該主管機關備查（教育部，2014，18）。

根據《十二年國民基本教育課程綱要總綱》，學校應調整課程發展之組織運作和相關規定，應發展與核心素養的學校課程架構、推動經營計畫、改善現況及發展學校特色。特別是校長身為學校課程領導者，可透過學校課程發展委員會進行《十二年國民基本教育課程綱要總綱》導讀後，引導老師思考和進行討論以建構學校共同願景和規劃學校課程。一方面因應新課綱規劃「校訂課程」的「彈性學習課程」，增加學生自主學習的時間與空間；例如：彈性學習課程每週節數國小高年級「第三學習階段」原3-6節改為4-7節，國中「第四學習階段」原7、8年級4-6節；9年級3-5節，皆改為3-6節（國家教育研究院，2015a），而且高中調降部分必修時數增加部分選修空間，選修課學分占了1／3，且各高中須增加4到8學分「校訂必修」以發展特色，以落實十二國教適性揚才的核心價值，也回應當代多元差異的時代精神，培養學生具備自主行動的核心素養，特別是「校訂課程」，包含多元選修（至少6學分）、校訂必修（至少4學分）、彈性學習（每週2-3小時）、團體活動（每週2-3小時），多元選修讓學生可透過至少每週3節課選擇有興趣的學科或是有特定性向的課程；校訂必修每週2節加上彈性學習每週三節每週可有五節課進行專題、小論文、科學研究、創客實作、社會學習方式以製作學習歷程檔案，另外還有每週2小時團體活動可參與社團、校隊、學生自治組織的非正式課程學習機會，彰顯「以學

生爲主體的課程發展」之特色；另一方面更重視學生學習因應社會生活所需的「核心素養」，可依據教育階段循序漸進加深加廣，依教育階段的身心發展任務逐漸具備所需的「核心素養」，核心素養的表述可彰顯學習者的主體性，不以學科知識作爲學習的唯一範疇，而是強調「以學生爲主體的課程發展」，關照學習者可整合運用於「生活情境」，強調其能在生活中實踐力行的特質（蔡清田，2014）。

　　根據《十二年國民基本教育課程綱要總綱》，核心素養的學校課程計畫至少包含「部定課程」及「校訂課程」規劃、各領域／群科／學程／科目之教學重點、評量方式及進度等，在遵照教學正常化規範下，得彈性調整進行跨領域的統整及協同教學。學校課程發展委員會應掌握學校教育願景，發展學校本位課程，並負責審議學校課程計畫、審查全年級或全校且全學期使用之自編教材及進行課程評鑑等。學校課程計畫爲學校本位課程規劃之具體成果，應由學校課程發展委員會三分之二以上委員出席，二分之一以上出席委員通過，始得陳報各該主管機關（教育部，2014，31），於開學前陳報各該主管機關備查，並運用書面或網站等多元管道向學生與家長說明。爲有利於學生選校參考，高級中等學校應於該年度新生入學半年前完成課程計畫備查與公告說明。

　　就高級中等學校教育階段課程規劃而言，高級中等學校的整體課程規劃（教育部，2014，15），如表3-13高級中等學校教育階段各類型學校課程規劃所示，整體而言，其課程規劃包括如下要點：(1)學年學分制：高級中等學校實施學年學分制。每學期每週修習1節，每節上課50分鐘，持續滿一學期或總修習節數達18節課，爲1學分。(2)總學分與畢業條件：高級中等學校學生三年應修習總學分數爲180-192學分，普通型及單科型高級中等學校學生畢業之最低學分數爲150學分；技術型及綜合型高級中等學校學生畢業之最低學分數爲160學分。(3)每週上課節數：學生在校上課每週35節，其中包含「團體活動時間」及「彈性學習時間」。(4)團體活動時間：包括班級活動、社團活動、學生自治活動、學生服務學習活動、週會或講座等；普通型高級中等學校的班級活動、社團活動、學生自治活動、學生服務學習活動、週會或講座等每週2-3節；技術型高級中等學校的班級

活動每週1節；社團活動、學生自治活動、學生服務學習活動、週會或講座等每週1-2節；綜合型高級中等學校的班級活動每週1節；社團活動、學生自治活動、學生服務學習活動、週會或講座等每週1-2節；單科型高級中等學校的班級活動每週1-2節；上述各類型學校社團活動每學年不得低於24節。(5)彈性學習時間：依學生需求與學校條件，可安排學生自主學習、選手培訓、充實（增廣）／補強性教學或學校特色活動等，充實增廣／補強性教學採全學期授課者，高一、高二每週至多1節；普通型及單科型高級中等學校每週2-3節；技術型高級中等學校每週0-2節，六學期每週單位合計需6-12節；綜合型高級中等學校每週2-3節。

表3-15　高級中等學校教育階段各類型學校課程規劃

課程類別＼學校類型		普通型高級中等學校	技術型高級中等學校	綜合型高級中等學校	單科型高級中等學校
部定必修	一般科目（包含高級中等學校共同核心32學分）	118學分	66-76學分	48學分	48學分
	專業科目實習科目	—	45-60學分	—	—
	學分數	118學分	111-136學分	48學分	48學分
校訂必修及選修	一般科目專精科目專業科目實習科目	校訂必修	44-81學分（各校須訂定2-6學分專題實作為校訂必修科目）	校訂必修	
		4-8學分		4-12學分一般科目	45-60學分核心科目
		選修		校訂選修	選修
		54-58學分		120-128學分	72-87學分
	學分數	62學分	44-81學分	132學分	132學分
應修習學分數（每週節數）		180學分（30節）	180-192學分（30-32節）	180學分（30節）	180學分（30節）
每週團體活動時間		2-3節	2-3節	2-3節	2-3節
每週彈性學習時間（六學期每週單位合計）		2-3節（12-18節）	0-2節（6-12節）	2-3節（12-18節）	2-3節（12-18節）
每週總上課節數		35節	35節	35節	35節

一、落實學校願景目標的「部定課程」與「校訂課程」計畫架構

　　草擬可能達成核心素養導向整體目標的課程計畫架構,可以區分為「部定課程」的「領域學習課程」、「校訂課程」的「彈性學習課程」等方案。學校課程必須強調事前的與整體的課程規劃,根據學校整體課程目標,加以區分為「部定課程」的「領域學習課程」的正式課程目標,以及各處室可以透過「校訂課程」的「彈性學習課程」各項行事活動達成的非正式活動課程目標,進而規劃可達成上述整體目標的「領域學習課程」正式課程計畫與各處室「彈性學習課程」非正式課程的活動行事計畫,甚至規劃三年課表如下表3-16嘉義宏仁女子高級中學三年課表所示:

表3-16　嘉義宏仁女子高級中學三年課表

願景	學習種類	高一（試探）	高二（分流）	高三（發展）	
品德深耕、藝術涵養、國際參與	基礎學習	國文8英文8 數學8地理4 歷史4體育4 化學2/物理2 生物2/地科2 生活科技2家政2美術2	國文8英文8數學8自然4 公民6體育4國防2音樂2 家政2資訊科技2	國文4英文2體育4健康與護理2藝術與生活1	固定班級選修
			地理4歷史4（社會組）	國6英8歷4地4（社會組）	
			物理3化學3生物2（自然組）	國文6英文6數學8物理7化學7（自然組）	
	適性學習	*校訂必修: 1.敬天愛人1 2.女性足跡1 3.五國外語基礎2 *多元選修 （各2學分）: 1.科學專題研究 2.美體人身之我是鄭多燕	*校訂必修: 全球公民1 美力嘉人1 *多元選修 （各2學分）: 五國外語進階 1.科學專題研究 2.美體人身之我是鄭多燕	1.生物選修4 2.進階物理4 3.進階化學4 4.進階史地4 5.哲學人生1 6.生涯規劃1 *彈性學習時間: 補強性選修3	非固定班級選修

表3-16（續）

願景	學習種類	高一（試探）	高二（分流）	高三（發展）	
		3. 戲劇中的文學靈魂 4. 社區總體營造 5. 多媒體程式設計 6. 生活要你～「管」 *彈性學習時間： 1. 補強性選修 2. 社團活動 3. 自主學習 4. 選手培訓	3. 戲劇中的文學靈魂 4. 社區總體營造 5. 多媒體程式設計 6. 生活要你～「管」 7. 五國外語進階（上） *彈性學習時間： 1. 補強性選修 2. 社團活動 3. 自主學習 4. 選手培訓		
	探索學習	晨間閱讀、英語聽講、參觀大學校系、社區營造活動、校慶園遊會、聖誕節點燈活動、雲端本位課程、英語夏令營、雲嘉區英文單字大賽、海外志工、國際教育旅行、滬臺科藝夏令營、海外遊學、國際交換學生、境外學生接待家庭。			

二、學習節數的整體分配計畫

核心素養導向的《十二年國民基本教育課程綱要總綱》與過去九年一貫課程總綱在學習節數與課程內容的呈現方式均不同，如表3-17十二年國教課程綱要總綱課程架構的國民小學及國民中學課程規劃，十二年國教課程綱要總綱課程架構與學習節數的規劃和九年一貫程課程以百分比例呈現不同。十二年國教課程綱要總綱課程架構的各領域／科目學習節數採用固定的節數編排，彈性學習課程則依據不同學習階段規劃適切的區間節數，詳如下表及其說明（教育部，2014，10）：

表3-17 十二年國教課程綱要總綱課程架構的國民小學及國民中學課程規劃

教育階段		國民小學			國民中學
階段 年級 領域/科目		第一學習階段 一 二	第二學習階段 三 四	第二學習階段 五 六	第四學習階段 七 八 九
部定課程 — 領域學習課程	語文	國語文(6)	國語文(5)	國語文(5)	國語文(5)
		本土語文/新住民語文(1)	本土語文/新住民語文(1)	本土語文/新住民語文(1)	
			英語文(1)	英語文(2)	英語文(3)
	數學	數學(4)	數學(4)	數學(4)	數學(4)
	社會	生活課程(6)	社會(3)	社會(3)	社會(3)(歷史、地理、公民與社會)
	自然科學		自然科學(3)	自然科學(3)	自然科學(3)(理化、生物、地球科學)
	藝術		藝術(3)	藝術(3)	藝術(3)(音樂、視覺藝術、表演藝術)
	綜合活動		綜合活動(2)	綜合活動(2)	綜合活動(3)(家政、童軍、輔導)
	科技				科技(2)(資訊科技、生活科技)
	健康與體育	健康與體育(3)	健康與體育(3)	健康與體育(3)	健康與體育(3)(健康教育、體育)
	領域學習節數	20節	25節	26節	29節

表3-17（續）

教育階段		國民小學						國民中學		
階段年級		第一學習階段		第二學習階段		第二學習階段		第四學習階段		
領域／科目		一	二	三	四	五	六	七	八	九
校訂課程	彈性學習課程	統整性主題／專題／議題探究課程								
		社團活動與技藝課程								
		2-4節		3-6節		4-7節		3-6節		
		特殊需求領域課程								
		其他類課程								
學習總節數		22-24節		28-31節		30-33節		32-35節		

資料來源：教育部（2014）。十二年國民基本教育課程綱要總綱（頁10-11）。臺北市：作者。

　　學校「課程發展委員會」，發展學校課程，各校應在每學年上課總時間內，規劃「部定課程」與「校訂課程」，學校需依照上表各領域及彈性學習的學習節數進行課程規劃。例如：表3-18是106學年度嘉義縣北回國民小學學習節數分配表。

（一）「部定課程」

　　「部定課程」由國家統一規劃，以養成學生的基本學力與核心素養，並奠定適性發展的基礎。在國民小學及國民中學為培養學生基本知能與均衡發展的「領域學習課程」。在高級中等學校為部定必修課程，其可包含達成各領域基礎學習的「一般科目」，以及讓學生獲得職業性向發展的「專業科目」及「實習科目」（教育部，2014，8）。國民小學階段，以領域教學為原則；國民中學階段，在領域課程架構下，得依學校實際條件，彈性採取分科或領域教學，並透過適當的課程設計與教學安排，強化領域課程統整與學生學習應用；高級中等學校教育階段，在領域課程架構下，以分科教學為原則，並透過跨領域／科目專題、實作／實驗課程或探

表3-18　106學年度嘉義縣北回國民小學學習節數分配表

			第一學習階段		第二學習階段		第三學習階段	
			一	二	三	四	五	六
部定課程	領域學習課程	語文	國語文6		國語文5		國語文5	
			本土語言1		本土語言1		本土語言1	
					英語文1		英語文2	
		數學	數學4		數學4		數學4	
		社會	生活課程6		社會3		社會3	
		自然科學			自然科學3		自然科學3	
		藝術			藝術3		藝術3	
		綜合活動			綜合活動2		綜合活動2	
		健康與體育	健康與體育3		健康與體育3		健康與體育3	
		領域學習節數	20節		25節		26節	
校定課程	彈性學習課程	統整性主題／專題／議題探究課程	統整性主題課程2 閱讀素養1		統整性主題課程2 閱讀素養1 資訊素養1		統整性主題課程2 閱讀素養1 資訊素養1	
		社團活動與技藝課程			社團2		社團2	
		特殊需求領與課程						
		其他類課程						
	學習總節數		23		31		32	

索體驗等課程，強化跨領域或跨科的課程統整與應用（教育部，2014，8）。視課程實施之需要彈性調整學期週數、每節分鐘數，以及年級班級的組合；應視環境需要，配合綜合活動；並以課程統整之精神，設計課外活動，利用課餘時間，輔導學生積極參與各項社團及服務社區，以培養學生自我學習之習慣與知能。每節上課時間國民小學40分鐘，國民中學45分鐘。但各校得視課程實施及學生學習進度之需求，經學校課程發展委員會通過後，彈性調節每節分鐘數與年級、班級之組合；在符合教育部教學

正常化之相關規定及領域學習節數之原則下，學校得彈性調整或重組部定課程之領域學習節數，實施各種學習型式的跨領域統整課程。跨領域統整課程最多占領域學習課程總節數五分之一，其學習節數得分開計入相關學習領域，並可進行協同教學。每週僅實施1節課的領域／科目（如第二學習階段的英語文與本土語文／新住民語文）除了可以每週上課1節外，經學校課程發展委員會通過後，可以隔週上課2節、隔學期對開各2節課的方式彈性調整。英語文於第二學習階段每週1節課，若學校在實際授課安排上有困難，在不增加英語文第二、三學習階段總節數的前提下，經學校課程發展委員會通過後，可合併於第三學習階段實施。上述實施方式，將同時增加第二學習階段彈性學習課程節數1節，減少第三學習階段彈性學習課程節數1節。第四學習階段之自然科學、社會、藝術、綜合活動、健康與體育等領域，均含數個科目，除實施領域教學外，經學校課程發展委員會通過後，亦得實施分科教學，同時可在不同年級彈性修習不同科目，不必每個科目在每學期都修習，以減少每學期所修習的科目數量，但領域學習總節數應維持，不得減少。教師若於領域學習或彈性學習課程進行跨領域／科目之協同教學，提交課程計畫經學校課程發展委員會通過後，其協同教學節數可採計為教師授課節數，相關規定由各該主管機關訂定之。領域課程綱要可以規劃跨科統整型、探究型或實作型之學習內容，發展學生整合所學運用於真實情境的素養（教育部，2014，11）。簡言之，國中小「部定課程」／領域學習課程可混齡、班群學習，鼓勵跨領域統整，課程的彈性組合，減少每週學習科目數，適性分組學習，鼓勵協同教學。高中部分可增加課程彈性組合，符合必修學分下，每學期修課科目及學分數可調整，可適性分組學習。

（二）「校訂課程」

　　「校訂課程」由學校安排，以形塑學校教育願景與核心素養及強化學生適性發展。由學校自行規劃辦理全校性、全年級或班群學習活動，提升學生學習興趣並鼓勵適性發展，落實學校本位及特色課程，落實學校本位及特色課程。在國民小學及國民中學為「彈性學習課程」，包含跨領域「統整性主題／專題／議題探究」課程，「社團活動」與「技藝課程」，

「特殊需求領域課程」，以及本土語文／新住民語文、服務學習、戶外教育、班際或校際交流、自治活動、班級輔導、學生自主學習、領域補救教學等「其他類課程」（教育部，2014，8）。詳言之，國中小「校訂課程」的「彈性學習課程」，可依照學校及各學習階段的學生特性，可選擇「統整性主題／專題／議題探究」、「社團活動」與「技藝課程」、「特殊需求領域課程」或是「其他類課程」進行規劃，經學校課程發展委員會通過後實施，鼓勵跨領域探究及自主學習，促進適性學習的發展，活化領域學習。1.「彈性學習課程」可以跨領域／科目或結合各項議題，發展「統整性主題／專題／議題探究課程」，強化知能整合與生活運用能力。2.「社團活動」可開設跨領域／科目相關的學習活動，讓學生依興趣及能力分組選修，與其他班級學生共同上課。3.「技藝課程」部分，以促進手眼身心等感官統合、習得生活所需實用技能、培養勞動神聖精神、探索人與科技及工作世界的關係之課程為主，例如：可開設作物栽種，運用機具、材料和資料進行創意設計與製作課程，或開設與技術型高級中等學校各群科技能領域專業與實習科目銜接的技藝課程等，讓學生依照興趣與性向自由選修。4.「特殊需求領域課程」專指依照下列特殊教育及特殊類型班級學生的學習需求所安排之課程：A.特殊教育學生（含安置在不同教育情境中的身心障礙或資賦優異學生）其特殊學習需求，經專業評估後，提供生活管理、社會技巧、學習策略、職業教育、溝通訓練、點字、定向行動、功能性動作訓練、輔助科技應用、創造力、領導才能、情意發展、獨立研究或專長領域等特殊需求領域課程。B.特殊類型班級學生（含體育班及藝術才能班的學生）依專長發展所需，提供專長領域課程。5.「其他類課程」包括本土語文／新住民語文、服務學習、戶外教育、班際或校際交流、自治活動、班級輔導、學生自主學習等各式課程，以及領域補救教學課程。國民中學得視校內外資源，於彈性學習課程開設本土語文／新住民語文，或英語文以外之第二外國語文課程，供學生選修；其教學內容及教材得由學校自行安排。原住民族地區及原住民重點學校應於彈性學習課程，規劃原住民族知識課程及文化學習活動。國民小學及國民中學實施彈性學習課程，應安排具備專長的教師授課，並列為教師授課節數（教育

部，2014，11），如表3-19嘉義縣北回國民小學106學年度上學期【太陽魔法高手】統整性主題課程架構、表3-20嘉義縣北回國民小學106學年度下學期【北回歸線達人】統整性主題課程架構：

表3-19　嘉義縣北回國民小學106學年度上學期【太陽魔法高手】統整性主題課程架構

年級	主題名稱	天行健 天文科學魔法	地勢坤 生態綠能魔法	人文立 歷史人文魔法	時空合 自明美學魔法
一	太陽追追追	太陽的重要	太陽光電樹	太陽學校特色角落	《太陽和月亮的新衣》《射日》
二	熱力四射小太陽	認識太陽	認識太陽能（太陽能鍋）	認識太陽館	《北風與太陽》《太陽轉身的地方》
三	綠能未來、生生不息	古天文觀測：日晷、圭表	綠能精靈魔法屋	太陽升「旗」（一）	《乾淨的能源》《太陽的神奇力量》
四	萬物主宰、同出一源	天狗食「日」日蝕	難「能」可貴	太陽升「旗」（二）	《太陽餅的傳說》《達瑪的太陽夢》
五	太陽之子	日珥、黑子	一度電大作戰	太陽升「旗」（三）	《天空的超級巨星》《都是從太陽來的》
六	神奇的太陽魔力	日冕、太陽風	24節氣（上）	英國巨石陣	《太陽下山回頭看》《太陽太貪玩》

表3-20　嘉義縣北回國民小學106學年度下學期【北回歸線達人】統整性主題架構

年級	主題名稱	天行健 天文科學魔法	地勢坤 生態綠能魔法	人文立 歷史人文魔法	時空合 自明美學魔法
一	我在北回歸線上	傾斜的美麗地球	溫暖熱情的北回歸線	北回國小的時光隧道	北回歸線下的陳澄波
二	話說北回歸線	夏至日	23度半的農特產	六代地標的故事	榮典路上話榮典
三	日曜北回浪漫天際	三龍取火	太陽轉身這一天	嘉義的北回歸線	愛情天際線
四	神祕的北回歸線	太陽折返跑一緯線大不同	四季的變化	臺灣的北回歸線	臺灣英雄—向典範致敬
五	巨蟹座回歸線 Tropic of Cancer	巨蟹座回歸線	23度半的星空	世界的北回歸線（上）	世界楷模—向典範致敬（上）
六	探索23度半的奧祕	漂移的北回歸線	24節氣（下）	世界的北回歸線（下）	世界楷模—向典範致敬（下）

　　特別是，在高級中等學校「校訂課程」則爲「校訂必修課程」、「選修課程」、「團體活動時間」（包括班級活動、社團活動、學生自治活動、學生服務學習活動、週會或講座等）及「彈性學習時間」（包含學生自主學習、選手培訓、充實（增廣）／補強性課程及學校特色活動）。其中，部分選修課程綱要由領域課程綱要研修小組研訂，作爲學校課程開設的參據，讓學校能進行特色課程發展，讓學生有更多自主學習機會，選修課比例與組合增高，增加課程彈性組合，符合必修學分下，每學期修課科目及學分數可調整，可適性分組學習。「彈性學習課程」應由學校制宜發展，著重學校願景的達成與學生適性學習的強化。換言之，新課綱除在領域學習的共同基礎外，亦鼓勵學校強化學生適性學習，發展辦學特色，例如：國立清華大學附設實驗國民小學從105學年度加入國中小課綱前導學校計畫後，經過課綱共讀、現況盤整、發展評估及學校願景形塑等歷程之後，便以「國際視野」、「公民素養」、「探索實踐」及「美感體現」爲校本課程發展主軸，並作爲彈性學習課程第一類「統整性主題／專題／議題探究課程」的主要內涵。此外，高年級每週二節的「社團活動」，各年級亦保留約每週一節的「其他類課程」進行班級、班群或全校性活動，其彈性學習課程架構如表3-19國立清華大學附設實驗國民小學彈性學習課程規劃（范信賢、溫儀詩，2017）；國民中學可規劃三年彈性學習內容與選課方式，協助學生學會自主學習與選修彈性學習，建立學生自主學習管理機制，彈性學習課程與團體活動，滿足彈性學習場地與設施需求，辦理各項學習成果發表會，如圖3-12臺北市北政國中彈性學習課程規劃（何雅芬、張素貞，2017）。

　　表中的四大主軸課程，各年級均有「每學年度可調整節數」，透過「平分原則搭配加減部分時數」的方式，讓各年級每學期的課程規劃兼顧「保有一定比例」與「多增一些彈性」的動態時數調整，讓課程展現更多的適性與自主（何雅芬、張素貞，2018）。

表3-21　國立清華大學附設實驗國民小學彈性學習課程規劃

年級 課程類型		一年級	二年級	三年級	四年級	五年級	六年級
統整性主題／ 專題／ 議題探究課程	國際視野	24	24	32	32	32	32
	公民素養	24	24	32	32	32	32
	探索實踐	24	24	32	32	32	32
	美感體現	24	24	32	32	32	32
	（每年度可 調整節數）	±6	±6	±8	±8	±8	±8
社團活動		0	0	0	0	80	80
其他類課程		24	24	32	32	32	32
每學年總節數（每週節數）		120(3)	120(3)	160(4)	160(4)	240(6)	240(6)

註1：單位為每學年節數，每學年以40週計。
註2：「（每學年度可調整節數）」係由各年級視學生學習需求，可彈性調整四大主軸課程的總節數。
資料來源：范信賢、溫儀詩（2017，10月）。新課綱彈性學習課程在清華附小的前導實踐。中小學師資課程與教學協作電子報。

　　如何使學校的課程表更便於學生的學習，以及如何對課程更有幫助，是值得特別留意的（Glatthorn, 2000）。課程表反應出課程優先事項，並且把學生的學習需求列為最優先的事項，促使教師有時間去進行共同規劃，及相互合作促進專業成長，使所有學生皆能接近高品質課程的機會，以及提升學生的學習成就與核心素養。

三、彈性學習課程的方案規劃

　　就學校課程結構規劃而言，可區分為部定「領域課程」與校訂「彈性學習課程」，彈性學習課程則是指除各校之部定領域科目教學節數外，留供班級、學校、地區彈性開設的節數，在國民小學及國民中學「彈性學習課程」訂有四到五類課程來引導學校規劃，包含跨領域「統整性主題／專題／議題探究課程」，「社團活動」與「技藝課程」，「特殊需求領域課程」，以及服務學習、戶外教育、自治活動、班級輔導、學生自主學習、

課程主軸	自然生態的科學探究	自然生態的美感教育	自然生態的健康休閒	自然生態的環境永續
基礎單元 七年級	生態觀察	生態摹寫 貓空攝影	校園定向	茶餐慢食 有機農業
八年級	食物添加物探究	藉景抒發與說理 生態平面設計	河濱定向	食物美學 農事體驗
九年級	綠能議題探究	焦點寫景 生態立體創作	臺北定向	飲食正義 明日餐桌
選修課程	自然觀察社 科學探究社	生態編訪社 北政神鼓社	山林溪童軍 國際交流社	生態創客社 自己種菜自己吃
統整課程	生態專題研究	生態教育 環保藝文創作	生態教育 山野探索	生態社區服務 生態國際交流
核心素養	A自主行動 J-A1、J-A2、J-A3	A自主行動J-A1、J-A2 B溝通互動J-B1、J-B3	A自主行動J-A1、J-A2、J-A3 B溝通互動J-B1	C社會參與 J-C1、J-C2、J-C3
學生具體能力指標	1-1、1-2、1-3 2-1、2-2、2-3 2-4	1-1、1-2、1-3 2-1、2-2、2-3 3-1、3-2、3-3	1-1、1-2、1-4 2-1、2-2、2-3 3-1、3-2、3-4	4-1、4-2、4-3 4-4
評量方式	小組合作、實作評量、口頭報告、學習單	小組合作、實作評量、口頭報告學習單、學習檔案	小組合作、實作評量、口頭報告、學習單	小組合作、實作評量、學習單、服務時數

圖3-14 臺北市北政國中彈性學習課程規劃

資料來源：何雅芬、張素貞（2017）。總綱種子講師實地宣講問題解析Q&A（第三輯）。臺北市：國民及學前教育署。

領域補救教學等「其他類課程」，鼓勵跨領域探究及自主學習，促進適性學習的發展，活化領域學習。在高級中等學校則為「校訂必修課程」、「選修課程」、「團體活動時間」（包括班級活動、社團活動、學生自治活動、學生服務學習活動、週會或講座等）及「彈性學習時間」（包含學生自主學習、選手培訓、充實（增廣）／補強性課程及學校特色活動）。其中，部分選修課程可作為學校課程開設的參考依據。如表3-22嘉義宏仁女子高級中學校訂必修的規劃、表3-23嘉義宏仁女子高級中學校訂多元選修的規劃、圖3-15嘉義宏仁女子高級中學校訂多元選修的特色課程規劃：

表3-22　嘉義宏仁女子高級中學校訂多元選修的規劃

宏仁女子高級中學校規劃-校定必修
・開設4～8學分 ・以四個子計畫發展課程 　-B-1-1敬天愛人 　-B-1-2女性足跡 　-B-1-3全球公民 　-B-1-4美麗嘉人

表3-23　嘉義宏仁女子高級中學校訂多元選修的規劃

宏仁女子高級中學校規劃-多元必修
・預計開設6學分 ・以四個子計畫發展課程 　-C-1美感創新 　-C-2健康未來 　-C-3服務未來 　-C-4移動未來

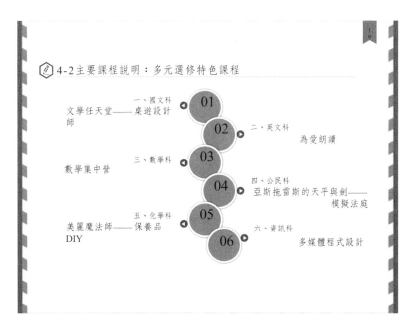

圖3-15　嘉義宏仁女子高級中學校訂多元選修的特色課程規劃

　　彈性學習課程可以跨領域／科目或結合各項議題，發展「統整性主題／專題／議題探究課程」，強化知能整合與生活運用能力，「團體活動」可開設跨領域／科目相關的學習活動，讓學生依興趣及能力分組選修，與其他班級學生共同上課，如表3-24嘉義宏仁女子高級中學校訂團體活動的規劃：

表3-24　嘉義宏仁女子高級中學校訂團體活動的規劃

宏仁女子高級中學校規劃-團體活動
・預計每週2節 ・班週會1節、社團活動1節

　　在本質上，課程表可以被視為時間、空間及人員分配資源的規劃。因此對於即將要去實施核心素養課程的人，他們需要時間來進行課程規劃。而且當教師正在試驗新的觀念或做一些調整時，需要一些額外時間來做規劃。特別值得留意的是，在安排教學時間時，需要記得每天的時間表中留有休息的時間，是非常有幫助的。每天多加入十分鐘在預定的教學時間計畫表中，那麼多出來的時間就可以用來做全校性的規劃。早上早一點開始，下午就可以留有時間做教學計畫（Drake, 1998），進行課程規劃。因此，學校可藉此進行「潛在課程」與選修課程的規劃之外，更可以在完全留白的彈性學習節數中做最大的發揮（蔡清田，2008）。彈性學習節數的實施，可以落實空白課程與「懸缺課程」的教育理念（黃光雄、蔡清田，2015），如同中國山水畫的山嵐水煙，增加了學者的理想課程、綱要的正式課程、一般的知覺課程、教師的運作課程與學生的經驗課程等等的想像空間。

（一）彈性學習課程的節數規劃

　　彈性學習節數的規劃可以包括：1.學校整體層面的學校行事節數，達成學校願景的課程計畫，發展學校特色的課程如舞龍舞獅、國術、樂團等，定期性全校性的運動會及節慶籌備排練、母姐會、親師會、全校大露營，學校例行檢查事物如視力、身高、體重、書包、定期評量考察時間。2.單一學年層面的學年行事節數，班群活動，學生團體活動。3.單一領域

層面，配合領域教學的主題探索，領域補救教學。4.單一班級層面的班級行事節數，導師指導時間或班級特色的經營，班級補救教學，說故事，話劇與角色扮演等創意才藝表演。5.個別學生層面，個別學生指導，補救教學或加深加廣的教學，學生獨力研究學習，蒐集整理資料。總之，「彈性學習節數」乃由學校自行規劃辦理之全校性和全年級活動，執行學校特色所設計的課程或活動、安排學習領域選修節數，實施補救教學，進行班級輔導或學生自我學習等活動。

（二）彈性學習課程的方案規劃

　　核心素養的課程發展不能僅由各學習領域教學活動中培養，更須要從課表中沒有的各種學校文化設計去陶冶，各校在學校文化設計都極審慎的規劃各種典禮、規章活動等，使師生參與其間，潛移默化學生全人格發展，發揚人文精神，培養學生開闊的心胸，寬廣的視野，恢宏的器識，具備欣賞其他文化的多元文化素養。各校可以因時因地制宜，展現多彩多姿，各具特色的風貌。例如：1.學校典禮規章方面：羅東高中的校風傳承─進學禮及成學禮─新生及畢業生辦理薪火相傳，透過學校精神標的物─德風坊。振聲高中的校慶、畢業感恩祭典─感恩惜福、奮發求知。內湖高中的另類畢業典禮，水球大戰。崇光女中的成年禮─認知未來生涯路，榮譽、感恩、責任、自我肯定。聖心女中的愛與感恩─母親節、教師節、聖誕節，分別辦理禮讚感恩、祈福式、表達從責任─感恩─回饋─祈福到博愛。2.生活體驗：海星高中、新埔國中、新店高中的露營活動，體驗生活各種角色，獨立互助、人際和諧、天助人助。板橋高中的戶外求生，認識可食野草，戶外無具野炊活動。3.生命體驗：曉明女中的每學期辦一次飢餓午餐活動及停水活動，體驗貧窮匱乏的生活。崇光女中的飢餓八小時體驗營活動，安寧病房的分享，泰北難民村介紹。徐匯中學、恆毅中學、方濟中學、靜修女中的給他一顆生雞蛋，要求學生每天上、下學都要帶這顆專屬自己的蛋，體會呵護一顆生雞蛋心情。4.情緒管理：格致高中、四維高中的靜坐。振聲高中的宗教輔導。彰化高中小蝸牛服務隊，大學校友返校協助輔導學弟妹解決課業、生活、心理等壓力。5.社區意識：金陵女中的歷史週、地理週、校外教學與實察活動。鹿港高中的新生命，

辦理采風擷俗活動、教習南管音樂。埔裡高中的璀璨的天空——成立原青社，發揮原住民才藝及保存山地文化。

值得注意的是，「學生自主學習」亦列入「彈性學習課程」中的「其他類課程」，該課程應如何規劃？現以國立屏東大學附設實驗國民小學的三年級自由研究為例，如圖3-16國立屏東大學附設實驗國民小學的三年級自由研究課程架構與核心素養，此三年級自由研究是五十節統整課程，內容包含研究主題訂定、資料蒐集、資料整理與成果發表的專題研究課程。此課程中，學生為主動參與者與探究者，教師為引導者和協助者。透過小組型態的討論與探究，形成系統性的思考與解決問題能力，並藉由符號表達研究成果。因而學生能達成A2系統思考與解決問題、A3規劃執行與創新應變、B1符號運用與溝通表達、B2科技資訊與媒體素養、B3藝術涵養與美感素養、C2人際關係與團隊合作六項核心素養。其課程架構與對應核心素養如下：

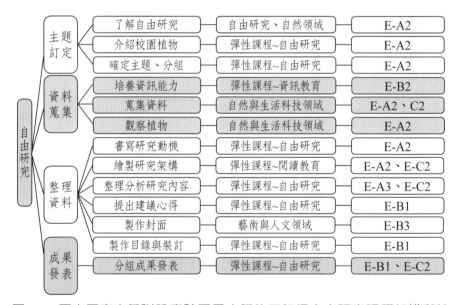

圖3-16 國立屏東大學附設實驗國民小學的三年級自由研究課程架構與核心素養

資料來源：周淑卿、林永豐、吳璧純、張景媛、陳美如（2018）。素養導向教學設計參考手冊（頁22）。臺北市：教育部國民及學前教育署。

　　總之「彈性學習節數」可配合學校活動課程目標，由學校的教務、訓導、輔導、總務等各處室，根據可達成學校整體目標的各處室年度計畫與學校行事曆當中的活動計畫，規劃辦理全校性和全年級活動、執行依學校特色所設計的課程或活動、安排學習領域選修節數、實施補救教學、進行班級輔導或學生自我學習等活動，依據每個學期、每個月或每週的計畫計程，循序漸進地加以規劃相關的活動與課程方案，宜應注意其課程架構與核心素養之呼應關係。

第四節　規劃整體課程計畫進程

　　由於核心素養的學校課程計畫可以分為長短程與一次的計畫。一次計畫，以一或二節的一天一次活動為單位的時間規劃之計畫；短程計畫，以一週到數月為課程發展的規劃時間計畫；中程計畫，以一學期為課程發展的規劃時間計畫；長程計畫，以一學年或一個學習階段或更長時間為課程發展的規劃時間計畫。因此，有效率的學校會進行系統的規劃各課程方案計畫進程，並管理時間以達成預定的目標。學校必須控制時間、訂定事情的優先順序，以及縮減所需達到目標的時間。較無效率的學校往往沒有明確的願景目標，也沒有課程方案的計畫進程。雖然學校生活的不確定性，使得發展課程方案計畫和嚴格控制學校時間十分不易，但是訂定明確的課程計畫方案，以及建立一個有彈性的計畫進程，是可能的，也是有必要的。

一、草擬可能達成整體目標的學校整體課程計畫進程

　　學校應該根據核心素養的課程計畫，規劃課程計畫架構進程。全校性的課程計畫，可以每一屆入學學生作為參照基準，規劃出國小六年或國中三年的學校教育願景、整體課程目標、課程計畫架構與進程規劃表，因應十二年國教新課程綱要確認要做的事項，循序漸進之「期程規劃」，畫出學校的進度表及甘特圖等。例如：臺南市中山國中便依據其學校願景目

標，提出其計畫進程對照表：

表3-25　臺南市中山國中的願景目標計畫進程對照表

願景	目標	課程計畫	計畫進程
積極成長	作個快樂的讀書人	迎接千禧年：愛在中山快樂行	108.12.27-109.01.01
團結和諧	作個活力的健康人	漂亮寶貝	109.03.06-109.03.20
自律自主	作個前瞻的現代人	生活藝術：茶葉物語	109.05.15-109.05.31

　　就發展特定的課程方案計畫，與管理時間而言，學校也應該為課程方案計畫規劃定優先順序，考慮下列：1.只關教育行政單位要求學校改進的計畫，2.學校機構內部所必須的計畫，以及3.學校的特殊需要等幾項決定因素，以規劃課程方案的優先順序。例如：Glatthorn（2000）就提出其對課程計畫的優先順序如下：1.第一優先：(1)規劃學校的課程計畫。(2)規劃一份以學習為中心的計畫表。(3)監控以及輔助課程的實施。2.次要優先：(1)將課程按照順序排列。(2)協助教師規劃一份課程的全年行事表。(3)協助教師設計學習的單元。3.最後順序：(1)規劃學校的願景及目標。(2)設計課程統整的本質及內容。(3)協助教師評鑑課程。

二、組織年度計畫

　　就年度課程計畫的性質而言，年度課程計畫屬於書面檔，通常透過學校行事曆來顯示年度內學校各處室與各領域教師團隊在課程方案上所要進行的重要項目。年度計畫是一個很有用的課程計畫檔，因為它主張學校經營團隊應該透過合作來規劃計畫，並將所規劃的課程轉換成一系列的計畫方案，為更詳細的課程方案內容提供了基礎。可以促成學校行事活動與學習領域科目之間的課程統整，更進一步提供了一個簡單的方法，去檢視兩個以上相關的方案或科目間的關係，更可以明白地顯示學校經營團隊在課程計畫方案上所進行的時間規劃。以下的方案已在許多學校加以使用：

（一）研擬計畫大綱

　　第一個階段是依據逐年規劃的進度，研擬學校的年度行事計畫構想，學校經營團隊應在第一年度的第二學期間，透過課程發展委員會規劃下一學年度的行事計畫，以便可以適時地進行構想討論。更進一步地，校長應在校務會議中提出課程發展委員會所討論的年度計畫構想。教師團隊可以小組討論的方式，來表達他們對年度計畫構想的看法，並將教師團隊小組討論的結果在校務會議中報告，假如得到全體教師大部分的支持，則校長可進行下一個階段的規劃。如果遭到強烈的反對時，表示回到更進一步的課程研究是必要的，在這種情況下，校長必須花些時間去深入了解教師們反對的原因，並且和教師團隊一同努力，來消除質疑計畫的障礙。一旦獲得教師團隊支持，校長應該透過課程發展委員會，來確定計畫，並由全體教直員工共同審查。課程發展委員會，可以依照年度計畫的格式與年度計畫的內容，研擬年度計畫的進度表，一旦計畫構想的提案經過檢討及修正，就必須依據年度計畫，進行採用。

（二）規劃年度計畫的格式

　　這是一個重要的步驟，因為計畫格式將指引內容的方向。常見的格式包括四個不可缺的規劃細目：第一、這個格式依序顯示年度的週次，記錄了該週可能會影響教學的事件，其中包括國定假日、學生課外活動、學生學習定期評量及家長會議的日期。同時，它也記錄單元的名稱及包括一到二個主要的課程目標。有些學校還加上一欄，記錄每個單元所涵蓋的教科書頁數。另外一個變通的格式，在一欄中紀錄學校教師在每個星期所進行的單元以及所計畫要教導的領域科目主題，雖然它沒有詳細的標準格式內容，但它主要的優點在於它能顯示每個領域科目主題間的關聯性（Glatthorn, 2000）。

　　年度課程計畫，通常也顯示在學校教育行事當中會影響教學的重要事件，標示識別出那些被強調的精熟項目。當然有部分學校是以一個完整的學期而非一整年來規劃，以一個學期計畫來代替年度計畫。就訂定計畫的最後期限而言，可以在開學前數週，教師團隊為學校擬定全年度或一學期的計畫，並可利用開學之後的第一個月的時間去評估學生的實際準備狀

態，確定學生的需求，檢視班級的實際例行工作，進而檢討與修正學校行事曆與學習進度，然後，對學生與課程有了進一步的認識之後，並爲其後該年度內的教學時段，發展出一個更健全的計畫進程。例如：表3-26嘉義縣竹崎高中108學年度課程綱要學分規劃表，如下所示：

表3-26　嘉義縣竹崎高中108學年度課程綱要學分規劃表

類別	領域	名稱	學分	第一學年 一	第一學年 二	第二學年 一	第二學年 二	第三學年 一	第三學年 二	備註
部定必修 一般科目	語文	國語文	20	4	4	4	4	4		1.單一學期部定必修科目數以不超過12科為原則。 2.總綱自然領域僅有物化生地科，但依據領綱規範，其中4學分為須為自然探究與實作。此部分之探究與實作不得列入校本必須或多元選修之探究實作類課程。 3.高三國文必修4學分，英文必修2學分。
		英語文	18	4	4	4	4	2		
	數學	數學	16	4	4	4	4			
	社會	歷史	18	2	2	2				
		地理		2	2		2			
		公民與社會		1	1	2	2			
	自然科學	物理	12			2				
		化學				2				
		生物		2						
		地球科學		2						
		自然科探究與實作				2	2			
	藝術	音樂	10	1				1		
		美術			1				1	
		藝術生活				2	2	1	1	
	綜合活動	生命教育	4	1						
		生涯規劃			1					
		家政						1	1	
	科技	生活科技	4			2				
		資訊科技					2			

表3-26（續）

類別		領域／科目及學分數			授課年段與學分配置						備註
		名稱		學分	第一學年 一	第一學年 二	第二學年 一	第二學年 二	第三學年 一	第三學年 二	
必修		健康與體育	健康與護理	14	1			1			
			體育		2	2	2	2	2	2	
		全民國防教育		2		1	1				
		小計		**118**	**26**	**26**	**25**	**25**	**11**	**5**	
必修	校訂	諸羅踏查		1		1					
		崎登英（聽、閱讀）之峰		2	1	1					
		文理閱讀（必中有選）		1	1						
		小計		**4**	**2**	**2**					4-8學分
校訂選修	學科加深加廣	選修國文							2	4	1.必選修國文4-8學分、英文（第二外語）6學分。 2.高一選修需安排2-10學分
		選修英文							2	4	
		選修數學							4	4	
		選修物理					2	2	3	3	
		選修化學					2	2	3	3	
		選修地科							2		
		選修生物					(2)	(2)	(3)	(3)	
		選修歷史					(2)		(3)	(3)	
		選修地理						(2)	(3)	(3)	
		選修公民					(2)	(2)	(3)	(3)	
		選修健體							(2)	(2)	
		選修綜合活動					(2)	(2)	(2)	(2)	
		選修科技					(2)	(2)	(2)	(2)	
		選修藝術					(2)	(2)	(2)	(2)	

表3-26（續）

類別		領域／科目及學分數		授課年段與學分配置						備註
		名稱	學分	第一學年		第二學年		第三學年		
				一	二	一	二	一	二	
	多元	多元（5選2）		2						至少需6學分
		多元（6選2）			2					
		多元（6選1）				1				
		多元（5選1）					1			
		多元（學群選修）						(1)	(1)	
		小計	**58**	4	4	5	5	19	25	54-58學分（校本必修與選修合計62學分）
學生應修習學分總計			**180**	30	30	30	30	30	30	
團體活動時間			12	2	2	2	2	2	2	
彈性學習		全學期授課	6					3	3	
		特色活動、班際競賽、微課程	8	2	2	2	2			
		自主學習	4	1	1	1	1			
彈性學習時間			18	3	3	3	3	3	3	
每週總上課節數			**210**	35	35	35	35	35	35	

第五節 確立整體課程之可行性

　　學校經營團隊透過課程發展委員會，根據課程研究的情境分析結果，進行學校願景的慎思熟慮構想，「初級」的課程規劃。將學校願景轉化成為整體課程目標，是進階的「中級」課程規劃；如果能將願景與目標再度加以轉化成為課程方案計畫與實施進程，則是「高級」的課程規劃。

　　學校本位課程發展，透過學校願景的建構與學校整體課程目標之擬定，進行核心素養導向的學校課程整體規劃，旨在改變我國目前的傳統學

校課程科目林立的現象。因此，學校整體課程，並非以個別科目爲最優先的考量，而是以寬廣的學校願景與整體課程目標作爲課程規劃的開端，並關注如何透過個別學習領域與學習活動，達成寬廣的學校整體課程目標。特別是透過「課程發展委員會」考量學校經費多寡與資源的來源，審查全校各年級的課程計畫；並由學習領域課程小組提出「領域課程計畫草案」，詳細評估教學時間需求，以供審核。各校經營團隊應在每學年上課總時間內，依領域科目主題教學時數之比例，彈性安排教學節數，以確保教育品質；考量學校條件、社區特性、家長期望、學生需要等相關因素，結合全體教師和社區資源，發展學校整體課程。

一、確定學校整體課程願景、目標與課程架構

　　規劃核心素養導向的整體課程規劃，可經學校教育共同願景的倡導，建構可實踐願景的整體課程目標，研擬可能達成整體目標的整體課程方案計畫架構與進程。建構學校教育願景與整體課程目標，可參考十二年國教課程綱要的基本理念，並考量地方政府的教育政策與教育特色，建構學校教育願景，進而確立學校整體課程目標。然而，一方面學校願景必須避免陳意過高，以致學生無法在小學六年或國中三年學會或達成。另一方面，學校共同願景必須適切地回應學校整體課程目標、學生興趣需求、以及家長期望或當代社會生活重要議題等，以便訂定跨越科目領域的全校主題、年級主題與班級主題，配合季節與時令性的慶典活動，進行學校整體課程發展的經營。例如：圖3-16臺中市北屯區北新國中機器人課程，全校每個學生人手一機，改變一般學校設定爲社團或選手專屬課外活動的模式。北新國中2010年開始發展機器人課程，2016年度起列爲全校學生必修課程計畫並經教育局審核通過。課程由校內6名老師自行研發，設備包括56套樂高機器人、超過50套的mBot機器人、數十套智高機器人等，除了在校內自行培養教師團隊以外，更因「盈錫精密工業」支持贊助，落實一人一機，讓每個學生都能一圓學習機器人設計課程的夢想，七年級教學聚焦在3D立體造型與初階程式設計，八年級學習光學原理與進階程式設計。在正式

課程之外，還有樂高機器人社團兩班、智高機器人社團兩班，七、八、九年級有多元資優及創造力探索營隊機器人團隊，並開辦進階版樂高機器人與智高機器人培訓選手，讓學生循序漸進，家長也能掌握孩子學習歷程，目前學校正在開發Ardiuno程式設計3D列印課程，教導學生發揮創意組成獨一無二的機器人或客製化的創新產品，把機器人課程學習地圖進階到機器人教育學習地圖。

　　或是可以參考嘉義縣民雄鄉菁埔國小校長主任與教師團隊非常認真進行核心素養的學校本位課程發展，用心設計一所因應十二年國教新課綱五力全開具有特色課程的優質學校，如下圖3-18嘉義縣民雄鄉菁埔國小學校課程發展架構圖。

二、重視各課程方案目標計畫的整體貢獻

　　就核心素養導向的整體課程規劃優點而言，學校經營團隊可以經過周詳計畫，規劃合乎目標的課程方案，達成共同的學校教育願景；課程發展委員會，應依據課程研究的情境分析結果，勾勒學校教育未來願景，建構學校整體課程目標，進而研議達成整體目標的整體課程計畫架構與進程。因此，學校經營團隊有必要研訂定全校整體性的年度課程計畫架構，責成教務處規劃學習領域的正式課程方案計畫，配合各處室規劃年度行事曆當中的各種學習活動、社區的文教活動等非正式課程方案計畫，指導各班教室教學活動與學生生活經驗，進行學校整體課程的規劃，茲以圖3-18苗栗南湖國小校本課程規劃舉例說明：

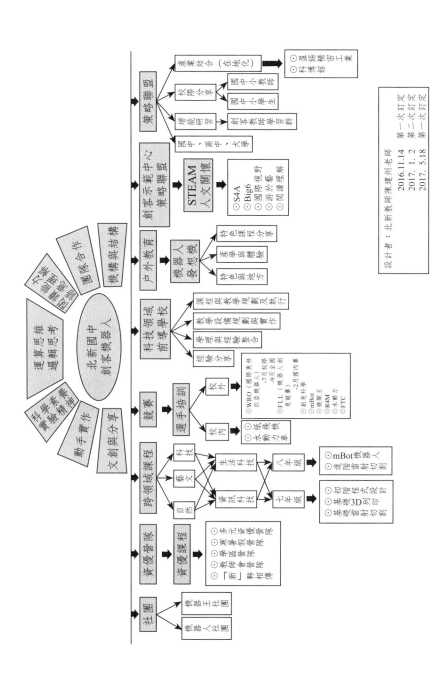

圖3-17 臺中市北屯區北新國中機器人教育學習地圖

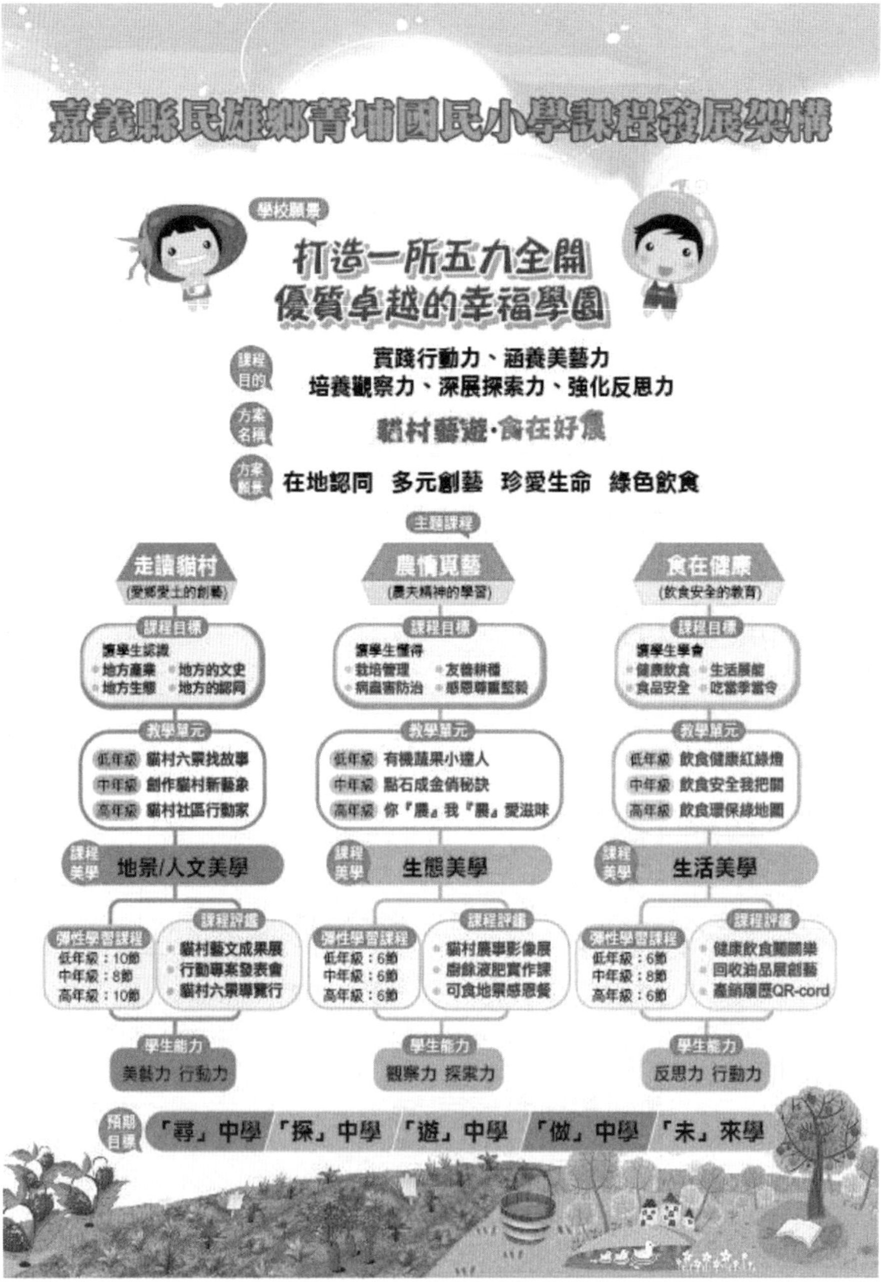

圖3-18　嘉義縣民雄鄉菁埔國小學校課程發展架構圖

願景	幫助每一個孩子成功！

學生圖像	擁有健康與自信，力行禮貌與感恩，對學習充滿熱情，並樂於服務他人。

核心素養		基本學力	品德生活	健康體力	多元發展
重點		1. 基本學力。 2. 學習態度與方法。	1. 禮貌。 2. 感恩。 3. 服務。	1. 健康知能與習慣。 2. 培養體能。	1. 多元展能。 2. 團隊合作。
學生表現（目標）	低年級	1 學生學習成就評量國語、數學領域達「通過」以上。 2 能讀出並清楚表達句子。	1 能大聲問候師長及他人。 2 能盡責完成功課及打掃工作。 3 能樂行一善。	1. 能認識健康生活。 2. 能連續跑步500公尺。 3. 能跳經絡健康操。	1. 能讀出校園藥用植物名稱及用途。 2. 能參與班級團體活動。
	中年級	1 學生學習成就評量國語、數學、英語領域達「通過」以上。 2 能使用指定閱讀策略完成藥用植物閱讀資料。 3 能用英語自我介紹。	1 能禮貌招呼與應對。 2 能常表達感謝，並常心存感恩。 3 能盡責完成打掃及份內工作。 4 能參與社區服務計畫。	1. 能認識及實踐健康生活習慣。 2. 能連續跑步1,000公尺。 3. 能熟練經絡健康操。 4. 能建立與實踐養生概念。	1. 能導覽校園藥用植物名稱及用途（小組合作、組別互評）。 2. 能參與社團並展現學習成果（才藝）。
	高年級	1. 學生學習成就評量國語、數學、英語領域達「通過」以上。 2. 能參與小組並完成藥用植物主題研究（新聞主播形式）。 3. 能用英語介紹校園藥用植物及用途。	1. 能禮貌招呼與應對。 2. 能長存感恩，並服務他人。 3. 能盡責完成份內及交辦工作。 4. 能統整所學（藥用植物、經絡健康操、養生餐點……）規劃並實踐社區服務計畫。	1. 能認識及實踐健康生活習慣。 2. 能連續跑步1,500公尺。 3. 能熟練經絡健康操並說明各動作意涵。 4. 能製作養生餐點，並說明其功效。	1. 能在鄰近自然環境辨別及說明藥用植物名稱及用途。 2. 能參與社團並展現學習成果（才藝）。

年級	彈性-特色課程主題	彈性-其他課程搭配	部定領域課程搭配	學校活動規劃
校本課程規劃 / 低年級	1. 認識校園藥用植物園。 2. 我會讀弟子規。	1. 閱讀～中醫故事與傳說。	1. 健體～經絡健康操、健康概念。 2. 綜合～認識校園。	1. 全校經絡健康操及晨跑時間。（運動會內容）。 2. 班級經營配套措施。 3. 學校日-公開授課、才藝發表、主題報告發表、學生學習成果分享。 4. 〈導覽員〉認證。 5. 校定社區服務活動。 6. 社區服務活動時間。
校本課程規劃 / 中年級	1. 中醫藥草藥材介紹。 2. 校園藥用植物園導覽員。 3. 弟子規小老師。 4. 經絡健康操解說員。 5. 養生概念。	1. 閱讀～閱讀策略指導、藥用植物科普書籍。 2. 英語～自我介紹。 3. 資訊～資料搜尋。	1. 語文～閱讀策略指導。 2. 自然～認識植物。 3. 健體～經絡健康操。 4. 藝文～各地導覽手冊欣賞、導覽手冊編製。	
校本課程規劃 / 高年級	1. 藥膳廚房。 2. 主題研究〈我是新聞播報員〉。 3. 社區服務規劃與實施。	1. 閱讀～新聞稿撰寫、資料蒐集。 2. 英語～校園植物介紹。 3. 資訊～平板、影片剪輯、攝影（研究報告）。	1. 語文～新聞稿撰寫。 2. 社會～社區服務、地方經濟（融入主題報告）。 3. 藝文～配樂及美編。	

圖3-19　苗栗南湖國小校本課程規劃

　　進行核心素養的學校課程整體規劃的過程，首先學校全體教職員必須同意核心素養導向的學校整體課程目標，而且必須要求各領域／科目說明其個別的責任與貢獻，以達成核心素養的學校整體課程目標，或可參考嘉義縣民雄鄉菁埔國小教師團隊認真進行核心素養學校本位課程發展，用心設計特色課程的具體內容，如圖3-19嘉義縣民雄鄉菁埔國小學校課程發展內容圖。在此過程中，各科任教師必須進行相互聯結統整，特別是聯結到：（一）核心素養導向的學校教育共同願景與整體課程目標；（二）有助於達成學校教育共同願景與整體課程目標與其他領域／科目所設立的規準。特別是，每一個領域／科目具有四種明確的任務（蔡清田，2002）：

1.指出其所能貢獻的特定知識與技能；2.指出科目的特定知識、技能，如何和其他領域／科目進行統整課程設計或協同合作教學，以達成寬廣的學校整體課程目標；3.指出不同領域／科目對提升學生學習成就，所能達成的不同貢獻；4.指出不同領域／科目教師的可能貢獻，特別是協助學校進一步發展與校外的社區鄰里、工商企業界與其他教育機構之間的關係。然而，融合個別領域／科目目標與學校的整體課程目標，不是一項簡單的任務，個別領域／科目目標若要配合學校的整體課程目標，則個別領域／科目教師必須具有共同的學校教育未來願景，並願意在個別領域／科目當中建構核心素養導向的共同學校整體課程目標，引導學生透過學校整體課程，建構共同的學校教育未來願景。因此，學校經營團隊必須進行核心素養導向的學校本位課程發展之規劃，以協助學校全體教職員去了解不同領域／科目對學校願景、整體課程目標與計畫架構進程的貢獻，以便共同規劃，進行全校的協調合作。特別是規劃階段應注意課程目標與計畫的可行性，因此，有必要透過學校課程發展委員會規劃設計並審查全校各年級的課程計畫，以確保學校本位課程發展的教育品質，以下各章將進一步闡明。

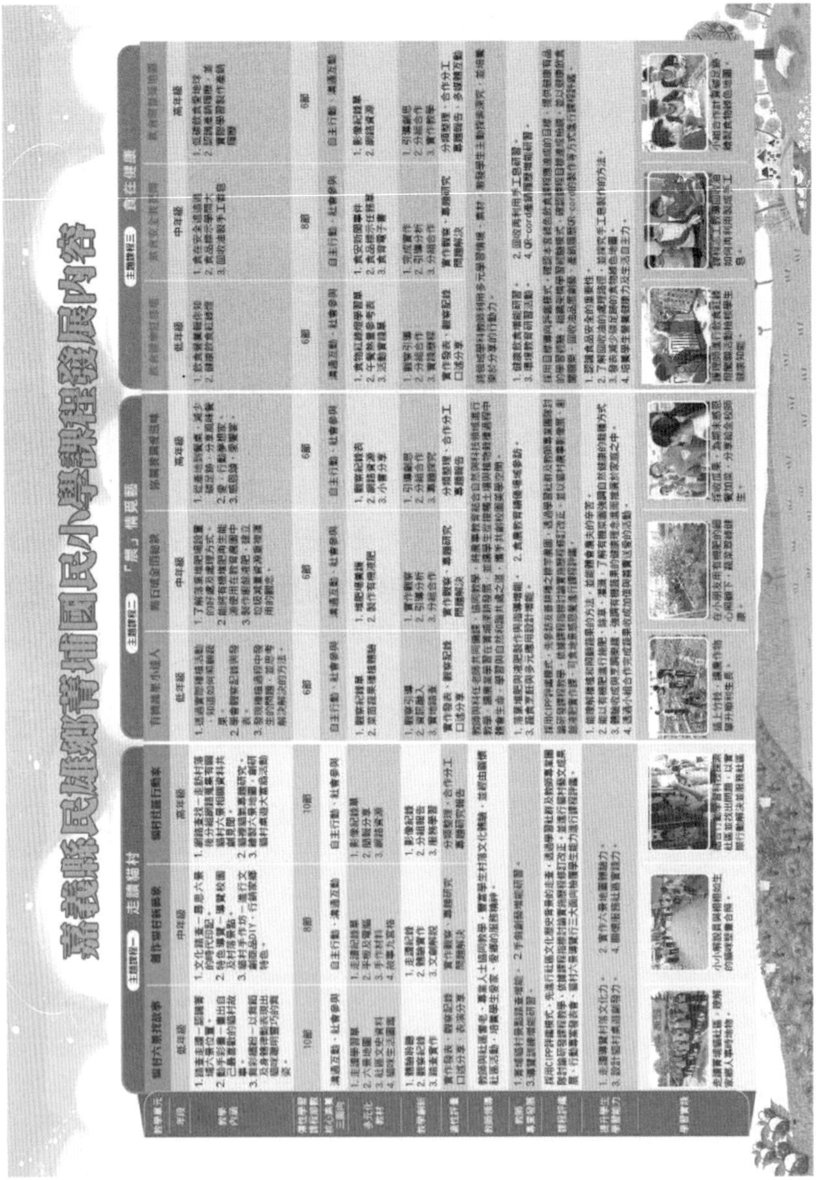

嘉義縣民雄鄉菁埔國民小學鄉課程發展內容

圖3-20　嘉義縣民雄鄉菁埔國小學校課程發展內容圖

第四章 核心素養的課程設計：方案設計

　　「核心素養」的學校本位課程發展，應該進行「課程方案設計」（curriculum program design），特別是核心素養導向的校本課程發展宜依據核心素養發展課程目標並設計課程「方案」（program）（蔡清田，2016），如此才能真正發揮教育事半功倍的最大效率。因為課程是達成學校願景目標的通道，而學校課程方案設計是一種教育的慎思熟慮構想。為了達成學校願景與整體課程目標計畫，必須通過適當的課程方案設計（program design），以落實學校願景目標的理想（蔡清田，2018）。根據《十二年國民基本教育課程綱要總綱》指出學校課程發展重點包括：1.學校課程發展應重視不同領域／群科／學程／科目間的統整，以及各教育階段間之縱向銜接。2.課程設計應適切融入性別平等、人權、環境、海洋、品德、生命、法治、科技、資訊、能源、安全、防災、家庭教育、生涯規劃、多元文化、閱讀素養、戶外教育、國際教育、原住民族教育等議題，必要時由學校於「校訂課程」中進行規劃。3.為因應特殊類型教育學生之個別需要，應提供支援性輔助、特殊需求領域課程及實施課程調整。4.特殊教育學生的課程必須依據特殊教育法所規範的個別化教育計畫或個別輔導計畫適性設計，必要時得調整部定必修課程，並實施教學。5.學校課程計畫至少包含部定課程及校訂課程規劃、各領域／群科／學程／科目之教學重點、評量方式及進度等。在遵照教學正常化規範下，得彈性調整進行跨領域的統整及協同教學。6.學校課程計畫應由學校課程發展委員會通過後，於開學前陳報各該主管機關備查，並運用書面或網站等多元管道向學生與家長說明，為有利於學生選校參考，高級中等學校應於該年度新生入學半年前完成課程計畫備查與公告說明。因此，學校課程發展委員會之下的各學年會議／領域（科目）教學研究會之課程設計小組，可優先考慮運用《十二年國民基本教育課程綱要總綱》公布的領域科目節數（學分）之配置表，使教師同仁明瞭並去討論領域科目節數（學分）之設計，並規劃相對應領域／科目節數（學分）之教師員額編制，從學生選課、教師開課、行政支援等面向探討合乎新課綱的方法與設計模式，並讓各課程設計小組根據領域／科目節數（學分）規劃表實際設計領域／科目因應表，致力於規劃設計符合各校情境條件的「部定課程」與「校訂課程」（教育

部，2014，31）。

特別是《十二年國民基本教育課程綱要總綱》，訂有「核心素養」及各「教育階段核心素養具體內涵」，將核心素養內涵融入各領域／科目，重視核心素養的課程設計，可透過各領域／科目課程綱要，以系統性和連貫性引導學校進行課程教學轉化，引導教科用書編寫、領域教學、學習評量，尤其是領域／科目課程設計可參考各領域／科目課程綱要，將知識、能力、態度與生活情境緊密結合，結合情境、案例、現象進行方案設計，強調學習歷程、策略及方法，設計能達成核心素養之課程方案（林錫恩、范熾文，2017），並在真實情境中學習統整知識、能力、態度，把學習內容與探究歷程結合在一起，引導學生後設學習（潘慧玲，2016）。因此，有必要鼓勵學校教師進行核心素養的校本課程「方案設計」，因為「方案設計」是課程實施與學習評量及課程評鑑之重要基礎；換言之，課程方案設計是教學實施與學習評量之重要依據。核心素養校本課程方案設計的「領域／科目學習重點」在於「學習內容」與「學習表現」，讓學生學習獲得核心素養以統整學科知識與核心能力及態度情意價值。這也呼應了學習型學校第三項修練「改善心智模式」（Improving Mental Models），透過「反思」覺察彼此的觀點（Senge,1990），鼓勵教師扮演核心素養的校本課程設計者角色，並且成立核心素養的校本課程設計小組或教學研究會以便合力進行核心素養的校本課程方案設計，結合教師專長組成團隊不再單兵作戰，共同進行學習領域與活動方案設計，改善心智模式，協同學習領域與活動方案，合作設計核心素養的學校整體課程方案包括部定各領域課程、校訂彈性學習課程、學校行事活動課程、學校特色課程。

相較於「核心素養」的學校本位課程發展強調演進與生長的動態概念，核心素養的校本課程方案設計乃是指核心素養的課程因素選擇與安排（蔡清田，2018）。精確地說，核心素養的校本課程方案設計歷程，並不包含核心素養的課程方案實施歷程，核心素養的校本課程方案設計，起點在於學校人員對課程情境需求問題或願景目標所進行的了解與溝通，其終點在於產出一個滿足需求解決問題或達成核心素養願景目標的課程方案（黃光雄、蔡清田，2015）。換言之，核心素養的校本課程設計「逐

夢」行動，乃是根據核心素養的校本課程規劃「築夢」願景，進一步加以精心轉化，成爲核心素養的校本課程「方案」。「核心素養」的校本課程方案，是達成核心素養的學校願景目標通道，而核心素養的校本課程方案設計（program design）是一種教育的想像（Eisner, 1994）。爲了達成核心素養的學校願景與整體課程目標計畫，必須透過適當的核心素養校本課程方案設計，以落實學校共同願景目標的理想。特別是「核心素養」導向的十二年國教新課程，強調透過核心素養以統整知識能力態度情意價值，務實推動課程的連貫與統整，一方面強化各教育階段核心素養間的縱向連貫，處理銜接問題，一方面注重各領域／科目間的橫向統整，促成領域／科目之間的連結，尤其是「核心素養」的校本課程方案設計，是針對核心素養的學校領域／科目課程方案與各處室的活動課程方案，進行選擇、調整與創造等設計，爲特定學習者設計的學習機會，提供學生的一套呼應核心素養的「學習內容」與「學習表現」，並豐富學生學習經驗且引導學生學習獲得「核心素養」，這是學校本位課程發展方案設計的主要任務（蔡清田，2017）。

就性質而言，核心素養的校本課程「方案設計」是擬訂學生學習目標與選擇組織安排教學活動的「科學技術」，比較關心具體可見而實用的課程決定「產物」之製成（黃政傑，1991）。就理論基礎而言，核心素養的校本方案設計係指以學科知識、學生興趣、社會需求、文化要素等作爲理論基礎來源；就方法技術而言，核心素養的校本方案設計係指依照課程理論基礎，對課程因素進行選擇組織與安排。這些構成要素包括設計教學活動的內容和方法、範圍與順序、教學工具和材料、合適的教學環境、相關教學人員部署和角色界定、以及時間表和資源供應（Skilbeck, 1984）。特別是「核心素養」需要透過校本方案設計與教學實踐，合乎核心素養導向的整合知識技能與態度、情境化脈絡化的學習、學習歷程方法及策略、實踐力行的表現等教學原則，並能根據核心素養、學習內容、學習表現與學生差異性需求，選用多元且適合的教學，設計適當「學習目標」引導「學習表現」與「學習內容」以呼應「領域／科目核心素養」（蔡清田，2018）。

　　但是，如何進行核心素養的各領域／科目課程方案設計？如何進行核心素養的各年級主題式／跨領域課程方案設計？核心素養的課程方案目標如何加以選擇組織、教材內容先後順序應如何安排？如何進行處室分工與任務調整進行核心素養的彈性學習與團體活動方案設計？如何進行學生學習資源平臺與選課系統之建置？如何進行協助學生學會自主學習與選修彈性學習？如何進行建立學生選修課程輔導機制？如何進行學生學習歷程之建置？如何進行課程時數與師資調配及學生編班規劃？如何進行學校教學空間規劃、設備規劃、更新與增設？滿足彈性學習場地與設施需求？這些都是核心素養的方案設計所要進一步處理的問題。因此，可參考核心素養的學校本位課程發展之「結構模型法」（Structural Modeling Method），對現有學校課程進行分類爲若干子系統要素，分析教學資源內容結構並進行學習資源設計，確定學校課程各部門的邏輯組織與比例配合，進行各年課程的垂直連貫與各領域科目課程的水平統整，進而設計成一個系統結構模型的核心素養學校課程體系。因此，本章特別強調核心素養的課程設計，如表4-1核心素養的學校本位課程發展之「方案設計」所示，旨在說明核心素養的學校課程學習地圖方案設計，特別是核心素養的學校整體課程方案設計的推動策略與行動綱領，共分爲十節，就十項策略分別指陳其行動綱領，第一節成立課程設計小組；第二節設計方案課程目標；第三節設計方案大綱進度；第四節設計方案教學材料；第五節設計方案教學活動；第六節設計方案評量工具；第七節設計教學配套資源；第八節課程試用修正；第九節確定整體課程內容；第十節確定課程完成報備。

表4-1　核心素養的學校本位課程發展之「方案設計」

階段	課程設計推動策略	課程設計行動綱領	課程設計主要參與成員
3.核心素養的課程設計	3.1成立課程設計小組。	3.1.1成立十二年國教各課程方案設計小組，特別是領域科目課程小組與處室活動課程方案小組，構想學校整體課程。 3.1.2必要時成立學年小組，進行跨領域方案設計。 3.1.3結合整體學校教師專長，進行學校課程方案設計。	3.1強調各處室主任、組長與各課程方案領導者的協調與設計的專業角色。
	3.2設計各課程方案目標。	3.2.1依據學校整體課程目標，確立各領域科目或各處室活動課程目標。 3.2.2依據整體課程目標，確立課程方案年級目標。	3.2可由教務處首先示範，透過教務主任與教學組長召集領域科目授課教師與各年級教師代表、分別組成領域科目課程設計小組。諮詢人員可以包括課程專家、學科專家、媒體專家、評鑑專家、學生代表、相關人員等。
	3.3設計各課程方案教學大綱與進度。	3.3.1設計中長程的課程方案大綱進度主題內容綱要。 3.3.2設計短程的課程方案大綱進度主題內容綱要。	
	3.4設計各課程方案教材。	3.4.1參考課程設計原則，進行方案教材設計。 3.4.2設計各課程方案主題的教材。	
	3.5設計各課程方案教學活動。 3.6設計各課程方案評量工具。 3.7設計教學配套資源。	3.5.1設計課程方案教學活動流程。 3.5.2組織各課程方案所需師資。 3.6.1編選傳統的測驗。 3.6.2考量實作評量。 3.7.1考慮相關支援人力、經費、教具資源、設施器材等配合措施。 3.7.2統整課程的相關資源設計。	
	3.8試用修正。	3.8.1試用與考量可行性並加修正。 3.8.2進行小規模課程實驗。	
	3.9確定學校整體課程內容。 3.10確定整體課程後，完成報備。	3.9.1結合各學習領域與活動課程方案，確定學校整體課程內容。 3.10.1檢核年度計畫的規準。 3.10.2實施前，學校應將年度整體課程呈報主管機關備查。	

第一節 成立課程設計小組

　　十二年國民基本教育課程改革的各領域／科目領綱皆已經規劃能呼應核心素養的學習內容與學習表現，但各個學校應該透過何種方法，來引導教師從事核心素養的方案設計？教師是否要以小組方式一起設計？課程方案內容要如何分配到各個年級與各個領域，以便透過領域／科目的主題統整領域／科目目標、核心素養、學習內容與學習表現，進而透過年級主題課程統整各領域科目課程主題統整領域／科目目標、核心素養、學習內容與學習表現？這些都是進行核心素養的方案設計時應該考量的問題（蔡清田，2018）。核心素養的學校課程計畫經由課程發展委員會進行規劃之後，應該由學校教師進行更精緻的核心素養方案設計，因為學校教師較了解學生需求與特性，可以依據學生需求與特性，進行核心素養的課程方案設計。不僅賦予教師設計課程的專業地位，教師不再只是核心素養的教學者，更是核心素養的「課程設計者」。就如同是維基百科對於「創客」（Maker）的描述：是指一群酷愛科技、熱衷實踐的「自造者」，以分享技術、交流思想為樂。教師近似一群透過課程研究以解決學生學習問題，以學生學習需求為出發點而設計課程方案進行教學實施，並熱衷實踐分享課程與教學設計的課程創客（Connelly & Clandinin, 1988）。在過去傳統「由上而下」的課程發展模式下，教師的課程設計「武功」式微，造成「專業技巧喪失」（de-skill）。當今的核心素養課程改革重視核心素養的學校本位課程發展，正是讓教師再恢復「武功」（re-skill），提升其專業能力。依據課程綱要，學校應於課程發展委員會之下設置各領域科目課程設計小組，由該領域科目任教的教師共同研商，設計各領域科目的核心素養教學活動，並負責撰寫各學年各領域科目的核心素養課程計畫，及提供選修課程，逐步地邁向學校教育願景與目標（蔡清田，2007）。

　　從課程設計小組的成立，到課程方案目標的設計，再到如何讓核心素養與領域／科目緊密結合，經過課程設計小組的共同討論，可確定了每一項核心素養落地的主要負責領域／科目及相關領域／科目負責人。各領域／科目課程設計小組經過充分的思考，依據核心素養和領域／科目課綱要

求確立領域／科目核心素養主要研究焦點。隨後，各領域／科目課程設計小組對研究焦點進行了細緻而清晰的詮釋。在這些基礎之上，分領域／科目課程設計小組進行集體討論，制定了領域／科目核心素養目標和落實核心素養的各年級的單元目標最後，學校各年級教師可以一起商討，確定1-6年級能落實核心素養的相應單元主題和學習內容，並透過課程主題，從學科主題到年級主題，做到課程設計的經線與緯線交織結合，進行跨學科水平統整，以確定整體課程方案的設計！

實際上，學校課程發展委員會之下除成立領域課程小組之外，亦可鼓勵各處室成立活動課程方案設計小組，設計各項學校行事活動的非正式課程方案，特別是彈性學習課程之設計與實施須同時結合總綱的實施要點，如：學校課程發展會組織與運作、多元教學方法與評量、整合與應用社區資源、發展教師專業學習社群、進行校長與教師公開授課與議課、邀請家長與民間參與等；甚至成立學年課程小組，進行跨領域的統整方案設計；必要時尚可召開聯席會議，結合整體學校教師專長，進行學校整體課程設計，透過「整體教師」與「整體學校」（蔡清田，2008），建構學校課程計畫，進行學校課程的共同經營（蔡清田，2016）。特別是跨領域課程的開啟與發展（國民及學前教育署，2017），如圖4-1可藉由校內核心團隊之組成，就學校願景、師資結構、學生圖像、社區資源等面向，形塑學校本位課程的主軸，並可以運用校內課程發展委員會，凝聚學校本位課程主軸的共識，再透過教師專業學習社群的運作，就學校本位課程的主軸，進行「跨領域」的課程設計與實作（何雅芬、張素貞，2018），透過領域／科目的主題統整領域／科目目標、核心素養、學習內容與學習表現，進而透過年級主題課程統整各領域科目課程主題統整領域／科目目標、核心素養、學習內容與學習表現。

特別是跨領域科目課程藉由領域科目間的課程設計與統整，帶動學生的整體學習，培養學生面對未來社會所需的創新應變、溝通表達與道德實踐等核心素養，如以圖4-2雲林縣元長鄉仁德國小的核心素養校本課程設計架構而言，其課程主題乃在培養「仁德文創客」，因而進行相關領域科目各年級課程之設計，可透過領域／科目的主題統整領域／科目目標、核心

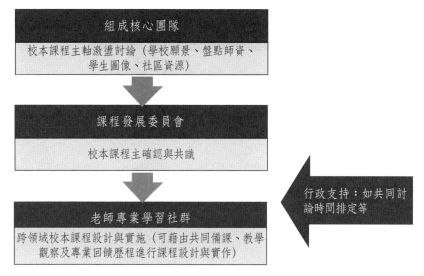

圖4-1　校內核心團隊形塑學校本位課程的主軸

素養、學習內容與學習表現，進而透過年級主題課程統整各領域科目課程主題統整領域／科目目標、核心素養、學習內容與學習表現。

一、成立各課程方案設計小組，構想整體課程方案內容

核心素養的課程設計小組，旨在確定課程方案目標、學習時數、方案內容的選擇組織與教材的選擇調整與創造、發展教學活動、教學媒體與評量工具等專業設計（蔡清田，2017）。然而，最重要的一個議題是，由誰組成核心素養的設計小組進行方案設計？學校應該成立各類型方案課程設計小組成員最好包括所有即將執行這個方案的人，而且志願參與的教師其實是最好的人選。各課程方案設計小組，根據教師專長，進行分工合作，擬定達成學校願景與整體課程目標相對應核心素養的課程方案，透過領域／科目的主題統整領域／科目目標、核心素養、學習內容與學習表現，進而透過年級主題課程統整各領域科目課程主題統整領域／科目目標、核心素養、學習內容與學習表現（蔡清田，2018）。例如：行事活動課程方案小組可由行政團隊組成，負責設計全校行事活動，如配合節慶或社區大

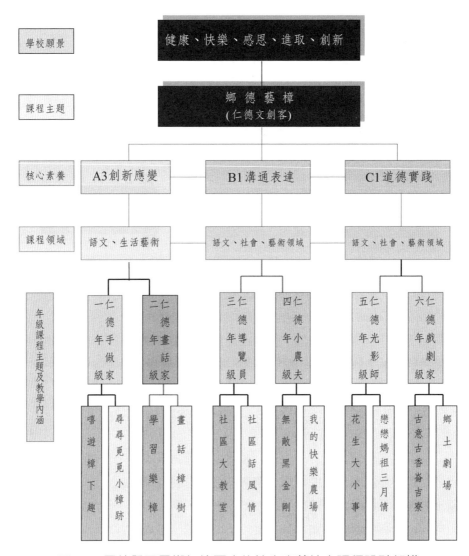

圖4-2　雲林縣元長鄉仁德國小的核心素養校本課程設計架構

型活動的系列課程方案，協調整合各處室活動，確定全校作息時間表及行
事活動詳細的實施時程表，提供各年級班群教師擬定班群行事活動與各學
習領域方案之參考。雖然在課程綱要當中並未仔細規定各領域科目小組應
該包括哪些成員，實際上領域科目小組可由領域科目教學團隊組成，可包

括學年教師代表、科目專任教師以及學者專家，甚至包括家長、社區人士等，共同討論各領域科目內的課程目標架構與教學實施，於學期上課前整體規劃、設計核心素養的教學主題與教學活動，以便透過領域／科目的主題統整領域／科目目標、核心素養、學習內容與學習表現，進而透過年級主題課程統整各領域科目課程主題統整領域／科目目標、核心素養、學習內容與學習表現，由教師依其專長進行教學。

　　初期的作法，一方面學校可以先由教務處率先成立領域／科目課程設計小組，或可考慮將以往各科教學研究會加以轉型成為領域學科課程設計小組，如果學校教師人數足夠，也可以在課程小組之下，考慮成立各領域科目或學年班群之教學研究會，以便發揮核心素養的課程設計功能。另一方面，各處室也宜指定專人針對年度工作計畫進行核心素養的非正式活動方案課程設計。教務主任召集學習領域／科目授課教師，考慮教師專長與意願分別組成八個領域之課程設計小組，每一位教師至少都要參與一組的學習領域小組，在開學前進行學校課程計畫研擬與方案設計，並且在開學後應該安排學校課程發展委員會委員共同沒課的時段，以及學習領域小組共同沒課的時段，以便排定固定時間召開會議討論課程規劃與方案設計事宜。或者學校也可以彈性調整學校組織，在教務處之下，成立研究組或課程組統籌安排相關事宜。並加強設備組的功能，將原有的教具室或圖書室加以整合成為學習資源中心。相關諮詢人員可以包括：學科專家、教學媒體專家、評鑑專家、學生代表等相關人員。甚至，可成立「教科用書選用小組」或「學校教科書評選小組」，以遴選相關教科用書。小型學校得依實際需要合併數個領域小組，成立「跨領域課程小組」；亦可考量「地區性跨校跨領域課程小組」。另一方面，學校也應該允許自發性的課程小組，由有興趣、有意願、志同道合的教師，自發性組織課程的小組，教師們針對自己的課程方案加以省思，透過相互批判與激盪，不斷修正核心素養的課程方案設計。但是，要注意該課程方案要達成哪些項目的「核心素養」？課程方案的目標要達成哪些項目的核心素養？該核心素養的課程方案要用多少領域科目節數？該核心素養的課程方案要使用何種評量方式。為協助教師留意核心素養的課程方案設計原則，提供表4-2核心素養的課程

方案設計檢核參考表，用以檢視該課程方案或單元主題教學，每一單元或主題教學不見得可以完全涵蓋該表所列指標，但可累積檢視該領域／科目全學期或全學年的教學情形。

表4-2　核心素養的課程方案設計檢核參考表

層面	檢核指標	自我檢核	他人檢核	檢核意見（文字敘述）
課程理念的落實	1.自發：以學習者為學習的主體，選擇適當的學習方式，促進自我理解，引發學習興趣與動機。	☐	☐	
	2.互動：學習者能廣泛運用各種方式，有效與他人及環境正向互動。	☐	☐	
	3.共好：和他人建立適切的合作模式與人際關係，參與公眾行動，應用所學產生共好的效果。	☐	☐	
	4.跨領域／科目及議題融入：考量與其他領域、科目的整合或議題融入教學。	☐	☐	
核心素養導向的課程設計	1.整合知識、技能、態度：強調學習是完整的，不能只偏重知識層面。	☐	☐	
	2.注重情境化、脈絡化的學習：能將學習內容和過程與經驗、事件、情境、脈絡進行適切結合。	☐	☐	
	3.兼重學習歷程、策略及方法：課程規劃及教學設計能結合學習內容與探究歷程，以陶養學生擁有自學能力，成為終身學習者。	☐	☐	
	4.強調實踐力行的表現：讓學生能學以致用，整合所學遷移應用到其他事例，或實際活用於生活中，更可對其所知所行進行後設思考，而有再持續精進的可能。	☐	☐	

資料來源：國教院「公民與社會」教學及教材模組研發小組，105.07。

二、必要時成立學年課程小組，進行跨領域的課程方案設計

　　核心素養的方案設計，必須考慮學校整體課程所涉及的學生年級與領域／科目，特別是哪個年級教什麼？在什麼領域／科目的範圍順序？哪裡有重複的或連結的內容？這些問題就是所謂的橫跨一個年級的水平統整和從低年級到高年級的垂直連貫（Jacobs, 1999）。因此，學校最好成立學年課程小組，由該年級的所有級任導師與科任教師的教學團隊所組成，共同討論該學年的課程目標架構、教學實施與專長分工、進行學年間主題活動及課程統整與協同教學。甚至，如果該年級班級數較多，協調不易進行時，則可在該年級當中細分為若干班群小組，組成班群教學團隊，共同討論班群的行事活動、教學實施，進行課程統整及協同教學（蔡清田，2016），以便透過領域／科目的主題統整領域／科目目標、核心素養、學習內容與學習表現，進而透過年級主題課程統整各領域／科目課程主題統整領域／科目目標、核心素養、學習內容與學習表現。特別是上述各年級主題可以統整該年級的各個領域／科目核心素養、目標、學生表現等，進行水平統整與垂直連貫，逐步提升思學生的核心素養，因為年級主題不是憑空而來，而是要結合各領域／科目的核心素養、目標、學生表現，同時呼應學校願景目標。例如：嘉義宏仁女中身為雲嘉地區的第一所十二年國教課綱前導高級中學便針對高一女生設計了核心素養的「校訂必修」女性足跡課程，如下表4-3宏仁女子高級中學核心素養的女性足跡課程規劃表：

表4-3　宏仁女子高級中學核心素養的女性足跡課程規劃表

課程名稱	女性足跡	課程類別	■校訂必修　　□多元選修 □加深加廣選修　□團體活動 □補強性選修　　□彈性學習
課程說明			■藉由開課課程，加強培養學生建立邏輯化思考及藉思辯能力中，引導學生了解嘉義地區女性典範人物有哪些面向。 ■由嘉義地區出發延伸至各地區及國外典範女性，充分展現由內而外出發整體課程規劃。
授課對象	高中部學生		

表4-3（續）

任課老師	國文：高愷蔚 藝術：周幸蓉 國文：林意雯 英文：黃倫慧 綜合：陳雯英 體育：張美惠 綜合：翁千雅 生命教育：賴碧華	課程時數	每週1節，共1學分
開課年級	■一年級□二年級 □三年級	每班 修課人數	45人
學習目標	一、質性： 1. 培養學生以嘉義地區女性典範人物為研究思考、分析的能力。 2. 加強學生對嘉義在地文化典範人物的認知。 3. 能夠比較及運用嘉義女性力量如何影響在地發展。 二、量化： 1. 參與課程學生皆能繳交「嘉義女性在地化心得」2份。 2. 參與課程之學生中有80%的學生能將課堂所學女性典範融入於生活中。 3. 參與課程之學生中有70%能將嘉義女性在地化力量運用在如何選擇正確的價值觀。		
與十二年 國教課綱 對應之核 心素養	自主行動：□A1身心素質與自我精進　　　　■A2系統思考與解決問題 　　　　　　■A3規劃執行與創新應變 溝通互動：□B1符號運用與溝通表達　　　　■B2科技資訊與媒體素養 　　　　　　■B3藝術涵養與美感素養 社會參與：□C1道德實踐與公民意識　　　　■C2人際關係與團隊合作 　　　　　　■C3多元文化與國際理解		
課程架構	■實施節數：1-8節 ■實施對象：高一 ■授課方式：影片欣賞、課堂講義 □主題： 音樂-江蕙、高慧君 文學-蕭麗紅 政治-許世賢、黃敏惠 ■實施節數：9-18節 ■實施對象：高一 ■授課方式：訪談紀錄 □主題：嘉義地區楷模人物 　　　　　女性素人楷模人物 　　　　　婆婆媽媽楷模人物		

表4-3（續）

與其他課程內涵連繫	縱向	結合嘉義在地拓展其他地區及國外，發掘更多楷模女性。
	橫向	■語文：以張愛玲—傾城之戀為例，從中探討古代女性及現代女性穿著裝扮的不同性。 ■數學：以目前行業—會計師、銀行員為例，多數為女性人物，朝探究從事該職業的辛勞之處。 ■藝文、音樂：以音樂嘉義在地文化，探討臺語天后—二姊江蕙及原住民歌手高慧君，研究其中平地歌手及原住民歌手的不同發展性。 ■公民：以政治人物為主要探討方向，尤以嘉義地區從早期許家班，大雅路、小雅路、世賢圖書館等，都足為課程重要延伸方向。 ■體育：以國內傑出女性運動員拓展到世界最高榮譽比賽—奧運，探究傑出楷模出色女性運動員。 ■生命教育：探究以敬天愛人德瑞莎修女的歷程。
教學方法或策略		■視各單元主題，加強學生能夠有新思維啓發，透過小組討論、實際操作，從中得到不同的啓發。 ■學生由隨堂練習、自我評量等，採用多媒體工具與生活性作結合，使學生能靈活運用基本概念，進而達成各單元之課程目標。 ■透過PPT教學、講述法、議題分享、上網搜尋、學習單填寫、實地踏查等。
學習評量		■課程參與度（學習單等）35%　　■出席率15% ■善用其他資源介入20%　　　■小組書面、口頭報告30%
規劃內容	**單元主題**	**單元學習內容**
	◎預備週~ 課程說明	1. 預備週。 2. 說明課程重點與上課方式。 3. 學生進行分組，尋找互助合作的夥伴。
	1. 介紹嘉義女性典範人物	1. 女性足跡有哪些面向？ 2. 認識嘉義地區傑出女性典範人物—音樂、文學、政治。 3. 以音樂為例—嘉義女性典範人物—江蕙 4. 小組討論，江蕙在歌壇上的成就與影響。 5. 學習單。
	2. 女性典範人物介紹—音樂	1. 以音樂為例—嘉義女性典範人物—高慧君。 2. 比較平地與原住民風音樂的不同。 3. 小組討論，高慧君在歌壇上成就與影響。 4. 學習單。
	3. 女性典範人物介紹—音樂	1. 比較臺語歌手及國語歌手的差別性。 2. 小組討論，高慧君在歌壇上成就與影響。 3. 學習單。
	4. 典範人物：小組報告(1)	1. 依分組進行課程進行人物探討。 2. 各組組員給予回饋。

表4-3（續）

	5. 典範人物 小組報告(2)	1. 依分組進行課程進行人物探討。 2. 各組組員給予回饋。
規劃內容	6. 女性典範人 物介紹—音 樂	1. 江蕙與高慧君如何運用女性力量影響社會。 2. 各組組員給予回饋。 3. 學習單。
	7. 女性典範人 物介紹—文 學	1. 以文學為例—嘉義女性典範人物介紹—蕭麗紅「桂花巷」。 2. 談「白水湖春夢」看228事件。 3. 談「文學」對嘉義地區的影響力。 4. 組員發表給予回饋；撰寫學習單。
	8. 女性典範人 物介紹—文 學	1. 談「千江有水千江月」看臺灣沿海地區的地理特色發展、在經濟上的影響發展。 2. 融合在地特色，在文化上的差異性問題。 3. 白水湖生態之旅介紹。 4. 學習單。
	9. 白水湖 —實地踏查	1. 白水湖生態實地踏查。 2. 從不同攝影角度看白水湖呈現的特色。
	10. 典範人物小 組報告(3)	同學介紹嘉義地區有哪些文學家或文學作家。
	11. 典範人物小 組報告(4)	同學介紹未出版書籍的素人作家。
	12. 女性典範人 物介紹—許 世賢	1. 介紹許世賢事蹟。 2. 介紹嘉義市地區文化—世賢路，世賢圖書館 3. 學習單。
	13. 女性典範人 物介紹 -張博雅 張文英	1. 介紹許世賢、張博雅、張文英三人的關係。 2. 介紹許家班到張家班政治勢力及努力過程。 3. 探討女性執政的優勢、劣勢。
	14. 女性典範人 物介紹—以 校友為例— 黃敏惠	1.介紹本校傑出校友—黃敏惠校友事蹟。 2.融入在地文化，了解女性從政的想法。 3.學習單。
	15. 人物訪談— 實地踏查— 黃敏惠	1. 人物訪談—實地踏查。 2. 從傑出校友看女性領導的優、劣勢。
	16. 典範人物小 組報告(5)	同學介紹還有哪些政治典範人物，身受有影響力。

表4-3（續）

	17. 典範人物小組報告(6)	同學介紹從事政治事業，會有哪些優劣勢及影響。
	18. 典範人物小組報告(7)	同學介紹校友的努力過程及曾有的危機感，處理及因應方式。
環境與教學設備需求	■使用現有教室。 ■需添購新教學相關設備 ●女性領導書籍。 ●攝影機一臺、相機一臺、錄音筆2支、電腦筆2支 （分組討論學習及錄製女性楷模人物—需要錄製、拍攝過程） ●筆記型電腦一臺（編制所有課程及相關所需）	

　　這也呼應了下圖4-3陳佩英與愛思客研究團隊（2017, 30）的課程設計思考流程：

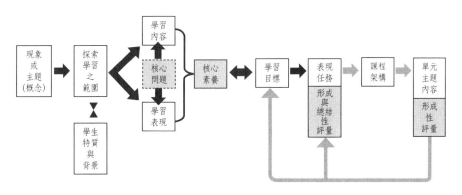

圖4-3　課程設計思考流程

資料來源：國立臺灣師範大學教育學系陳佩英教授愛思客教師團隊研發（2017）。

　　特別是核心素養的跨領域學年工作小組，應該仔細分析課程綱要核心素養的內容，焦點集中於所有學生必須去精熟的「學習內容」與「學習表現」，以及未來將可能被拿來考試測驗或評量的「學習內容」與「學習表現」。進行核心素養的跨領域課程方案設計時，學校課程發展委員會必須安排許多會議與活動，以協助學校全體教職員去了解不同領域科目領域的貢獻，以便共同規劃，進行全校的協調合作。因為學科的知識特性很重

要，但是學校共同願景更重要（蔡清田，2018），此階段注重教師專業判斷，並可結合各處室活動課程方案設計，例如：校慶運動會或校外參觀旅行方案等，鼓勵教師合作進行核心素養的跨領域方案設計，注重領域內容的縱向銜接與橫向統整，並配合學校特色之發展，以便透過領域／科目的主題統整領域／科目目標、核心素養、學習內容與學習表現，

　　進而透過年級主題課程統整各領域科目課程主題統整領域／科目目標、核心素養、學習內容與學習表現。特別是應該鼓勵教師間的協同合作，強調在每個學科領域科目當中，教師仍可以依專長進行教學，而且允許教師優先協同合作再分工，並且同時鼓勵教師透過聯席會議討論與不同領域教師協同合作，進行核心素養的跨領域方案設計。特別是「學習活動如涵蓋兩個以上的領域時，其教學節數得分開計入相關學習領域」。為了設計更為周延，核心素養的跨領域學習單元，如何分別計入相關領域授課節數，應提交該領域課程小組與課程發展委員會審議認定（蔡清田，2005）。茲以圖4-4臺東瑞源國小的核心素養跨領域課程設計為例，加以說明其課程架構運用核心素養與生活、數學、國語文等進行跨領域之統整設計。

　　核心素養的跨領域課程統整設計，嘗試轉變學校文化，將不同科目課程的內容加以統整，可以經由各學年班群的所有任教教師組合，一起協調各領域的課程，討論課程統整，設計主題課程統整的教學活動，分配各領域的教學節數，設計辦理全學年的活動，可以打破領域科目界限：在符合基本教學時數的原則下，學校得打破領域科目界限，彈性調整學科及教學時數，實施大單元或統整主題式的教學（蔡清田，2016）。教師可以透過共同備課或協同教學，實踐核心素養的跨領域課程。特別是，中學教師往往將自己定位為科目專家，而不願跨出自己的科目領域疆界（Hargreaves, 1994）。現行中學學校組織結構是跟著科目領域來運作的，科目決定了教師任教分類。科目部門是一種政治單位，互相為任教節數時間、經費、人事、領域、學生和發言權而競爭（Ball & Lacey, 1995）。科目部門是一種惡性競爭分裂的「巴爾幹化」（balkanized，如同巴爾幹半島上的國家一樣，因疆界種族的問題而分裂，並且紛爭不斷）。因此跨領域科目的統

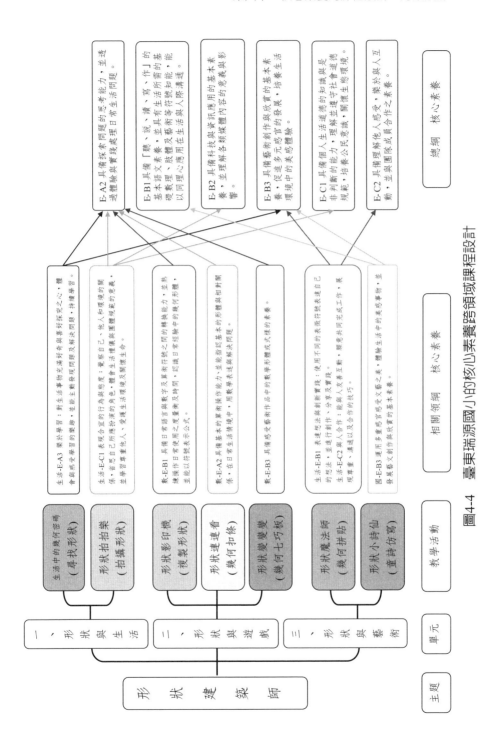

圖4-4 臺東瑞源國小的核心素養跨領域課程設計

整課程設計有其重要性，以下以臺北市敦化國中藝術領域（視覺藝術）與社會領域（歷史）共同研發之「藝術大聲公─戰爭篇」為例說明：本單元為呼應與轉化總綱核心素養之A2、B1、B2、C1和C3，探討第一次世界大戰到第二次世界大戰的時空背景及重要事件，透過時事知識的理解與價值判斷，並以藝術作為記錄及發聲管道，引導學生運用時事漫畫技巧與創作視覺符號作品，表達自身對戰爭歷史的想法。單元課程發想與課程架構如下：

（一）課程發想

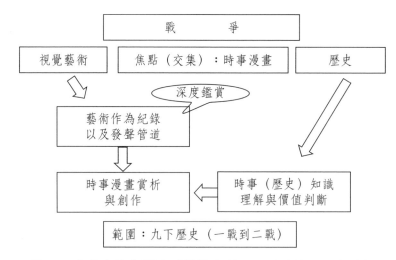

圖4-5　臺北市敦化國中「藝術大聲公─戰爭篇」課程發想

（二）課程架構

　　在這個步驟中，核心素養的課程小組必須思考教師要教什麼，學生要學什麼（Drake, 1998），特別是：1.核心素養的課程基礎導向？例如：核心課程或經驗課程等。2.學科的組合？例如：單科、多科或超學科。3.學生的組合？例如：常態分班、能力分班或興趣分班等。4.不同學科領域的學習與課程整體目標的關係？5.教學內容的範圍、順序、結構？6.空間、資源、材料、設備？7.教學方法？8.教學人員的分配？9.時間表與計劃？核心素養的學校本位課程發展具有彈性、適應性，而且可依情境的改變而加

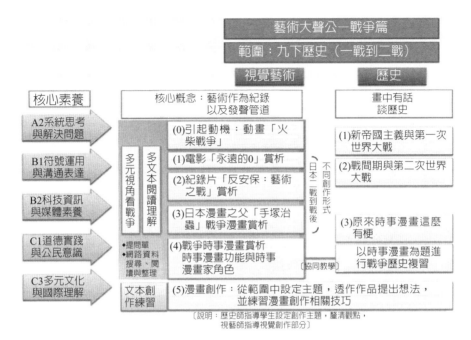

圖4-6　臺北市敦化國中「藝術大聲公─戰爭篇」課程架構

資料來源：「藝術大聲公─戰爭篇」課程設計者為敦化國中秦於絜教師、吳君麗教師。

以解釋，因此，教師可從任一階段開始進行方案設計，也可同時展開各項活動；更可以鼓勵教師考量方案設計過程中不同的要素，系統地考慮其特殊的內涵，並且將方案決定建立在較廣的文化和社會探討之上。茲以臺東池上國中核心素養的跨領域國際教育教案為例加以說明：

（一）核心素養的課程設計原則與教學理念說明

1. 整體學習目標

　　池上國中參與國際志工服務即將邁入第三年，學生在參與服務的過程中，接觸不同的地理環境與文化環境，從準備─出發─適應─服務─反省的歷程，調整自己、認識自己、理解他人、尊重他人，更學會珍惜所有。由於參與志工服務的只是少數學生，因此學校配合社會領域八年級的東南亞課程，設計此一課程，讓學校八年級學生能深入認識當年度將出訪的國家，並藉此了解臺灣與國際社會的互動關係，學會尊重並欣賞各族群文化

的多樣性。

2. 學生學習特質與需求

學生已經學習過臺灣與中國的地理及近代歷史。

3. 核心素養的展現

(1) 學生能理解緬甸的地理特徵與其近代歷史，並能運用資訊網路探索緬甸與臺灣的互動關係。

(2) 學生能運用資訊媒材探索並呈現緬甸的風俗民情，整理其與臺灣的差異。

(3) 學生能設想自己在緬甸的習慣差異，反思緬甸人民或外國人民在臺灣會遇到的生活不便，提出解決策略，學會彼此欣賞與尊重。

4. 議題融入與跨領域統整

教學案例融入國際教育議題中的「文化學習」課程主題，結合社會領域及綜合活動領域，使學生從社會領域課程學習緬甸的政經背景，在綜合領域課程豐富對緬甸生活、文化的具體認知。

5. 重要教學策略與評量

(1) 教學策略：以即將面對的情境引發學習動機，引導學生提出問題，上網蒐集資料並進行整合。

(2) 評量方式：

①社會—學生能在地圖上正確指出緬甸的位置，並簡單說出該國近代歷史

②綜合—學生能製作簡報介紹緬甸的風俗民情，並提出彼此的差異與互相尊重的具體作爲。

（二）核心素養的主題說明

領域／科目	社會領域	設計者	池上國中
實施年級	八年級	總節數	共4節，180分鐘
主題名稱	互相「緬」勵		

設計依據		
學習 重點	學習 表現	社-2a-IV-3關心不同的社會文化及其發展，並培養開闊的世界觀。
	學習 內容	地-Aa-IV-4探究活動：臺灣和世界各地的關聯性。 公-Dc-IV-3面對文化差異時，為什麼要互相尊重與包容？
核心 素養	總綱	C3多元文化與國際理解
	領綱	社-J-C3了解文化間的相互關聯，以及臺灣與國際社會的互動關係，尊重並欣賞各族群文化的多樣性。
議題 融入	實質 內涵	國際教育
	所融入 之單元	單元一　緬甸在哪裡？ 單元二　緬甸的生活
與其他領域 /科目的連結	核心 素養	綜-J- C3探索世界各地的生活方式，理解、尊重及關懷不同文化及族群，展現多元社會中應具備的生活能力。
	學習 表現	3c-IV-1探索世界各地的生活方式，展現自己對國際文化的理解與尊重。
	學習 內容	家-Cb-IV-1多元的生活文化與合宜的禮儀展現 公-Dc-IV-3面對文化差異時，為什麼要互相尊重與包容？
教材來源		社會八下第六單元東南亞與南亞網路資源
教學設備 / 資源		世界地圖（地球儀）/ 電腦
各單元學習重點與學習目標		

單元名稱	學習重點		學習目標
單元一 緬甸在哪裡？	學習 表現	社-2a-IV-3關心不同的社會文化及其發展，並培養開闊的世界觀。	社-J8-C3-1以世界地圖認識緬甸的地理位置 社-J8-C3-2了解緬甸與臺灣的交流現況
	學習 內容	地-Aa-IV-4探究活動：臺灣和世界各地的關聯性。	
單元二 緬甸的生活	學習 表現	綜-3c-IV-1探索世界各地的生活方式，展現自己對國際文化的理解與尊重。 社-2a-IV-3關心不同的社會文化及其發展，並培養開闊的世界觀。	綜-J8- C3-1藉由蒐集緬甸的風俗民情，了解當地的文化 綜-J8- C3-2面對文化差異時，要如何互相尊重與包容？
	學習 內容	家-Cb-IV-1多元的生活文化與合宜的禮儀展現。 公-Dc-IV-3面對文化差異時，為什麼要互相尊重與包容？ 童-Bb-IV-4國際服務活動的參與及文化交流。	

（三）核心素養的單元一設計

教學單元活動設計			
單元名稱	緬甸在哪裡？	時間	共1節，45分鐘
主要設計者	池上國中		
學習目標	社-J8-C3-1以世界地圖認識緬甸的地理位置 社-J8-C3-2了解緬甸與臺灣的交流現況		
學習表現	社-2a-IV-3關心不同的社會文化及其發展，並培養開闊的世界觀。		
學習內容	地-Aa-IV-4探究活動：臺灣和世界各地的關聯性。		
領綱核心素養	社-J-C3了解文化間的相互關聯，以及臺灣與國際社會的互動關係，尊重並欣賞各族群文化的多樣性。		
核心素養呼應說明	藉由認識緬甸的地理位置、近代歷史的演進，理解緬甸的社會現況。再探索臺灣與緬甸的互動關係，啟發學生對於志工服務更多的發想。		
議題融入說明	國際教育議題中的「文化學習」課程主題軸，在於培養學生以多元觀點深入了解己文化與異文化的發展與改變歷程，引導學生評估文化中的主要事件和發展趨勢，比較不同文化的多元觀點；以及培養學生具備跨文化的理解與溝通能力，辨識文化的共通性與差異性，使學生具備文化詮釋、欣賞與批判的多元文化識能。		

教學活動內容及實施方式	備註
引起動機 今年暑假的國際教育志工服務要到緬甸的華語部落修繕教室，我們已經知道緬甸在東南亞，那裡會很熱嗎？怎麼會有人說華語呢？他們和臺灣歷史上的關係嗎？ 發展活動（學習內容地Aa-IV-4探究活動：臺灣和世界各地的關聯性。 1. 教師請學生在地圖（地球儀）上找出緬甸的位置，並說出緬甸的緯度 2. 請學生以學過的地理知識判斷當地的氣候 3. 請學生由緬甸與中國的地理位置、山脈、河川，推測當地華語民族的由來 4. 教師簡述緬甸的近代歷史 5. 教師提問：臺灣現在與緬甸有哪些互動關係？引導學生提出問題（有沒有邦交、旅遊、有沒有人在緬甸工作、大多數的志工服務項目是什麼？）讓學生分別上網搜尋臺灣與緬甸的關係，再進行分享。	1. 每節對應學習目標 2. 發展活動對應學習內容 3. 綜整活動對應學習表現 4. 每單元結束要對應領綱核心素養 3分鐘 10分鐘 7分鐘 15分鐘

綜整活動（學習表現社-2a-IV-3關心不同的社會文化及其發展，並培養開闊的世界觀。 請同學根據搜尋到的知識，說出現在的緬甸生活情形大致如何？為什麼需要國際志工的服務？我們可以為他們做些什麼呢？	社-J8-C3-1以世界地圖認識緬甸的地理位置 社-J8-C3-2了解緬甸與臺灣的交流現況

試教成果 或 教學提醒	（非必要項目）
參考資料	（若有請列出）
附錄	

（四）核心素養的單元二設計

教學單元活動設計			
單元名稱	緬甸的生活	時間	共3節，135分鐘
主要設計者	池上國中		
學習目標	綜-J-C3_1藉由蒐集緬甸的風俗民情，了解當地的文化 綜-J-C3_2知道面對文化差異時，互相尊重與包容的作法		
學習表現	綜-3c-IV-1探索世界各地的生活方式，展現自己對國際文化的理解與尊重。 社-2a-IV-3關心不同的社會文化及其發展，並培養開闊的世界觀。		
學習內容	家-Cb-IV-1多元的生活文化與合宜的禮儀展現。 公-Dc-IV-3面對文化差異時，為什麼要互相尊重與包容？		
領綱核心素養	綜-J-C3探索世界各地的生活方式，理解、尊重及關懷不同文化及族群，展現多元社會中應具備的生活能力。 社-J-C3了解文化間的相互關聯，以及臺灣與國際社會的互動關係，尊重並欣賞各族群文化的多樣性。		
核心素養呼應說明	學生在理解緬甸生活方式、信仰……的過程中，學會尊重當地文化，也反過來設想外國人在臺灣生活可能遭遇的不便，進而對於尊重包容有更深刻的體認。		
議題融入說明	國際教育議題中的「文化學習」課程主題軸，在於培養學生以多元觀點深入了解己文化與異文化的發展與改變歷程，引導學生評估文化中的主要事件和發展趨勢，比較不同文化的多元觀點；以及培養學生具備跨文化的理解與溝通能力，辨識文化的共通性與差異性，使學生具備文化詮釋、欣賞與批判的多元文化識能。		

第一節　課教學活動內容及實施方式	備註
引起動機 今年的國際教育志工服務要到緬甸的華語部落修繕教室,我們在當地會住一個星期,你期待在當地看到什麼特色?你會擔心哪些問題? 發展活動(學習內容) (家-Cb-IV-1多元的生活文化與合宜的禮儀展現。 公-Dc-IV-3面對文化差異時,為什麼要互相尊重與包容?) 1. 教師說明分組主題與發表的規則 2. 學生3人一組,依照主題蒐集緬甸風俗民情 　(1)宗教與節日 　(2)服飾 　(3)飲食 　(4)名人 　(5)著名景點 　(6)經濟產業與貨幣 　(7)音樂舞蹈 綜整活動(學習表現) (綜-3c-IV-1探索世界各地的生活方式,展現自己對國際文化的理解與尊重。 社-2a-IV-3關心不同的社會文化及其發展,並培養開闊的世界觀。) 學生提出資料蒐集過程當中產生的疑問與感受	5分鐘 學生發表想法 35分鐘 參與討論程度 檢視學生製作的簡報 5分鐘學生發表想法 綜-J8-C3-1藉由蒐集緬甸的風俗民情,了解當地的文化 綜-J8-C3-2面對文化差異時,要如何互相尊重與包容?
第二、三節　課教學活動內容及實施方式(2節連堂)	備註
分組報告 各組學生依照主題介紹緬甸風俗民情,其他各組即時提問與回饋,各組報告5-10分鐘(含問答) (1)宗教與節日 (2)服飾 (3)飲食 (4)名人 (5)著名景點 (6)經濟產業與貨幣 (7)音樂舞蹈	70分鐘 參與討論程度 檢視學生製作的簡報

綜整活動（學習表現） （綜-3c-IV-1探索世界各地的生活方式，展現自己對國際文化的理解與尊重。 社-2a-IV-3關心不同的社會文化及其發展，並培養開闊的世界觀。） 1. 學生說出在緬甸要注意的禮儀與規範 2. 如果有緬甸人民到臺灣求學、工作，可能會遇到哪些困境？我們如何對外國人民提供友善的環境？	20分鐘學生發表想法 綜-J8-C3-1藉由蒐集緬甸的風俗民情，了解當地的文化 綜-J8-C3-2面對文化差異時，要如何互相尊重與包容？ 綜-J-C3探索世界各地的生活方式，理解、尊重及關懷不同文化及族群，展現多元社會中應具備的生活能力。 社-J-C3了解文化間的相互關聯，以及臺灣與國際社會的互動關係，尊重並欣賞各族群文化的多樣性。
試教成果 或教學提醒	（非必要項目）
參考資料	（若有請列出）
附錄	

　　上述核心素養的跨領域學科教案設計顯示，可以透過願景目標與「核心素養」結合學校課程地圖規劃進行跨領域科目（社會、綜合、國際教育）教案設計，特別是每節對應「學習目標」，「發展活動」對應「學習內容」，「綜整活動」對應「學習表現」，每單元結束要對應「核心素養」，引導核心素養導向的課程方案設計實施的教、學、評，以便在課堂透過「情境設計」以引起學生「學習動機」，發展「學習內容」的相對應「教學活動」並透過「綜整活動」引發學生「學習表現」以便在真實情境達成「學習目標」並實踐「核心素養」，並透過試教觀課、議課評課，應用可達成「核心素養」的「學習目標」及「學習內容」與「學習表現」。

三、結合整體學校教師專長，合作進行學校課程方案設計

　　核心素養的學校本位課程發展是「眾志成城」的事業，絕非單兵作戰

可成，必須透過整體教師的通力合作，避免個別教師孤立無援（Fullan & Hargreaves, 1992），特別是由學校全體教師成立核心素養的各方案「課程小組」，進行領域科目正式課程方案與各處室活動課程的非正式課程方案設計，並進行領域科目與各處室活動課程方案的課程設計小組之間橫向聯繫與統整，建構學校整體課程，統整相關學科知識，注重學習領域與學生生活經驗統整、社區需求與學校情境等特性，避免科目林立，知識支離破碎，以便透過領域／科目的主題統整領域／科目目標、核心素養、學習內容與學習表現，進而透過年級主題課程統整各領域科目課程主題統整領域／科目目標、核心素養、學習內容與學習表現。茲以臺東大武國小一年級核心素養的多領域【生活與國語文】教案為例加以說明：

（一）核心素養的課程設計原則與教學理念說明

　　核心素養的設計原則以學生生活經驗為學習起點，配合情境導入教學，透過兒童的興趣與關心為主軸，進行多探索、多觀察、多體驗、多感受的學習。重視生活實際體驗教學進行熟悉校園環境、進行人際關係聯絡的練習。其核心素養的教學理念：1.以學生為主體，以生活為中心，統整人與自己、人和社會、人與自然關係，發展生活中的各種互動與反省能力，奠定從生活中學習的基礎。2.從學科能力的基礎出發，在知識體系發展架構上，採用「情境導入」的學習模式。3.將學科能力、生活中心、社會中心、問題中心、活動課程融入於「情境化」的學習活動。4.養成學生基本生活知能與習慣態度，發展社會人際的互動與自省能力。5.接近自然環境，尊重及關懷生命現象，養成積極探索的心境，與尊重關懷生命的心態。就教材地位而言，學生初次接觸學校環境，尚未習得「圖書館」相關內容，希望藉由此課程設計讓學生能實際體驗圖書館的功能，並培養系統思考與解決問題的能力。就教學評量而言，根據【生活-E1-A2-1】運用感官知覺探索校園中的圖書館特性。根據【生活-E1-A2-2】主動關心校園書館之美，並有所感動。以評量學生學習表現是否達成【生活-E-A2】探究事理：藉由各種媒介，探索人、事、物的特性與關係；學習各種探究人、事、物的方法並理解探究後所獲得之核心素養。

（二）核心素養的主題說明

領域／科目	生活領域		設計者	一年級團隊林秋雨
實施年級	一年級		總節數	共4節，160分鐘
主題名稱	Book能沒有你			
設計依據				
學習重點	學習表現	2-I-1以感官和知覺探索生活中的人、事、物，覺察事物及環境的特性。 5-I-4對生活周遭人、事、物的美有所感動，願意主動關心與親近。		
	學習內容	B-I-3環境的探索與愛護 C-I-3探究生活事物的方法與技能		
核心素養	總綱	A2系統思考與解決問題		
	領綱	生活-E-A2探究事理：藉由各種媒介，探索人、事、物的特性與關係；學習各種探究人、事、物的方法並理解探究後所獲得的道理。		
議題融入	實質內涵			
	所融入之單元			
與其他領域／科目的連結		國語文領域（核心素養補充） 國-E-A2透過國語文學習，掌握文本要旨、發展學習及解決問題策略、初探邏輯思維，並透過體驗與實踐，處理日常生活問題 ◎學習表現 1-I-1養成專心聆聽的習慣，尊重對方的發言。 5-I-8能認識圖書館（室）的功能。 ◎學習內容 Bb-I-1自我情感的表達。 Bb-I-2人際交流的情感。		
教材來源		自編教材		
教學設備／資源		單槍、電腦、學習單		
各單元學習重點與學習目標				
單元名稱	學習重點		學習目標	
單元一 Book能沒有你	學習表現	2-I-1以感官和知覺探索生活中的人、事、物，覺察事物及環境的特性。 5-I-4對生活周遭人、事、物的美有所感動，願意主動關心與親近。	生活-E1-A2-1運用感官知覺探索校園中的圖書館特性。 生活-E1-A2-2主動關心校園書館之美，並有所感動。	
	學習內容	B-I-3環境的探索與愛護 C-I-3探究生活事物的方法與技能		

（三）核心素養的單元設計

教學單元活動設計			
單元名稱	Book能沒有你	時間	共4節，160分鐘
主要設計者			
學習目標	生活-E1-A2-1運用感官知覺探索校園中的圖書館特性。 生活-E1-A2-2主動關心校園圖書館之美，並有所感動。		
學習表現	2-I-1以感官和知覺探索生活中的人、事、物，覺察事物及環境的特性。 5-I-4對生活周遭人、事、物的美有所感動，願意主動關心與親近。		
學習內容	B-I-3環境的探索與愛護 C-I-3探究生活事物的方法與技能		
領綱核心素養	生活-E-A2探究事理：藉由各種媒介，探索人、事、物的特性與關係；學習各種探究人、事、物的方法並理解探究後所獲得的道理。		
核心素養呼應說明	一年級新生對新環境充滿好奇，期待藉由介紹學校圖書室活動，能讓學生減低對新環境所產生的焦慮感，更快融入學校生活，建立使用學校圖書室的習慣，能了解並使用圖書室（館）的設施和圖書，激發閱讀興趣，課程內容主要是介紹閱覽規則、借還書程式，期望學生能了解圖書館的常規，進而利用圖書館的基本技能，養成親近圖書館的習慣與態度，培養【生活-E-A2】的核心素養，藉由各種媒介，探索人、事、物的特性與關係；學習各種探究人、事、物的方法並理解探究後所獲得的道理。		
議題融入說明			

第一節　課教學活動內容及實施方式	備註
活動一、什麼是圖書館？ （一）引起動機 播放影片：在圖書館裡要安靜喔！ 圖書館不NG （二）我心中的圖書館 　　1.詢問學生：什麼是圖書館 　　(1)小組製作「什麼是圖書館海報」（A3紙張製作） 　　(2)教師回饋 （三）簡報介紹圖書館 　　(1)圖書館基本介紹，如內容。 　　(2)圖書館規則介紹。 （學習表現2-I-1以感官和知覺探索生活中的人、事、物，覺察事物及環境的特性。） 　　　　　　　　　第一節完	【時間】10分鐘 【時間】15分鐘 【評量重點】 學生專心程度 學生參與活動情形 學習目標 生活-E1-A2-1運用感官知覺探索校園中的圖書館特性。

活動二、為什麼要有圖書館？	【時間】10分鐘
（一）圖書館能做什麼？	
1.詢問學生：圖書館能做什麼？	
(1)抽點學生上臺分享（至多三位）	【時間】10分鐘
(2)教師回饋	
（二）介紹圖書館功能、結構	【時間】20分鐘
(1)簡報介紹圖書館結構及功能	【評量重點】
(2)詢問問題、抽點學生	學生專心程度
（三）影片介紹	學生參與活動情形
(1)播放影片—圖書館服務導向提供多元化功能	學習目標
(2)學生分享—你曾在圖書館使用過的功能	生活-E1-A2-2主動關心校
（學習表現5-I-4對生活周遭人、事、物的美有所感動，願意主動	園書館之美，並有所感
關心與親近）。	動。
第二節完	
活動三、偵探察一查	
大武鄉圖書館	【時間】15分鐘
（一）圖書館怎麼找書？	
1.播放影片：圖書館利用（國家教育研究院101年製作）	
(1)詢問：圖書館的書分成幾類？	
(2)介紹—圖書館十大類、排架	【時間】15分鐘
（二）實際踏查	
(1)偵探察一查，請學生幫忙找：○○○此本書。	
(2)統整：如果在不曉得分類、排架的狀況下，會不會很	
難找書？	
(3)圖書館導覽—（館員導覽）	【時間】10分鐘
（三）我是圖書館能手（小組競賽，共四組）	【評量重點】
(1)老師隨機一組兩本書，在書上貼上標籤紙，請小組根	學生專心程度
據書名、內容依序將書本分類歸還至架上。	學生參與活動情形
(2)全班共同檢核書是否成功歸類。	學習目標
	生活-E1-A2-2主動關心校
第三節完	園書館之美，並有所感
活動四、借還我都行	動。
大武鄉圖書館	
（一）導覽	
1.導覽員導覽	【時間】20分鐘
(1)如何自助借還書	
(2)實際操作	學習目標
（二）學生自助借還書	生活-E1-A2-2主動關心校
(1)學生一人借2本書。	園書館之美，並有所感
(2)找書	動。
(3)自助借書	
(4)自助還書	

(三) 綜整活動 　　(1)分享所學 　　(2)完成「什麼是圖書館？B」海報（A3紙張製作） （學習表現5-I-4對生活周遭人、事、物的美有所感動，願意主動關心與親近）。 第四節完	領綱核心素養 生活-E-A2探究事理：藉由各種媒介，探索人、事、物的特性與關係；學習各種探究人、事、物的方法並理解探究後所獲得的道理。
試教成果 或教學提醒	一、學生都有至圖書館借書之經驗，但由於主導者仍是父母或家長，所以尚未了解自助借還書的方法。 二、在教室、校園借書時，需要自行插書卡、登記。
參考資料	圖書資訊利用教育教學綱要-圖書教師輔導團資源站
附錄	

　　上述核心素養的教案顯示，可以透過學校願景目標與「核心素養」結合學校課程地圖規劃進行多領域科目（生活與國語文）教案設計，並透過試教觀課、議課評課，應用可達成「核心素養」的「學習目標」及「學習內容」與「學習表現」，引導核心素養導向的課程方案設計實施的教、學、評，以便在課堂透過「情境設計」以引起學生「學習動機」，發展「學習內容」的相對應「教學活動」並透過「綜整活動」引發學生「學習表現」以便在真實情境達成「學習目標」並實踐「核心素養」。根據課程綱要規定，學校課程計畫應依領域科目為單位提出，內容包涵：「學年／學期學習目標、單元活動主題、相對應學習表現、時數、備註」等相關項目。各領域的發展具有縱向發展與橫向發展的特性，必須透過「各領域課程小組」依據學習領域的相關學門與範圍、學習表現與學習內容，配合學生的身心發展、社區的需求等因素，規劃一個兼具寬廣與縱深的學習領域，並結合教師專長授課，以利教學運作。由於發展學校整體課程計畫，將涉及各種不同年級課程領域，通常不是個別教師可以單獨完成，必須建立全校整體的教學團隊，合作設計整體課程。學校核心素養的課程計畫，主要是透過各處室活動課程方案、領域科目方案課程設計小組、學年小組、各科教學研究會、協同教學或班群教學小組、個別教師專長，整合全體教師與地方資源，合力發展整體課程，鼓勵進行課程選擇、調整及創造。學校整體課程，不同於過去傳統科目林立彼此分離，教師不再是受到

科目束縛的僕人，而是扮演核心素養的課程設計的主人，理解並應用領域科目知識與學校整體課程的連結關係，成為統整知識的教育專家，透過特定主題規劃，並與學校整體課程目標進行連結，透過領域／科目的主題統整領域／科目目標、核心素養、學習內容與學習表現，並可進而透過年級主題課程統整各領域科目課程主題統整領域／科目目標、核心素養、學習內容與學習表現，落實核心素養課程設計。

第二節 設計方案課程目標

　　核心素養的課程小組應該依據學校共同願景與整體課程目標，來擬定核心素養的各方案課程目標。本節旨在說明核心素養的各方案設計小組如何依據學校整體課程目標，確立各方案課程目標，並確立各課程方案年級目標（蔡清田，2016）。

一、依據學校整體課程目標，確立各課程方案目標

　　許多課程學者相關著作，皆重視課程目標的重要地位（黃政傑，1991；李子建、黃顯華，1996；黃光雄、楊龍立，1999；歐用生，1999；陳伯璋，2001；Taba, 1962; Stenhouse, 1975; Lawton, 1983; Skilbeck, 1984; Eisner, 1995）。特別是從目標模式的觀點而言，課程設計必須釐清四大問題（Tyler, 1949）：

　　(1) 學校應追求那些教育目標？

　　(2) 要提供哪些教育經驗才可達成這些目標？

　　(3) 這些教育經驗如何才能有效地加以組織？

　　(4) 如何確定這些目標被達成？

　　從以上四個問題，可以了解目標的確立，是課程設計的要項。方案課程設計小組可以根據課程目標，進行課程因素的選擇組織與評鑑。這些課程因素包括目標、內容、活動、方法、教材、時間、空間、資源、學生組織、教學策略、及學校教師專長等項目（蔡清田，2008）。教師可以在學

校整體課程目標的引導下，妥善安排各學習領域與活動課程目標與教材教法（Posner & Rudnitsky, 2001）。連結學者、專業組織、政府部門「建議的課程」與「書面的課程」（黃光雄、蔡清田，2015）。例如：十二年國教課程綱要的領域科目的核心素養，皆可以提供「書面的課程」之指引。因此方案課程目標應該加以具體化，以課程綱要的核心素養為核心，培養學生展現出應具備的核心素養。這也呼應了下圖4-7陳佩英與愛思客研究團隊的素養課程設計思考圖（2017, 52）：

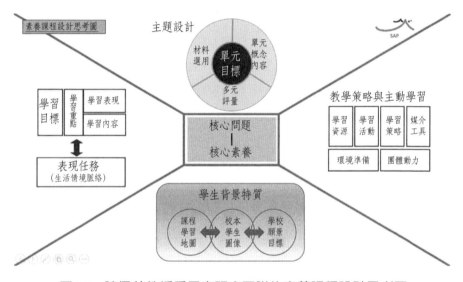

圖4-7　陳佩英教授愛思客研究團隊的素養課程設計思考圖

資料來源：國立臺灣師範大學系陳佩英教授愛思客教師團隊研發（2017）。

二、依據學校整體課程目標，確立各課程方案年級目標

　　各核心素養的課程設計小組若要達成課程發展委員會所擬訂的學校整體課程目標，必須擬具呼應的方案目標，並擬定適用該方案的對象學生之年級目標，嘗試進行該年級目標的課程方案。進而透過課程發展委員會公布課程方案目標、準備課程指引與單元計畫、蒐集整理教材清單、設計使

用手冊與小書、準備套裝學習材料。由於教師平日忙於教學活動、班級經營及親師溝通，往往在對核心素養的課程尚未充分了解的情況下，要去擬定特定教育階段的學習表現，會有困難存在。所以，在擬定「學校教育目標之各年級學習表現」之前，應先請各年級較有教學經驗之教師，盱衡課程綱要中各領域目標與學校教育目標，進行雙向細目之分析後，再逐條討論定案，較能發展出兼顧學校目標及核心素養之課程設計。如下表：呼應健體-E-A1領綱核心素養的學習目標與學習重點（學習表現及學習內容）示例

呼應健體-E-A1領綱核心素養的各單元學習重點與學習目標			
單元名稱	學習重點		學習目標
單元一 單元名稱	學習表現	1a-III-3理解促進健康生活的方法、資源與規範。	健體-E5-A1-1理解促進健康的飲食原則。
	學習內容	Ea-III-2兒童及青少年飲食問題與健康影響	
單元二 單元名稱	學習表現	2a-III-2覺知健康問題所造成的威脅感與嚴重性。	健體-E5-A1-2關注兒童及青少年的飲食問題，覺察不良飲食行為對健康所造成的威脅。
	學習內容	Ea-III-2兒童及青少年飲食問題與健康影響	

　　學校也可以參考下列方法組織各課程方案的年級目標：例如：

　　1. 世界相關（world-related）：以時間、空間、實體特性存在世界的一致性。

　　2. 觀念相關（concept-related）：用觀念來組合。

　　3. 探究相關（inquiry-related）：以產生知識的方法。

　　4. 學習相關（learning-related）：由學生學習的方法。

　　5. 利用相關（utilization-related）：於日常生活中可利用到的學習。

　　另外，學校可要求核心素養的方案課程設計小組，仔細分析課程綱要的建議，指出該領域所要求學生應該精熟的目標。核心素養的課程方案目標，應該考量學校整體課程目標、學生的能力程度、領域學習表現，設

計適用不同年級對象不同深度與廣度的課程方案，並鼓勵教師因應師生互動，調整課程內容與教學活動。值得注意的是，核心素養的方案設計範圍可以包括正式課程與非正式課程的不同類別之設計。除了領域科目的正式課程方案之外，非正式課程方案，尚包括校內外活動，例如：嘉義市北興國中設計了的「阿里山鐵道文化之旅」的課程方案，其主要的計畫方案目的乃在讓學生對本土文化之更進一步之了解，透過校外教學進行課程之統整工作。

第三節 設計方案大綱進度

　　本節設計方案大綱進度，包括中長程的課程方案大綱進度與短程的課程大綱進度，並細分為核心素養的設計方案主題的名稱與決定方案主題的順序。核心素養的各課程方案小組應提出「課程方案計畫大綱」，詳細評估教學需求，供學校課程發展委員會進行審核，以便透過領域／科目的主題統整領域／科目目標、核心素養、學習內容與學習表現，並可進而透過年級主題課程統整各領域科目課程主題統整領域／科目目標、核心素養、學習內容與學習表現（蔡清田，2018）。

一、設計中長程的課程方案大綱進度

　　核心素養的課程方案，是指學校為特定層級的學習者所提供一套核心素養的學習內容。核心素養的課程方案設計小組，可用不同過程來設計計畫大綱，一方面要完成基本的資料，列出每週的日期及重要的行事，另一方面也要指出所要教的方案單元名稱。

（一）設計方案主題的名稱

　　通常核心素養的方案主題名稱應把每週的方案內容重點指出來：第一步，設計小組應該仔細分析課程綱要的規定，並依序列出在課程綱要規定中所要精熟核心素養的「學習重點」之「學習內容」與「學習表現」，核心素養的設計小組最好也把那些可能被納入高中會考、大學學測與指考的

學習重點與核心素養作上星號標誌。第二步，核心素養的課程小組必須決定課程方案組織的原理原則，以便將所要精熟的學習內容與學習表現加以排列組合。而那些課程綱要規定的所指出的學習內容與學習表現，可能是依照一般課程目標的邏輯加以分類，可能使用以目標分類為依據的系統或變通方式。第三步，在指出核心素養的方案主題單元名稱之後，蒐集並察閱可以參考使用的教學材料。對於一些專門領域知識較不熟悉的教師，或許以現有教科書組織架構是最簡易的方式。最後，小組必須列出暫時的方案主題單元名稱，並且透過核心素養的課程設計小組的討論及初步評估加以改進，以推估所需要的教學節數，並在學校的整體課程計畫格式當中寫下方案單元的名稱。核心素養的校本課程發展之課程設計難度較高、需要學校教師一起長時間學習和專業發展、也須外部課程專家與資源人士前來協助、才能夠逐步落實核心素養的課程設計。

（二）設計方案主題的順序

　　當核心素養的方案主題名稱確定後，小組下一步是決定核心素養的方案主題之間的順序。有幾個順序的原則可以做參考（Glatthorn, 2000）：首先，主題的順序可依照學生的興趣來安排，以學生最有興趣的主題為先，並配合時節的演變來安排其他的主題。第二，可以按照內容的難易度來安排主題的順序，將最容易的安置在最前面，後面再漸進式地安排較具有挑戰性的主題。第三，主題可以依照時間先後來分，這種方式通常用於歷史課程或英美文學課程當中。第四，主題亦可以擴展水平的進路（expanding horizon approach），從個人開始、家庭、然後社區、地方、整個國家。最後，核心素養的課程可以依和科目結構的關聯性來安排，這種方式通常用在數學的主題上。很顯然地，也可以結合兩個以上的原理原則。

（三）設計方案主題的所需學習時間

　　核心素養的方案課程設計小組必須為每個方案主題分配時間。時間指的是每個主題所涵蓋的教學時數。以下是核心素養的設計小組可以進行的參考：算出全部可用的教學節數總數。根據學校課程目標的優先順序，決定每個主題單元的相對重要性。考慮學生出席的上課學習時間，以及可以真正進行學習的時間。初步評估主題的複雜性，隨時注意深淺度。暫時為

每個主題分配彈性的時間。把課堂學習的時間，轉換成各堂課及各週的教學節數。值得注意的是，上述的資料，應該全部紀錄在年度整體課程計畫方案大綱的行事曆，特別是把課程綱要規定的目標和方案主題加以結合。

二、設計短程的課程方案大綱進度

（一）選擇各課程方案年級主題

　　除了根據教科書的內容架構，選擇與調整核心素養的課程方案的主題之外，教師也可以和學生一起進行核心素養的方案主題設計，這是創造主題課程的重要一環，並可協助學生將新經驗連結到先前的舊經驗，連結到個人脈絡情境化的知識當中。例如：教師可以進行學生的調查，以決定問題與關注的焦點，進而提出核心素養的課程方案主題。或者，教師可以選擇一個以問題為中心的課程主題，並讓學生參與提出課程主題的問題與相關活動。讓學生參與課程設計歷程，進行以主題為焦點與相關關注焦點的學習時，可以統整了四種知識，亦即：

- 個人的知識：著重在自我關注與認知自我的方式。
- 社會的知識：著重在社會與世界的議題，包括從同儕關係到全球關係，以及這些關係的批判考驗方法。
- 說明的知識：著重在命名、描述、說明、詮釋等的內容，涵蓋涉及不同知識學科與常識或普通知識。
- 技術的知識：著重在調查、溝通、分析與表達的方式，涵蓋學校倡導的許多技能。

　　此種核心素養的主題設計，企圖進行不同面向的課程統整，亦即，個人經驗的統整、社會的統整、知識的統整、統整的設計，以及諸如民主教育等的概念（Beane, 1998）。此種協同合作的設計，著重在於不同於其他方式的統整。首先，主題確實是由下而上，源自於青少年學生本身所遭遇的問題或所關注的焦點。因此，可以增進許多機會，促使知識與活動，盡可能地脈絡情境化，貼近學生自己先前的經驗。第二，如果經由協同合作而明確指出，則學生將能獲得機會，去指出他們想去如何接近知識與經

驗。第三，當此種歷程逐漸由個人的問題轉移到團體的問題，並從個人自我的關注，轉移到世界的關注，則學生將能獲得直接的經驗，進行個人興趣與社會興趣的統整（蔡清田，2004a；2004b）。運用連結個人與社會議題的主題，則可以促進個人與社會旨趣的統整，並可以作爲增進民主社會中擔負社會責任的標準；這些主題，也可以提供一種個人與社會的重要脈絡，以便進行知識的統整。如果是以問題爲主題中心，則此種活動方案，也應該包括將知識運用到重要的社會議題之上。而且，當涉及到社會行動的向度，此類活動方案，應該鼓勵學生將校內經驗與校外經驗加以統整。例如：嘉義市北興國中便參考此種社會關注焦點，以「阿里山鐵道文化之旅」，作爲課程方案的主題。

（二）設計課程方案年級主題的內容綱要

　　茲以國小健康與體育領域健康教育爲例加以說明，本主項次所研發之案例，爲延伸國教院健體領域課程手冊項次「參、核心素養與學習重點的呼應說明」、項次「伍、素養導向教材編寫原則」，提供更完整的示例發展脈絡。就核心素養的設計原則而言，該單元以飲食爲主軸，配合「自發」、「互動」、「共好」三個層面設計三個小單元：第一小單元「飲食習慣大作戰」著重在「自發」的部分，以學生爲主體，運用自我覺察及批判思考技能探討影響個人飲食行爲的因素，學習在不同的生活情境和進食場所中對食物做出明智的選擇，並針對個人的不良飲食問題，設計飲食改善計畫，表現自主管理的信心與效能，並於計畫結束後能進行反省與修正。第二小單元「食品廣告追追追」著重在「互動」的部分，強調與周遭人事物溝通思辨，透過學生對生活周遭食品廣告的覺察與分享，引導學生思考食品廣告對自己選擇食物時的影響，輔以問思引導教學法讓學生探討媒體廣告的行銷手法，培養學生在面對媒體時的質疑思辨習慣，藉由決策與批判技能的演練，正確判讀並思辨媒體資訊的行銷手法與合理性，表現理性負責任的消費行爲。第三小單元「食在愛地球」著重在「共好」的部分，強調在地球村彼此都是緊密連結，要以實際行動愛護自然、珍惜資源，構築彼此更好的共同生活。教學過程中引導學生認同低碳飲食原則及具體作法，願意在日常生活中採行低碳飲食，也願意展現公民意識與社會

責任，公開表達保護自然環境的觀點與立場，以求世代永續利用。三個小單元可以各自獨立，不必拘泥於大單元的完整教學。就核心素養的教學理念而言，健康與體育領域課程在十二年國教「成就每一個孩子」的願景下，有三個重要內涵，包括：以學生為主體，提供結合生活情境的整合性教學。運用生活技能以探究與解決問題。建立健康生活型態、善盡公民責任，使個人及整體社會的生活更美好。所以教學活動的設計儘量結合生活情境，提供探索及體驗活動，並安排自我覺察、做決定、解決問題、自我管理、批判思考等生活技能的演練。

領域／科目	健康與體育領域	設計者	巫偉鈴委員、健康與體育領域研修團隊
實施年級	國小第三學習階段	總節數	共6節，240分鐘
主題名稱	飲食學問大		

設計依據		
學習重點	學習表現	• 1a-III-2描述生活行為對個人與群體健康的影響。 • 1a-III-3理解促進健康生活的方法、資源與規範。 • 2a-III-2覺知健康問題所造成的威脅感與嚴重性。 • 2b-III-1認同健康的生活規範、態度與價值觀。 • 3b-III-3能於引導下，表現基本的「決策與批判」技能。 • 3b-III-4能於不同的生活情境中，運用生活技能。 • 4a-III-1運用多元的健康資訊、產品與服務。 • 4a-III-2自我反省與修正促進健康。 • 4b-III-3公開倡導促進健康的信念。
	學習內容	• Ea-III-2兒童及青少年飲食問題與。 • Eb-III-1健康消費資訊來源與媒體。 • Ca-III-3環保行動的參與及綠色消費概念。
核心素養	總綱	• E-A1具備良好的生活習慣，促進身心健全發展，並認識個人特質，發展生命潛能。 • E-B2具備科技與資訊應用的基本素養，並理解各類媒體內容的意義與影響。 • E-C1具備個人生活道德的知識與是非判斷的能力，理解並遵守社會道德規範，培養公民意識，關懷生態環境。
	領綱	• 健體-E-A1具備良好身體活動與健康生活的習慣，以促進身心健全發展，並認識個人特質，發展運動與保健的潛能。 • 健體-E-B2具備應用體育與健康相關科技及資訊的基本素養，並理解各類媒體刊載、報導有關體育與健康內容的意義與影響。 • 健體-E-C1具備生活中有關運動與健康的道德知識與是非判斷能力，理解並遵守相關的道德規範，培養公民意識，關懷社會。

議題融入	實質內涵	• 環境教育 　環E5覺知人類的生活型態對其他生物與生態系的衝擊。 　環E16了解物質循環與資源回收利用的原理。 • 人權教育 　人E15能討論周遭不公平之事件，並提出改善之想法。
	所融入之單元	• 環E5覺知人類的生活型態對其他生物與生態系的衝擊。 　融入於：三個單元皆融入。 • 環E16了解物質循環與資源回收利用的原理。 　融入於：第三單元「食在愛地球」。 • 人E15能討論周遭不公平之事件，並提出改善之想法。 　融入於：第三單元「食在愛地球」。
與其他領域／科目的連結		• 綜合活動領域 ◎學習表現 　2c-III-1分析與判讀各類資源，規劃策略以解決日常生活的問題。 　3d-III-1實踐環境友善行動，珍惜生態資源與環境。 ◎學習內容 　Bc-III-1各類資源的分析與判讀。 　Bc-III-2媒體對日常生活的影響。 　Cd-III-2人類對環境及生態資源的影響。 　Cd-III-3生態資源與環境保護行動的執行。
教材來源		自編教材
教學設備／資源		單槍、電腦、學習單

各單元學習重點與學習目標			
單元名稱		學習重點	學習目標
單元一 Book能沒有你	學習表現	1a-III-3理解促進健康生活的方法、資源與規範。 2a-III-2覺知健康問題所造成的威脅感與嚴重性。 3b-III-4能於不同的生活情境中，運用生活技能。 4a-III-2自我反省與修正促進健康的行動。	健體-E5-A1-1理解促進健康的飲食原則。 健體-E5-A1-2關注兒童及青少年的飲食問題，覺察不良飲食行為對健康所造成的威脅。 健體-E5-A1-3能在不同的生活情境中，運用作決定的技巧選擇健康的食物。 健體-E5-A1-4透過飲食習慣的自我反省，檢視並修正不良的飲食行為以促進健康。
	學習內容	Ea-III-2兒童及青少年飲食問題與健康影響。	
單元二 食品廣告追追追	學習表現	3b-III-3能於引導下，表現基本的「決策與批判」技能。 4a-III-1運用多元的健康資訊、產品與服務。	健體-E5-B2-1覺察食品廣告對飲食消費的影響，並在引導下表現分析與批判媒體的技能。 健體-E5-B2-2運用多元的健康資訊，選擇有益健康的食品。
	學習內容	Eb-III-1健康消費資訊來源與媒體影響。	

單元三 食在愛地球	學習 表現	1a-III-2描述生活行為對個人與群體健康的影響。 2b-III-1認同健康的生活規範、態度與價值觀。 4b-III-3公開倡導促進健康的信念或行為。	健體-E5-C1-1描述日常生活飲食對地球溫室效應的影響，理解低碳飲食與環境的關係。 健體-E5-C1-2認同綠色消費、公平貿易等概念的重要性。 健體-E5-C1-3能落實低碳飲食的生活方式，並公開向他人倡導低碳飲食的信念及行為。
	學習 內容	Ca-III-3環保行動的參與及綠色消費概念。	

因第三單元有融入兩項議題，故以第三單元為例加以說明。

教學單元活動設計			
單元名稱	食在愛地球	時間	共2節，80分鐘
主要設計者	巫偉鈴委員		
學習目標	健體-E5-C1-1描述日常生活飲食對地球溫室效應的影響，理解低碳飲食與環境的關係。 健體-E5-C1-2認同綠色消費、公平貿易等概念的重要性。 健體-E5-C1-3能落實低碳飲食的生活方式，並公開向他人倡導低碳飲食的信念及行為。		
學習表現	• 1a-III-2描述生活行為對個人與群體健康的影響。 • 2b-III-1認同健康的生活規範、態度與價值觀。 • 4b-III-3公開倡導促進健康的信念或行為。		
學習內容	• Ca-III-3環保行動的參與及綠色消費概念		
領綱核心素養	• 健體-E-C1具備生活中有關運動與健康的道德知識與是非判斷能力，理解並遵守相關的道德規範，培養公民意識，關懷社會。		
核心素養呼應說明	請搭配課程手冊項次「參、核心素養與學習重點的呼應說明」敘寫。其相關建議包含： 1. 應以學生學習的角度出發，敘寫學習重點與核心素養的關係。 2. 可舉出學生達成核心素養的可能途徑，例如：學習素材、學習方法及教學引導等。 例如：人類的生活在無形中製造了許多環境問題，如全球暖化、河川汙染、核汙染、空氣汙染、土石流等，對人類社會永續發展形成莫大的影響。透過資料蒐集、案例分析、澄清討論等方式，學生能檢視人與環境的關係，認同綠色消費、節能減碳、簡樸生活等概念的重要性，願意在日常生活中採行簡樸節約原則，實踐負責任的環保行為，也願意展現公民意識與社會責任，公開表達保護自然環境的觀點與立場，以求世代永續利用。		

議題融入 說明	• 環E5覺知人類的生活型態對其他生物與生態系的衝擊。 　融入說明：為本主題教案內容所傳達的精神之一。 • 環E16了解物質循環與資源回收利用的原理。 　融入說明：於第一節，融入低碳、減少廢棄物的教案內容中。 • 人E15能討論周遭不公平之事件，並提出改善之想法。 　融入說明：於第二節，融入公平貿易的教案內容中。	
第一節　課教學活動內容及實施方式		備註
【引起動機】 一、教師展示進口的蘋果及果汁，詢問學生知不知道這些食物從產地來到這裡，旅行了多長的距離？例如：美國蘋果旅行了10,000公里來到臺灣，德國的有機果汁則旅行了9,200公里。 二、教師透過碳足跡資訊網讓學生對食物里程有更具體的認識。請學生腦力激盪，說一說食物在運輸的過程中對環境會造成哪些影響？ 三、教師綜合說明食物的運輸讓地球暖化的問題更嚴重了，因為運輸時要耗費石化燃料，而興建或修補公路、鐵路的建設也都會增加溫室氣體的排放量。而且蔬果為了長途運輸的保鮮與維持賣相，必須有更多包裝，製造更多垃圾，這跟環保「減廢」理念背道而馳。所以聯合國呼籲人們從飲食行為來減少溫室氣體的排放，主張在兼顧營養價值及環境生態的條件下，建立低碳飲食的生活態度來保護地球。		【時間】 5分鐘
【發展活動】（學習內容Ca-III-3環保行動的參與及綠色消費概念） 一、教師配合網站內容（環保活動低碳平臺http://greenevent.epa.gov.tw/） 　說明低碳飲食的概念：食物從生產、運輸、加工、儲存、烹調、食用到廢棄，每個階段都會產生溫室氣體。低碳飲食就是設法在食物的整個生命週期中，儘量排放最少的溫室氣體。 ※低碳飲食的原則※ （一）選當季食材：種植當季食材，可以減少農藥及肥料的施作，避免生產非當季食材時，需要額外的用水、冷藏、保溫等所需能源。在日本有一項研究發現，採用當季食材或非當季食材，在食材生產部分碳足跡可能相差10倍。 （二）選在地食材：可縮短食物里程，降低供運輸所需能源。 （三）多吃蔬食少吃肉：生產1公斤的牛肉，會製造出36.4公斤的二氧化碳，肉食者1年因飲食產生1,500公斤的二氧化碳，1人1天不吃肉，可以減少7公斤的二氧化碳。 （四）選擇精簡包裝：減少使用加工食材–可減少加工過程及未來處理廢棄物時所需消耗的能源，而運用自然加工措施的食材（如日曬／風乾）則不在此限。 （五）節制使用：購物時少使用交通工具，並購買適當份量。 （六）遵守節能原則烹調：避免長時間烹調，可進一步減少額外耗用的能源及水。 （七）儘量減少垃圾的產生：避免焚化及掩埋增加溫室氣體排放。		【時間】 30分鐘 【評量重點】

二、引導學生思考：在日常生活中有沒有做到低碳健康飲食的原則？請學生自由發表，分享家中平日的飲食情形。	
【綜整活動】（學習表現4b-III-3公開倡導促進健康的信念或行為。） 一、教師強調食物得來不易，在生產和運輸的過程中都會消耗不少水資源和能源，製造溫室氣體。想要當個綠色行動小尖兵，保護地球環境，可以採取具體行動，讓我們所處的環境更美好。 二、請學生利用完成語句的方式，舉手表達自己可以具體做到的方法。 　（一）多吃當地的食物，我要做到…… 　（二）多吃當季的食物，我要做到…… 　（三）買東西時，我要做到…… 　（四）了節能減碳，烹調時要做到…… 　（五）為了珍惜食物資源，我要做到…… 三、鼓勵學生在日常生活中以實際行動支援地球環境的永續發展。	【時間】 5分鐘 【評量重點】 學習目標 健體-E5-C1-3能落實低碳飲食的生活方式，並公開向他人倡導低碳飲食的信念及行為。
第二節：教學活動內容及實施方式	備註
【引起動機】 一、教師詢問學生有沒有看過公平貿易標章？知不知道它代表什麼意義？ 二、教師說明： 　（一）生活中常見的咖啡、紅茶、可哥（做巧克力最主要的原料），大多生產於貧困的國家，而當地仰賴這些作物維生的農民卻僅能得到微薄的報酬。以巧克力為例：非洲迦納出產製作巧克力的可哥豆，但當地農民可能一輩子都吃不起巧克力，因為可哥豆從加工製成巧克力，經過包裝、運銷等過程，受到貿易商層層剝削，消費者花一百元買的巧克力，當地農民也許只拿到五、六元。為了改善貧窮農民的生活，國際公平貿易認證組織（FLO）訂出合理售價，確保生產與貿易過程中沒有剝削生產者的收入、人權及生態環境。但生產團體若要取得公平貿易認證，必須符合以下條件：農產品的生產過程符合環境永續的觀念，儘量不使用肥料、農藥，不砍伐雨林；若有聘用勞工，須注重工作環境的安全；保障男女勞工同等待遇，不雇用童工。 　（二）臺灣較少見到銷售公平貿易產品的商家，但臺灣有許多默默努力的團體，提供具有公平貿易精神的消費選擇，像主婦聯盟推動有機蔬菜共同購買機制，福智文教基金會里仁公司尋找合作廠商，生產有機蔬果、無添加物的健康餅乾等，也跟公平貿易的精神接近。 三、請學生思考下列問題並提出自己的想法： 　（一）一項商品的製造過程如果不講求環保、傷害自然環境，但是價格比同類的商品便宜很多，你會購買嗎？為什麼？ 　（二）你願意為了讓赤貧、地球另一端的窮苦農民得到更好的生活而多花點錢去購買貼有公平貿易標章的商品嗎？為什麼？	【時間】 5分鐘 【評量重點】 學生專心程度 發表內容

四、教師統整：不講求環保的產品雖然便宜，但十幾二十年後，它所製造的汙染問題會慢慢浮現，因此大家必須將眼光放遠。購買公平貿易的商品雖然價格高一些，但卻能達成幫助貧窮國家農民與地球永續發展的目的，這是身為地球村公民應盡的責任。	
【發展活動】（學習內容Ca-III-3環保行動的參與及綠色消費概念） 一、教師強調保護地球資源，是全地球人的責任，藉著調整飲食消費方式，我們也能為地球環境盡一份心力。 二、配合下列情境題，請學生分組討論後，進行角色扮演並分享可行的做法： 　（一）情境一：大雄陪爸爸去買咖啡豆，大雄想建議爸爸選擇貼有公平貿易標章的咖啡豆，但它的價格比其他商品稍微貴一些。 　（二）情境二：大雄每天都到早餐店買早餐，漢堡和飲料分別用盒裝還用塑膠袋套起來，宜靜看他每天都拎了好幾袋食物到學校，於是勸阻他。 　（三）情境三：阿福陪媽媽上市場買水果，水果種類繁多，媽媽挑了櫻桃，又挑了榴槤。阿福打算請媽媽改買本地盛產的水果。 　（四）情境四：哥哥生日，爸爸提議到吃到飽餐廳慶祝。但小玉不贊成，她提出自己的理由。 　（五）情境五：小芳和姐姐到自助餐店點餐，姐姐點了肉排、牛腩、紅燒獅子頭，小芳覺得肉類食物太多了，她要說服姐姐改點別的菜。 三、教師給予講評，獎勵表現優秀的組別。	【時間】 30分鐘 【評量重點】 角色扮演情形
【綜整活動】（學習表現4b-III-3公開倡導促進健康的信念或行為。） 一、教師統整說明愛地球並不難，在日常生活中就能身體力行。鼓勵學生向親友倡導低碳飲食的理念及重要性。 配合學習單，完成倡導紀錄。	【時間】 5分鐘 【評量重點】 學習目標 健體-E5-C1-3能落實低碳飲食的生活方式，並公開向他人倡導低碳飲食的信念及行為。 領綱核心素養 健體-E-C1具備生活中有關運動與健康的道德知識與是非判斷能力，理解並遵守相關的道德規範，培養公民意識，關懷社會。

教學提醒	一、教學活動安排兼顧動態與靜態，教師可依據課堂進行狀況，斟酌活動時間的長短。教學時宜避免針對班上特定學生做討論，例如：講到肥胖問題，不宜舉班上肥胖的學生為例，以免傷害學生的自尊心。教學活動的「引起動機」部分，建議教師可以採用切合班上的生活時事引導學生進入課程。「發展活動」部分，倘若教師覺得有更切合教學目標的活動方式，也可自行增減以提高可行性與靈活性。 二、教學對象為六年級學生，雖然在認知理解能力、自我覺察能力、批判思考能力方面有一定的基礎，但畢竟飲食消費的主導權多為家長，教師只能儘量給學生發表的訓練與機會，鼓勵他們發揮倡導的能力，影響家長在飲食上多為地球盡一分心力。
參考資料	略
附錄	一、學習單三「低碳飲食愛地球」 二、評量規準表

（三）設計各課程方案年級主題的順序與節數

　　茲以彰化管嶼國小三年級單領域核心素養導向教案設計為例加以說明，就核心素養的課程設計原則與教學理念而言，「大自然的雕刻家」為寫景的記敘文，透過觀察受風化與侵蝕作用的事物，體驗大自然之美。教學設計以認識寫景的語句出發，透過主題句歸納課文結構，並參考第二、三段「主題－細節－感受」的段落結構，進行景色仿寫的教學，培養學生體驗生活中的美感事物，並發展藝文創作與欣賞的基本素養。其核心素養的主題說明如下：

領域／科目		國語文	設計者	陳志洺
實施年級		三年級	總節數	共5節，200分鐘
主題名稱		大自然的雕刻家		
設計依據				
學習重點	學習表現	6-II-2培養感受力、想像力等寫作基本能力。		
	學習內容	Ad-II-2篇章的大意、主旨與簡單結構。 Ad-II-3故事、童詩、現代散文。		

核心 素養	總綱	B3藝術涵養與美感素養
	領綱	國-E-B3 運用多重感官感受文藝之美，體驗生活中的美感事物，並發展藝文創作與欣賞的基本素養。
議題 融入	實質 內涵	
	所融入 之單元	
與其他領域／科目的 連結		
教材來源		國小國語文第五冊（翰林版）
教學設備／資源		

各單元學習重點與學習目標			
單元名稱	學習重點		學習目標
大自然的雕刻家	學習 表現	6-II-2培養感受力、想像力等寫作基本能力。	國-E3-B3-1 能了解課文結構並轉為圖表。 國-E3-B3-2 能仿照課文寫出段落。
	學習 內容	Ad-II-2篇章的大意、主旨與簡單結構。 Ad-II-3故事、童詩、現代散文。	

以單元一設計為例：

教學單元活動設計			
單元名稱	大自然的雕刻家	時間	共5節，200分鐘
主要設計者	巫偉鈴委員莊紹信、彭美慈、賴姿婷、簡世雄		
學習目標	國-E3-B3-1 能了解課文結構並轉為圖表。 國-E3-B3-2 能仿照課文寫出段落。		
學習表現	6-II-2培養感受力、想像力等寫作基本能力。		
學習內容	Ad-II-2篇章的大意、主旨與簡單結構。 Ad-II-3故事、童詩、現代散文。		

領綱核心素養	國-E-B3 運用多重感官感受文藝之美，體驗生活中的美感事物，並發展藝文創作與欣賞的基本素養。
核心素養呼應說明	透過課文的學習與生活經驗結合，培養對美善的人事物，進行賞析、建構與分享的態度與能力。
議題融入 說明	

教學活動內容及實施方式	備註評量方式
第一節 【閱讀課文、找出並分組報告課文中對於景色描述的語句。】 一、準備活動：10分鐘 （一）請學生閱讀課文，標出自然段的編號並切分完整句。 （二）請學生再次閱讀，圈出不了解的字詞和句子。 （三）教師做行間巡視，對多數學生不了解的句子加以解釋。 二、發展活動：25分鐘 學習內容（Ad-II-2篇章的大意、主旨與簡單結構）。 （一）師生共同討論課文中第一段描述景色的語詞和句子有哪些。 （二）學生分組逐段整理寫出課文中描述景色的語詞和句子於海報。 （三）請各組發表所寫的內容，並聆聽各組的報告。 （四）教師根據各組發表的內容進行歸納與回饋。 三、綜整活動：5分鐘 學習表現（6-II-2培養感受力、想像力等寫作基本能力。） （一）教師歸納各組發表的句子，請學生以圓點貼紙票選最佳寫景的句子。 （二）教師總結票選結果並回饋。 第一節結束 第二節 【閱讀課文、逐段找出主題句，並分組發表。】 一、準備活動：5分鐘 （一）回顧第一節所找出課文中對於景色描述的語句。 （二）教師說明主題句與文章標題的關聯。 二、發展活動：25分鐘 學習內容（Ad-II-3故事、童詩、現代散文。） （一）請學生閱讀第一段課文。 （二）教師以放聲思考的方式，示範找出第一段的主題句。 （三）學生分組，重述教師找出第一段主題句的過程。 （四）學生分組，找出第四段的主題句。 （五）教師總結各組找出的主題句，並澄清學生概念。 （六）請學生閱讀第二段課文。	學生能找出課文中對於景色描述的語詞和句子（口頭發表與海報整理） 學生能以貼紙票選佳句 學生能找出並說明各段主題句為何 學習目標 國-E3-B3-1 能了解課文結構並轉為圖表。

（七）教師以放聲思考的方式，示範找出第二段的主題句。 （八）學生分組，重述教師找出第二段主題句的過程。 （九）學生分組，找出第三段的主題句。 （十）教師總結各組找出的主題句，並澄清學生概念。 三、綜整活動：10分鐘 學習表現（6-II-2培養感受力、想像力等寫作基本能力。） （一）教師總結各段的主題句，歸納課文大意。 （二）教師藉由課文大意，說明全文主旨。	學生能找出並說明各段的段落結構為何 學習目標 國-E3-B3-2 能仿照課文寫出段落。
第二節結束 第三節 【閱讀課文、逐段找出段落結構，並分組發表。】 一、準備活動：5分鐘 （一）回顧第二節各組找出的主題句。 （二）請學生找出各段所描寫大自然的雕刻家為何。 二、發展活動：30分鐘 （一）請學生閱讀第一段課文。 （二）教師以放聲思考的方式，示範找出第一段的段落結構。 （三）學生分組，重述教師找出第一段段落結構的過程。 （四）學生分組，找出第四段的段落結構。 （五）教師總結各組找出的段落結構，並澄清學生概念。 （六）請學生閱讀第二段課文。 （七）教師以放聲思考的方式，示範找出第二段的段落結構。 （八）學生分組，重述教師找出第二段段落結構的過程。 （九）學生分組，找出第三段的段落結構。 （十）教師總結各組找出的段落結構，並澄清學生概念。 三、綜整活動：5分鐘 學習表現（6-II-2培養感受力、想像力等寫作基本能力。） 教師藉由各組完成的段落結構表格，解釋「總—分—總」的文章結構。	學生能仿寫出「主題—細節—感受」的段落結構 （使用附錄四：段落仿寫學習單） 學習目標 國-E3-B3-2 能仿照課文寫出段落。
第三節結束 第四節 【根據課文第二段，進行「主題—細節—感受」的段落仿寫。】 一、準備活動：5分鐘 （一）回顧第三節各組所找出的段落結構。 （二）教師說明第二段的段落結構為「主題—細節—感受」。 二、發展活動：30分鐘 ★教師以「我的校園」為題，帶領學生進行段落仿寫。 （一）請學生閱讀第二段課文。 （二）教師以放聲思考的方式，說明第二段的「主題」句子。 （三）學生使用學習單，仿寫「主題」句。 （四）教師以放聲思考的方式，說明第二段的「細節」句子。	

（五）學生使用學習單，仿寫「細節」句。 （六）教師以放聲思考的方式，說明第二段的「感受」句子。 （七）學生使用學習單，仿寫「感受」句。 三、綜整活動：5分鐘 （一）請一組學生口頭報告第二段仿寫內容。 （二）教師提示運用連接詞等將「主題-細節-感受」謄寫成完整的段落。 第四節結束 第五節 【運用「主題-細節-感受」的段落結構，獨立完成寫作。】 一、準備活動：5分鐘 （一）回顧第四節「主題-細節-感受」的文章結構。 （二）教師提醒寫作原則。 二、發展活動：30分鐘 ★教師以「我的校園」為題，指導學生獨立完成段落寫作。 （一）請學生閱讀第二、三段課文。 （二）教師說明第二、三段段落結構相同。 （三）指定主題，請學生依「主題-細節-感受」的結構，獨自完成段落撰寫。 三、綜整活動：5分鐘 教師巡視行間，並給予回饋，最後回收學生作品。 第五節結束	學生能根據指定的主題，仿寫出「主題—細節—感受」的段落結構 學習目標 國-E3-B3-2 能仿照課文寫出段落。 領綱核心素養 國-E-B3運用多重感官感受文藝之美，體驗生活中的美感事物，並發展藝文創作與欣賞的基本素養。	
試教成果或 教學提醒	（非必要項目）	
參考資料	（若有請列出）	
附錄	附錄一：課文內容 附錄二：評量基準表 附錄三：課文結構學習單 附錄四：段落仿寫學習單	

　　上述核心素養的教案顯示，領域／科目學習重點的架構提供各領域／科目教材設計的彈性，在不同版本教材中，「學習表現」與「學習內容」可以有不同的對應關係。教材編輯者或教學單元設計者，在發展各學習階段之單元／主題教材或進行教學設計時，可以運用「學習重點的雙向細目架構」（蔡清田、陳伯璋、陳延興、林永豐、盧美貴、李文富、方德隆、陳聖謨、楊俊鴻、高新建、李懿芳、范信賢，2013：15），以適切組合學

習表現與學習內容。各教學單元之單元名稱及學習目標，係依據該單元之設計理念或領域／科目核心素養，適切地結合若干學習表現與學習內容所發展而成。「學習重點的雙向細目架構」是教學單元設計的輔助工具，主要功能是引導設計者與教學者透過學習表現與學習內容的多種對應關係，可以是一對一、一對多或多對多的關係，進而發展學習目標，以整體規劃各單元之學習經驗，以便透過領域／科目的主題統整領域／科目目標、核心素養、學習內容與學習表現，並可進而透過年級主題課程統整各領域科目課程主題統整領域／科目目標、核心素養、學習內容與學習表現（蔡清田，2018）。

第四節 設計方案教學材料

　　核心素養的教學材料是「支援的課程」（supported curriculum），包含所有可以協助教學的學習材料，例如：常見的教科用書和其他教材教具等。教材可以提供教師種種教學機會，以具體和系統的方式，呈現所要教導的知識技能，也可引導學生繼續探究的媒介，或引發進一步的批判評價等等。就教材編選而言，十二年國教課程改革並無全國統一規定的教材，學校可以採用民間出版社編輯並經教育部核定的教科書，此外學校教師也可以自編補充教材，透過網路蒐集各類學習資源，提供學生學習的素材，因此教材來源相當多元化（蔡清田，2008）。《十二年國民基本教育課程綱要總綱》指出，教學資源包括各種形式的教材與圖儀設備，研究機構、社區、產業、民間組織所研發的資源，以及各界人力資源。各該政府應編列經費，鼓勵教師研發多元與適切的教學資源。實施學校課程計畫所需的教學資源，相關教育經費，中央與地方應予支持。學校可以因應地區特性、學生特質與需求，選擇或自行發展合適的教科用書和教材，以及設計彈性教學時數所需的課程教材。惟自編教科用書應送交「課程發展委員會」審查（教育部，2014，31）。值得注意的是教師所用的教科用書及教材是否符合課程綱要的核心素養？各課程方案小組教師必須判斷教科用書是否呼應課程綱要核心素養。

一、參考課程設計原則，進行方案教材設計

　　教師應對核心素養的課程有相當認識，了解學生需要什麼？社會需要什麼？要教給學生什麼？要用什麼教材？這些教材如何設計？學校必須因應地區特性、學生需求，選擇或自行編輯合適的教科用書和教材，以及設計彈性教學時數所需的課程教材。最好能參考課程設計原則，研訂「教科用書評選及採用辦法」，提校務會議審議，作為選擇教科書及相關補充教材之依據（蔡清田，2007）。歸納學者（黃政傑，1991；歐用生，1994；黃光雄、蔡清田，2015；Tyler, 1949; Taba, 1962; Oliver, 1977）所提出的原則包括繼續性、順序性、統整性、銜接性與均衡性。繼續性是指課程的主要因素，在不同時間階段予以「直線式」的重複敘述。順序性則使學習的機會，建立在前一個學習經驗或課程內容之上，對同一課程要素進行更深更廣更複雜的處理。統整性是指課程經驗「橫向」的聯繫之水平組織，包括認知、技能、情意之統整與科目之統整。銜接性是指課程要素各方面的相互關係，包括水平關係與垂直關係。這些原則都可以作為方案設計的參考（蔡清田，2016）。

二、設計各課程方案主題的教材

　　核心素養的課程方案設計，可以是現有教科書的選擇、調整，也可以是核心素養的新教材創造。就課程方案的教材而言，根據現有的教材加以選擇，是「初級」的方案設計；進階的「中級」方案設計，是根據現有教材加以調整改編其內容順序，以增強其學習效果；「高級」的方案設計，則是從無變有的創造，可以弭補現有教材不足之處，以達成其方案目標。特別是《十二年國民基本教育課程綱要總綱》的實施要點明確指出，教科用書選用：1.教科用書應依據課程綱要編輯，並依法審定；學校教科用書由學校依相關選用辦法討論通過後定之。2.各級各類學校相關課程及教材，應採多元文化觀點，並納入性別平等與各族群歷史文化及價值觀，以增進族群間之了解與尊重。3.除審定之教科用書外，直轄市、縣（市）主

管機關或學校得因應地區特性、學生特質與需求、領域／群科／學程／科目屬性等，選擇或自行編輯合適的教材。全年級或全校且全學期使用之自編自選教材應送學校課程發展委員會審查（教育部，2014，33）。過去的教師往往沿用教科書的內容進度，因此，學校對教科書的選用，應該讓教師參與決定，使教師了解每個版本教科書之優缺點。但是，課程綱要鼓勵學校得因應地區特性、學生特質與需求，選擇或自行編輯合適的教科書或教材，以及編選彈性教學節數所需的課程教材。因此，除了選擇教科書之外，教師仍可靈活運用調整增刪與創造等方法，補充其他合適的教材，善用可能的學習資源，甚至調整教學進度，彈性設計教學時間，因應學生需求，以利有效學習的進行。

　　選擇、調整與創造三者，各有其優點。選擇，最為簡易，是課程方案設計的初階做法；調整，可以根據現有教材為基礎，可以花費較少的時間與較少的資源進行教材重組；創造，則在概念上比較新穎的，可以彌補現有教材不足之處。方案設計小組宜善用適當的方法，進行教材的設計。

（一）選用教材：選擇適當出版社所編輯，並經教育部審查核可所公布的教科書作為教學用書，這是一種不致埋頭苦幹，而比較輕鬆簡便，善用資源的方案教材設計方式。但是，選用教科書應該考量教育需求，依據學校願景、學校教育目標、學生需求、社區資源及特色等，以生活為重心，以有助教學為考量，選用合適之教科書，而不應受到的金錢誘惑而忽略教材品質，喪失教育立場，或遭移送法辦，撤職查辦。

（二）調整教材：以選用現成教材之後，改編改寫或修正現有的教材，考量學生的特殊需要與個別差異，酌以增刪或調整其先後順序。換言之，調整現有的教材，來更新或重組教材，這是一種辛苦而不痛苦（work hard and work smart）的教材設計方式，以便確保其能有效地服務目前的學生群。

（三）創造教材：針對學校的特定需求與學校教育願景與課程目標，研發創新的課程方案教材，如鄉土教學活動教材的學習單或主題統整教材的研發等等，都是可以重新加以概念化的創造教

材。但是，創造不是為了瘋狂的忙碌（buzzy and crazy），或為了創造而創造，目的不在標新立異，而在彌補現有教材不足之處，以有助於教學而達成教育目標。特別是《十二年國民基本教育課程綱要總綱》的實施要點明確指出，教材研發包括教科用書、各類圖書、數位教材、補救教材與診斷工具及各種學習資源等，需衡量不同學習階段間的縱向銜接及領域／群科／學程／科目及課程類型之間的橫向統整。配合新課程綱要實施，教育部應建立資源研發之合作機制，促進研究機構、大學院校、中小學、社區、民間組織、產業等參與教材、教學與評量資源的研發；直轄市、縣（市）主管機關得開發具地方特色之資源，或鼓勵學校自編校本特色教材與學習資源（教育部，2014，34）。

　　學校可整合校內外人力資源，協力合作以精進課程、研發補救教材與診斷工具等，提升學生核心素養的學習成效。中央主管機關應整合建置課程與教學資源平臺，以單一入口、分眾管理、品質篩選、共創共用與尊重智慧財產權等原則，連結各種研發的教學資源，提供學生、教師、家長等參考運用。過去的教師，在方案課程設計的過程中，經常沿用國立編譯館統一編審的教科書內容，甚至將其視為唯一的教材，忽略其他可能的教學資源。因應當前課程鬆綁與廢除課程標準的改革趨勢，過去死守教科書內容的做法，容易導致社會大眾誤解教師落伍跟不上時代的質疑，甚或可能引起家長質疑教師不夠專業而且不夠用心。因此，有必要改變教師的心態，使其重視課程綱要的三面九項核心素養與領域／科目核心素養的教學，靈活選擇應用教科書內容，而同時強調認知、技能與情意。甚至，鼓勵教師調整心態，雖然可以參考教學指引的流程，但是不宜僵化固著而不知變通，因為教師對教學度的節奏，應該具有主導權，嘗試各種協助學生的教材教法，以便營造主動的學習情境，協助學生獲得成功的學習機會，協助每一位學生都展現出核心素養。教科書內容雖然可能是重要的教材，但並不是唯一的教材，各學習領域雖然仍有教科書，但是應該鼓勵教師不過度依賴教科書。例如：數學、自然與生活科技，可以透過教科書獲得有

系統的學習內容；語文、社會就並不一定要完全依賴教科書的內容；健康
與體育、藝術便可不依賴教科書內容，特別是綜合活動學習領域更可根據
學校情境如學生興趣、教師專長或學生能力，參考課程綱要的學習表現，
設計更爲彈性的內容。因此，學校應該鼓勵教師蒐集不同版本的教科書之
外，更應該讓教師了解每個版本教科書之優缺點。甚至，除了選擇教科書
之外，也應該鼓勵教師靈活運用調整與創造等方法，補充其他合適的核心
素養教材，善用可能的學習資源，甚至調整教學進度，彈性設計教學時
間，因應學生需求，以利有效學習的進行。

第五節　設計方案教學活動

　　適合教師使用的核心素養教學活動設計包括下列四種方法（Barnes,
1982）：一是內容中心：其方案包括選擇內容項目、選擇學習活動、分析
所要學習的概念、決定學習的資料、畫出內容圖、安排活動和概念的學習
順序、列出可用的資源。二是技能中心：其程式包括列出所需學習技能、
分析每一技能學習的先備條件、選擇技能應用的題材、安排示範和回饋、
提供相關知識、設計綜合練習的機會、列出所需的資源。三是問題中心：
其程式包括選擇問題、設計問題、分析解決問題的知識技能、選擇學習活
動並安排順序、列出學習資源。四是興趣中心：其程式包括選擇共同經
驗、提供共同經驗、設計學習活動、提供各種活動所需的知識和技能、列
出學習資源。教學活動的選擇，應該考慮能使學生練習目標之中所要學會
的行爲和內容，能使學生在學習中產生滿足，在學生能力可級的範圍內，
同一目標可由不同經驗達成，同一學習經驗可以產生不同學習結果（Tyler,
1949）。核心素養的課程方案教學活動設計，可以參考一般規準（Taba,
1962）。例如：富有意義：學生能見到學習工作的意義和價值，並能把握
其可理解性。合乎經濟：即避免重複及過多，以最簡單和最有效的方式獲
得知識、技能及理解力。具有結構：即組成一種型式或系統，不要維持孤
立的狀態。激發動機：即激發學生從事艱辛的工作。從事活動：即鼓勵學
生積極參與探究及創造的歷程。方案的教學活動應該合乎這些規準，而且

還要進一步安排教學的先後順序，說明如次：

一、設計課程方案教學活動流程

教師可以根據不同科目，選擇核心素養的不同教學活動設計方式；即使同一科目，不同的主題也可能選擇不同的設計方式（黃光雄、蔡清田，2015）。不論使用何種方式設計課程，都應該將各種教學活動流程的構想，形諸文字或透過其他適當媒介表達（黃政傑，1991）。例如：彰化縣福德國小翁雅惠老師所設計的六年級自然與生活科技「生物與環境」核心素養的單元教學活動設計流程如下：

（一）單元

領域／科目	自然與生活科技	設計者	翁雅惠
單元名稱	生物與環境	總節數	共二節，80分鐘
教材來源	■教科書（■康軒□翰林□南一□其他） □改編教科書（□康軒□翰林□南一□其他） □自編（說明：）		
學習階段	□第一學習階段（國小一、二年級） □第二學習階段（國小三、四年級） ■第三學習階段（國小五、六年級） □第四學習階段（國中七、八、九年級）	實施年級	六年級
學生學習經驗分析	1. 知道資源永續可結合日常生活中低碳與節水方法做起。 2. 可利用垃圾減量、資源回收、節約能源等方法來保護環境。 3. 已能運用合作學習進行小組討論並能上臺發表。 4. 可使用flyer進行拍照並上傳資料到雲端。		
設計依據			
學科價值定位	從認識能源學習能源的取得與使用，並認識節能及環保標章的概念與意涵，從日常生活中力行節能、減碳的消費行為，進而成為珍惜能源、愛護環境的地球公民。		
領域核心素養	自-E-C1 培養愛護自然、珍愛生命、惜取資源的關懷心與行動力。		

學習重點	學習表現	tc-III-1 能就所蒐集的數據或資料，進行簡單的紀錄與分類，並依據習得的知識，思考資料的正確性及辨別他人資訊與事實的差異。 po-III-1 能從學習活動、日常經驗及科技運用、自然環境、書刊及網路媒體等，察覺問題。 pc-III-2 能利用簡單形式的口語、文字、影像（如攝影、錄影）、繪圖或實物、科學名詞、數學公式、模型等，表達探究之過程、發現獲成果。 ai-III-3 參與合作學習並與同儕有良好的互動經驗，享受學習科學的樂趣。
	學習內容	INg-III-5能源的使用與地球永續發展息息相關。
課程目標		自-E6-C1 認識可再生資源與不可再生資源，進而知道珍惜資源的重要性；透過討論，知道各種節約及愛惜資源的方法，進而培養愛護地球的情懷。
核心素養呼應說明		C1 道德實踐公民意識 關懷自然生態與人類永續發展，而展現知善、樂善與行善的品德。
議題融入	實質內涵	（非必要項目）
	融入單元	（非必要項目）
與他領域／科目連結		（非必要項目）
參考資料		自然與生活科技六下教材

（二）規劃節次

節次規劃說明			
選定節次 （請打勾）	單元節次		教學活動安排簡要說明
	3	第 1 節課	1.了解在日常生活中我們常會應用到哪些自然資源。 2.認識哪些自然資源可以永續利用。
✓	3	第 2 節課	1.透過分享與討論共同思考如何為保護環境盡一份心力。 2.認識並了解環保標章與節能標章的概念與意涵。

（三）各節教案

教學活動規劃說明			
選定節次	第2節課	授課時間	40分鐘
學習表現	tc-III-1 能就所蒐集的數據或資料，進行簡單的紀錄與分類，並依據習得的知識，思考資料的正確性及辨別他人資訊與事實的差異。 ai-III-3 參與合作學習並與同儕有良好的互動經驗，享受學習科學的樂趣。		
學習內容	INg-III-5能源的使用與地球永續發展息息相關。		
學習目標	自-E6-C1-2 能以小組合作方式討論在日常生活中落實環保行動的方法，並能認識環保及節能標章的概念與意涵，進而檢視自身環保行為。		
情境脈絡	蒐集資料 → 討論可實行之環保行為 → 認識環保節能標章 → 思考自身環保行動		

教學活動內容及實施方式	時間	學習檢核 / 備註
【準備活動】 一、課堂準備 （一）教師：準備環保標章、節能標章等說明資料。 （二）學生：請學生以小組為單位，先將家中標示有環保標章、節能標章之物品拍照上傳到班級共享的google協作平臺，以利課堂討論。 二、引起動機 ＊想一想：我們在享用自然資源時，不僅加速耗竭不可再生能源，也會對環境造成破壞，我們應該如何因應才能保護環境，永續生存呢？	5分鐘	能於課前完成上傳作業 專注聆聽
【發展活動】 INg-III-5能源的使用與地球永續發展息息相關。 ＊說明：生活中，我們在享用自然資源時，不僅消耗資源，同時也對環境造成破壞，因此除了積極發展應用可再生資源的技術，也要保護環境，才能讓地球的生物永續生存。	8分鐘	＊能說出魚源枯竭的原因，並懂得珍惜資源

複習「可再生資源」與「不可再生資源」 觀看：「魚源枯竭」之短片 ＊討論：日常生活中，我們應該如何為保護環境 　盡一份心力？ 觀看：「環保行動GO GO GO」之短片 根據五個面向引導學生思考： 1.減量：節約用電、用水；自備購物袋，減少使 　用塑膠袋。 2.環保選購：不買過度包裝的產品；選擇有環保 　包裝的產品。 3.重複使用：外食自備餐具、茶杯；將舊衣服轉 　送有需要的人。 4.回收再生：使用回收再製的再生紙；確實做好 　垃圾分類及資源回收。 5.節能減碳：搭乘大眾交通工具；使用有節能標 　章的產品。	10分鐘	＊小組共學，能透過 　討論説出如何節約 　日常生活中的資源
＊介紹環保標章的概念及意涵： 開啟學生事先蒐集的資料介紹環保標章： 環保標章是由行政院環境保護署所設計，以「一 片綠色樹葉包裹著純淨、不受汙染的地球」，象 徵「可回收、低汙染、省資源」的環保理念。 請小組上臺介紹家中標有環保標章的物品。	6分鐘	＊能説出環保標章的 　概念、意涵及日常 　生活中標有環保標 　章的物品。 ＊能説出節能標章的 　概念、意涵及日常 　生活中標有節能標 　章的物品。
＊介紹節能標章的概念及意涵： 開啟學生事先蒐集的資料介紹節能標章： 電源、愛心雙手、生生不息的火苗所組成的標 誌，就是節能標章。節約能源在省油、省電，以 手及新型的圖案意為用心節約、實踐省油省電， 而中央圖案為可燃油料以及圖案右方為生活用 電，來倡導國人響應節能從生活中的點滴做起。 藉由「節能標章」的認證申請及推動、鼓勵廠商 提供省能源、高效率的商品，作為消費者購買時 優先選購對象，加點產品貼上這個圖樣，代表其 能源效率比國家認證標準高10-50%，不但兼顧品 質，更能節約耗電。希望藉由節能標章制度的推 廣，鼓勵民眾使用高能源效率產品，以減少能源 消耗。	6分鐘 5分鐘	能進行自我省思並舉 例説明
【總結活動】（須能檢核所選取之學習表現） ai-III-3 參與合作學習並與同儕有良好的互動經驗，享受 學習科學的樂趣。		

＊自我省思：我們只有一個地球，日常生活中每個人都可以從小地方做環保，想一想，你可以做到下列哪些環保行為？ 提示：可由食、衣、住、行、育樂等面向進行說明。		
學習任務說明		
能在課前進行環保、節能標章物品等資料蒐集並完成上傳，藉由環保影片思考環保行為的重要性及能源枯竭所帶來的影響，並以小組討論方式進行環保行為的整理；在學生了解節能、環保標章的概念及意涵引導學生思考自身可以達成的環保行動。		

　　一旦核心素養的教學活動流程表設計好了之後，教學時間分配完成了，學校就應該盡力維護所安排的教學時間，將干擾降到最少，例如：儘量避免行政人員召喚上課中的學生，避免因為特殊的集合而提早下課，或廣播宣布打斷上課而減短上課時間。另一方面，值得注意的是，教師可以和學生共同決定方案主題的教學活動，教師不僅與學生一起進行課程設計，將焦點投注於學生所關注的核心素養之上，而非一味地強調預先規定的「範圍與順序」，因此教師可以和學生一起學習，和學生共同討論，以維持班級經營與教學流程的順利運作，並且慎重認真地思考師生互動所建構的意義（Beane, 1998）。

二、組織各課程方案所需師資

　　教師最接近實際教學情境，不但了解學生發展，更站在教育前線，身歷教學情境，實際觀察體驗學生成長過程與需要，是核心素養課程設計的理想人選。甚至在教師的組織設計下，學生、家長、社區人士及其他教師，可以結合起來，共同為課程設計工作而努力。設計小組可以透過四種途徑，指定專人先行初步設計，再進行團體討論。指定專人參與方案設計的方式可分為：

　　（一）個別教師：係指由教師本身自行設計的教學活動。

　　（二）教師小組：班群教師以學年為單位，或不同科目的教師為領域單位。

（三）學校教職員：以學校為整體單位，全校教職員一起投入課程設計。

（四）校內外人士：結合教師、家長、學生與專家學者或機構共同設計課程。

　　例如：嘉義市北興國中的「阿里山鐵道文化之旅」便在學校教職員與嘉義林管處的工作人員協同之下，組織課程方案的師資。

表4-7　嘉義市北興國中「阿里山鐵道文化之旅」教師班級分配時間組織表

日期	參加班級	帶隊教師
十二月五日	一2、一5、一7、一8	洪主任各班導師
十二月六日	一3、一4、一6、一10	紀主任各班導師
十二月七日	一1、一9、一24、一25	陳主任各班導師

　　值得注意的是，雖然核心素養重視領域教學，但是學校仍可以因應學校實際條件或採合科教學、協同教學、班群教學或分科教學等各種不同的方式進行教學活動。特別是協同教學（team teaching）需要有願意奉獻的教師、適當的空間與必須的設備。協同教學的優點，允許學生在團體中收集資訊、在團體中尋求意義、讓學生追求個人興趣。但是，為使協同教學能順利運作，參與者必須願意一起共同規劃、珍視彈性與創意，且關鍵在於團體內的成員是否能相互忍受協調合作工作。因此，學校必須安排許多團體活動，以協助學校教職員去了解不同科目領域的貢獻，甚至安排其共同沒課程的時段，以便找出共同時段共同設計課程方案，進行全校的協調與合作。

第六節　設計方案評量工具

　　核心素養的方案設計，也應重視評量的功能，特別是核心素養的方案設計小組應該分析並指明哪些核心素養的學習表現可能列入評量當中。而且核心素養的方案設計小組也應運用變通的評量與多元的評量，調整評量

的觀念與方法，將變通評量與多元評量，納入課程方案設計當中，重視努力過程與也強調學習結果，引導學生獲得核心素養，開展學生的潛能。評量，可以兼採質化與量化的探究形式去獲得資料，例如：有關學生檔案、學生訪談、教師團體焦點訪談、師生的日誌與劄記、三角觀察、學生出席紀錄、學校氣氛量表與學生成就測驗，這些不同的資料，可以組合成為核心素養的課程方案評量圖像。因為核心素養的課程方案是受到脈絡情境與個人差異等因素的影響，必須從多重層面加以審視，方能呈現其主要因素與因素之間的關係。因此，方案小組必須考量依課程方案性質不同，編選不同評量，評量標準的客觀性須為家長接受，也須考慮學校教師人力的資源。

一、編選傳統的測驗

核心素養的方案評量，涉及以不同測量工具與規準，以詮釋學生學習。方案評量與學校的共同願景與整體課程目標，應有密切關聯，而且也注意到國家與地方所建立的標準有關，並且應該強調學生學習的各個層面。傳統的紙筆測驗與標準化的測驗，是一般常用的方案評量的工具，因為可以應用在不同情境與不同學生身上，並且可以提供一套標準的學習指標（Henderson & Hawthorne, 2000）。但是傳統測驗，往往無法回應目前課程綱要所建立的多元智慧學習表現。特別是這些新建立的核心素養學習表現，認為人可以複雜或不同的方式進行思考、人類的生活經驗彼此互異、而且人具有許多表達理解、世界觀、求知方法等等多種不同的方式。換言之，標準化測驗，並未能夠測量出課程綱要所指出的核心素養。例如：申論題、填充題、是非題、配合題、選擇題或實作評量等等，每一種方法都各有優缺點。申論題容易測出理解推論的能力，但是卻不容易評分。填充題對於學生或教師而言，最容易由教科書內容加以取樣，但所需題數較多，可能比簡答方式費時。是非題容易評分，但是卻可能造成學生猜測，而且並非每個測驗目標都可以用二分法來作有效的評鑑。配合題與選擇題是很有用的簡答方法，但同樣包含猜測的機會。實作評量，對於學

習成果可以產生較有效的資訊，但卻不容易建構，也不易評分。因此，可以考慮結合眞實情境評鑑的紙筆任務（paper-and-pencil task），包括書面問題與書面作業回答，提供眞實機會讓學生利用知識技能，重視實際生活世界之眞實學習任務。許多另類變通的學生評量形式，提供學生思考的本質與品質，利用眞實世界的問題，考慮學生表達的許多不同形式等等新的洞察力，並且試圖從整體的觀點去理解學生如何對觀念世界賦予意義，並參考不同形式的探究與創意的表達。就整體與深度的觀點而言，如果要去理解學生知道什麼與能做什麼，則多面向的評量是必要的。利用單一測驗，將學生分類、比較人或課程方案的品質，是不合理的，也是不能被接受的。

二、考量實作評量

實作評量，要求學生實際運用其理解、態度與技能（黃光雄、蔡清田，2015）。實作評量的難度高過於零碎事實概念的評量，實作評量的工作任務，可以協助設計者了解學生進行批判閱讀、數學思考、科學探究、利用電腦程式解決問題、批評文學作品與發展公民責任時，學生是如何進行求知與行事（Henderson & Hawthorne, 2000）。

（一）學生訪談

教師可以訪問學生有關其所完成的作品、所閱讀的小說、短篇故事及批判分析案等。訪談的問題，可以導出學生反應的思想清晰度，推理的品質與複雜性、利用設備或搜尋引擎的技巧，及其反應的流暢性。

（二）錄影

爲了評鑑學生是否精熟某一組技能與概念，例如：地震時所需要的所有應變技能，教師可能要求學生去錄製他們最佳表現的錄影帶。在此種檔案紀錄形式中，一位學生討論並展現問題解決策略，其順序是與實際工作的進展相互一致。錄影帶，提供了學生理解、思考、自立自主與行動技巧等實際的與多面向的證據。

（三）檔案評量

　　檔案評量，要求學生整理出他們認為最能代表他們用心努力的部分。作品檔案，是學生的各種作品的創作歷程與工作成果集，包括學生的成就紀錄。作品檔案，富有反省檢討之成分，學生選擇自己所要蒐集的工作作品，並主動地評估與記錄自己的進步情形，教師可能經由適當規準，以引導學生的選擇歷程。例如：在一個寫作檔案當中，我們可能發現一套不同類型的寫作，例如：描述的、分析的、批判的、創造的。在科學—數學—科技的統整課程當中，可能發現，來自一系列團體研究的分析表、實驗室研究的書面報告、設計機器人的電腦程式產品、以及許多討論團體的討論議題與內容。

　　作品檔案，包括兩種類型，亦即「作品歷程檔案」（process folios）與「作品成果檔案」（porfolios），兩者之間的差異乃在於兩者分別呈現的內容不同。作品歷程檔案，記錄了學習與創作的歷程，包含了早期構思的草稿、過程的反省與檢討，以及其所遭遇的困難及失敗原因之檢討。而作品成果檔案的焦點，則著重於所完成的作品，其目的乃在於記錄並反省作品的品質及所完成的範圍，以說明作品完成的過程。值得注意的是，事前先加以界定評量目的，而且明確地決定在何時、由誰、將什麼內容放入檔案當中的規準或方法，事前指明評量的規準，將可適當地運用應用檔案評量，甚至進行學習歷程檔案的規劃設計，如下圖4-8嘉義宏仁女子高級中學學生學習歷程規劃所示：

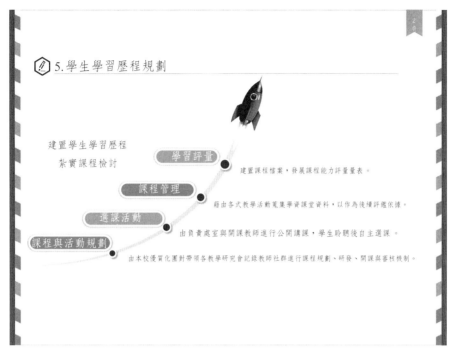

圖4-8　嘉義宏仁女子高級中學學生學習歷程規劃

第七節 設計教學配套資源

　　核心素養的方案設計時也要考慮到分配時間、配置空間、人力、資源、設備，做好相關的準備工作等等配合問題。實施核心素養的學校課程計畫所需的教學資源，相關教育經費，中央與地方應予支持。特別是《十二年國民基本教育課程綱要總綱》的實施要點明確指出教學資源包括各種形式的教材與圖儀設備，研究機構、社區、產業、民間組織所研發的資源，以及各界人力資源。各該政府應編列經費，鼓勵教師研發多元與適切的教學資源（教育部，2014，33）。

一、考慮相關支援人力、經費、教具資源、設施器材等配合措施

　　教師必須善用資源人物網絡，將某種特定知識，帶入教室情境當中。例如：可將學生家長與學生生活當中的其他重要成人，導入課程當中，使其成為課程方案的資源，或成為學校活動的一部分。甚至，經由學校活動，以及經由這些資源人物某種程度的參與，以協助界定該課程有關社會或世界的議題。另一方面，電腦可以是教室裡有效的教學資產。有許多創新的方法可讓學生來使用電腦。例如：使用電子郵件、使用網際網路來讓學生與全球各地交談，並且搜尋有關任何科目的任何資料。學校都有管道可以使用多元的資訊科技的方案設計，如線上資料庫、網際網路、電子公布欄、雷射磁片、光碟閱讀機、和多媒體等。資訊管理或資源本位學習（resource-based learning）是一種被強調的跨領域的技能，可以協助學生學習如何加速發展成為一個終身學習者。資訊素養牽涉蒐尋，篩選，記錄，以及使用資訊。這需要高階的思考技巧：了解、分析、綜合、以及評估。因此，必須透過有經驗的教師引領學生透過核心素養的課程方案資源，幫助學生進行組織、綜合的工作。

二、統整課程的相關資源設計

　　核心素養的課程發展，允許彈性的課程設計，各校自主程度不同，教師設計核心素養的課程可以參考其他學校的設計、教科書、教學指引，鼓勵教師進行領域內的統整教材之設計，重視認知、技能與情意的統整，重視科目之間的統整，科目與活動的統整，教材、活動與評量的統整。核心素養的統整課程應視教育階段、學習內容性質、教學策略之不同彈性實施，課程的發展與設計應循具體而抽象、整體而分化、簡單到困難的原則進行，統整課程是要彌補而非取代分科課程，若不同的知識之間缺乏同一知識形式的邏輯連結關係或是教材、教學屬性差異性大時，則不必勉強統整。核心素養的統整可以以合科形式為之，但核心素養的統整之道，未必一定要以合科教學的方式進行，分科教學亦有統整之道，不必勉強為統整

而統整（國家教育研究院，2014a）。各教育階段的學生身心發展與知識專精分化情況有所差異，故可根據學習內容彈性地實施課程統整。不同的教育階段可以採不同的課程統整模式，以培養不同教育階段學生統整的學習經驗（國家教育研究院，2014b）。課程統整是課程設計的一種努力過程，「統整課程」則是課程設計的一種可能結果。「統整課程」是指經由課程統整的努力過程之後「被統整過的課程」或稱「統整的課程」（integrated curriculum）（蔡清田，2016）。

（一）統整的類型

我國《十二年國民基本教育課程發展指引》與《十二年國民基本教育課程發展建議書》指出在課程發展過程中，需重視知識結構的統整，以核心素養達成各「領域／科目」學科內容、生活經驗與社會情境的統整，不為統整而統整，應視教育階段、學習內容性質、教學策略之不同彈性實施，各教育階段可彈性實施「單一學科（領域／科目）」內的統整、「多學科（領域／科目）」的統整、「跨學科（領域／科目）」的統整、「超學科（領域／科目）」的統整，甚至是研發單一學科（領域／科目）「科內」、「多科」、「跨科」、「超科」的課程統整模式。核心素養的「課程統整」的「聯結」關係，在課程設計上具有程度上的差異，其最根本的差異在於對學科（領域／科目）之間存在的分離狀況之感知程度不同，因此所設計的「聯結」關係程度不同而有階梯層次之分，因此，「課程統整」途徑有許多不同的「聯結」路徑方式，核心素養的「課程統整」在課程設計上，具有「聯結」關係的連續體系，可從低度統整的「科目本位」課程為基礎，發展到更高層次的課程統整。這個課程統整的連續體由下往上分別是：「單學科課程統整設計」，「多學科統整」、「跨學科統整」、「超學科統整」。「單學科課程統整設計」，是透過單學科進行內部統整，各「學科」之間是獨立不相關聯（蔡清田，2018），「單學科課程統整」的設計，可將學科本質相關相近的「科目」聯結成單一「領域」以「統整次級學科」，甚至以學科主題聯結單一學科內的知識、能力、態度使其核心素養具有統整性；多學科課程統整模式，係以一個相同的主題為中心來連接各個分立的學科，透過此一主題，將各科各領域的相關內容

放進來，使學科間的內容能產生關聯，而保存了每個學科原有的範圍，強調以學科的程序性知識與技能作爲連結的原則（周淑卿，2002）；「跨學科課程統整」的設計，先選定一個「主題」，再萃取出這個「主題」的「概念」作爲「學習重點」，再由「概念」的「學習重點」確定出學生需要的「學習內容」，最後依其不同的知識屬性，將「學習內容」歸入不同的學科領域，學科間的界限雖然存在，但彼此的「概念」緊扣住「跨學科課程統整」的設計核心－「主題」，如同一座橋，跨越在各學科之間，雖然各學科的界線仍是存在的，但各學科之間的「聯結」具體可見；超學科課程統整模式，完全忽視學科分際的存在，不考慮學科知識本身的架構和內涵，而是以所欲探討的中心主題來設計課程，在眞實生活的脈絡中來尋找學習的主題（何雅芬、張素貞，2018；Harris & Marsh, 2007）。由上述這些核心素養的「課程統整」途徑可見，似乎名稱不同但仍有其「共同性」，都是透過「聯結」建立「統整」關係，然其「聯結」程度與「統整」方法類型仍有其「差異性」，而且課程統整的「聯結」程度有「層次之別」與「等級之分」，可在「學科」之間建立各種不同的「聯結」關係，並可依不同「聯結」關係進行「多學科」、「跨學科」、「超學科」等各種不同的「課程統整」途徑，教師可以於任教學校課程科目之脈絡中進行不同層次的「聯結」，例如：引導學生「聯結」知識與學科之關係（Fograty, 1991）、「聯結」學生自己所關心或興趣而想要學習的內容、「聯結」學生自我與自我之關係、「聯結」學生的心靈與身體之間、「聯結」學生人際之間的關係、「聯結」學生自我與社會的關係（Beane, 1997），並因應學生學習需求進行不同層次的「聯結」之課程統整設計，簡述如下：

1. 保留個別科目分離的統整

有四種方式，可以進行核心素養的統整課程且維持科目彼此分離（Glatthorn, 2000）：

(1) 相關科目（correlation）：確定兩個相關的科目（諸如科學、數學、或社會研究和英語）能加以結合發展，以便於其內容可以彼此相互支持。例如：學生在英語課讀到殖民時代的文學作品時，

此時也可以讓學生同時研讀有關殖民時期的社會民情研究。

(2) 跨越課程領域的技能（skills across the curriculum）：此種課程可以更具凝聚力，如果課程設計者確定透過此種課程能夠加強學生的讀、寫和學習技能。特別是當學生在進行跨領域學習，也可以學到這些讀、寫、學習技能，而不會只侷限於英語課程的學習。

(3) 統一內容的課程（unified curricula）：是將某一指定科目課程進行統一內容的課程設計，並且將科目內各部門的界線加以減少降到最低層度，強調其科目的整體性，這類的課程統整，能保留其科目之整體性質。例如：全語文教學（whole language）和統合科學（unified science），即是統一內容課程的實例。

(4) 非正式的統整（informal integration）：當教師教導某一科目內容時，可以強調其他科目的技能與概念。因此，一位小學教師在上社會研究的墨西哥單元時，便可以非正式地提供墨西哥的藝術與音樂的實例，作為補充。

對於無排定固定學習節數的重大議題或新興議題，可採取融入的方式實施於各領域／群科／科目課程當中。各領域／群科／科目課程可配合教材或教學單元，設計某一議題融入之單元或發展為學校活動，將重大議題或新興議題於課程實施中加以落實。

2. 統整兩科或以上的科目

各教育階段學校教師可視核心素養的學習內容性質或教師之專長，採行跨不同領域或科目的課程統整模式；或者不同授課專長的教師之間，也可視核心素養的學習內容性質或學生興趣進行跨不同領域或科目的協同教學設計，以進一步統整學生的學習經驗（國家教育研究院，2014a）。大部分有關於統整的討論，都是基於結合兩科的內容或更多科目的內容，作為考量，例如：英語、社會研究和科學。這種考量包括了三種方式的應用：

(1) 以科目為焦點的統整（subject-focused integration）：以一個科目為起點，如社會研究，然後再結合內容相關的科目，例如：英語和藝術。

(2) 以主題為焦點（theme-focused）的統整：可以以某個概念、事

件或問題為焦點，發展以某個主題為核心的課程統整模式。主題的來源可以是師生感興趣的主題、教科書中的某個主題、結合當前事件的主題、結合地方民俗慶典的主題等，主題的選擇可經由師生的共同討論後決定之。首先界定指出可能會引起學生興趣和學習結果的主題，然後再由任何科目當中選取支持這個主題的內容。例如：一個單元的主題是「衝突與暴力」的內容，也許可能涵蓋內容包括社會研究、英語、科學和藝術。

(3) 以「專題」計畫方案為焦點（project-focused）的統整：首先界定一個複雜的計畫方案，而此一計畫方案和學生相關，例如：設計一個模範社區。在完成此一計畫方案的課程過程當中，學生必須精熟諸如社會研究、科學、數學、藝術和英語等等各方面的技能和觀念。特別是如果要進行跨越不同領域／群科／科目課程的知識統整，可以藉由「專題」來進行，學生們可從不同科目的觀點來探討相同的現象。技術型高級中等學校專題製作課程需更加落實，讓學生自選主題以發揮學生的統整能力。技術型高級中等學校可參考若干國家的作法，將部分科目以「專題式課程設計」的方式，發展2-3年的跨科專題式學程（國家教育研究院，2014a）。

　　就核心素養的統整課程的排課與實施事項而言，在符合教育部教學正常化之相關規定及領域學習節數之原則下，學校得彈性調整或重組部定課程之領域學習節數，實施各種學習型式的跨領域統整課程。彈性學習課程可以跨領域／科目或結合各項議題，發展「統整性主題／專題／議題探究課程」，強化知能整合與生活運用能力。跨領域統整課程最多占領域學習課程總節數五分之一，其學習節數得分開計入相關學習領域，並可進行協同教學（教育部，2014）。

（二）統整課程的設計

　　Vars（1991）從九十多個比較統整課程與傳統課程的研究中歸納發現，運用統整課程可幫助學生學習更多。贊成者指出發生在現實世界中的問題，是無法被簡單分割成單一學科範圍的內容。以一個改善水質的問題為例，改善水質需具備科學、數學、經濟學和政治學等等的知識。同時，

他們也注意到學生的關注焦點，如選擇一項職業生涯，通常會跨越學科的界限。最後，對大腦的研究顯示，當學生的學習是全方位而非破碎片段式時，則整體學習的效果，比片段學習較好（Caine & Caine, 1997）。但是Gardner和Boix-Mansilla（1994）指出學科知識的重要性，他們認爲透過學科知識的學習，是學生獲致優質教育的重要條件。Roth（1994）指出，一個「1492」主題單元，所引發的許多部分，對學生來說只是非常表面的皮毛知識。其他倡導科目爲課程焦點的擁護者，如Bruner（1960）注意到每一個學科都有其特定的求知方式、確定知識的標準和其主要的概念Brophy和Alleman（1991）則注意到許多他們檢視過的統整課程單元，不僅只是一些設計不良的活動攝合，且且也只是鬆散的連結。根據上述有關於統整紛爭，以下幾個步驟或可作爲課程統整之參考（Glatthorn, 2000）：

1. 指定成立一個核心素養的課程統整設計小組，該核心素養的設計小組的主要任務，在於設計核心素養的學校本位課程發展模式。其小組成員應該含括校長與教師代表（包括各年級或各科系教師代表）等人。然後這個任務執行的核心素養的設計小組，會採取以下所舉出的所有步驟。

2. 建立知識的基礎：關於統整的研究、有效教學的研究和列舉可能取得課程統整教材的例子，以供參考。

3. 分析地區的課程指引，以決定可行的課程統整範圍。

4. 分析教師在發展與運用課程統整上之經驗，其成功之處與問題所在，都是分析重點。

5. 審慎調查評估學生的學習需求與社區對教育革新的態度。

6. 評估可用的資源，尤其是時間、學習教材、專業知識技能。

7. 研究表4-8所提出核心素養的建議，雖然這些建議有其穩固的知識基礎，但是，在實施時仍須審慎配合其地方情境，需依學校的層級而有所區別，亦即不同的學校層次有不同的建議：小學的主要任務在教導基本技能；高中爲因應學生將來就業與大學入學考試的需求，個別科目的教學也就愈加重要。

8. 發展學校層次的統整模式，強調「草根」途徑，代表重視教師的建議，可以鼓勵教師擁有所有權的感覺。

表4-8　核心素養的統整課程建議（Glatthorn, 2000）

小學層次：
1.主要加強閱讀、書寫、數學等領域核心素養的精熟學習。
2.就初級閱讀課程而言，從一開始就使用全語文教學，並輔以語音、音韻的結構教學。
3.就初級數學課程而言，一開始除重視其學科知識外，也應顯示其應用在科學之處，即建立數學與科學之間的連結。
4.科學課程除著重科學知識的理解之外，仍需建立其與社會研究內容的關係連結。
5.就社會研究課程而言，應該鼓勵與藝術課內容進行統整。
6.在所有較具文辭性質的科目中，發展一套能促進讀、寫等學習技能的課程教材。
國中層次：
1.在此階段，主要強調的是議題和問題的研究，而這些內容，對中等教育的學習者來說，具有發展的重要性。
2.在內容的領域中，繼續強調讀、寫和學習技巧。
3.發展結合英語文、藝術、社會研究的統整單元，以幫助初中學生處理具有發展的重要議題。
4.發展結合科技、健康的統整單元，提供學生一套健全的知識基礎，以協助其進行作重大行為的抉擇。
5.組織建構完整的數學課程，使其既能繼續加強數學知識與技能，學生又能將數學運用在日常生活當中。
6.確保科學與數學的緊密關聯，如此一來，學生才能掌握科學需要的數學技能。
高中層次：
1.主要著重在掌握各學科的主要概念與技能。
2.繼續強調跨越課程領域的讀、寫、學習技能。
3.確保高階科學與數學的緊密相關。
4.審慎地統整美國文學、美國歷史、與藝術，來發展「美國研究」課程，亦即統整與主題相關的各科相關內容，以建構一個主題課程。

　　完成以上核心素養的統整課程發展步驟，進而選擇學校層次的核心素養課程統整模式後，每個核心素養的設計小組要通力合作發展第一個主題課程，他們實施核心素養的課程統整後，將其實施後的評鑑結果，向課程發展委員進行報告，在分析該小組的報告之後，這一個任務執行的小組，應該在必要時加以修正其模式，進而發展出一個長程的時間表，並作為規劃並教導接下來的核心素養主題之參考。因為只有透過規劃、教學、評鑑、修正等這些的循環過程，才有可能生產高品質的核心素養課程統整單元。

第八節 課程設計試用修正

一份設計周密的核心素養課程方案，若是沒有經過試用，便缺乏事實來證明它的功效與適用性。爲了取信於使用者，在實際情境下的試用是有其必要。而且核心素養的方案設計宜採用漸進的過程，以進行核心素養的課程革新，激進的課程變革容易招致許多強力的反彈，漸進的改變則較爲有效的。最有效的改變，可能發生在核心素養的方案設計者懷有學校共同願景目標並採取小方案計畫步驟來達成，要達成核心素養的課程改革最好是從小的計畫方案試辦開始，然後再拓展成功的方案，並調整不成功的方案。

一、試用與考量可行性並加修正

激進的學校課程改革極可能導致許多強大的壓力，漸進的課程改革將是最有效的。最有效的課程改革發生在領導者懷有大的夢想並採取小步驟來達成。要達成核心素養的課程改革最好是從小的試驗開始，然後再拓展成功的試驗，並且要減少不成功的試驗（蔡清田，2017）。一般課程實驗試用的方式是找一些樣本來實驗實施核心素養的方案內容，此樣本的條件要是與設計受教的對象相似的一群人，通常是學習經驗、學習能力、身心狀態等條件都相似，這會使試教的結果更確切的反應設計的優劣，使經過試教後的修正教案更具有實用性與可行性（Posner & Rudnitsky, 2001）。

核心素養的課程方案在正式全面進行實施時，應先行試用，評估可行性（蔡清田，2017），若可行則繼續下一階段的課程實施，若不可行，則檢討原因，回到核心素養的方案設計的教材教法設計等部分加以修正。精益求精是設計的原則之一，全體的討論、隨時檢視設計說明書、最後的試教、都是要達到這目標。這修改的步驟是沒有一定時機，也沒有一定次數，只要有需要，隨時隨處都可以開始，但在整個設計過程中一定要有，而且愈多次愈好，才能有好的核心素養課程設計。

二、進行小規模課程實驗

　　核心素養的課程實驗是一種在教育現場改進教育實務的重要方法，這是嘗試新內容新歷程，並透過行動考驗理念的一種媒介（蔡清田，2016）。核心素養的課程實驗並不同於研究可以提供確定可靠而可仰賴的資料，但是卻可以提供作爲改進依據的線索（蔡清田，2017）。相對地，研究則是系統的探究，以協助解決教學問題。雖然只有很少教師有機會進行嚴謹的研究，但他們能做非正式的研究。特別是較簡單的層次而言，教師可以移動學生的座位以解決學生不守規矩的破壞行爲。就較複雜的層次而言，教師可以就有效課程改革教室實務的四個典型要素，進行實驗（Doll, 1996）：

（一）觀察學校課程實驗目標的意義，與學校教師努力的方向。

（二）評估不同教材在達成學校教育課程實驗目標上的價值。

（三）教職員專業發展在職進修活動是否與學校教育課程實驗目標一致。

（四）以不同的方式分配時間，以達成學校教育課程實驗目標。

　　儘管核心素養的課程研發人員縝密計畫，卻難能保證課程實驗實施後毫無缺點，因此，核心素養的課程方案付諸正式實施之前，進行小規模的新課程實驗，並進行修正乃是必要的過程（蔡清田，2017）。原因在於課程進行實驗之後，會有不可預期的效果，此時教師已詳讀課程內容，實際使用教材，其經驗告訴他們何者可行、何者不可行（黃政傑，1991）。因而，可避免空中閣樓式的建議，更可進一步修正核心素養的課程方案。在核心素養的課程方案設計階段的重要策略，乃在透過在職訓練與教職員專業發展改善人力資源，透過課程實驗與小型研究，以重新建構課程方案（Fullan, 1992）。

第九節 確定整體課程內容

　　學校應將核心素養導向的學校課程計畫包含之內容、領域節數、彈性學習節數及學校行事活動等逐一說明，確定整體課程計畫，以便透過領域／科目的主題統整領域／科目目標、核心素養、學習內容與學習表現，進而透過年級主題課程統整各領域科目課程主題統整領域／科目目標、核心素養、學習內容與學習表現。特別是，學校應依據十二年國教課程綱要總綱中「實施要點」所列之配套措施，主要包含依據總綱「課程架構」之各領域時數模擬排課，並提出可行方案，強化校內之教師專業發展機制，如教師專業社群、公開授課議課等，並健全課程發展機制，如各項與學校課程發展相關的組織及運作方式，引領教師理解十二年國教新課程綱要、建立學校課程發展機制、進行學校整體課程的規劃、形成備課與議課的機制、因應新課程架構的排課方式、進行彈性學習課程方案與跨領域主題課程的設計、進行核心素養導向的教學、引導學生進行自主學習，茲以嘉義縣安和國小為例，如表4-9嘉義縣安和國民小學一年級課程方案大綱進度表所示：

表4-9　嘉義縣安和國民小學一年級課程方案大綱進度表

學年學習目標：當個快樂讀書人　學期學習目標：喜歡來上學

月	週次日期	學校行事	主題統整	國語	英語	母語	數學	健康	體育	社會	自然	電腦	音樂	藝術表演	藝術視覺	綜合活動	彈性學習	備註
九	一 827~92	開學日(8.30)(新生報到)(9.1)	小小新鮮人 數:(一) 自:(一) 音:(一)、(二)(三) 美: 體:(一)(六)(二)	(一)快樂的活動			(一)數東西	(一)禮貌小天使	了解我	(一)我是小學生	(一)校園的花和樹		(一)聽一聽		教室布置		補救教學	
	二 9.3~99								跑步					做花園		我是小小讀書人		
	三 9.10~916	初期親師交流		(二)可愛的動物			(二)比一比		舞蹈						選顏色		注音符號遊戲	
	四 9.17~923							(三)平安上學去	溜滑梯					穿潛水衣				
	五 9.24~930			(三)日常的生活					測試									
十	六 101~107	初期評量	水果大集合 自:(二) 數:(四) 美:水果拼盤 國:水果詩欣賞					(三)美麗的國旗	看誰丟得遠				(二)聲音的長短		我			
	七 108~1014			(四)我愛大自然			(四)分與合				(二)常吃的水果				水果畫	認識圖書室		
	八 1015~1021	南區新課程觀摩會(1017)						(四)複習	火山爆發了						圓圓圈			
	九 1022~1028		可愛動物園 自:(三) 美:(五)(九) 數:(五) 音:(六)(九) 體:	注音符號總驗收			(三)比長短	(四)我會守規矩	一起來玩傳接球						好好吃			
	十 1029~11/4									(二)我喜愛學校					腳印			
十一	十一 11/5~11/11			(一)快樂			(五)加減法[1]	(五)良好的生活習慣	淘氣的小猴子		(三)身邊的小動物		(三)聲音的高低	章魚	交朋友	閱讀真有趣	補救教學	
	十二 11/12~11/18																	
	十三 11/19~11/25	期中親師交流													魚			
	十四 11/26~122	期中評量		(二)趣味			(六)數到二十	(七)愛整潔的好孩子	模仿功夫我最行						黑白配		閩南語念謠	

表4-9（續）

月	週次日期	學校行事	主題統整	國語	英語	母語	數學	健康	體育	社會	自然	電腦	音樂	藝術表演	視覺藝術	綜合活動	彈性學習	備註
十二	十五 12/3~12/9	校慶嘉年華	甜蜜的家 國道：(四)遊(六)	(二)趣味			複習	複習	木頭人	(四)石頭真好玩	(四)二拍子的律動				大嘴巴	有趣的語文遊戲	補救教學	
	十六 12/10~12/16							(八)我會照顧自己	測試						美麗的			
	十七 12/17~12/23			(三)動物			(七)							石頭				
	十八 12/24~12/30						幾點鐘	(八)	跑跑跳跳真好玩					娃娃	變變變	感恩的心	有趣的英語兒歌	
	十九 12/31~1/6			(四)親情			(八)堆堆看			(三)愉快的學校生活	(五)電車和水車轉動了		(五)清脆的三角鐵					
一	二十 1/7~1/13							(六)甜蜜的家	看我的踢球功夫						集合囉			
	二十一 1/14~1/20	期末評量					(九)加減法[2]		我會平衡木						大樹			
	二十二 1/21~1/27	期末親師交流		總複習			總複習	總複習	測試		總複習		測試		欣賞			
	二十三 1/28~1/31																	

第十節 確定課程完成報備

　　課程綱要指出必須透過適當機制建立學校課程計畫報備制度，在課程實施前，學校應將整年度課程方案計畫呈報主管機關備查。地方政府應負責辦理與督導學校的課程實施及各學科表現的測驗。因此，學校召開課程發展委員會，依據核心素養的學校願景、學校教育目標、學校本位課程發展重點審核整體課程計畫，並呈報教育主管機關備查。

一、檢核年度計畫的規準

　　學校課程發展委員會必須進行共同規劃，進行全校的核心素養課程協調合作，以便透過領域／科目的主題統整領域／科目目標、核心素養、學習內容與學習表現，進而透過年級主題課程統整各領域科目課程主題統整領域／科目目標、核心素養、學習內容與學習表現。一旦學校所有的個別方案與行事曆一項一項經過檢查之後，學校課程發展委員會應該考察每一個別年級的行事曆，是否在相關的領域科目之間，如科學與數學、英語與社會等，是否有適當的關聯。同時，課程發展委員會必須針對某一個科目，評估檢查其在行事曆上，是否具有年級的循序漸進性，是否有無不適當的重複。學校課程發展委員會可以運用下述的規準，個別地進行每一個年級或領域的年度行事曆計畫的檢查（Glatthron, 2000）。特別是該年度計畫是否合乎下列規準；反映並符合學校行事曆嗎？記錄下所有可能影響教學的重要行事嗎？將目標組織成主題單元時，是否詳細說明核心素養的主題單元目標名稱？核心素養的主題單元排列順序適不適當？在分配學習時間上適不適當？是否所有必須精熟的學習表現都包括在內？年度行事曆計畫，可以幫助教師將課程綱要的核心素養，轉化成為教師設計教學活動時可用的教學計畫文件。對於設計教學活動計畫，單靠課程綱要指引本身是不夠的，必須詳加設計方案。一旦教師發展出核心素養的方案計畫，教師們便可進行對談與討論。特別注意是否所有主要核心素養的學習表現都被適當地強調？時間的分配是否反應課程的優先順序？有順序的課程排列

是否真會引導學生精熟學習？當然最重要的最後檢查，所要精熟的核心素養的「學習表現」是否包含在核心素養的主題單元之內。也許最簡便的方式，是注意是否包括了能呼應課程綱要核心素養所呼應的「學習重點」之學習內容與學習表現。

二、實施前，學校應將整年度整體課程呈報主管機關備查

學校成立各方案課程設計小組，負責核心素養的課程方案設計的工作，並參考學者對於核心素養的課程設計所提出的課程設計原則，作爲設計核心素養的課程方案準則，以進行各項核心素養的課程設計工作，以便透過領域／科目的主題統整領域／科目目標、核心素養、學習內容與學習表現，進而透過年級主題課程統整各領域科目課程主題統整領域／科目目標、核心素養、學習內容與學習表現（蔡清田，2018），並在課程實施前，應該根據課程綱要的規定，將學校整體課程計畫陳報主管教育行政機關備查。

第五章 核心素養的課程實施：
執行實施

　　「核心素養」的學校本位課程發展，應該進行「課程實施」（curriculum implementation）並透過教師專業發展以提升學生核心素養。根據《十二年國民基本教育課程綱要總綱》的實施要點明確指出，就教學模式與策略而言，教師應依據核心素養、學習目標或學生學習表現，選用適合的教學模式，並就不同領域／群科／學程／科目的特性，採用經實踐檢驗有效的教學方法或教學策略，或針對不同性質的學習內容，如事實、概念、原則、技能和態度等，設計有效的教學活動，並適時融入數位學習資源與方法（教育部，2014，32）。

　　「核心素養」的「課程實施」，是將「課程規劃」的築夢願景與「課程設計」的逐夢方案，轉化成為「踏實」的實踐力行過程（蔡清田，2016），它能連貫學校願景、課程方案與教學實務，是實踐教育理想的一種具體行動，透過教育人員的慎思熟慮構想與實踐行動，縮短理想與實際之間的差距（黃光雄、蔡清田，2015），說明了「核心素養」「學校本位課程發展」之課程經過規劃設計後，若沒有經過「課程實施」的實踐行動，則無法落實「課程規劃」之教育理想願景，更無法達到預期的「課程設計」方案目標（蔡清田，2017）。因此，重要的一步，乃是先因應新課綱核心素養的學校教師協作增能，透過教師專業學習社群優質精進後，發展教師專業學習社群充分支持的各類核心素養導向的課程如校訂必修、多元選修課程、彈性學習課程等，進而實施適合學生之教學（蔡清田，2018）。

　　「核心素養」的課程實施，宜重視整合知情意的學習，營造情境化、脈絡化的學習，從真實情境中思考問題，引導學生萌發問題意識，連結實際的生活情境脈絡，讓學習產生意義，強調學生參與和主動學習，以有機會運用與強化核心素養，兼顧學習內容與學習表現，特別是核心素養導向的課程教學重視知識、技能、情意的統整，因此教師端的核心素養導向課程實施，也要強調知識、技能、情意的統整，重視情境化、脈絡化的學習，兼顧學習歷程、方法及策略而不是背誦結果，強化實踐力行的表現，將所學應用於生活情境當中以落實核心素養導向的教學（洪詠善、范信賢，2015）。

　　根據《十二年國民基本教育課程綱要總綱》的實施要點明確指出，為實踐自發、互動和共好的理念，核心素養的課程實施，要能轉變傳統以來偏重教師講述、學生被動聽講的單向教學模式，轉而根據核心素養、學習內容、學習表現與學生差異性需求，選用多元且適合的教學模式與策略，激發學生學習動機，學習與同儕合作成為主動的學習者（教育部，2014，32），這些都是需要發揮教師專業社群之力量，具體落實十二年國民基本教育新課綱之課程目標、教學、評量中轉化與活化學生學習，並鼓勵學校教師參加培力工作坊增能，推動教師專業成長及團隊發展，營造有利於創新與合作的文化，尤其是需要提供教師差異化教學增能研習，確認各領域／科目之適性教學，鼓勵與協助教師成立社群和共同備課，依課程需求規劃分組教學與協同教學，盤整補救教學資源，以了解教師補救教學成效並協助教師公開觀課與發表。教育部為了讓協同教學有一個參考依據，在2017年10月26日臺教授國字第1060091824號函發布「國民中學及國民小學實施跨領域或跨科目協同教學參考原則」，學校實施跨領域或跨科目協同教學，其實施範圍包括「領域學習課程」及「彈性學習課程」。協同教學旨在組成教師協作團隊、形塑共學之文化，發展以核心素養為主軸之課程，落實自發、互動及共好之理念；並啟發學生生命潛能、陶養生活知能、促進生涯發展、涵育公民責任，達成學生適應現在生活及面對未來挑戰之目標。跨領域或跨科目協同教學團隊之運作，應包括團隊成員之共同備課、授課、學習評量，及課後專業回饋與其他相關歷程。

　　特別是核心素養是經由後天學習獲得的，是可教可學的，核心素養的教學可引導教師運用於各領域／科目課程的教學，而且核心素養的教學包含知識、能力、態度等面向，因此核心素養的課程實施，宜將知識、技能、態度整合在一起，強調學習是完整的，不只偏重知識方面，結合情境、案例、現象進行學習，更朝向理解的學習、意義感知的學習，強調學習歷程及策略方法。課程規劃及教學設計須把學習內容與探究歷程結合，陶養學生成為終身學習者，強調實踐力行，讓學生可整合所學加以表現，是「做中學、學中做」的靈活運用以落實核心素養導向的課程實施，這也需要學校教師專業學習社群發展的配套，如圖5-1嘉義宏仁女子高級中學教

師專業學習社群發展的配套所示：

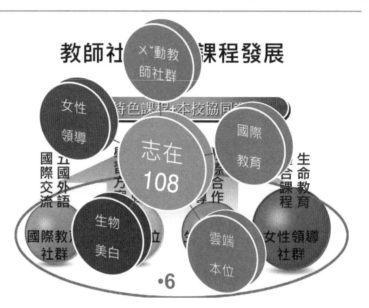

圖5-1　嘉義宏仁女子高級中學教師專業學習社群發展的配套

　　本章「核心素養」的課程實施，旨在探究核心素養的學校課程執行實施之推動策略與行動綱領，共分為五節就五項策略分別指陳其行動綱領，如表5-1核心素養的學校本位課程發展之「執行實施」摘要說明，第一節實施教育人員研習進修；第二節實施前的行政支援準備；第三節實施學生家長宣導說明；第四節實施教學過程與課程連結；第五節實施行政支援與課程視導。

表5-1　核心素養的學校本位課程發展之「執行實施」

階段	課程實施推動策略	課程實施行動綱領	課程實施主要參與成員
4.核心素養的課程實施	4.1進行相關教育人員研習，溝通並裝備新課程的知能。	4.1.1辦理十二年國教人員在職進修，進行理念溝通，認識新課程。 4.1.2透過教育人員在職研習新課程，提升其關注焦點。 4.1.3透過教育人員的工作坊，提升其新課程的使用層次	4.1與行政人員、教師、支援人員進行溝通。
	4.2完成實施前的行政支援準備。	4.2.1進行行政人員的協調準備。 4.2.2進行教學資源準備及教學實施情境的布置。 4.2.3完成學生編組。	4.2行政單位的支持也是課程實施成敗的重要關鍵。
	4.3向學生家長進行宣導。	4.3.1向學生家長進行新課程之宣導。 4.3.2引導家長參與學校教育活動。	4.3家長的支持也是重要關鍵。
	4.4實施教學過程與課程一貫連結。	4.4.1按課程方案設計，實施教學與專業監控。 4.4.2參考課程類型，進行課程實施的一貫連結。	
	4.5實施行政支援與課程視導。	4.5.1實施各項行政支援措施 4.5.2透過視導，監控行政支援課程實施。	

第一節　實施教育人員研習進修

　　「核心素養」的課程實施之意義，是指學校教師將核心素養的「事前經過規劃設計的課程」，付諸實際教學行動的實踐歷程（蔡清田，2018）。因此核心素養的「課程」如果要對學生產生影響，必須透過「課程實施」付諸行動。更進一步地，核心素養的「課程實施」不只是將「事前經過規劃設計的課程」加以傳遞，而且更是教育願景的轉化實踐歷程與協商交涉結果。因此，學校如何聯結課程規劃設計與實施的歷程，乃是核心素養的校本課程發展成敗關鍵之一。

　　沒有教師專業發展，就沒有學校課程發展；沒有學校組織發展，就沒有教師專業發展。特別是，核心素養的學校本位課程發展之第四項修練是透過團隊學習（Team Learning），著重終身學習核心素養的歷程與學習型團隊的團體安全感氣氛，強化教師專業發展支持系統，協助教師專業發展並進行核心素養的課程實施，以支持學生多元適性學習。特別是鼓勵教師經營教師專業學習社群（professional learning community），進行核心素養的課程實施，將領域科目小組／學年會議轉型成為教師專業學習社群，透過團隊學習，溝通理念與實作，辦理進修研習與工作坊，進行相關行政人員之協調聯繫，向學生與家長進行新課程方案之宣導，實施教學過程與課程實施的一貫連結，實施行政支援與課程視導，如同學習的羊群，比狼學習的更快，因應情境需要與環境變遷。在現代組織中，學習的基本單位是團隊而非個人。團隊的學習方能促進組織的學習，因此應該重視團隊合作，取代個人單打獨鬥。當團隊真正在學習時，不僅團隊整體顯現出色的成果，個體成長的速度亦遠較其他的學習方式為快。此外，「深度會談」是團隊學習的重要策略，先彼此分享並釐清自我真正想法，再互相給予回饋與建議，進而獲得他人的觀點，它能突破個體的觀點，從中感受到「集體行為」的力量（Senge, 1990）。

　　核心素養的課程改革涉及了技術、政治與文化觀點（黃光雄、蔡清田，2015）。因為課程改革人員往往未能了解，也未能考慮到學校情境的個別差異。而且學校教師忙於教學，很少花時間去學習新課程的新技巧方法，因此要求教師立即達到成功的課程實施，是不切實際的想法。成功的課程實施經常是緩慢地伴隨著教師專業成長與學校組織發展，而逐漸達成課程改革的願景（蔡清田，2016；Fullan, 1989）。是以《十二年國民基本教育課程綱要總綱》（教育部，2014，34），指出學校宜促進教師專業發展，鼓勵教師成立並參與課程與教學相關專業學習社群，透過協同探究持續精進課程與教學專業知能。學校應提供適當的社群運作時間與相關資源，支持教師專業學習社群的學習，進行以促進學生學習之課程實施與教學精進為核心的專業發展。此外，規劃多元的專業發展活動，如辦理課程發表、從事課堂教學研究、教學觀摩、教學創新與運用分享、並鼓勵進行

跨領域／群科／學程／科目社群的教師協作等。是以配合新課綱核心素養的「課程實施」，學校除了調整課程發展之組織運作和規劃新課程，更需辦理學校教師專業發展研習，強化學校教師課程與教學專業知能，共同擔起教育發展之責任。特別是為了全國學校能順利完成十二年國民基本教育課程綱要，國教署指定一些前導學校，並由教授團隊組成系統輔導進行課程發展與實施增能，協助各區學校課程規劃與發展，促進區域與校際之互助與協作，逐步轉化落實十二年國民基本教育課程綱要。是以學校可以依據諮詢輔導共學圈的模式，第一學期每1-2個月定期舉辦所有學校與區域諮詢輔導委員的聯合大型團體諮輔，或進行區域諮輔在每一學期各區前導學校輪流承辦區域諮詢輔導，邀請區域內的前導學校與該區諮詢輔導委員進行諮輔對談，而且可以透過跨區諮詢輔導由同類型之學校可依據需求聯合辦理諮輔活動，邀請專家學者協助。

　　根據《十二年國民基本教育課程綱要總綱》（教育部，2014，34），指出教師是專業工作者，需持續專業發展以支持學生學習。教師專業發展內涵包括學科專業知識、教學實務能力與教育專業態度等。教師應自發組成專業學習社群，共同探究與分享交流教學實務；積極參加校內外進修與研習，不斷與時俱進；充分利用社會資源，精進課程設計、教學策略與學習評量，進而提升學生學習成效。就教師專業發展實施內涵而言，1.教師可透過領域／群科／學程／科目（含特殊需求領域課程）教學研究會、年級或年段會議，或是自發組成的校內、跨校或跨領域的專業學習社群，進行共同備課、教學觀察與回饋、研發課程與教材、參加工作坊、安排專題講座、實地參訪、線上學習、行動研究、課堂教學研究、公開分享與交流等多元專業發展活動方式，以不斷提升自身專業知能與學生學習成效。2.教師應充實多元文化與特殊教育之基本知能，提升對不同文化背景與特殊類型教育學生之教學與輔導能力。3.為持續提升教學品質與學生學習成效，形塑同儕共學的教學文化，校長及每位教師每學年應在學校或社群整體規劃下，至少公開授課一次，並進行專業回饋。4.原住民族教育師資應修習原住民族文化教育課程，以增進教學專業能力。教師專業學習社群具有共同的願景、價值觀及目標，而且能夠採取協同團隊合作，聚焦在學生

學習，共同探究教學的「最佳實踐」與「實際現況」，透過同儕觀課與回饋、分享教學檔案分析學生學習作品或表現、進行教學輔導或同儕教練、分享個人實務，將可持續不斷改進。

帕森思（Parsons, 1987, 220）指出，邁向成功的課程實施之主要因素包括：

（一）課程發展需要時間，課程實施更需要時間，以便進行進一步發展與調整，因此，有必要培養教師因應改變的態度。

（二）課程發展需要透過技術的改變，有必要透過計畫階段以規劃課程實施行動，促成改變。

（三）體認學校文化的重要性，了解學校情境的複雜性與教學互動歷程的重要性。

（四）必須從時間、資源、教材等方面提供課程實施的誘因與獎勵。

（五）分擔課程實施工作的責任，協助教師彼此合作，以建立教師專業文化。

（六）創造有利於課程實施的積極條件，鼓勵教師願意全力投入課程實施。

（七）善用地方與教師的合作團體，建立課程實施的合作架構。

（八）透過課程領導與課程協調的教育工作者引導課程實施之進展。

（九）體認教育系統的文化價值之重要性，了解國家層面、地方層面及學校層面的教育改革政策之整體意義。

（十）了解課程發展與課程實施的政治觀點之必要性，進而與課程實施相關人員保持密切關係、建立雙向溝通管道。

（十一）理解並贏得課程發展與課程實施相關人員的支持之重要性，並在地方與學校獲得社會大眾與學生家長之支持，以便建立教育改革的合法地位。

（十二）體認教師角色的重要性，個別教師對課程實施的認同感與個人的課程教學魅力，也是邁向成功課程實施的主要特質。

黃政傑（1991）曾提出五項課程實施策略的因素：在職進修、資源支持、參與決定與給予回饋。在學校本位課程發展的基本假定之下，學校人

員共同參與課程發展，教師同時兼有設計者與實施者的身分，得以蒐集回饋資料，因此參與決定與給予回饋兩因素已經融入課程發展歷程中而非影響實施的問題，相較之下，學校教育人員專業能力的進修與行政支援則需要特別注意。近年來，針對臺灣課程改革成果進行課程實施層面的探究已逐漸增加，如林佩璇（1999）分別探討新北市國小鄉土教學活動的課程實施情形；陳佩棻（1999）分析國民中學「認識臺灣」的課程實施情形等。這些研究指出，正式課程與知覺課程、運作課程之間落差的最大因素，是起因於學校人員對新課程的詮釋不同所致。學校人員可能是課程的實施者，但也可能是課程的顛覆者（蔡清田，2001），當課程理念被扭曲，或故意隱去某些課程內容時，實施者的誤解將不利於成功的課程實施。低估變革的複雜性，是一個嚴重的錯誤。把變革當作是一直線性、強制計畫的過程，是不可能成功的。

　　根據《十二年國民基本教育課程綱要總綱》（教育部，2014，34），指出教師專業發展支持系統：1.學校對於課程設計、教材研發、教學策略、學習評量與學習輔導等，積極開發並有具體事蹟者，應給予必要之協助與獎勵。2.各該主管機關與學校應支持並提供教師專業發展之相關資源，如安排教學研究會或教師專業學習社群的共同時間、支持新進教師與有需求教師的專業發展，提供並協助爭取相關設備與經費等資源。3.各該主管機關與學校應鼓勵並支持教師進行跨領域／群科／學程／科目的課程統整、教師間或業師間之協同教學，以及協助教師整合與運用教育系統外部的資源，例如：社區、非營利組織、產業、大學院校、研究機構等資源，支持學生多元適性的學習。4.教師為了掌握領域課程綱要的內容，以及發展跨領域／科目課程及教學之專業素養，各該主管機關應提供教師研習或進修課程，並協助教師進行領域教學專長認證或換證。5.各該主管機關應從寬編列經費預算，協助並支持教師進行專業發展與進修成長。是以除非進行教育人員在職進修，協助其認識新課程，透過研習提升其課程實施關注焦點，透過工作坊增進課程實施使用層次，否則將無法落實成功的課程實施。

一、辦理教育人員在職進修，進行理念溝通，認識新課程的核心素養

「核心素養」的課程實施，意指學校教師將核心素養的「事前規劃設計的課程」付諸實際教學行動的實踐歷程；換言之，核心素養的課程實施也就是將核心素養的書面課程，轉化為教室情境中的教學行動的教育實踐，這個歷程不只是課程的傳遞，更是教育信念轉化的歷程與協商交涉的結果。因此，學校應該塑造革新情境，排除教師的心理阻礙，讓教師願意從事教學創新。

（一）針對核心素養的課程實施者進行溝通說明

「核心素養」的課程實施成敗，主要的關鍵之一是在學校教育工作者。特別是，學校校長與教師都應該體認時代變遷的現實，一方面願意參加進修研習，並從中發現樂趣，努力進行終身學習。另一方面，學校最好成立教師成長團體，並利用種子教師成長團隊，採學年班群或領域班群方式成立讀書會，增進教師團隊的向心力，根據學校願景，配合新課程實施計畫，推展教師進修活動，促進教師專業成長。

一般而言，面對課程改革的態度可分為五類：反對者、拖延者、沈默者、支持者與熱忱者（黃政傑，1991；Pratt, 1992），被動的沈默者與拖延者，以及具破壞力的反對者，是課程實施強大阻力。對於反對者、拖延者與沈默者的抗拒而言，不要把抗拒當作是一種負面的事情，相反的，要把它當作是教育工作者還沒有充分了解他們被要求要執行的工作，這正是實施在職進修的絕佳情境（Fullan & Miles, 1992）。因此，對這些反對者、拖延者與沈默者而言，進修的意義在於革「心」而非填充資訊，才能轉化阻力成為助力。進行教師專業發展的進修活動必須從改變教師的心態著手，使其樂於接受新課程，且自願進修，以增進其專業能力。對於支持者與熱忱者而言，進修更強調對於課程革新理念的接受與其相關課程專業能力的問題。因此，透過在職進修，提升其對新課程的關注階段與使用層次（Doll, 1996）。就課程實施的行動綱領而言，應該主要包括進行相關教育人員研習，溝通並裝備新課程的知能，首先強調理念溝通，辦理教育人

員進修研習，增進實施新課程的知能，促成專業發展。

（二）以分級分類方式進行核心素養的研習

　　就目前教育人員在職進修而言，教育行政機關所指定安排的教師進修活動，往往透過參加校內週三進修研習、或參加校外教師專業成長進修研習、零星點綴的研討會、自助式讀書會，這種是散裝的教師進修活動，較少有長遠規劃，不易滿足教師專業成長需求。一方面，不僅教師可能奉命被迫參加指定的研習，甚至重複參加相同的研習，因此，進修會場可能出現部分無意參加而被迫參加或重複參加者打瞌睡的現象，另一方面，研習卻被部分教師當成是不必上課的特權，而極力爭取，以累積研習時數，而真正需要參加者卻不得其門而入。是以應該全盤規劃，將零星的研習轉化為制度化的在職進修，進行分級分類制的進修規劃，因應不同需求，規劃不同類型的核心素養宣導溝通、工作坊與種子教師培訓，甚至進一步針對課程研發種子學校與實驗推廣學校辦理教育行動研究培訓。甚至提供制度化的進修研習，例如：研究所碩士在職專班、四十學分班或學校本位在職進修的配套措施。

（三）學校組團方式或學校本位方式進行核心素養的研習，培養團隊精神

　　在職進修方案的規劃，是促成核心素養課程實施的激勵因素。但是，在職進修方案的成敗，有賴於參與者對研習期間所接觸的主要觀念內容之關注焦點，以及研習所導致參與者間的團隊合作與良好的同僚情感（Doll, 1996）。因此，一方面，進修方案規劃者，應該針對教師實際關注的教育需要，例如：針對十二年國教課程改革時教師所必須具備的核心素養課程計畫、課程設計能力或行動研究知能，規劃教師在職進修方案，鼓勵教師針對此類問題有效學習必要知能，並且在經過適度深思熟慮之後，成為參與者的關注焦點。另一方面，在職進修方案的規劃者，必須努力經由不同方式，鼓勵參與者之間，發展出良好的人際關係與志同道合的革命情感。因此，有效的在職進修方案，可以透過學校遴選團隊成員的方式，組成行政經營團隊或或學習領域召集人團隊或各年級教師團隊，參與研習或進行學校本位在職進修，以培養達成課程實施所需要的具有共同願景且充分準

備的教師團隊。

二、透過教育人員在職研習新課程的核心素養，提升其關注焦點

　　教育人員是否接受「核心素養」的課程實施相關進修研習，與其後的課程實施程度有密切相關；換言之，接受充分進修研習者，其實施程度越高（Fullan & Pomfret, 1977）。然而，光憑「校內的」教育人員本身，是不足以協助學校獲得成功的課程實施，有必要透過「校外的」課程改革推動者之協助，以促成課程革新方案的達成。因此，學校行政人員除了利用每日朝會、校務會議、茶敘、餐敘、聯誼等時間，做正式與非正式的新課程說明之外，有必要聘請校外學者專家指導，提升教師對新課程的關注焦點。

　　「關注本位的採用模式」（Concern-based adoption model），乃在於透過學者專家扮演課程變革的推動者，診斷課程實施資料並規劃進修方案，協助學校人員在課程實施的過程中，變得更為專業自主。當學校人員已經完全理解新的課程，並有能力持續新課程發展的實施，則學校便達成專業自主的狀況，此時，校外的課程變革推動者便可以退出該學校教育系統，另覓其他有待協助的課程使用者。

　　豪爾（G. E. Hall）、瓦樂司（R. C. Wallace）以及唐賽特（W. F. Dossett）等人提出了課程實施的程序，一部分是有關於「關注的階段」（stages of concern），另一部分是「使用的層次」（levels of use）（Hall, Wallace, & Dossett, 1973）。「關注的階段」可以用來追蹤教師在實施核心素養的新課程時，教師關注的焦點所在之處。就教師的知覺課程而言，關注的階段焦點是集中於課程實施時，教師的教育專業關注焦點。教師的關注在類型上與強度上互不相同，教師可能同時間關注許多事物，但是，某些關注的強度高於其他的關注。教師逐漸執行課程實施的過程中，其關注的焦點也不斷地在七個階段中轉變移動（Hall, Wallace, and Dossett, 1973）。此七個階段如表5-2：

表5-2　課程實施的關注階段

關注的階段	主要的特徵
階段0 （低度關注）	顯示很少關心或投入參與學校課程革新方案。
階段1 （資訊）	對課程革新資訊表示關注，並有興趣了解課程革新的實質特點與涵義，如一般特徵、影響、使用的要求等，但參與者尚未關注自己與課程革新的關係。
階段2 （個人）	個人尚未肯定課程革新對自己的要求，他們個人不能肯定自己是否能應付這些課程改革要求，也不確定自己在課程革新過程中所要扮演的角色。但是，已經開始焦慮必須付出的個人成本，與分析其在整個學校組織中的角色，並考慮實施新方案後，需要作出的決定和與現存結構之間可能的衝突等。
階段3 （管理）	實施課程革新方案的過程、任務與所需的新行為，成為主要的關注焦點，以了解如何使用資訊和資源的最佳方法，效率、組織、管理、時間表及後勤需求成為主要關注議題。
階段4 （後果）	課程革新方案對學生的衝擊影響成為關注焦點，該課程方案對學生的適切性、學生能力及表現等成果的評鑑，以及改進學生成果所需的改變等成為關注主題。
階段5 （合作）	實施課程革新方案時，教師涉及與他人合作協調，成為關注焦點，並考慮學生利益，改進實施策略。
階段6 （再關注）	探討課程革新方案帶來的普遍優點，並關注主要改變的可能性，考慮由更有利的另類變通方案取代的可能性。個人並且對另類變通課程革新方案有明確的想法與建議主張。

　　就「關注的階段」而言，一開始，教師幾乎是完全未投入新課程革新方案，隨著不同階段的改變，教師逐漸關注自己的改變、課程實施的任務、對學生的短期立即衝擊以及普遍的優點。每一位個別的教師以自己的速率在這些階段當中不斷進步。但是，不一定每一位教師都會到達所有的階段。課程研究人員可以利用問卷、為預定答案之問題陳述以及評分表，將教師在不同關注階段的關注強度繪成一幅側面圖。

　　如果是較無經驗的教師，可能顯示高度關注第三階段「管理」新課程的組織與使用，對第四階段「後果」的關注仍高，但是對第五階段「合作」的關注可能就偏低。如果換成是一位有經驗的教師，則其最關注的可

能是在第五階段和其他教師同仁「合作」的實施革新，其第四階段對學生的關注仍高，但是在第二階段對個人的關注可能較低。

實施「核心素養」的新課程過程中，教師關注階段的剖析，將有助於學校、教育當局或課程改革的推動者，設計適當的教師在職進修研習活動，以提升教師關注的焦點。例如：如果教師對第三階段「管理」如何使用新課程顯示高度關注，則可以設計教師研習活動，以強調有效組織教材與時間的方法技巧；如果教師對第五階段「合作」顯示高度關切，則可以設計有關加強人際溝通的技能，以促成教師團體彼此慎思研討的教師研習活動，以邁向成功的課程實施。

當教師知覺到現有的課程無法適當地發揮功能時，便可能會尋求另類的變通方案（Leithwood, 1981），從各種不同的課程中加以比較選擇。就教師而言，如何使用一套新課程可能是教師主要的關注焦點，因為大多數的教師如果能利用某種特定的方法與課程，成功地應用在學生身上，就容易獲得教育的內在動機之滿足。然而，有效地實施任何一種新課程都是需要一段長久的時間，因為，每一位教師都必須有能力、有信心，以了解如何使用此套新課程。只有當教師完全接納一套新課程，而且只有當此種課程已經成為教師日常的教室教學事務，則此套新課程才真正邁入「再關注」的階段。

三、透過教育人員的工作坊，提升其新課程核心素養的使用層次

工作坊（workshop）是不同於會議、上課或其他集會，而是包括了規劃時段、實務工作時段、綜合歸納與評鑑時段。工作坊是一種較為長期的在職進修管道媒介，工作坊可以包容許多不同的活動，例如：傾聽專家顧問的專題講座、討論共同議題、閱讀專業文獻、蒐集並設計教材、觀賞影片、進行角色扮演、填寫評鑑表格、和其他參與者進行聯誼與討論。工作坊的最大特色是參與者所發展培養出來的社會相似性與良好的同儕情誼；另一個最大特色則在於，可透過前三角的聆聽觀察階段、四不像的模仿學習階段、黎明前的黑夜之探索階段、有型無魂的練習階段、化蛹為蝶的轉

型階段之教師專業發展五階段論，培養參與者解決問題的實務能力與工作熱忱，透過團隊對話與實務工作討論，可彌補理論研習與理論探討之不足，並可讓工作坊的參與人員覺得有效率。

（一）核心素養的工作坊設計

「核心素養」工作坊的時段，可以在寒暑假當中的連續數天到數週，有些則是由數天到一週，必須妥善設計時間（Marsh & Willis, 1995），例如：第一天上午「核心素養課程改革」、下午「核心素養學校本位課程發展實例」，第二天上午「學校本位課程研究」、下午「學校本位課程規劃」，第三天上午「學校本位課程設計」、下午「學校本位課程實施」，第四天上午「學校本位課程評鑑」、下午「學校本位課程經營」，第五天「學校本位課程實踐成果發表」，又如：

1. 第一小時：安排全體大會，如開幕、唱歌、整體規劃會議、專家專題講座或欣賞影片。

2. 一個半小時：特定主題小組會議，依每一小組的特定興趣主題，分組進行討論。

3. 半小時：非正式會議，工作人員與其他工作坊參與者的聚會。

4. 一個或更多小時：學習研究與規劃之時段，學習、研究、規劃、參觀或短途旅遊。

5. 一個半小時或更長時段：活動，社交活動與運動休閒。

諸如此類的活動設計，可以安排成為一天的時間方案，或者濃縮成為較短的時段。重要的是工作坊的參與者，應該有責任協助規劃自己參與的工作坊。

（二）透過核心素養的工作坊，提升課程使用層次

課程是教師與學生的活動媒介，學生大約花費教室中百分之八十左右的時間，進行特定課程材料的活動（Cornbleth, 1979）。因此，完整的課程實施研究，應該蒐集有關課程材料如何使用的相關資訊。

核心素養的課程實施使用層次，可以用來追蹤實施新課程的過程中，教師的實際教學表現。當教師逐漸熟悉某一項課程革新，則其課程使用層次也不斷提升（Marsh & Willis, 1995）。課程「使用的層次」，是經由洛

克（S. F. Loucks）、鈕絡夫（D. W. Newlove）以及豪爾（G. E. Hall）等人利用「焦點晤談」（focused interview）所發展出來的一套系統方法，蒐集課程教材特徵，以及在教室中教材實際使用情形的資料說明表，提供校長、教師、家長或課程實施的相關人員，進一步了解課程實施情形（Loucks, Newlove, & Hall, 1975），豪爾以及洛克兩人並將課程「使用層次」列表整理如表5-3：

表5-3　課程實施的使用層次（Hall & Loucks, 1977, 226）

使用層次	使用的範圍
1.未使用	使用的教師，對於課程改革缺乏了解，或了解甚少，未參與課程改革工作，也未準備參與。 （決斷點：採取行動，以獲取課程改革的資料。）
2.定向	使用的教師，已經或正在獲取課程改革資料，而且已經或正在探討課程改革的價值取向，及使用教師的需求。 （決斷點：決定採用新課程，建立實施時間表。）
3.準備	使用的教師，正為第一次使用新課程而準備。 （決斷點：依使用者的需求使用課程，必要時加以改變。）
4.機械地使用	使用的教師，致力於革新，卻只重短期使用或日常使用，缺乏反省的時間。其改變旨在符合使用教師的需求，而非學生需求。基本上，使用者試圖熟練的工作，雖然合乎使用者的要求，但是結果是非常膚淺且不連貫使用。 （決斷點：建立例行式的使用形式。）
5.例行化	在使用過程中，已經成為習慣，如有改變，也是少數。很少考慮到改變課程革新方案修訂和革新效果。（決斷點：依據正式或非正式評鑑，改進課程，以增進效果。）
6.精緻化	使用者依據短期或長期的實施結果，考慮學生利益，修訂課程革新的方案，以增進課程革新的即時效果。 （決斷點：與同事協調合作，開始合作進行改變。）
7.統整	使用者結合自己和同事在課程革新上的努力，在共同影響的範圍內，給予學生集體的影響。 （決斷點：開始探討革新的變通方案，或主要修正方向。）
8.創新	使用者評鑑革新方案的品質，尋找目前課程革新的另類變通方案或修正方案，以增進其對學生的影響，檢視領域內的新發展，探索自己及整個學校系統的新目標。

　　了解教師的核心素養課程「使用層次」，將有助於新課程方案的實施。舉例而言，某位教師顯示出「準備」的第三個課程使用層次，可能一步一步地表現出機械而膚淺地執行課程的表面教材教法，卻未能針對學生的需要與學習態度加以反省。如果這位教師能獲得更多的課程訊息，獲得更多的鼓勵協助，則其未來可能進行更高層次的課程實施。如果另一位教師表現出「精緻化」的第六個課程使用的層次，則其可能透過實驗方式，進行各種不同的教學法，以協助學生在課程方案中獲得最大的進步。

　　核心素養的課程使用層次之資料，有助於教師在職進修研習活動的設計。例如：某校大多數教師的課程使用層次，顯示出第四層次的「例行化」，則該校教師並未發展出實施新課程的不同教學方法，如果這種方式保持不變，則此課程實施的層次是相當膚淺的。因此，有必要透過教師在職進修活動，協助教師獲得更精緻而富變化的教學法，以邁向成功的課程實施。另一方面，不同時期所蒐集的課程使用層次的訪談資料，也可以顯示出教師在課程實施過程中，課程使用層次的改變。

第二節　實施前的行政支援準備

　　「核心素養」的課程實施，包含核心素養的新課程理念溝通與解釋，以及核心素養的新課程方案執行實施行動。因此，課程實施應該進行相關行政人員之協調聯繫，使其做好適當的行政支援準備，進行教學準備及情境布置，完成學生編組。同時根據《十二年國民基本教育課程綱要總綱》的實施要點明確指出，在教學準備與支援方面，教師應於每學期開學前做好教學規劃，並準備教學所需資源及相關事項；教師備課時應分析學生學習經驗、族群文化特性、教材性質與教學目標，準備符合學生需求的學習內容，並規劃多元適性之教學活動，提供學生學習、觀察、探索、提問、反思、討論、創作與問題解決的機會，以增強學習的理解、連貫和運用；教師宜配合平日教學，進行創新教學實驗或行動研究，其所需之經費與相關協助，各該主管機關應予支持（教育部，2014，32）。

一、進行行政人員的協調準備

根據《十二年國民基本教育課程綱要總綱》的實施要點明確指出行政支持的重要性（教育部，2014，34），各該主管機關與學校之行政支持是為了協助學校課程與教學的實施，並支持教師教學與學生學習，以實現課程綱要核心素養的理念與目標，行政支持包括經費與專業支持，以及相關配套修訂等。尤其是新課程方案的引進，可能會導致接納的問題，相關人員或需應付不確定的情況，面對混亂、抗拒或漠不關心等困難。在一個機構環境中，新舊之間可能有的衝突、抵制和混淆等等。這些衝突、抵制與混淆，要通過經驗的反省和研究的分析，而加以預估和確認。這一階段也指對於所需的資源以及組織機構的改變，都要透過行政協調支援準備，善加因應計畫（黃光雄，1988）。

行政支持是很重要的。例如：校長提供資源與時間，讓教師團隊研發核心素養的新課程，課程時間表要預留一整段的規劃時間，讓教師們得以共同設計課程。以往的課程改革，在設計課程表時，往往未能注意到教師專業成長的需要、以及學校對共同規劃學校事務上的需求（Little，1990），容易造成教師沒有準備新課程的備課時間，甚至沒有共同備課或共同規劃課程的時段。是以如果希望教師進行課程革新，必須增加教師規劃設計課程的時間以及教師專業成長的時間，因而排出該團隊教師共同沒課的時間，以便進行共同課程設計與檢討的時段。特別是學校如果要推行有效的課程改革，則必須提供特別的時間，最好是每天至少一節的備課時間，而每週至少有兩節共同的備課時間，協助教師團隊一起進行規劃設計或共同從事行動研究（蔡清田，2013）。

推動課程改革強調學校進行課程發展的自主能力，必須有完善的學校行政配合，才能形成周詳的計畫與整體的配合，改革方易奏效。行政支持可以有許多不同的方式（Drake，1998），例如：嘉義市林森國小為了促進課程實施，辦理教師週三進修，聘請教授及有實際經驗之教師蒞校授課；並透過行政安排教師參觀高雄市新光國小、臺南市復興國中及嘉義大學附小，以尋求最佳的實施策略。該校並於每週四上午7：50-8：30進行教師

專業互享，成立教師研究室及教學資源中心提供教學所需資源設備包含工具書、參考書、CAI教學軟體、電腦。行政單位的支持是課程實施成敗的重要關鍵，因此，必須協調學校整體教育人員，進行課程實施。特別是校長、行政人員、教師與其他相關人員應進行溝通協調，根據教師的專長安排進行教學，鼓勵教師協同教學、同僚專業互享學習。

二、進行教學資源準備及教學實施情境的布置

　　行政人員宜採取有效的支援行動，確定教師所需要的資源能以適當的順序方式取得（蔡清田，2016）。例如：有些縣市政府是統一制定學校行事曆與採購教科書，則校長可幫忙提醒地方教育行政人員，以便協助教師及早取得新的學校行事曆與教科用書或其他材料，並確定教師們進行核心素養的課程計畫之前便有教科書與教學指引可以參考利用。又如教室學習角、學校學習步道、社區學習步道等教學情境的設計與布置，也是需要行政人員的協助。教師需要一個容易進行教學的情境。一個易教的情況包括下列的基本要素：班級大小要易於管理；教師教學領域是他們可以準備好的；教師可以利用好的設施，材料及裝備。特別是學生注意力集中的幅度有限，而且他們有其他關注的議題。教師可能盡其最大的能力來進行課程實施，但是學生心中卻關心週末的活動，再加上教室物理環境也可能導致分心，如果地震重建地區的簡易教室太過於悶熱，則學生將很難專心於學習任務。因此，行政人員必須協助準備課程實施情境的布置。甚至，學校有必要就教學資源相關支援的人力、經費、設施與器材等行政配合措施作妥善的準備，並考量社區與家長的支援。確實考量學校現有的情境，使環境條件均能適切融入課程方案中；社區的環境與社教機構也應充分應用，適時納入課程中，整合運用各類多元的資源，提供學生更廣泛的經驗。

三、完成學生編組

　　應如何引導學生參與核心素養的課程實施當中？如何將學生逼組分配

到同質還是異質的班級（Glatthorn, 2000）。根據卡內基基金會（Carnegie foundation for the Advancement of Teaching, 1990）研究調查結果顯示課程的分流，導致學生團體階級化的嚴重缺點。甚至時常導致安排內容貧乏的課程，提供低能力學生選取，而且大部分學生依能力而選定課程的系統，很少有學生流動的現象（Oakes, 1985）。但是，在跳級課程的情況下，能力分組學習似乎對有天賦的學生很有效（Rogers, 1991）。

過度異質的班級對教師產生特別的問題，教師通常很難去管理這種班級與進行教學個別化（Evertson & Hickman, 1981）。但是，在一般異質的班級分組教學，似乎對大部分學生在認知上的與感情上達到較好效果（Slavin, 1989）。而且，同一教室中出現能力較差的學生，對於能力較好的學生是學習意願激發的來源；相反地，能力較好的學生的出現，減低了能力較差的學生的學習動機（Nicholls, 1979）。值得注意的是，不管使用哪一種學生編組的方式，教師都應該對於每個學生都當作人才來教，不放棄任何一個人，注重學生各方面發展，對表現優異的學生給予鼓勵，有困難的學生給予幫助。

第三節 實施學生家長宣導說明

學校應該辦理「核心素養」的家長說明會，向學生家長進行宣傳「核心素養」，使家長充分了解核心素養的學校課程方案與學習活動、評量方式等，使其充分理解核心素養的課程改革主要方向與具體措施，並引導其參與學校教育活動，提供可協助之人力、物力、財力支援。

一、向學生家長進行核心素養的新課程之宣導

從課程的接受者而言，家長與學生也有課程決定的權限（Skilbeck, 1984; Sabar, 1985），因此學校，有必要對全體學生與家長進行課程宣導，解釋課程發展的理念與作法，從而整合相關意見，作為實施課程方案的依據。特別是，部分家長誤認為課程統整忽略學科知識，誤以為強調核心素

養會造成學科能力降低，這些都是有待政府宣導說明與學校教師向家長溝通澄清。因此，政府應該透過大眾媒體廣為宣導，例如：國家教育研究院便透過電視臺製播節目，宣導十二年國教課程改革的核心素養。

　　另一方面，政府也應責成學校辦理十二年國教課程改革核心素養的家長說明會、新生家長座談會與班群家長說明會，積極聯絡家長，利用親師會、班親會、家長大會、村里民大會、婚、喪、節慶、學校通訊、平面媒體、電子媒體等等途徑去宣導說明，讓家長知道有關新課程的評量、教法與升學的關係，擴大宣導效益。

二、引導家長參與核心素養的學校教育活動

　　學校可以透過核心素養的課程實施宣傳，辦理親師聯誼活動，建立親師溝通的橋樑，鼓勵家長於上學時間參觀學校各項教學活動，增進家長的信心，引發家長對學校教育的認同，鼓勵家長組織班親會、義工媽媽團隊，引導家長走進教室，加強親師合作，充分運用家長資源，支援教學活動，如補救教學、教具製作、布置教學環境與圖書整理、支援專長教學項目，或擔任愛心服務工作，如交通安全、偶發事件、戶外教學之協助。另一方面，學校也可以透過家長會辦理學校通訊，進行校務諮詢與協助，作為家長與學校的溝通橋梁，擔任學校教師的靠山，並適時提供經費的支援。

第四節 實施教學過程與課程連結

　　本節主要包括依照「核心素養」的課程方案設計，實施教學與監控；參考課程類型，實施核心素養的課程連結。茲分述如次：

一、依照核心素養的課程方案設計，實施教學與專業監控

　　核心素養的課程經過設計後，若沒有經過核心素養的課程實施的行

動,則無法落實課程的願景,更無法達成核心素養的課程設計預期成果。一個新的核心素養課程方案往往開始於學者專家的教育理想或官方政策正式的書面計畫,但是,只有當教師在教室情境中實際實施之後,這個願景或書面計畫才能轉化為教師的「運作課程」與學生的「經驗課程」。審慎的計畫,是良好課程的必要條件,而非充足條件,因為如果教師沒有「知覺」到實施新課程的必要性,並且進一步在自己的教室加以「運作」實踐的話,那麼一切都只是紙上談兵(Marsh & Willis, 1995)。因此,課程實施就顯得十分重要,是邁向成功課程改革的必要條件之一。是以,課程如果要對學生產生影響,必須透過課程實施付諸教育行動。進行課程實施時,教師可以參考一些具有正面效果的教學,例如:釐清目標;協助在學習目標的過程中,發現意義與目的;鼓勵學生去問問題;利用要求高度參與學生活動的學習策略;經常利用平時考來監控學生的學習與維持其高度警覺;觀察學生的語言與非語言的行為;利用監控資料,以調整教學等(Glatthorn, 2000)。

根據《十二年國民基本教育課程綱要總綱》的實施要點明確指出,教師指派學生作業宜多元、適性與適量,並讓學生了解作業的意義和表現基準,以提升學習動機、激發學生思考與發揮想像、延伸與應用所學,並讓學生從作業回饋中獲得成就感;教師應建立有助於學習的班級規範,營造正向的學習氣氛與班級文化,並加強親師生溝通與合作等,以提升學生學習成效;教師宜適切規劃戶外教育、產業實習、服務學習等實地情境學習,以引導學生實際體驗、實踐品德、深化省思與提升視野。

為增進學生學習成效,具備自主學習和終身學習素養,教師應引導學生學習如何學習,包括動機策略、一般性學習策略、領域/群科/學程/科目特定的學習策略、思考策略,以及後設認知策略等。另外在課程實驗與創新方面:1.各該主管機關應提供學校本位課程研發與實施的資源,鼓勵教師進行課程與教材教法的實驗及創新,並分享課程實踐的成果;各該主管機關宜分析課程研發與實驗成果,以回饋課程綱要之研修(教育部,2014,32)。

當核心素養的課程方案由校外或中央的機構所提出時,這種課程實施

的差異情形普遍存在，然教師採取課程的轉化或決定，不應該成為被批判的焦點，相反的，或許能夠因此更為合乎學生與學校的需求。因此，核心素養的新課程推動初期可以建議教育人員進行忠實觀的課程實施，中程則可鼓勵其採取相互調適的觀點（黃政傑，1998），遠程則鼓勵其採取落實觀的行動研究（歐用生，1996；黃光雄、蔡清田，2015）。有關核心素養的課程實施的監控，通常是具有高度爭議的爭論之一。在一方面，許多的政策決定者及行政執行者，抱持忠實觀的課程實施，似乎不相信教師的課程實施能力，所以他們花了很多時間在發展、實施執行詳細說明教師績效的系統。另一方面，也有一些教育專家，贊成調適觀的課程實施，似乎認為教師的課程實施不需要任何監控，相信教師們能發展出他們自己的課程。因此，對需不需要監控課程實施的原因，進行回顧及檢視是有必要的（蔡清田，2016）。

（一）需要監控核心素養課程實施的原因

　　為什麼需要監控課程？第一個原因，簡單地說就是效率的因素。政府部門或民間出版社既然已經投入大量的時間與財力來研發一套課程，若是任由教師一味地忽略而不照指引進行實施，那麼就枉費課程研發所投注的心力了。第二點關注的是課程垂直銜接的前後連貫一致性，若是政府部門精心規劃課程，那麼進行課程監控，便可確保「第二學習階段」學生所學的課程，是以「第一學習階段」所學的課程為基礎，並可順利延伸到「第三學習階段」的課程。如果沒有進行課程實施的監控，而任由教師隨意而為，則教師可能只會強調他們所最熟悉的教材，而不會關心學校的整體課程。例如：如果沒有進行課程實施監控，小學教師可能會忽略科學課而強調閱讀課（Cotton, 1995）。同樣地，詳細規範說明的課程，將可以改進學習成果，特別是非常重視年級之間垂直銜接的數學課程更是如此（Corbett & Wilson, 1992）。此外，課程的監控，也可提醒教師注意教學任務。如果教師知道他們的課程實施是被監控著的，便會去根據課程綱要，選擇合適的課程內容與教法。最後，從課程領導的觀點來看，課程實施的監控，使學校領導者更能夠參與課程發展，也使行政人員與學校課程的關係更明確，促使學校進步。

（二）不需要監控核心素養課程實施的理由

那些反對課程實施監控者，也提出一些甚具說服力的理由。首先，他們認為過於嚴密的監控，意味著對教師的不信任，因此，破壞了學校的和諧文化，而將行政人員與教師置於相互對立的角色。其次，在過於強調標準課程情境之下，師生必須忠實實施，容易忽略了學生之間及學校之間的個別差異。現行的教育行政系統，大多採取一種複雜的教育管理績效系統，不易反映多元文化社會的豐富多樣性。此外，嚴密監控，伴隨著對考試分數的要求，迫使老師在教學上必須偏重與考試有關的項目，窄化了課程而過於注重教師直接教導傳遞的知識。最後，過分的監控，將教師貶抑成為機械化地去執行別人已經設計過的課程，也因此扼殺教師教學創意。

在一份對肯德基州績效系統（Kentucky state accountability system）的研究（Miller, 1996），著重嚴密的監控及教師對考試結果的績效，總結歸納指出，課程的監控並未在學生的學習成就上發生可測量的影響；相反地，卻在教師、學生家長及學校之間築起了一道鴻溝，並且破壞了教師的效能。此外，更證實了反對課程監控者的最大擔憂，過於強調監控和考試分數，會導致一個重視可測量的學習、以考試為導向的學習項目之反覆練習、以及以教師直接教導傳遞為主的情境（McNeil, 1986）。

（三）透過落實觀的核心素養課程實施，解決監控的爭議之道

課程實施的監控，可以有助於課程研發人員，發現「課程」在經過規劃與設計之後，「實施」歷程當中產生何種改變，可以協助課程研發人員了解課程規劃與設計的可能失敗原因，可以提醒教育決策人員避免忽略課程實施的重要性，有助於課程研發人員了解學生學習結果與各種影響因素之間的複雜關係（黃政傑，1991），作為改進課程規劃設計實施過程與學習品質的依據。

傳統上，教師角色一向被認為是消極的，不必參與課程發展，只能照本宣科，只能墨守成規，只要接受別人生產的知識。結果，課程便被教師視為理所當然的存在，很少被質疑或研究。但誠如史點豪思（Stenhouse, 1975）所言，課程基本上是一組教育行動方案或研究假設，需要教師加以批判性地檢討。課程發展需要教師對其採取研究的立場，反省自己的教

學實際，並加以公開批判和行動實踐。所以每一個教室都是行動方案的實驗室。教師的教學生活不僅要被研究，而且要由教師自己研究（歐用生，1996）。「行動研究」可以是教師在教室情境的研究，是教師嘗試改進本身的教學，並透過教學實際來檢證教育理論假設的一種行動（Connelly & Calndinin, 1988），亦即教師在實際情境中考驗「課程」，了解「課程」實際運作情形的歷程（蔡清田，2013）。教師應該確實把握研究的問題，並了解到教學情境的整體性與課程情境的特殊性，透過具體行動實施課程。

1. 核心素養的課程實施觀念，強調彼此達成雙贏成就（mutual accomplishment）的落實觀，而非完全僵化固著忠實觀的傳統觀念

彼此達成雙贏成就，是一種落實觀課程實施的成功模式，此種模式是行政領導者達成課程變革的願景目標，同時也是教師在教室使用新課程時達成影響課程的專業目標。行政領導者與教學者彼此達成雙贏成就，是一種課程實施的雙贏哲學，至於完全僵化忠實於傳統觀念，則是我贏你輸的推動策略：亦即行政領導者贏，而教師輸（Glatthorn, 2000），並非課程實施的良策。

2. 說明「對教師友善」及「簡易的變革」的課程實施方法

一方面，一個「對教師友善」的課程，提供時間及空間，協助教師獲得專業成長；也是以一個容易達到的方式來呈現；它也沒有強硬規定不變的先後順序及教學方式。另一方面，「簡易的課程變革」，用詞定義明確，目標敘述清楚。簡易的課程變革，透過小小而簡單的改變，可以帶來有效改變與大大的效果，而且不造成太大負擔，避免過度複雜，不要求教師使用太多資源、複雜技術，或太多觀念方法。簡易的變革也是一種具有高品質的課程，教師重視這種課程，而且也希望加以實施（Fullan, 1992）。

3. 課程實施文化，建立一種重視持續進步與協同合作的課程實施
    文化

學校行政人員應該扮演領導者的角色，以便釐清繼續不斷改進的理
念，引導學校進步，並獎賞認真進行實施的教師，而且協助教師們了解課
程發展是不斷努力的過程，而非單一的事件。協同合作，是邁向成功的課
程實施之學校文化重要因素。課程領導者應建立同僚間協同合作工作的重
要性，提供協同合作的情境，支持建立協同合作的模式，並獎賞進行協同
合作的教師們（Griffin, 1988）。這在課程變革所需要的支持情境，是重要
而關鍵的。

行政人員可以採取若干非正式的觀察，短時間的造訪教室，大約5至
10分鐘（Glatthorn, 1990）。在這短時間內，可以觀察課程是如何地被實
施。若是經過三次非正式的觀察，都指出教師花過多的時間在非關課程的
議題上，則行政領導者可以一個較有建設性的態度，提醒教師們有效實施
課程之必要，並要求教師說明脫離課程常軌的理由。

行政領導者可以用很多非正式的方式來了解學校課程實施的成效
（Glatthorn, 2000）。例如：巡視福利社時，詢問學生對所學課程的感覺
如何；從事非正式教室觀察時，集中注意力在課程的實施上；組織非正式
午餐會，與教師討論課程問題；相關報告出爐時，與教師就課程對學生學
習成效的影響舉行非正式談話。這些是有效的監控策略，可以作為提供教
師的優點與適時讚賞的方法，或是一種針對問題，進行系統關注的早期警
告系統。但是非正式的觀察，有助於了解課程實施，不應該用來作為評鑑
教師的憑藉。

二、參考課程類型，進行課程實施的一貫連結

學校中存在著核心素養的許多不同類型課程（Glatthorn, 2000），例
如：

◆ 「書面的課程」（written curriculum）是指政府所公布的文件，所
    規定的課程綱要、學校整體課程計畫以及教師所設計的課程單元

主題計畫。

◆ 「教導的課程」（taught curriculum）是指教師實際傳遞的課程。

◆ 「支援的課程」（supported curriculum）包括那些可以支援課程的資源，例如：教科書、軟體與其他媒體。

◆ 「評量的課程」（assessed curriculum）是指出現於考試測驗和表現測驗當中的課程。例如：大學入學考試的測驗、國中基本學力測驗與教師自編的測驗試題。

◆ 「習得的課程」（learned curriculum）是指底線的課程（bottom-line curriculum），亦即學生真正學到的課程。

◆ 潛在的課程（hidden curriculum）。這是未預期的課程（unintended curriculum）。這是指學生從物理環境、學校政策、學校教育過程當中所獲得的學習。「潛在的課程」對於學生的學習，有著強而有力的影響。僅管學生通常不知道潛在課程的影響，學生卻每天都經驗到潛在課程的影響。舉例而言，一幢屋頂有破洞、牆壁有污漬斑點的老舊建築，傳遞著「這裡的人並不關心這所學校」的訊息。

這些核心素養的課程類型之間的落差，已經引起學者專家提出有關課程一貫連結（curriculum alignment）的建議（蔡清田，2016）。例如：English（1992）強調課程與測驗之間必須緊密加以聯結配合。此種一貫連結可以經由「前置」（frontloading）與「後置」（backloading）來達成連結。「前置」是指先發展課程，再尋求一份可以配合的測驗；「後置」則是指先發展測驗，再發展可以配合的課程。透過課程一貫連結，合理連結各層次的課程，使其一貫，將有助於落實課程實施。課程實施的一貫連結，可以讓教師獲得所有權的隸屬感，而且能讓教師對新課程指引的細節，有更深層而細膩的認識（蔡清田，2017）。

1. 一貫連結「書面的課程」、「支援的課程」與「評量的課程」

教師可以透過課程實施，一貫連結「書面的課程」、「支援的課程」與「評量的課程」。教師可以根據政府公布的課程綱要所列出的主要精熟學習表現清單，指出那些主要精熟的目標之項目，出現在教科書當中，而

且可以用來設計成爲測驗考試的重點。在決定那些主要精熟指標可能被拿來進行考試測驗的過程中，教師可以參考國中基本學力測驗或大學入學測驗的內容與教師自行編制的考試測驗，在分析這些測驗考試的內容中，教師可以充分運用那些有關測驗考試內容的詳細說明，以及先前的考古題庫作爲參考。

表5-4　一貫連結「書面的課程」、「支援的課程」與「評量的課程」的格式

科目：英語科	國中二年級	範圍
精熟的學習表現	是否考試測驗	課文：英語第九課
能看懂常用的英文標示	X	第23至26頁
能朗讀短文	X	第16至17頁
進行英語訪談		第54頁

　　另一方面，教師也要決定主要精熟的目標，是否能在教材中獲得解釋說明。因此，教師也應該如表5-4檢視所使用的教科書內容目次表，注意所處理的主題之頁數碼，並將課文主題處理深度適宜之處的頁碼，加以登錄註記。教師進而可將要考試測驗的主要精熟目標，列爲最優先課程實施的項目；可能會被考將會是第二優先的項目。若能核對精熟目標位於課本的哪一章節、哪一頁中說明介紹。學校教師在從事教學時，自能掌握課程重心，達到教學實施的效果。

　2. 一貫連結「書面的課程」與「教導的課程」與「習得的課程」

　　儘管是最謹慎的教師，也需要被協助去確定他們是否有效地教導傳遞「書面的課程」與「習得的課程」。行政者應該協助教師有系統地檢查年度計畫與單元計畫當中所包含的主要精熟學習表現（蔡清田，2018）。

　　最重要的，是一貫連結「教導的課程」與「習得的課程」。當教師錯誤地假定認爲學生學到了教師教導的全部內容，證據卻顯示事實不然。如同Doyle（1986）指出學生在教室中的大部分時間，若不是心不在焉，便是假裝認眞工作，學生只是模模糊糊的知覺到教師正在企圖教學的內容。

這個議題是如此的重要，因此，教師們應該在課程發展委員會或課程小組會議或在特定的工作坊當中進行討論，以便回答「教導的」與「習得的」之間的差距是什麼？何種學生因素導致如此？教師能做什麼以減少此種差距？

3. 一貫連結「潛在的課程」與「習得的課程」

由於「潛在的課程」對於學生的學習，有著深遠的影響與衝擊，因此，應對此加以研究，進行系統分析。下列可能是構成潛在課程的主要因素（Glatthorn, 2000）：

- 時間分配。舉例而言，藝術與人文是否分配到足夠的時間，以培養學生的藝術欣賞能力？
- 空間分配。有多少空間是分配給教師進行會議與規劃？
- 學生紀律。輟學是否反應師生關係的偏見？
- 物理外觀。學校設施的物理外觀是否反應了學校對建築物的關心程度？牆上是否充滿著學生的藝術作品？
- 學生活動方案。此一方案是否反應並回應學生不同能力的差異？
- 溝通。大眾傳播系統的多數訊息是否都是正面積極的意義？學生的聲音被聽到的機率是如何？
- 權力。教師作決定的過程中是否擁有權力？學生在重要影響因素上是否擁有任何權力？

完成潛在課程分析之後，則可以明確指出哪些並非是學校要求學生學習的潛在影響，並且進而一起努力以改變這些造成差異的因素。舉例而言，如果校長與教師相信學生藝術創造能力的重要性，但是卻發現沒有任何創造力痕跡的潛在課程，則學校可以經由在走廊上沿途布置學生的藝術作品，而藉此改變此項潛在課程。

第五節　實施行政支援與課程視導

以樂觀的角度描述核心素養的學校本位課程發展未受到任何外力的限制，是不合乎學校教育的實際情境與教室教學現場的實況（黃光雄、蔡

清田，2015）。事實上，核心素養的學校本位課程發展活動中，每一位教師所能從事的課程設計活動，仍受到教育系統上的科層體制之行政權力限制（蔡清田，2001）。因此，有必要施行政支援與課程視導（蔡清田，2018）。

一、實施各項行政支援措施

核心素養的學校本位課程發展需要主動的教師與學校行政人員相互溝通、分享價值與經驗（Skilbeck, 1984）。儘管教師身爲課程設計者與實施者的雙重角色，可以設計出適合地區特性、學生潛能與學校條件的課程方案，可能縮短書面的課程付諸實施後的差距，但是教師仍需要各項行政支援措施，特別是行政人員是否規劃課程實施之前的溝通宣導說明、排課、選課、師資、設備、考試與其他行政支援措施（黃政傑，1999）。

行政的規劃與支援方面，若缺乏行政人員支持與經費來源，則核心素養的學校本位課程發展易陷入巧婦無米之炊的窘境。特別是行政支持與資金的挹注，皆是保證課程活動順利實施的重要因素，才有可能將其納入學校正規活動的一環（蔡清田，2001）。因此，核心素養的學校本位課程發展人員必須回顧課程研究的情境分析階段所探討的資源系統，規劃適當的行政支援，並在課程實施階段再次確認，透過行政支援，才能確保成功的課程實施。

二、透過視導，監控行政支援課程實施

核心素養的課程視導的目的，在於協助教師改進教學，以邁向成功的課程實施。但是，視導如果要落實執行，除了教育行政當局之外，爲了獲得更好的效果，學校校長、主任、科主任、學年主任及班群領導教師都應負有視導責任；換言之，學校本身就要有視導的機制。因此，視導者具有兩個重要的意義，第一個是被教育行政當局所指派，以視察督導某一學區的督學或視察；第二是學校組織內部相互協助的行政人員與教師，特別是

任何一位有能力的學校內部成員，皆可以有資格協助校內其他同仁，這些非正式的視導者，可以是教師之間的相互協助者（蔡清田，2007）。

另一方面，過去學校人員往往認為課程視導與課程改進兩者之間，分別屬於截然不同的兩件事。視導者是受僱去視察督導教學，後來隨著課程專家的出現，視導者便被指派為「督學」去進行「監督」工作，而課程協調者（curriculum coordinator）被指派去主導課程規劃。然而實際經驗顯示，視導者的責任與課程協調者的責任，往往無法避免地產生重疊的現象，擁有這些頭銜的人，應該組成一個服務團隊，設法提升教學品質（蔡清田，2016）。

（一）視導的需求

視導者（spervisor）面臨一系列的工作任務，這些工作任務可能起源於下列的需求（Doll, 1996）：

1. 需求一：必須因應學校教育體系當中的目標、學生動機、家庭作業與課程方案，改進中長程計畫或每日計畫。

2. 需求二：必須改善學生學習時間的運用，以促成教室活動的多樣性，與學習理論與活動產生關係連結，採用適當的學習程序，使教室層面活動與學校層面活動產生關係連結，並且重新評估家庭作業的學校教育政策。

3. 需求三：必須改進對教室團體動力的理解，特別增進對團體分組方式、團體情境教室控制與教室人文化等等的理解。

4. 需求四：有必要注意並尊重個體，其焦點特別是強調有助於個人發展創造力的行動、材料與方式。

5. 需求五：有必要明智地運用設備與材料等可用的資源，並且因應學習與人性才華而進行教室班級的組織。

6. 需求六：有必要改進評鑑的品質，其焦點特別是應該考慮到目標的重要性、評鑑歷程的完整性、發展評鑑的項目、評分的規劃與結果報告的實務等等。

（二）傳統的視導

傳統上，教師不喜歡接受視導。因為過去傳統的視導重點，強調檢查

教師工作與評等，而且傳統的視導工作可能被誤用與被濫用。甚至，就連英國教育標準局（OfSTED）所專業培訓督學人員所進行的學校訪視，也遭到教師的異樣眼光。根據過去許多被視導的教師親身經驗，視導者往往不適當地花費許多時間去找出他們所關注的問題。視導者前往學校巡視教室的當天，往往被認爲是充滿恐怖與不信任的黑暗日。有關視導的對立情感，已經讓教師設計並採用各種可能的躲避詭計，例如：突然改變到去教一個經過事前特別準備作業的教學進度課堂，或者將警告傳單或一本紅色封面的書籍傳遞到其他教室班級，向其他教師提出視導者已來到學校的警告。

（三）新式的課程視導

視導者的功能，可以轉變成爲教師的協助者或諮詢顧問。事實上，教師與視導者應該一起協作，改進學生的學習經驗（Doll, 1996）。甚至，某些學校系統，如臺灣大多數的縣市教育局處已經透過聘任專業的「課程督學」提供視導服務，發展出非常強而有力的核心素養課程視導方案，這些方案的成功主要是有賴於視導者的數量與品質。

1. 團隊合作精神

或許最自然而有效的情境，乃是來自於視導者與教師之間，因應核心素養課程研究的進行，所發展出來的團隊合作與同舟共濟的精神。例如：發展某一學習領域課程的指引，便可能需要進行教學內容、教學方法與教學材料的教室實驗。在此情境下，可能需要兩三位課程視導者、幾位校長與一群教師共同組成，或將過去的國民教育輔導團加以轉型成爲課程視導團隊，投入此項專業任務，參與者一起安排會議議程，共同規劃課程實驗的運作與設計課程指引。在此種情境下，因爲視導所帶來的恐懼與矯揉造作等不自然的的情形，將可消失於無形（蔡清田，2007）。

2. 民主式的課程領導

視導若能關注到均衡地方學區課程與教師對課程自主需要之間的協調，不會強迫採用傳播、示範與訓練的「由中心到邊陲系統的模式」、「中心複製生產模式」、「中心轉移模式」，或僵化應用「研究發展與擴散」模式與「問題解決」模式，而是透過慎思熟慮構想在職進修教育與教

育專業社區網路的協同合作（蔡清田，2016），或共同透過教育行動研究（蔡清田，2013），進行課程推廣實施。

　　在一個重視繼續不斷改進與協同合作的氣氛之下，將可以有效地邁向成功的課程實施。視導者必須體認以不同的方式在不同情境進行工作，例如：有經驗的教師、初任教師、家長團體、視導同仁、行政人員與各種形形色色的教師團體。課程視導者經常必須在各種不同情境之下進行課程改進活動，以致要經常挑戰自己的適應力與聰明巧思。然而，通常課程視導者關心如何進行民主式的課程領導，協助決定學校教育目的，並協助建立這些學校教育目的與學校日常實務活動之間的連結，並確保學校組織內容溝通管道的開放。

（三）有效的課程視導方法

　　核心素養的課程視導者所發展出來的一些方法具有共通性，這些包括教室觀察、視導者與教師的會議、小組的團體工作與教學觀摩會。其他的視導技巧，類似於組織在職進修教育研習與定期巡迴訪視等程序，其他如為提升教師專業能力的閱讀指導、準備書面手冊資料、工作手冊與成果展覽、安排進修課程、舉辦專業會議、編選與設計教材。

　　當視導者能適當地提供決問題的刺激、鼓勵、理念、教材與技能，則教師往往認為這是一種有效的視導。視導是一種有效的課程改進方法，具有幾種優勢，亦即，可以處理學校的實際情境問題，建構課程改進的特定需求，並且與教師的情感保持密切關聯。

（四）課程視導的模式

　　核心素養的課程視導可能成為教育系統用來改進課程的途徑。核心素養的課程視導系統模式，通常包括輸入、過程與成果等三個階段（Doll, 1996）。輸入階段，輸入包括決定需求、擬定目標與指出達成目標的計畫策略，以滿足需求；過程階段，過程包括實施與監控那些達成目標的策略。成果階段，成果乃是根據目標，以評鑑那些策略達成目標的程度而定，成果也包括建議系統的修正。視導系統，也包括設計課程、提供教師參考建議、協助教學人員解決教學問題，此種系統方法，將視導的策略統整成為一個單一個計畫策略。

　　另一個可能的變通模式，是人力資源的視導（human resources supervision），這是不同於人際關係視導（human relations supervision）。人力資源的視導者，首先強調重要而有意義的工作。在完成此種工作歷程中，教師獲得如同人際關係的視導者首先所企圖追求的滿意度。但人力資源的視導者，強調改進課程，並隨之提升工作士氣（Doll, 1996）。不管是人力資源的視導或人際關係的視導，兩者皆關心教師的滿意度。特別是人際關係視導，主要透過具體行動，以增進教師的滿意度，以便讓教師成為更容易一起合作的工作夥伴與被領導者。是以就長期而言，學校教育便可以成為愈來愈有效率與效能。是以從長遠角度而言，課程視導也應該發揮課程領導（curriculum leadership）的功能，作者將在本書最後一章，針對課程領導加以進一步探討。

　　總之，由於核心素養的課程發展歷程，投入相當多的教育資源、時間與人力物力，因此，課程規劃設計人員有必要從「課程實施」人員身上，獲得有關核心素養的課程實際執行與使用情形之回饋資料。因為核心素養的課程改革努力成果，將有賴於建立在成功的教育實踐基礎之上，以避免重蹈失敗覆轍。因此，應該重視並善加利用核心素養的「課程實施」回饋資訊，以作為進一步發動核心素養的新課程方案之參考，並有助於邁向成功課程實施（蔡清田，2016）。下一章，將對核心素養的課程評鑑加以說明。

第六章 核心素養的課程評鑑：
評鑑回饋

　　「核心素養」的學校本位課程發展，應該進行「課程評鑑」（curriculum evaluation），特別是經歷了核心素養導向的學校本位課程研究、規劃、設計、實施之後，應該特別重視課程評鑑，核心素養導向的課程評鑑不可忽略學生的學習成就，而且更需要進一步明確了各年級領域／科目中的學生學習表現任務之課程評鑑，因為學生的學習成就與課程的品質有關，核心素養導向的課程評鑑更可讓社會認識核心素養導向的學校課程價值，可以提供教育人員、學生及家長一種心理保障。

　　《十二年國民基本教育課程綱要總綱》的實施要點，指出學校應負責課程與教學的評鑑，並進行學習評鑑，而且要善用評鑑以作為改進課程，而且學校課程發展委員會的任務包括：核定學校本位課程發展的方向與內涵、審定年級課程計畫、評鑑學校課程實施狀況、評鑑年級課程發展計畫實施成效（教育部，2014）。因此，學校進行「核心素養」的校本課程發展，應該進行「核心素養」的課程評鑑回饋，掌握教育績效。評鑑不是為了證明（prove），而是為了改進（improve）（Stufflebeam, 1983）。學校課程發展委員會應掌握學校教育願景，發展「核心素養」的學校課程，並負責審議學校課程計畫、審查全年級或全校全學年使用自編教材之課程評鑑等，作為「核心素養」的課程政策規劃與整體教學環境改善之重要依據（蔡清田，2018）。課程評鑑就像一部精密機器的潤滑劑，它貫穿於課程發展的始終，保障課程能順暢的運行，課程評鑑又像一場化學反應中的添加劑，能讓我們的課程產生意想不到的精彩。因此「核心素養」的課程評鑑，包括形成性評鑑與總結性評鑑，形成性評鑑在課程發展過程中進行檢核，隨時回饋調整課程發展的歷程；總結性評鑑則是在實施後檢核是否達成課程目標，作為修正計畫方案與重新研究規劃設計實施的參考依據（蔡清田，2016）。

　　「核心素養」是個人為了健全發展，並發展成為一個健全個體，必須透過教育而學習獲得因應社會之複雜生活情境需求所不可欠缺的「知識」、「能力」與「態度」，特別是現代社會生活與後現代未來社會生活情境所需要「自主行動」、「溝通互動」、「社會參與」等「核心素養」與學習息息相關，能促成「個體發展」與「社會發展」。核心素養是十二

年國民基本教育新課綱課程發展主軸，是指一個人為適應現在生活、面對未來挑戰，所應具備的知能與態度。著重培養學生在生活情境中，真實運用知識的學習表現（蔡清田，2018）。「核心素養」的「學校本位課程發展」之「課程評鑑」，係評鑑在「核心素養」的學校本位課程發展之應用（黃光雄、蔡清田，2015），就是指教育人員蒐集有關核心素養的學校本位課程發展資料，旨在判斷核心素養的教學材料或教學活動的價值，指出教育內容和活動改革方向（黃政傑，1987）。就此而言，「核心素養」的課程評鑑是一種價值引導的構想，透過建構及分配資訊，以引導「核心素養」的課程方案或教育系統的教育行動（Norris, 1990）。其目的乃在幫助教育政策的決策者、學校教育行政人員、教師、家長或社會人士了解核心素養的課程發展重要特色與特定時空背景情境，並進而促成課程發展之合理決策，以提升核心素養的課程品質（蔡清田，2017）。

　　核心素養是經由後天學習獲得的，是可學、可評量的。核心素養可具體展現在特定情境下的個體行動當中，但是個體表現的行動是不易具體觀察測量的。雖然這些核心素養，以及構成要素是不易直接測量或觀察而得知，但可透過觀察生活許多「真實學習」情境之下的實作學習表現，而間接地推測核心素養及其相對應的學習表現與學習內容等構成要素。例如：「國際學生評量計畫」已針對閱讀、數學、科學等「溝通互動」的核心素養，進行國際之間的學生評量，但對於涉及跨文化情境因素的「自主行動」、「社會參與」等面向的核心素養，則考量到跨文化情境的效度問題，過去並未進行國際間的學生評量。「經濟合作與發展組織」為促進各會員國在全球知識經濟體系中的競爭力，並能有效地發展人力資本，著手籌劃進行跨國的學習成果比較。例如：「國際成人知能調查」（International Adult Literacy Survey，簡稱IALS）、「國際學生評量計畫」（Programme for International Student Assessment，簡稱PISA）、「成人知能與生活能力調查」（the Adult Literacy an Life skills Survey，簡稱ALL）等，針對青少年人與成人參與社會所需的知識能力進行調查（OECD, 2009）。1990年代這些調查以基本「知能」為主；2000年後擴大到包含生活所需技能的各主要層面；2011年「國際成人素養評量計畫」

（Programme for the International Assessment of Adult Competencies，簡稱PIAAC），更將成人「知能」加以擴展升級轉型為現代公民所需的「素養」，包括語文素養、數理素養、科技環境中的解決問題素養，並將調查結果將作為「經濟合作與發展組織」制訂教育政策及協助各會員國國家發展的參考（OECD, 2010）。又如，朱宥勳先生指出2018年1月26日大學入學考試學科能力測驗「國文科」試題內容有三大趨勢：「情境式命題」、「跨領域、跨學科的綜整題型」、「整合運用能力」。「情境式命題」考題中會出現許多來自生活中的情境，或是「學術探究情境」，也就是實驗題。以讀懂麻醉風險分級表、桌遊遊戲規則為例，充分結合生活所見素材；「跨領域、跨學科的綜整題型」取代零碎、片段記憶與背誦型知識，以黑天鵝理論，貼合經典小說需隨時應變，跨域整合；「整合運用能力」著重在閱讀理解、圖表判讀等整合運用知識的能力。除了純文字外，是否能精確解讀表格、繪圖、地圖等也是重點，須有理解詩文歌詠五位歷史人物之文學素養，再者要理解四項遊戲規則、三種出牌類型、兩種決勝方式，選一個對的選項，所需素養已經應用到「動態賽局理論」中的「先行者優勢」，是面對變動不居與能挑戰未來須強化的核心素養。全國教師會聯合會也認為「社會科」試題具鑑別度，約有3分之1的跨科統整試題，題組題多融入歷史、地理、公民3科，多以歷史為開始軸心，變化優於往年；全國高中教育產業工會則指出，歷史科考題有重大改變，跨科題組與歷史相關者多達6題，比以往增加很多，有助於培養學生跨科閱讀素養；全教會認為公民題目多以描述情境的方式測驗專有名詞，公民試題展現高度社會關懷、跨3科統整題型儼然為日後「核心素養」融入測驗題型的試行雛形（蘋果日報，2018/01/26 18: 52）。因此，學校可以鼓勵教師透過行動研究，進行課程教學與評量的改革，特別是透過行動研究，進行學校層面的課程發展、各領域／科目／年級層面的課程設計、教室班級層次的教學設計與評量，例如：課發會進行課程審查、自編教材審查與課程評鑑，甚至培養所有教師為教育專家、學習專家、研究專家，建構「學習共同體」（learning community），實現所有學生的學習權利，以提升學生學習成效。

　　就課程評鑑理論而言，美國課程評鑑學者泰勒（Ralph Tyler）曾提出「目標模式」評鑑途徑，以達成課程目標的程度，作為判斷的規準。英國的賽蒙思（Helen Simons）提出一種以學校為個案研究焦點的課程評鑑（Simons, 1971），此種評鑑途徑與麥唐納（Barry MacDonald）所領導的「整體的評鑑」（holistic evaluation）途徑相互呼應（MacDonald, 1971），強調診斷課程的疾病症狀。事實上，課程應該在發展的每一個過程中受到評鑑。在決定課程發展時間表之時，教育工作人員便應該進行事前的需求評估。當草擬課程方案的範圍及順序時，應該嚴格地評估課程方案的一貫性、協調性與發展重點。不僅在規劃設計中所發展出的方案應該受到評估，而且班級課堂層面的「核心素養」的課程也要加以評鑑，因此學校人員應該共同合作對課程品質進行審慎的評鑑，採取整體且具體評鑑行動（黃光雄、蔡清田，2015）。尤其是，學習型學校第五項修練是透過「系統思考」（Systems Thinking），進行「核心素養」的課程評鑑回饋。「系統思考」是指強化課程研究的「自我精進超越」、課程規劃的「建構共同願景」、課程設計的「改善心智模式」、課程實施的「團隊學習」等上述修練，可幫助學校組織認清整個變化型態，並了解如何有效的掌握變化，開創新局。因此必須重視系統性思考，以宏觀的角度，看待組織問題。特別是，系統思考是五項修練的核心，因為它能使個體跳脫片段的思考，而是有架構地分析事件的因果，甚至掌握未來發展方向（Senge, 1990）。特別是透過「核心素養」的課程評鑑系統思考，引導核心素養的學校課程發展之課程研究的「自我精進超越」、課程規劃的「建構共同願景」、課程設計的「改善心智模式」、課程實施的「團隊學習」、課程評鑑的「系統思考」等系列課程行動背後的組織結構、系統內外利害相關教育人員的心智模式等，皆可有系統檢討學生學習成效、各課程方案教學成效與行政支援措施成效，總結評鑑整體課程之成本效益，考量正式與非正式課程等課程方案的影響，分析成效評鑑結果，總結成果與經驗，作為審查新年度全校各年級各領域科目活動課程計畫之課程發展依據，檢核以便進行回饋修訂學校整體課程，有助於發展學校整體課程，進行「核心素養」的學校本位課程發展永續經營，不斷地進步。

核心素養的課程評鑑所涉及層面，包括廣泛的結果，如學生的態度、其他教師的反應、課程改革對整體學校組織的影響，不僅包括獲得學生成就的測驗分數而已，更涵蓋探究課程本質與品質等層面，以便協助教育人員得以繼續進行課程規劃設計實施（黃光雄，1988；Skilbeck,1984）。換言之，就評鑑內容而言，必須呈現學生學習效果、教師教學成效、行政系統的支持與課程方案成效等面向，以符合檢視學校課程不同層面的需要，並提供豐富的回饋資訊，以提升下一個循環的課程發展品質。本章課程評鑑，旨在闡明核心素養的學校課程評鑑之推動策略與行動綱領，共分為五節就五項策略分別指陳其行動綱領，第一節評鑑學生學習效果；第二節評鑑教師教學成果；第三節評鑑行政支援成效；第四節評鑑課程方案效益；第五節評鑑整體課程成效。

表6-1　核心素養的學校本位課程發展之「評鑑回饋」

階段	課程評鑑推動策略	課程評鑑行動綱領	主要參與成員
5.核心素養的課程評鑑	5.1評鑑學生學習效果。	5.1.1進行形成性與總結性之學生學習成效評鑑。 5.1.2善用多元方式進行學生學習成效評鑑。	學校本位課程發展委員會成員與領域科目課程設計小組及教學研究會成員，可以結合校外的課程評鑑人員，共同組成課程評鑑小組，合力進行課程評鑑工作。
	5.2評鑑教師教學成果。	5.2.1評鑑教師的個別方案教學成效。 5.2.2評鑑教師的整體教學表現。	
	5.3評鑑行政支援成效。	5.3.1內部行政自評。 5.3.2外部行政評鑑。	
	5.4評鑑課程方案效益。	5.4.1評鑑課程方案教材。 5.4.2評鑑課程方案設計。 5.4.3評鑑潛在課程可能影響。 5.4.4透過行動研究評鑑課程方案。	
	5.5評鑑整體課程成效。	5.5.1綜合各項課程評鑑成效資料。 5.5.2根據評鑑結果修改進學校整體課程。 5.5.3總結課程發展成果與經驗，作為審查新學年度課程計畫之依據。	

第一節 評鑑學生學習效果

　　課程評鑑不可忽略學生的「核心素養」學習成就，而且「核心素養」的課程評鑑也不可忽略學生的學習成就，因為學生的學習成就與課程的品質有關。課程評鑑，可讓社會認識學校課程的價值，可以提供教育人員、學生及家長一種心理保障（Tyler, 1949）。一種仔細檢查學習成果的課程評鑑，將能提供教師的自信心與安全感，這對進行十二年國民基本教育課程改革的教師更是需要，如果沒有提供完整的學習評鑑，則教師與家長可能訴諸於可觀察、可測量的量化考試分數或名次等第，卻無助於改進學生學習過程與方法。

　　《十二年國民基本教育課程綱要總綱》的實施要點明確指出學生是學習的主體，教師的教學應關注學生的學習成效，重視學生是否學會，而非僅以完成進度為目標。為了解學生的學習過程與成效，應使用多元的學習評量方式，並依據學習評量的結果，提供不同需求的學習輔導。特別是核心素養評量應引導學生能對週遭環境保持好奇心，並能進行主動地探索、體驗、試驗、尋求答案與合作學習；積極正向的參與家庭、學校、社會生活，並能主動地從週遭人、事、物及環境的互動中觀察現象，尋求關係，解決問題，並關注如何將所學內容轉化為實踐性的知識，並落實於生活中，以開放的心胸來適應及參與社會生活（蔡清田、陳伯璋、陳延興、林永豐、盧美貴、李文富、方德隆、陳聖謨、楊俊鴻、高新建、李懿芳、范信賢，2013）。因此，教學活動設計宜呈現合乎領綱核心素養導向教與學之活動，教學活動可包括引起動機、發展活動、總結活動、評量活動等內容，教學活動宜先研擬能達成「領綱核心素養」（例如：健體-E-A1具備良好身體活動與健康生活的習慣，以促進身心健全發展，並認識個人特質，發展運動與保健的潛能）的「學習目標」（例如：健體-E5-A1-1理解促進健康的飲食原則）指引之下，透過情境設計以「引發學生學習動機」，經由「發展活動」引導學生學習重要的「學習內容」（例如：Ea-III-2兒童及青少年飲食問題與健康影響），透過「總結活動」展現學生的「學習表現」（例如：1a-III-3理解促進健康生活的方法、資源與規範），

或以簡單的教學流程呈現，教學流程需落實核心素養導向教學之教材教法，掌握整合知識能力情意、結合生活情境與實踐、突顯學習策略與學習過程等。評量重點可適時列出學習評量的方式，羅列評量工具，如學習單、檢核表或同儕互評表以及其他學習輔助事項，提出可配合各項教學活動的評量方法、過程規準，以及發展領綱「核心素養」、「學習重點」與「學習目標」結合的評量內容，檢視「學習目標」、教學活動、「學習內容」、「學習表現」與學習評量之一致關係（蔡清田，2018）。

《十二年國民基本教育課程綱要總綱》的實施要點明確指出，評鑑方法應採多元化方式實施，蒐集學生學習結果與平時學習情形的表現資料，同時注重質與量的評鑑，兼重形成性和總結性評鑑，並定期提出學生學習報告。評鑑的內容須涵蓋認知、技能及情意等方面，而教學評量，同時可按學科性質與評量目的之差異性，掌握適當時機採用觀察、實作、表演、口試、作業、練習、研究報告、筆試等各種多元而變通之評鑑方式。因此，若要評鑑課程，則評鑑者必須了解學生的學習與相關標準，以便能進一步引導學生的學習，激發學生潛能，促進學生適性發展，肯定學生學習成就，並作為改進之參考。各該教育主管機關應建立並實施十二年國民基本教育課程評鑑機制，以評估課程實施與相關推動措施成效，運用所屬學校及各該主管機關課程評鑑過程與成果資訊，回饋課程綱要之研修，並且作為課程改進之參考；學校課程評鑑以協助教師教學與改善學生學習為目標，可結合校外專業資源，鼓勵教師個人反思與社群專業對話，以引導學校課程與教學的變革與創新。學校課程評鑑之實施期程、內容與方式，由各該主管機關訂定之，並協助落實教學正常化；課程評鑑結果不作評比、不公布排名，而是作為課程政策規劃與整體教學環境改善之重要依據（教育部，2014，32）。

中央主管機關可建置學生「核心素養」的學習成就資料庫，評鑑「部定課程」實施成效。特別是十二年國教課綱減少必修、增加選修，為了鼓勵學生選修自己有興趣課程，也彌補過去過度重視學生表現的「結果」。從2016年8月起，逐步建立高中生「學習歷程檔案」，將記錄下學生包括社團、選修課的學習狀況，同時也推動「考招連動」，未來大學招生希望

把學習歷程檔案作為升學參考，將會提前公布大學校系「學習歷程」參採內容與方式，供學校開課及學生選課參考，大學校系於每屆高中學生申請入學前至少兩年公布參採學習歷程之方式，以供學生選修課程參考。一方面，對應校系適性選才需求，試辦學習歷程檔案資料納入申請入學第一階段，亦即開放校系試辦將學習歷程檔案資料納入第一階段檢定或倍率篩選，同時研議降低考科數目後可能增加同分情形之適當篩選機制。另一方面，精進現行書審機制，優化及簡化審查機制，將延續目前申請入學第二階段的書審資料及校系自辦甄試兩項合計至少須占50%，而以學生學習歷程檔案取代現行書審資料以簡化學生準備資料之負擔，並重視學生在學校完整適性學習的過程，搭配學習歷程檔案資料庫啓用及招生專業化發展逐年試辦與調整，在十二年國教課綱實施時，推動多數校系在申請入學第二階段採計學習歷程檔案資料應占相當比例。

　　就學習評量實施而言，學習評量依據各該主管機關訂定之學習評量準則及相關補充規定辦理；學習評量應兼顧形成性評量、總結性評量，並可視學生實際需要，實施診斷性評量、安置性評量或學生轉銜評估；教師應依據學習評量需求自行設計學習評量工具。評量的內容應考量學生身心發展、個別差異、文化差異及核心素養內涵，並兼顧認知、技能、情意等不同層面的學習表現；為因應特殊類型教育學生之個別需求，學校與教師應提供適當之評量調整措施；學習評量方式應依學科及活動之性質，採用紙筆測驗、實作評量、檔案評量等多元形式，並應避免偏重紙筆測驗；學習評量報告應提供量化數據與質性描述，協助學生與家長了解學習情形。質性描述可包括學生學習目標的達成情形、學習的優勢、課內外活動的參與情形、學習動機與態度等（教育部，2014，33）。

　　以能呼應核心素養的「學習重點」為依據的學習評量，將可考量學生生活背景與日常經驗，並妥善運用在地資源，發展真實有效的核心素養評量工具（蔡清田、陳伯璋、陳延興、林永豐、盧美貴、李文富、方德隆、陳聖謨、楊俊鴻、高新建、李懿芳、范信賢，2013），以核心素養的「學習重點」為主軸的學習評量，須兼顧整體性和連續性，以了解學生在「學習重點」之學習進展，並有效進行追蹤，長期評估學生之成長與進步。運

用多元的學習評量方式，可以了解學生的學習過程與成效。學生是學習的主體，教師的教學應關注學生的學習過程與成效，應使用多元的學習評量方式。在學習評量方式上，應兼顧形成性評量、總結性評量，並可視學生實際需要，實施診斷性評量、安置性評量或學生轉銜評估，且教師應依據學習評量需求自行設計學習評量工具，評量內容需考量學生身心發展、個別差異及核心素養內涵，兼顧知識、能力、態度等不同層面的學習表現，並提供適當的評量調整措施以因應特殊類型學生之個別需求（蔡清田，2018）。

一、進行形成性與總結性之核心素養學習成效評鑑

　　評鑑學生「核心素養」的學習成效，最重要評鑑問題是在於了解學生已經學會了核心素養的內容：學生是否已經學會「核心素養」的學習目標及學習內容與學習表現？評鑑包括形成性評鑑與總結性評鑑，形成性評鑑在學生學習過程中進行，隨時給予回饋；總結性評鑑則是在學習結束後檢核是否達成目標，作為修正與重新學習的參考依據。特別是核心素養評量注重歷程、多元及真實，是以專題、體驗、探究、實作、表現、活用為核心。學生透過整合所學，不只能把所學遷移到其他例子進行應用，或是實際活用在生活裡，更可對其所知、所行進行覺察思考，而有再持續精進的可能。可彈性運用實作任務、開放性問答、隨堂和正式測驗、觀察、檢視作品、放聲思考、面談、專題報告等多元策略，兼顧整體性和連續性，尤應重視核心素養的知識、能力與態度在實際生活應用之檢核，以反映學生學習情形或應用成效，並進行有效評估與回饋（范信賢，2016，17）。

（一）學生學習的形成性評鑑

　　學校應該要將學生學習「核心素養」的評鑑，當作核心素養的課程評鑑的一環，透過學生學習評鑑的資料，作評鑑的資料來源之一。首先，教師可以簡單問答開始進行教學，以便了解學生對於之前的課程內容了解多少。教師可使用簡單口頭問題，引導學生扼要回答。教師也可以使用隨堂測驗，讓學生自評或互相核對答案。要求學生對問題簡短的回答，或說

明其對某觀念的了解程度，來評鑑學生的學習狀況，可以幫助學生釐清所學到的課程內容，而且也能提供學習的回饋。其次，當教師說明一個觀念或技術時，藉著觀察學生的表現，然後在說明一個觀念或教導一種技術之後，評鑑學生的了解程度，作為引導學生繼續學習的參考依據。最簡單的方法是問一些具體的問題，並且不要每次只問那些自願回答的學生，可以要求那些不主動以及能力較差的學生透過小組討論回答問題。

　　教師可以運用測驗、觀察、問答及面談、檔案等多元評量的方式，重視與生活的連結。「核心素養」不是單指學科知能成就，也不只是興趣性向，而是一個個體在面對各種複雜多變的情境時，能夠靈活運用學校所學的知識能力，並抱持主動積極的態度及多元開放的創新精神，整合活用各種相關資訊，發揮系統思考、溝通互動與創新應變，以理解問題現象進而解決問題。「核心素養」的評量，重視學生在真實情境下的核心素養應用表現，著重於評量學生在多樣複雜的情境中如何把所學的知識、能力、態度發揮出來，以評估學生的核心素養學習成效。因此，「核心素養」的評量應依據或參照總綱、各領域／科目課程綱要，並考量學生生活背景、經驗現象或任務、問題，兼重思考與行動、理解與應用，以引導並促進學生更具主體性的學習（范信賢，2016，15）。

　　特別是為了實施十二年國教新課綱的「核心素養」，學習歷程是大學入學考試招生設計中，最能展現學生真實學習狀況的檢核方式，透過逐年上傳、完整修課歷程、自我反思紀錄、各項學習表現的量化和原始質性內容，已經大幅降低造假的可能性，只要大學端願意認真檢視，便可看出學生特質、學習態度、就讀高中課程品質，對大學而言，比起單純的分數，更容易找到適合的學生。106學年度大學指定科目考試國文科試題【選擇題特色】文學性非常高且選材廣泛，取材紅樓夢、西遊記、古龍武俠小說、詩詞、散文、戲曲，閱讀層次提高：包含語文基礎能力、閱讀理解、分析比較，與高難度的文學批評、文學理論、文法常識，題目設計活潑如表格判讀，以數據方式談古代稱謂的文化現象，如以題組測量圖表、作品與作者關係，如以題題組考閱讀理解並搭配古文的字義解析；而且【非選擇特色】合乎核心素養的評估，強調閱讀應用的素養學習，無論是人才外

流現象，或由與人互動中找到自己，都期望學生透過寫作鍛鍊在經歷與現象中，能夠深層的探索思考，而且合於學生生活經驗，題目顯現學生對自我與社會的觀察與思考能力。未來配合十二年國教新課綱的素養導向，未來大學考試與招生考試也將隨之變革，研擬「核心素養導向」題庫，完成各科素養導向研究用試卷，並展開施測，讓高中生試考並和中學教師舉行座談等，進行後續命題調整、建立題庫、進行宣導作業，等108學年新課綱上路後，就會正式進行考試說明，同時提供官方版的參考試卷等，透過循序漸進的方式，讓核心素養命題逐步到位。特別是配合課綱擬訂更朝向開放性，未來各考科都將推出「非選擇題」，考試時間則從現行100分鐘延長至120分鐘，讓考生可以充分發揮。例如：自然與社會等科採取開放式非選題，類似問答與申論題組，由考生書寫短篇論述文章。特別是「開放性試題」的非選擇題，沒有標準答案，考生要提出證據，給予評價和說明態度，評量重點就在於使用證據是否恰當。另外，考生平常的學習歷程列入採計，探究實作的表現，也會成為評量重點。未來將在綱要草案定案後，和書商成立溝通平臺，各書商將有更大彈性。依草案學習評量可採用紙筆測驗、作業練習、實作評量、田野實察、專題報告、檔案評量等多元形式。

（二）學生學習的總結性評鑑

　　一般人往往非常重視「總結性評鑑」（summative evaluation），分析學生學習「核心素養」之後的結果。特別是強調預期「核心素養」的學習結果：學生學會預期學習的程度範圍，學到了哪些未預期的部分？就教育者而言，這是意味著去發現課程是否真正促成學生獲得有價值的學習？就大多數教育人員而言，這是評鑑課程品質的最後工具。因此，總結性評鑑應該注意學生學到了哪些非預期的部分？學生在做什麼？學生參與活動的程度範圍是主動的／被動的、獨自的／協同合作的？學生用什麼方法連結課程的觀念、技能與價值？學生透過什麼方法成為積極參與生活的研究者與反省批判者？學生如何解釋他們如何學習？學生如何解釋他們如何知道他們所知道的？學生透過何種方式變得更了解不同於他們自己的其他人，更了解自己與他人的價值與觀點？

　　教師可能需要每週或每月或每學期或每年，定期來進行「核心素養」的此項評鑑。因此，學校可以參考縣市政府所訂之「學生成績評量辦法」，研訂「學生成績評量辦法補充規定」，進行學生學習成就評量。教師也可以透過評鑑表，並在表的左方，列出主要學習領域的該年段重要學習表現，並在表上記錄每位學生在每一部分的表現，並使用做得非常好、已經做到、還可以更好、再努力、需加強學習等評量指標。例如：嘉義大學附小的學生期末評量便是一例：

表6-2　國立嘉義大學附設實驗國民小學三年級各科學習表現期末評量通知單

三年＿＿＿＿＿班　　　座號＿＿＿＿＿　　　姓名＿＿＿＿＿

學習領域	科目	能達成核心素養的學習重點 （學習內容／學習表現細目）	評量指標					學期總表現
			做得非常好	已經做到	還可以更好	再努力	需加強學習	
語文領域	國語	1. 聆聽能力—能注意聽並聽得正確。						
		2. 說話能力—能有禮貌的表達意見。						
		3. 寫字能力—能養成良好的書寫習慣。						
		4. 閱讀能力—能喜愛閱讀課外讀物，進而擴展閱讀視野。						
		5. 寫作能力—能練習運用各種表達方式習寫作文。						
	英語	1. 聽—能仔細聆聽並能聽懂常用之教室及日常生活用語。						
		2. 說—能唱一首英語歌曲並能禮貌地作簡單的提問及回答。						
		3. 讀—能跟著老師正確地朗讀課本中之對話或故事。						
		4. 寫—能臨摹抄寫簡單的單字或字母。						

表6-2（續）

學習領域	科目	能達成核心素養的學習重點 （學習內容／學習表現細目）	評量指標					學期總表現
			做得非常好	已經做到	還可以更好	再努力	需加強學習	
數學領域	數學	數與量　1.能使用測量工具描述一個量—【長度、容量】。						
		圖形與空間　2.能認識角的大小及比較面積、體積的大小。						
		代數　3.能透過具體操作，解決生活情境問題中的算式填充題。						
		連結　4.能嘗試不同的解法，解決數學問題。						
自然與科技	自然	1.有細心觀察和推論的能力。						
		2.有細心操作及記錄的能力。						
		3.養成動手做的習慣。						
	電腦資訊	1.能編輯文稿並結合文字、圖畫、藝術字等。						
		2.會網路基本操作：e-mail、www。						
社會領域	社會	1.能了解嘉義地區的人文與自然環境。						
		2.能適應學校與社區的生活。						
		3.能與社會上的人有良好的互動。						
健康與體育	道德與健康	1.生長、發展—能認識生命的過程、了解人的生長與兩性發展。						
		2.群體健康—能促進健康與預防疾病。						
		3.健康心理—能接受自己和他人的不同，並認識情緒的表達和正確的宣洩方式。						
		4.安全生活—認識藥物及其使用，演練處理危險的方法。						
	體育	1.表現出操作器材的基本動作能力。						
		2.認識並參與各種身體活動。						
		3.養成對於遊戲規則遵守的態度。						

表6-2（續）

學習領域	科目	能達成核心素養的學習重點（學習內容／學習表現細目）	做得非常好	已經做到	還可以更好	再努力	需加強學習	學期總表現
藝術	音樂	1. 會吹奏直笛ㄉㄛ—高音ㄖㄨㄝ組成的曲調。						
		2. 會視唱ㄉㄛ大調的音階和曲調。						
		3. 會辨識人聲、樂器及音樂要素，並描述其特質。						
		4. 會演唱七首歌曲。						
	美勞	1. 嘗試各種藝術創作，表達豐富的想像力與創造力。						
		2. 相互欣賞同儕間的作品，並能描述其美感特質。						
		3. 蒐集有關生活周遭鄉土文物或傳統民俗文物的藝文資料，並說出其特色。						
生活與習	態度習慣	1. 學習態度—主動積極的學習。						
		2. 生活態度—正向的思考、理性的判斷。						
		3. 團隊合作—能互助合作、進取向上。						

老師的話	

出缺席記錄	應出席日數	事假日數	病假日數	公假	其他	

榮譽記錄	

校長		教務主任		級任教師		家長簽章	

　　上述學生核心素養的學習重點（學習內容／學習表現細目）的學習評量，分別從領域科目的學習表現與學生日常生活表現，分別評量。學習領域科目的評量，乃是依據學習表現、學生努力程度、進步情形，兼顧認知、技能、情意等層面，並重視個領域學習成果之分析。日常生活表現評量，則包括學生出席情形、獎懲、日常生活行為表現、團體活動表現、公共服務及校外特殊表現等範圍。總之，學生的學習，包含各種不同的學習型態與表達模式等等。相信所有學生都有能力學習，雖然學生不一定學習相同的事物，而且也不一定能達到相同的水準程度，而且也要欣賞學生有能力做到的事，希望透過評量，指出所有學生的優良表現以及可再加強之處。甚至，教師也可以透過觀察紀錄，指出學生上課情形、學習態度、同儕關係與生活習慣等等。

二、善用多元方式進行學生學習成效評鑑

　　根據《國民教育法施行細則》第21條第1項之原則，學校應該重視學生身心發展與個別差異，依各學習領域及活動性質，以多元方式進行學習評量，例如：

（一）鑑賞。就學生由資料或活動中之鑑賞領域情形評量之。

（二）晤談。就學生與教師晤談過程，了解學生反映情形評量之。

（三）報告。就學生閱讀、觀察、實驗、調查等所得結果之書面或口頭報告評量之。

（四）表演。就學生之表演活動評量之。

（五）實作。就學生之實際操作及解決問題等行為表現評量之。

（六）資料蒐集整理。就學生對資料之蒐集、整理、分析及應用等活動評量之。甚至可以由學生自行蒐集整理的學習檔案，作為評鑑的參考來源之一。

（七）紙筆測驗。就學生經由教師依教學目標及教材內容所自編之測驗評量之。

（八）設計製作。就學生之創作過程及實際表現評量之。

（九）作業。就學生之各種習作、學習單評量之。

（十）實踐。就學生日常行為表現評量之。

特別是另類變通的「真實評鑑」（authentic evaluation），是一種用來評鑑影響教師安排學生學習特定學習任務的方法，其評鑑焦點著重在實務生活世界的「真實任務工作」等學習目標與任務，引導教師協助學生思考與解決實際生活問題，並協助學生在實際生活世界統整所學到的知識能力態度，確保學生獲得真正理解。例如：演奏會、戲劇表演、藝術表演、體育競賽等等，都是學生渴望參加的真實評鑑，這些事件的準備過程，往往成為整個學習的焦點，不是為了考試而教學。整個評鑑事件，便是一種為學生提供學習機會，更可幫助學生向他人展現其所完成之成就。評鑑的時刻，也同時是值得學生本身與家長慶賀之時，並且，也是學校與社區建立教育情感的時刻，這種評鑑與測驗的氣氛及方式大為不同。

最後，就評量結果應用而言，特別是《十二年國民基本教育課程綱要總綱》的實施要點明確指出學習評量係本於證據為基礎之資料蒐集，其結果應妥為運用，除作為教師改進教學及輔導學生學習外，並可作為學校改進課程之參考依據。教師應依據學習評量結果與分析，診斷學生的學習態，據以調整教材教法與教學進度，並提供學習輔導。對於學習落後學生，應調整教材教法與進行補救教學；對於學習快速學生，應提供加速、加深、加廣的學習（教育部，2014，33）。特別是教師可以先確認在每年級學期末希望學生達成的主要目標包含了幾個核心素養，而且也應該具備教育上的重要性。例如：教師們要求六年級學生達到一個目標，亦即對於電視節目具有鑑別和批判力。因此，教師便把目標分解成可以達成目標的學表現，例如：限制每週觀看電視的時間不多於12個小時，使用選擇工具來鑑定值得看的節目（例如：電視周刊的評論專欄和報紙的節目時間表），以客觀性和公正性來評鑑電視新聞節目，找出5個認為值得看的節目並且解釋為什麼（Henderson & Hawthorne, 2000）。最後步驟是設計出一個評分標準，來評鑑學生的表現，並且包含記錄評分的方法，例如：參照表、等級法、軼事紀錄、檔案夾、錄音或錄影帶，此類評量似乎是可以代替部分紙筆測驗的一種方法。

第二節 評鑑教師教學成果

評鑑最重要的用途之一,是引導教學的進行,可以藉此發現教學的優點與有待改進之處,更是協助教師提升核心素養的專業發展,進而建立專業地位的重要因素(蔡清田,2016)。

一、評鑑教師的個別方案教學成效

每一位教師對於核心素養的教學都有自己的信念與教學習慣,經由評鑑,可以檢討並教師的課程設計與實施。例如:教師可以製作一份雙向細目表來評鑑自己所設計的課程方案,在左下角列出教材的學習內容細目,在雙向細目表的上方,可以列出學生被要求具備的學習內容。這份分析表可以分配給學生以幫助他們準備考試,教師也可以用來當作一種引導學生學習的方法。教師可以採用教室觀察、學習單、班級教學日誌、教師教學檔案、學生學習檔案、問卷與面談、教學錄影或教學觀摩等方法,進行評鑑。特別是可以藉著學生的回饋來進行評鑑,改進課程教學。例如:

(一)學生是否精熟教師所教核心素養的學習內容與學習表現?

假如學生的學習效果不佳,必須立刻加以修正。當學校教師分析與詮釋資料時,必須經常一再的詢問有關下列問題:

- 心中所描繪的學生參與或學習活動的類型,是否與所設計的方案一樣?
- 這些學生參與活動型態,是否與學習原理相互一致?
- 這些資料,是否描述了主動參與、學生探究、創造意義的能力、彼此關懷的人際關係、與互相尊重?

當大部分的學生不能了解教師所教核心素養的學習內容與學習表現時,教師應該重新修訂教學程序方法,並進行重新教學。假如大部分的學生沒有達到精熟,也必須重教。並且可以讓學會的學生扮演其他未精熟者的小老師。假如只有少數一兩位學生沒有達到目標,可以提供這些學生個別的修訂方案,並且對全班繼續進行下一個單元。假如部分學生未達精

熟，則提供團體修正方案，延緩進行新單元，提供其餘未精熟的同學更豐富的學習內容與學習表現。

（二）教師是否進行核心素養的有效教學？

教師是否進行核心素養有效教學的評鑑規準，第一包括教學技術的指標，例如：教學是否均衡、清晰、效率與效能；第二包括教學的指標，諸如發展的適切性、內容的解釋能力、涉及複雜與創造思考的範圍程度、是否有助於教學的進行與涉及學生的活動、以及協同合作的學習機會；第三包括批判的指標，諸如是否所有學生皆有接觸機會、沒有歧視不公、具有詮釋的變通形式、內容與活動的解釋能力。教師是否進行有效教學，應特別留意下列項目（Henderson & Hawthorne, 2000），

- 教師的教學內容：事實的、概念的、程序的、分析的、理論的等等？
- 教學的組織核心：實驗室的或臨床的問題、社區問題、教科書主題、資訊融入教學的方案、浮現的問題等等？
- 教師用什麼方法來涵蓋有特殊學習需要的學生？
- 教師用什麼方法協助學生考慮一套資料、紀錄、藝術作品？
- 男女生被問問題、被稱讚、參與活動中的程度範圍如何？
- 教師考慮另類變通方案或不同資料來源的程度範圍如何？
- 學生感到有價值、被尊重、受到尊嚴的對待與被期待去學習的程度範圍如何？
- 以沒有歧視的方式來分配管教懲戒的範圍程度如何？

必須讓參與的教師確信，所蒐集的資料是用來作為形成性評鑑之用，而不是用來進行總結性評鑑。特別是當教師利用該項教學時，表達了某種問題或感到準備不周或迷失方向時，其同仁可利用所蒐集的資料與分析策略，去協助其進行方案設計歷程，進一步促成其專業發展。

二、評鑑教師的整體教學表現

評鑑方式可以藉由教師專業評鑑制度的實施，透過「自我評鑑」、

「同儕評鑑」、「專家評鑑」的機制，評鑑方案教學活動進行。

（一）自我評鑑

　　教師可以定期評鑑的來評定教學效能。一方面教師自行整理教學檔案，可於學期中及學期結束後實施評鑑。另一方面，亦可透過教師專業評鑑表進行評鑑。例如：高雄市港和國民小學的教師自我檢核表如次：

表6-3　高雄市港和國民小學【教師專業】自我檢核表　年　月　日

教師姓名		所屬處室		行政職務	□教師兼組長 □教師								
項目＼類別		檢核內容		10	9	8	7	6	5	4	3	2	1
教學活動	1	我會與班群教師共同擬定教學計畫，依照計畫進行課程統整教學。											
	2	我會與班群教師透過不斷討論、達成共識並進行協同教學。											
	3	我能根據學校教育目標擬定教學計畫，並與班群教師共同策畫教學活動，推展學校本位課程。											
	4	我會配合學校行事，（如兩性平等教育、生涯輔導、人口教育、春暉專案……）將之融入教學活動中。											
	5	我會依照教學目標，採多元評量的方式評量學生學習結果。											
	6	我會依據教學計畫，配合教學需求作適當的學習情境（角落）布置。											
行政配合	1	我能與學校行政人員做良好的溝通，對於不合宜的措施提出建言，而非抱怨。											
	2	我能依循職務分掌與任務、配合學校行政措施，積極參與校務推動。											
	3	我能有效運用各種行政資源，策劃、參與校內外各種教育活動。											

表6-3（續）

類別／項目		檢核內容	10	9	8	7	6	5	4	3	2	1
專業成長	1	我會積極參與輔導知能研習，將輔導理念融入教學中，並對個案資料做適當保密。										
	2	我能與人合作從事教育研究，並利用研究結果改進教學。										
	3	我經常不斷進修，以提升教師專業知能與教學效能。										
	4	我會積極參與教育專業組織活動並以維護學生學習權為前提。										
	5	我會設法增進自我的EQ能力，妥善處理自己的情緒，並與他人溝通良好。										
我尚需加強或修正的是：			備註： 【10～1】：很滿意～待改進									

（二）同儕評鑑

　　同儕可以彼此評鑑回饋，同儕互相觀察法可以是一個較廣泛的同儕互評。觀察，是用來進行教學評鑑的資料蒐集分析的主要形式，大多數的觀察系統皆有一個理論取向，並將其焦點集中在教室生活當中的一些面向。例如：「教師期望與學生成就」（Teacher Expectation and Student Achievement）的系統，是由Kerman等人（1980）所發展出來的系統。這是基於教師故意或不經意的傳達了他們期望在班上哪些人可能表現良好或表現不好，而且學生感受到此種訊息並且以行為方式反應了教師的期望。

　　進行同儕觀察方式，可以指出教學是否為合乎課程綱要的學習表現？教師是否把課程間的相關性說明清楚，把目前的課程和先前上過的課程連結在一起，並且呈現出和將來要進行的課程之相互關係？教師是否協助學生與課程結合，並且將其相關呈現在學生日常生活當中？最重要的規準之一，是教學是否與原方案設計之間的一致性；換言之，學生所參與的活

動及脈絡情境是否與預期的一樣？特別是有關（Henderson & Hawthorne, 2000）

- 連貫性：教室班級氣氛、物質擺設安排、設備、活動流程、內容、以及思考的複雜度，組成一個統整而連結的整體。
- 思考與問題解決：學生花時間進行問題解決與從事分析的思考。
- 多元的接觸點：材料包括了進行不同學習型態的不同媒介。
- 涵蓋面：有特殊學習需要的學生，能適當的參與教室生活。
- 尊嚴與尊重：所有學生與教師都能以尊敬和尊嚴相互對待。
- 真實性：所參與的內容與所經驗的活動，都是心智上真實誠摯的，而且與真實生活中相互連結。所參與的內容與歷程，能應用到許多情境當中，而且有助於理解課程內容材料、擴展自我以及參與社區與社會的事務。

（三）專家評鑑

本評鑑係指延請敦聘具備教育專業素養，且從事相關性質的工作之專長教師、學者專家或專業團體，蒞校實施專業評鑑。可以包括：

1. 教學計畫發表

可於學期結束前辦理校內各學習領域教學研究會，發表教學計畫，或張貼在學校網站，公開徵求回應，也可以採取對校外開放研討觀摩會，邀請教育部與教育局輔導委員或校際策略聯盟的合作學校共同辦理的方式，提供教師相互觀摩學習的機會，並透過教學計畫發表會，再次檢核學校整體課程計畫。

2. 教學成果發表

藉由定期或不定期舉辦之教學成果發表會，分享教學經驗、班級經營心得、行動研究結果、整體課程實施結果、統整課程實施成果等，並彙整累積教學資源，採資源共享的方式進而激發、催化、活化教師更多創意，使學校本位課程發展更臻完善。

第三節 評鑑行政支援成效

核心素養的課程發展應同步考慮相關配套措施，例如：行政主管是否安排教師在職進修機會、新課程研習、審定本教科用書的審查與選用制度等，亦應配合十二年國教新課程時程，規劃教師共同集會進行課程研發的時段（蔡清田，2016）。這些行政支援是否能適時提供，是行政評鑑的要項。

核心素養的學校本位課程發展，涉及整體學校文化與組織改變的動力，其引發的變革不僅止於課程領域，尚且包括教師專業發展、學校教育願景的建構、學校組織革新。這些都是需要透過學校行政支援，而且深深影響著學校成員參與的意願、滿意程度、承諾感、甚至學校氣氛、學校文化等相關因素，因此，有必要針對相關行政項目加以評鑑。

一、內部行政自評

評鑑工作並不只限於課堂上的教學，尚需延伸至學校的所有成員。因此，進行評鑑規劃應考慮行政評鑑的面向，特別是訂定「行政效能評鑑實施計畫」時，可以邀集行政主管、教師及家長代表共同參與，從幾個不同向度去考量計畫實施過程中，可能牽涉與發生的問題，集思廣益、求其周延。

就行政評鑑而言，如果在行政方面未能建立共識，則教育工作者將會進行盲目無目的的活動。因此，如能針對預期的與實際達成的品質，進行焦點對話，將能協助參與者盡心盡力從事工作，並獲得行政支持。因此，行政效能的評鑑，有其重要性。

二、外部行政評鑑

核心素養的課程評鑑除了以教師自我檢核、同儕檢核之外，亦可透過行政效能檢核評鑑方式，並邀請學者專家、教育行政人員、社區人士及家

長組成「評鑑小組」，定期召開會議，進行諮詢及評鑑等事宜，確實檢核改進。行政評鑑，指出所要問的問題、所要使用的規準、所要蒐集分析的資料類型，以便於利用，而且也要列出所要進行工作的時間架構，一旦列出所要進行的工作任務，更要決定由誰要負起哪一個特定項目的責任。

外部行政評鑑，除了查閱書面資料之外，也可以藉由進行訪談方式進行，特別是藉由錄音機轉譯的文字稿或筆記，指出行政者所關注的問題、所提出的選擇方案、支持或反對某提案的主張理由，所蒐尋並運用的資料，用來辯護或合理支持提案的理論基礎，以及所進行的決定。藉由分析錄音轉譯的書面文字稿或筆記，行政人員將得以能夠指出問題解決策略，以及為何感受到挫折而缺乏進展，或者感到無法獲得對議題或問題的最後結局之可能原因。基於上述資料的分析，行政人員將可以在某一段時間內，針對某一個問題的焦點加以探究，以便進行永續發展。

第四節 評鑑課程方案效益

就核心素養的「課程評鑑」範圍而言，除了可以就「理念課程」、「正式課程」、「知覺課程」、「運作課程」與「經驗課程」等五個課程層次，指出其困難所在，俾便作成行動之決定（黃光雄、蔡清田，2015；Goodlad, 1979），另外也可指出核心素養的課程教材本身、課程方案設計過程、課程實施、課程效果等內容因素之價值優劣（蔡清田，2016）。

一、評鑑課程方案教材的核心素養學習內容

課程材料的核心素養學習內容是學習概念、原理、原則、方法等的媒介，一直是教學過程中師生接觸時間最多的東西。不良課程材料的學習內容，不但無法發揮教學效果，更可能導致錯誤學習。因此，為了確保核心素養的學習品質，課程材料一定要慎重評鑑。課程材料評鑑，可以改變部分學校盲目採用課程材料的現象，並促使學校本位課程發展更為健全。就核心素養的課程材料評鑑過程而言，可以參考黃政傑（1991）所提出的歷

程：

（一）確定評鑑目的與範圍

（二）組織評鑑小組與委員會

（三）接近課程材料

（四）分析課程材料

（五）建立評鑑規準

（六）進行課程材料評鑑

（七）提出評鑑報告

當對於核心素養的領域科目主題擬定範圍和順序時，教師應該仔細的評估其是否符合課程綱要核心素養的學習表現。學校課程發展委員會應該審查全校各年級的課程計畫，而各領域科目小組亦應仔細評鑑該領域所使用的教科用書。特別是可以參考此教材可以對於學習者達到學習目的與目標，做出多好的貢獻？此教材是否可以被有效地傳達教授，以最有效的方式？並考慮教材本身是否為高品質？可以參考下表的規準：

表6-5　核心素養學習內容的教材評鑑規準（Glatthorn, 2000, 141）

格式、外觀（體裁）、耐久性 　高品質的材料 　是否合於他們的外在構造：清楚的格式，有吸引力的，由耐久性的材料所構成。 　教材是否可以被預定的讀者所接受但卻不會太過於簡單。 　教材是否注意到性別與種族歧視以及年齡差距？ 學習內容 　教材的學習內容是否能適當反應文化的多樣性？ 　版權日期可以指出是否為當時的教材內容？ 　教材的學習內容與課程是否有連貫？ 　教材的學習內容對於所處理的題目是否具有足夠的深度？ 作者 　作者是否包含了此領域的學者以及經驗豐富的教師？ 評鑑 　課程材料的學習內容是否已經在教學現場測試過了？

值得注意的是，並不是每次進行核心素養的課程評鑑時，都需要去評鑑所有方案教材的學習內容；換言之，每年可以只針對一項重點教材進行

評鑑。例如：第一年進行低年級的閱讀方案，第二年進行中級數學方案的評鑑。在一個大型學校當中，學校可能一次要評鑑更多的科目內容領域，但是，學校可以選擇針對某一項課程方案，追蹤其整個問題解決循環的所有資料。

二、評鑑課程方案設計

由教師設計的核心素養課程方案計畫，可以看出教師的問題解決與課程思考，顯示教師如何作成這些課程設計的決定，教師選擇強調某種特定教材，或者教師如何詮釋方案設計和學生之間的關係。

（一）評鑑課程方案的問題

在核心素養的評鑑當中，教師本身扮演重要的角色。評鑑核心素養的課程方案時，可以考慮下列的問題（Henderson & Hawthorne, 2000）：

- 教師如何詮釋課程設計的目的、基本理念與主要特色？
- 教師如何詮釋其學生參與預期的學習內容與思考形式的相關興趣與準備度？
- 教師是否對所要教學的內容知識、學習策略與所要使用的教材，感到有信心？

（二）評鑑課程方案的探究形式

所用來蒐集核心素養的課程方案設計探究形式，可以包括下列：

- 分析教師的札記或日誌的內容，以指出所考慮的觀念，以及所用來拒絕或接受某種選擇核心素養的規準。
- 訪問教師，請教師說明在某一特定的教學段落期間為何選擇做出某種教學決定。
- 小型的焦點團體時段，讓教師共同分享其札記或日誌與規劃的歷程。

對參與核心素養的方案設計的教師而言，小型的焦點團體時段，可以協助探究其方案設計的詳盡細節。如果要深一層進一步地探究教師的課程方案，則可參考Connelly與Claudinin（1988）的研究。用來評鑑教師的課

程方案品質之規準，相同於所建議於用來評鑑課程的規準，亦即，活動的適切性、內容的眞實性、活動與教材的想像力、教材對所有學生的可接受性、涵蓋面、無偏見的教材等等。

三、評鑑潛在課程的可能影響

　　核心素養的課程方案潛在影響也必須加以考量。國內學者陳伯璋（1997）指出無論課程目標、教材內容、教學活動、學生分組或分班、師生互動過程等都與學生學習的經驗有關。因此，「正式課程」可能會反映出特殊的意識型態、權力結構或價值體系，而一些結果不是預期的，也不是有意安排所產生的結果，也都構成了學生學習的經驗（蔡清田，2008），對學生產生間接或直接的影響（黃光雄、蔡清田，2015）。Skilbeck（1984）、Lawton（1986）、Hass與Parkay（1993）、Marsh與Willis（1995）等人皆認爲課程發展或教材編製過程中，潛在課程的發生是相當值得注意的。特別是Skilbeck（1984）在情境分析階段中即提到潛在課程分析的重要性，在評鑑階段則再次強調學生學習經驗的複雜性，課程評鑑者必須以整體的視野，對學生的學校生活與學習經驗作判斷。

四、透過行動研究評鑑課程方案

　　行動研究，可作爲評鑑的一種形式，可以協助教育實務工作者去考驗他們的實務工作，以便更完整地了解所發生事情的內容與原因（Henderson & Hawthorne, 2000）。而整體行動研究的要素包括：

　　（一）指出某一個團體所感受到關注，而想去採取行動的一個問題領域；

　　（二）選擇特定問題，形成「教育猜測」的研究假設，描述所預期的目標與達成目標的方法；

　　（三）仔細地採取行動，記錄行動與蒐集探究證據，決定目標的達成程度；

（四）獲致結論，並將證據當成達成所欲目標的行動價值，進行推
論，獲得暫時通則；

（五）繼續在學校實務工作情境，重新考驗所獲致的暫時通則。

從行動研究的觀點而言，課程是一種教育行動媒介，「課程」是
一種在特定的時間與空間範圍之內的教學行動說明，教師不應該將「課
程」視為一種由上而下的科層體制式行政命令或權威規定。課程也是一種
可供質疑與驗證的行動研究假設，教師必須透過教學將「課程」所蘊含
的教育理念與知識本質付諸實際教育行動，並將其視為可以進一步探究
的研究假設或行動研究方案，是開放的、值得質疑的，不是理所當然的
（蔡清田，2000）。換言之，課程是一種鼓勵教師從事教學行動研究方
案（Stenhouse, 1975）。是以，教師應將課程視為進行教育實驗的教學行
動假設，有待教師在其教室教學實驗情境當中進行實地考驗，並且可以根
據教室實驗室情境當中所蒐集到的證據資料，進一步修正的行動研究方案
（蔡清田，2001）。因此，「課程」並不只是有關教育目的、教學原理與
學習內容的說明，「課程」更是一種協助教師針對教育目的、教學原理、
學習內容與實施策略等教育實踐行動，進行反省思考與討論對話的「行動
研究方案」（Elliott, 1998）。因此，「課程」可以是提供教師進行「行動
研究」的參考架構方案，以發展新的教學知能，並鼓勵教師根據教室教學
的行動實務，考驗教育理論與課程知識。

第五節 評鑑整體課程成效

評鑑宛如身體健康檢查一般，透過評鑑機制來檢視學校願景、課程
目標之達成度，提供回饋機制，保障學校辦學績效（蔡清田，2016）；同
時，透過此一機制來檢視學校的「核心素養」之課程規劃設計、實施歷程
與效能等（Skilbeck, 1984）。「核心素養」的「課程評鑑」，應被視為
整個核心素養的「課程發展」過程當中每一步驟的必要工作，亦即研究、
規劃、設計、實施等步驟都是「課程評鑑」的對象（黃政傑，1987；王文
科，1997；Prideaux, 1985）。

一、綜合核心素養各項課程評鑑成效資料

核心素養的「課程評鑑」係指評鑑在課程領域的應用，核心素養課程的評鑑對象不只是單純的課程製品與書面結果，而應包含整個課程發展的過程與結果。所以課程評鑑應被視為整個課程發展過程當中每一步驟的必要工作，上述課程發展階段：情境分析、願景建構、方案設計、解釋實施等步驟都是課程評鑑的對象，重視「整體的評鑑」（蔡清田，1999；MacDonald, 1971）。評鑑包括形成性評鑑與總結性評鑑，形成性評鑑在課程發展過程中進行，隨時給予回饋；總結性評鑑則是在實施後檢核是否順利達成目標，作為修正與重新研究規劃設計實施的參考依據。所謂「形成性評鑑」與「總結性評鑑」，皆是利用「課程評鑑」的歷程或結果，以控制課程發展之革新品質。就內涵而言，包括運用形成性和總結性評鑑，來評鑑學生學習成果、各項課程與活動設計教學成效、行政支援成效。以總結性評鑑，來評鑑整體課程與教學效益、學生核心素養進步狀況、學習節數分配、整體課程教學進度、各學習領域課程計畫，以及選用或自編教材的適切性（蔡清田，2007）。

特別是核心素養的學校整體課程計畫的說明書本身是一種書面紀錄，是一項可被加以分析的原始資料，評鑑者可指出其差異與意義。評鑑者可運用一個變通工具，就核心素養的學校整體課程計畫的情境分析與課程規劃設計結構的清晰度、整體課程實施說明的關聯性、組織結構的一致性、及想像力的程度等加以因應（如表6-6）。

評鑑核心素養的學校課程計畫品質的最重要資料，是來自於教師和其他根據說明書進行的相關人員，因為他們會和學生們一起發展課程。因此，透過個別方式或採取向三四位教師進行焦點團體的訪談，將能夠引導出有價值的資訊，特別是可以向這些成員詢問有關其對學校情境、學校願景、課程目標與方案特色等等概念的認知。如果訪談結果沒有實用價值，則可以進行一份簡短的問卷調查，詢問教師，請其就一對相反的形容詞指出其對課程計畫書的最佳反應（詳如表6-7）。並就訪談或問卷調查所獲得的資料，進行分析，進行必要的修正。值得注意的是核心素養的課程評

鑑，需要長期努力的歷程。當有些課程評鑑的面向，將會持續進行，但是其他的面向，可能需要適當經費辦理參與者的研習進修，以發展評鑑計畫、分析資料、發展材料與策略、分享並慎思構想所發現的結果。很明顯地，這種活動，需要特定經費的贊助，如此教師、行政人員、與家長，才能從繁忙緊湊的行程當中，撥出時間參與投入此種活動。但是，如果缺乏此種評鑑，相關人員，將會在缺乏對其品質或效果的適當知識之下，嘗試參與投入複雜的專業實務，恐將事倍功半。

表6-6　評鑑核心素養學校課程計畫說明書之工具（Henderson & Hawthorne, 2000, 129）

請檢核下列描述語，指出你覺得最能代表計畫說明書的品質。

	十分同意	同意	稍微同意	不同意
和學校立場一致：				
建構主義者的原則				
適當的發展				
涵蓋所有學生				
合作的學習				
使用清楚明白的用語				
組織的中心看起來似乎				
具有吸引力能令人興奮				
能讓學生參與				
真實性				
內容是				
強而有力的				
正確的				

表6-7 評鑑核心素養學校課程計畫書意見調查（Henderson & Hawthorne, 2000, 130）

請在下列每對語詞之間的連續部分，劃上一個「╳」以表達你對該語詞的最佳反應。舉例而言，如果此對語詞是「有用的」與「無用的」，而你覺得該設計說明書是非常有用的，則請你在最靠近「有用的」連續空間末端部位，劃上一個「╳」。
我發現課程計畫說明書的陳述是：

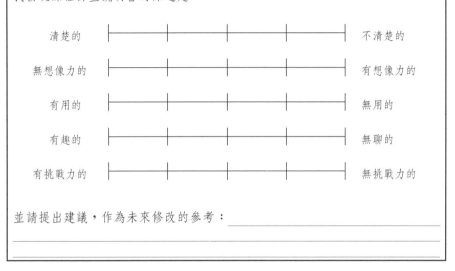

清楚的					不清楚的
無想像力的					有想像力的
有用的					無用的
有趣的					無聊的
有挑戰力的					無挑戰力的

並請提出建議，作為未來修改的參考：＿＿＿＿＿＿＿＿＿＿＿
＿＿＿＿＿＿＿＿＿＿＿＿＿＿＿＿＿＿＿＿＿＿＿＿＿＿＿＿＿＿＿＿＿＿＿

表6-8 評鑑核心素養的學校課程計畫書的規準（Henderson & Hawthorne, 2000, 131）

- 語言與思想的清晰度：是否有三位或以上的讀者獲得課程計畫的重要意義之相同理解？
- 完整性：課程設計的所有重要層面都被考慮過，而且都呈現在計畫書的陳述當中。
- 可行性：教師擁有規劃與實施該項設計所需要的技能與知識，所需要的適當時間也是或可能是可得到的，而且重要的材料與設備也是或是可能得到的。
- 聯貫性：此項設計的元素與基本理念是有意義的，而且形成一個合理的整體。
- 效率性：此項設計是在適當時機下被發展出來，而且能夠馬上被師生用來規劃、在合理的資源分配下，可將課程付諸實施行動。
- 關懷度：設計的立場、教室與學校生活的圖像，可以勾勒描繪出所有參與各方的人際互動往來情境都是相互支持接納，並促進個人成長的氣氛與願景。

表6-8（續）

> - 真實性：學生認為活動是合情合理與實際的，他們相信所思考的內容與方法，都是充實而有用的與誠實真摯的。
> - 參與度：師生認為設計當中所呈現的組織核心和活動，都是具有高度吸引力而令人興奮的，而且也能讓人維持相當長久的時間之參與投入。
> - 心靈開放度：設計的理念、觀點、思考方式與創造方式，呈現了求知與感知的另類變通與多元途徑。
> - 無壓迫感：設計的內容與活動並未意含某一種政治的、宗教的、文化的或社會的詮釋是優於所有其他的觀點或詮釋。
> - 均等：所設計的活動與觀念都是人人可得到的，而且學習的脈絡情境、策略與評鑑，對男女生、所有種族語文化背景的個體、不同性別取向的個人與所有不同社會階級的所有學生而言，都是公平的。

二、根據評鑑結果，改進核心素養的學校課程

　　評鑑的目的不僅在證明，也在促成改進（Cronbach, 1963）。「課程發展委員會」審查全校各年級的課程計畫，學校願景與學校教育目標是擬定學校課程計畫之要素，更是評鑑核心素養的學校課程之重要規準。特別是學校共同願景，可以成為用來評鑑所有課程產品的一種指標（Glatthorn, 2000）。「學校願景評鑑」即為學校課程經營重要工作之一，學校願景的達成與否，與行政效能控管、教師專業成長、課程設計能力、教學效能提升、班級經營、親師溝通技巧等方面，有密不可分的關係。換言之，學校經營是否能支持學校本位課程發展與實施？包括人的整合、物的整合、時間彈性化等等因素，都是評鑑學校整體課程的參考依據。就評鑑結果的利用而言，評鑑可以作為改進學校整體課程、編選教學計畫，以提升學生學習成效，並作為進行評鑑後檢討，以及擬定新學年度學校核心素養的課程計畫之依據。

（一）小幅改變

　　評鑑結果可能指出現有大多數核心素養的課程方案可達成學校願景，則只需小幅改變少數課程方案。例如：增加一個新課程、刪除一個現有課程、修正現有科目、將兩／三門課程結合、修正要求與時間配置、改變

學校日程表、藉著產生新教學團體與修正教學團的組織方式以改變教學組織。以下為其更新程序（Glatthorn, 2000）：

1. 決定用來評鑑目前核心素養課程方案的標準。

2. 運用標準來設計完整的評鑑。針對每一個標準指出蒐集資料的方法，如調查、訪問、觀察、文件分析。

3. 整理資料並將評鑑報告轉為正式的公開文件。報告應包含摘要、運用的方法、針對每一個標準所做的評鑑、對執行的建議。

4. 將評鑑結果與家長、教師討論並準備行動的策略。

（二）更新或重新建構核心素養的學校課程發展過程

就學校重組與再結構化而言，學校重組可能影響其原有的人事、建築、設備、材料及其整體的運作（Doll, 1996）。學校重組，通常稱為再結構化，其改變的要素，可能包括教導某一學生團體的所花的教學時間單位、教學團體的種類與規模大小、個別教學或團體教學、嚴謹的年級制度或無學年制度。特別是協同教學、教師分級進階制度、不分年級學制、開放空間教育、新建築設計、新學習設施與材料、彈性課表，允許較為鬆散的學校組織，允許學生可以不同方式運用學習時間。可將每一個上學日，區分為不同的學習時段，因應個別學校經驗進行時間分配，並且增加分配方法的彈性。

當學校面對是否符合課程綱要核心素養的檢核，學生素質大幅改變之時，學生的成就無法滿意地提升之時，新的學校領導營造改變氣氛之時等等情境之下，學校會更新或重新建構核心素養的課程方案（Glatthorn, 2000）。其更新程序如下：

1. 確定教育目標與透過課程方案所要達到的核心素養結果。

2. 檢視教育目標與決定何者為主要精熟課程的目標。

3. 確定哪些核心素養的新課程能達到主要精熟課程的目標。

4. 透過腦力激盪，指出哪些現存課程方案能達到主要精熟課程目標。

5. 分別針對每一個核心素養的課程方案，指出能較有效率的教學模式。

6. 發展一週日課表爲範本。

7. 發展核心素養的新課程的水平範圍圖表與垂直銜接圖表，並以核心素養的新課程水平範圍圖表與垂直銜接圖表爲基礎，撰寫新的核心素養學習單元。

三、總結「核心素養」的課程發展成果與經驗，作爲審查新學年度課程計畫之依據

核心素養的課程評鑑必須透過不斷規劃設計實施評鑑，最終達成核心素養課程改革的願景與目標。課程評鑑更必須在課程發展過程中展開，透過評鑑進行回饋，讓課程發展不斷實踐學校課程改革的願景與目標。特別是課程綱要建立學校課程報備制度，學校應將學校課程計畫呈報主管機關備查。因此核心素養的課程評鑑可以結合認可模式（accreditation model）（黃政傑，1987），由學校內部的「課程發展委員會」之學校行政人員代表、年級及學科教師代表、家長及社區代表與學者專家，辦理校內課程評鑑，進行以學校爲焦點的課程評鑑（Simons, 1971），並配合地方政府與中央政府進行外部評鑑，若合乎評鑑指標便予以認可，若未達指標，則請學校限期改善。因此，學校應該了解教育部與教育局的學校課程評鑑之規準，妥善訂定核心素養的學校本位課程發展評鑑指標，規劃評鑑方法，蒐集實施成效的資料與證據，提出報告（Henderson & Hawthorne, 2000），並總結核心素養的課程發展成果與經驗，作爲重新研擬核心素養的學校課程計畫與審查新學年度全校各年級各領域與活動的課程計畫之依據，俾便有效地進行核心素養的學校本位課程發展永續經營（蔡清田，2017）。

第七章 核心素養的課程經營：配套措施

　　「核心素養」的學校本位課程發展，應該重視「課程經營」（curriculum management）的配套措施，特別是誠如本書第一章指出「核心素養的學校本位課程發展」難度較高，需要學校同仁一起長時間學習核心素養並進行教師專業發展，而且也須要透過外部課程專家與資源人士前來協助，才能夠逐步進行「核心素養」的「學校本位課程發展」（蔡清田，2018）。作者針對本書第一章所提到「核心素養」的學校本位課程發展之教改理念、時代意義與課程發展模式加以歸納，並根據第二章「核心素養的課程研究」、第三章「核心素養的課程規劃」、第四章「核心素養的課程設計」、第五章「核心素養的課程實施」、第六章「核心素養的課程評鑑」等「核心素養」的學校本位課程發展慎思熟慮構想，綜合所論述的推動策略、行動綱領與相關配套措施，進而提出「核心素養的學校本位課程發展」之第六項修練，進行「核心素養」的學校本位課程發展之「課程經營」。

　　「核心素養」的學校本位課程發展之「課程經營」，透過學習型組織，共同打造學校教育未來願景，進行課程研究的自我精進超越、課程規劃的建構共同願景、課程設計的改善心智模式、課程實施的團隊學習、課程評鑑的系統思考、課程經營的永續發展，一方面重視學校經營團隊所進行的核心素養學校本位課程發展，透過學習型組織，建構學習型學校，特別是運用學習型組織的核心學習能力，包括系統思考，理解複雜性與處理系統的相互依存性，並對環境有敏感度，能因應環境變遷，而且要寬容，對未知事物保持開放態度；運用心智模式，反省式會談，深度匯談進行創造性對話，團隊學習以學會自我超越，不僅因應變遷而且要學習進化升級才能生存以免被淘汰，共學、共用、共好、共樂、共憶；並且分享共同的願景，渴望與創造價值以個人願景與組織願景作為學習目標，嘗試建構課程發展的永續經營模式（蔡清田，2017）。特別是課程發展委員會與各課程方案設計小組等課程經營團隊，透過課程研究、課程規劃、課程設計、課程實施、課程評鑑等慎思熟慮構想與實踐行動，群策群力共同經營「核心素養」的學校本位課程發展的動態歷程，不僅可以實踐我國教育部課程綱要的課程計畫精神，更落實學校本位課程發展，建構學校課程計

畫，進行學校課程的共同經營，促成學校本位課程的永續發展（蔡清田，2016）。

　　另一方面，核心素養的學校本位課程發展之「課程經營」是爲實踐教育願景與達成課程目標，以學校爲主體，由學校經營團隊所推動的核心素養學校課程經營策略、行動綱領與相關配套措施。尤其是課程改革不只是一種教育改革的技術，而且涉及社會價值與學校文化的革新，必須要有周密的配套措施，注意人員、組織、政治、社會、文化環境等等因素，善用技術觀、政治觀與文化觀的課程改革實施策略（黃光雄、蔡清田，2015），重視校長課程領導、學校共同願景、教師專業合作、學校組織發展、教育行動研究等配套措施，有效促成學校整體課程經營，提升教育品質。

　　總之，「核心素養的學校本位課程發展」之課程經營，是指學校經營團隊，透過一系列課程領導管理行政之行動，進行課程發展的永續經營。「核心素養的學校本位課程發展」之課程經營，特別是指核心素養的學校本位課程發展之永續經營，包括情境分析研究與願景目標規劃等政策層級的課程領導、方案設計、執行實施與評鑑回饋等專業層級的課程管理，以及配套措施等運作層級的課程行政。當學校經營團隊思量如何推動課程改革，進行課程發展的永續經營時，有必要尋找能符合學校情境的課程經營之推動策略、行動綱領與配套措施等，以便得以成功地進行核心素養的校本課程發展之永續經營。綜上所論，作者總結整理列表如下：

表7-1 「核心素養」學校本位課程發展之「課程經營」配套措施

階段	推動策略	行動綱領	經營團隊	配套措施
1.核心素養的課程研究	1.1成立學校課程發展委員會之組織。	1.1.1參考十二年國教課綱據或相關核心素養理論，研擬學校課程發展委員會組織，成立學校課程發展委員會。 1.1.2透過課程發展委員會，進行課程研究，分析學校情境	學校程發展委員會可以包括：校長、主任與組長等學校行政人員、課程學者專家、領域科目授課教師與各學年導師代表、學生代表、學生家長代表、專業組織代表（學會、公會、商會、工會）、地方社區關心教育的人士、如地方政府人員。	1.1重視校長課程領導，進行情境分析，發現問題與需求評估。 1.2強調校長課程領導的任務，召集課程發展委員會。 1.3配合校長課程領導，引導課程發展委員會成為課程論壇，應充分廣納各種意見，重視過程的專業化與民主化，而且學生的參與，應考量其認知能力是否勝任。
	1.2分析過去與現行課程發展狀況。	1.2.1分析過去課程發展經驗的利弊得失。 1.2.2分析現行課程發展經驗的利弊得失。		
	1.3分析當前學校本位課程發展需求。	1.3.1分析當前課程改革的規模與範圍。		
	1.4分析學校本位課程發展影響因素。	1.4.1分析官方政策對學校本位課程發展的要求。 1.4.2分析社會變遷對學校本位課程發展的衝擊。 1.4.3分析學科知識對學校本位課程發展的影響。 1.4.4分析學生特質對學校本位課程發展的需求。 1.4..5分析地方文化與地區特性對學校本位課程發展的可能影響。 1.4.6分析師資特色、學校組織文化、設備資源等對學校本位課程發展的可能影響。		
	1.5分析學校課程的發展方向特色。	1.5.1根據課程研究，了解學校優劣機會與威脅。 1.5.2根據研究，化影為光，列出可能行動方向。		
2.核心素養的課程規劃	2.1規劃學校本位課程發展共同願景。	2.1.1依據課程研究結果，慎思構想學校本位課程發展的共同願景。 2.1.2組成學習型組織，構想學校教育願景。 2.1.3透過提名小組技術，形成學校教育願景共識。	2.1透過課程發展委員會，建構願景與整體課程目標計畫。	2.1透過課程發展委員會建構學校共同願景。
	2.2規劃學校整體課程目標。	2.2.1草擬可實踐共同願景的學校整體課程目標。		

表7-1（續）

階段	推動策略	行動綱領	經營團隊	配套措施
	2.3規劃達成整體目標的學校整體課程計畫架構。 2.4規劃學校整體課程計畫進程。 2.5確立學校整體課程之可行性。	2.2.2明確指出可以實踐願景的學校整體課程目標。 2.3.1規劃落實學校願景目標的各處室正式與非正式方案計畫架構。 2.3.2學習節數的整體分配計畫。 2.3.3彈性學習節數的課程方案規劃。 2.4.1草擬可能達成整體目標的學校整體課程計畫進程。 2.4.2組織年度計畫。 2.5.1確定學校整體課程願景、目標與課程架構。 2.5.2重視各課程方案目標計畫的整體貢獻。	2.2重視校長與處室主任的課程規劃與溝通協調專業角色。	2.2透過共同願景，凝聚共識。 2.3透過共同願景，確立明確目標，擬定計畫進程。此階段的學校整體課程規劃，應注意整體目標與計畫的可行性，應清晰訂定目標，周詳擬定計畫，且課程整體目標與整體計畫應經課程發展委員會討論通過。
3.核心素養的課程設計	3.1成立課程設計小組。 3.2設計各課程方案目標。 3.3設計各課程方案教學大綱與進度。 3.4設計各課程方案教材。	3.1.1成立各課程方案設計小組，特別是學習領域課程小組與處室活動課程方案小組，構想學校整體課程。 3.1.2必要時成立學年小組，進行跨領域方案設計。 3.1.3結合整體學校教師專長，進行學校課程方案設計。 3.2.1依據學校整體課程目標，確立各學習領域或各處室活動課程目標。 3.2.2依據整體課程目標，確立課程方案年級目標。 3.3.1設計中長程的課程方案大綱進度主題內容綱要。 3.3.2設計短程的課程方案大綱進度主題內容綱要。 3.4.1參考課程設計原則，進行方案教材設計。 3.4.2設計各課程方案主題的教材。	3.1強調各處室主任、組長與各課程方案領導者的協調與設計的專業角色。 3.2可由教務處首先示範，透過教務主任與教學組長召集領域科目授課教師與各年級教師代表、分別組成領域科目課程設計小組。諮詢人員可包括課程專家、學科專家、媒體專家、評鑑專家、學生代表、相關人員等。	3.1透過課程領導，引導教師進行課程選擇調整創造。鼓勵教師依據專長，善用資源，配合學校地區特色，進行方案設計。 3.2重視課程方案設計小組之間的分工與合作。兼重正式課程與非正式課程等學校整體課程的整體課程方案設計。

表7-1（續）

階段	推動策略	行動綱領	經營團隊	配套措施
	3.5設計各課程方案教學活動。 3.6設計各課程方案評量工具。 3.7設計教學相關配套資源。 3.8課程設計試用修正。 3.9確定學校整體課程內容。 3.10確定整體課程後，完成報備。	3.5.1設計課程方案教學活動流程。 3.5.2組織課程方案所需師資。 3.6.1編選傳統的測驗。 3.6.2考量實作評量。 3.7.1考慮相關支援人力、經費、教具資源、設施器材等配合措施。 3.7.2統整課程相關資源設計。 3.8.1試用與考量可行性並加修正。 3.8.2進行小規模課程實驗。 3.9.1結合各學習領域與活動課程方案，確定學校整體課程內容。 3.10.1檢核年度計畫準則。 3.10.2實施前，學校將年度整體課程呈報主管機關備查。		3.3透過各課程方案設計小組的連貫統整，注重課程方案領域目標與內容的縱向連貫與橫向統整，合力進行整體課程設計，並經適當的試用程式，增進新課程的實用價值。
4.核心素養的課程實施	4.1進行相關教育人員研習，溝通並裝備新課程的知能。 4.2完成實施前的行政支援準備。 4.3向學生家長進行宣導。 4.4實施教學過程與課程一貫連結。 4.5實施行政支援與課程視導。	4.1.1辦理教育人員在職進修，進行理念溝通，認識新課程。 4.1.2透過教育人員在職研習新課程，提升其關注焦點。 4.1.3透過教育人員的工作坊，提升其新課程的使用層次。 4.2.1進行行政人員的協調準備。 4.2.2進行教學資源準備及教學實施情境的布置。 4.2.3完成學生編組。 4.3.1向學生家長進行新課程之宣導。 4.3.2引導家長參與學校教育活動。 4.4.1按課程方案設計，實施教學與專業監控。 4.4.2參考課程類型，進行課程實施的一貫連結。 4.5.1實施各項行政支援措施。 4.5.2透過視導，監控行政支援課程實施。	4.1與學校行政人員、教師、其他支援人員進行溝通協調。 4.2學生家長與行政單位的支持也是課程實施成敗的重要關鍵。	4.1配合進修研習，提升學校教育人員課程實施知能。認識課程理念與內容，改變心態，樂於接受新課程。 4.2配合溝通宣導，塑造積極的課程實施之組織氣氛。 4.3配合學校組織發展，落實課程實施。

表7-1（續）

階段	推動策略	行動綱領	經營團隊	配套措施
5.核心素養的課程評鑑	5.1評鑑學生學習效果。 5.2評鑑教師教學成果。 5.3評鑑行政支援成效。 5.4評鑑課程方案效益。 5.5評鑑整體課程成效。	5.1.1進行形成性與總結性之學生學習成效評鑑。 5.1.2善用多元方式進行學生學習成效評鑑。 5.2.1評鑑教師的個別方案教學成效。 5.2.2評鑑教師的整體教學表現。 5.3.1內部行政自評。 5.3.2外部行政評鑑。 5.4.1評鑑課程方案教材。 5.4.2評鑑課程方案設計。 5.4.3評鑑潛在課程可能影響。 5.4.4透過行動研究評鑑課程方案。 5.5.1綜合各項課程評鑑成效資料。 5.5.2根據評鑑結果改進學校整體課程。 5.5.3總結課程發展成果與經驗，作為審查新學年度課程計畫之依據。	學校課程發展委員會成員與課程設計小組及教學研究會成員，可以結合校外的課程評鑑人員，共同組成課程評鑑小組，合力進行課程評鑑工作。	5.1配合評鑑小組進行整體課程評鑑，並在其他階段進行形成性評鑑，隨時提供回饋。 5.2配合教育行動研究，實踐核心素養課程改革願景。

　　本章「核心素養的學校本位課程發展」之課程經營，旨在整合上述內容與各章要點，進而闡明「核心素養」的學校本位課程發展的配套措施，共分為第一節配合校長課程領導，進行「核心素養」校本課程研究；第二節配合學校共同願景，進行「核心素養」校本課程規劃；第三節配合教師專業合作，進行「核心素養」校本課程設計；第四節配合學校組織發展，進行「核心素養」校本課程實施；第五節配合教育行動研究，進行「核心素養」校本課程評鑑，茲分節論述如次：

第一節 配合校長課程領導，進行「核心素養」的校本課程研究

　　本書第二章指出，就「核心素養」校本課程研究推動策略而言，校長可以透過學校課程發展委員會，進行課程研究的情境分析與需求評估、分析過去與現行課程發展狀況、分析當前學校本位課程發展需求、分析學校本位課程發展影響因素、分析學校課程的發展方向特色。課程領導（curriculum leadership）的目的，是「使學校系統與其學校，達到確保學生學習本質之目標」（Glatthorn, 2000），這個定義重視課程領導的功能，強調教育行政人員、學校校長、教師及相關人員應共同合作以推動課程發展（蔡清田，2017），尤其校長是決定課程領導的重要人物（黃政傑，1999；黃嘉雄，1999；林明地，2000；歐用生，2000）。廣義的課程領導，是指具有領導權責的校內外教育人員，就「學校本位課程發展」整體觀點看待學校課程事務，扮演課程變革的推動者，進行學校本位課程發展，和學校同仁研議討論相關事宜，或扮演諮詢顧問以協助學校進行課程決定，與地方社區人士進行會議，引進新的課程發展理念與校外資源，提醒學校教育系統因應未來需求與發展趨勢，評估未來的課程變革，籌措學校本位課程發展相關專業活動經費，與教育主管機關協調學校行事活動，彈性調整學校組織，規劃設計課程方案，協助安排在職進修專業發展活動與評鑑方案（蔡清田，2005）。課程領導，也可以指學校內部具有特定身分地位人員專屬的課程發展責任，例如：校長、教務主任、教學組長、課務組長、學年主任、領域召集人、班群召集人與其他如學科專家，以及學校課程發展委員會所選出的教師代表等具有特定身分地位的人員，特別是校長要承擔主要的課程領導責任。因為部分教師可能兼任「課程發展委員會委員」、領域召集人與教學者，此種多重角色容易混淆，特別是教師在參與研究學校本位課程發展方向後，尚要規劃課程架構藍圖，設計課程方案大綱與進行實施評鑑，部分教師易有避重就輕之情形。因此，校長的課程領導益顯其重要性（Doll, 1996）。特別是校長強化變革與課程領導知能，強化學校行政團隊之動能，提升領導團隊覺知力與建立橫向聯繫和協

作，進行學習領導（leadership for learning），透過教師專業學習、學校組織學習及跨組織的系統學習，以促進學生學習（潘慧玲，2016）。

校長身為學校首長，在政策法令與訊息等方面較為靈通，對掌握教育改革動向，具有較正確的理念、態度與作法，也比較了解學校成員需求，在兼顧學校效能與滿足教師教學要求下，如何爭取資源並合理分配，達成學校教育目標，確保教學品質，自應全力以赴。特別是校長透過課程領導（蔡清田，2005），在上級政府的教育政策下尋求改變，領導學校課程的研發（Hord & Hall, 1983），透過課程發展委員會展現專業領導，改變以往以行政導向的領導方式，充實本身課程專業素養，掌握課程發展趨勢與教學方法革新，提高課程發展品質。茲將要點摘述如表7-2。

一、重視校長課程領導，進行情境分析課程研究，發現問題與需求評估

就「核心素養」的校本課程經營之課程研究行動綱領而言，校長可以參考十二年國教課程綱要等法令依據或核心素養的相關理論（教育部，2014），研擬學校課程發展委員會組織，成立學校課程發展委員會（蔡清田，2016）；分析過去課程發展經驗的利弊得失，分析現行課程發展經驗的利弊得失；分析當前課程改革的規模與範圍；分析官方政策對學校本位課程發展的要求，分析社會變遷對學校本位課程發展的衝擊，分析學科知識對學校本位課程發展的影響，分析學生特質對學校本位課程發展的需求，分析地方文化與地區特性對學校本位課程發展的可能影響，分析學校組織文化、學校氣氛、師資特色、場地設備、時間經費等對學校本位課程發展的可能影響；根據情境分析，了解學校優劣機會與威脅，列出課程發展可能方向特色。

在「核心素養」的學校本位課程發展領導上與行政管理配合上，校長確實為一重要人物。例如：Brady（1987b）的研究指出校長對於學校本位課程發展的支持，會影響學校本位課程發展的決定方式、課程發展模式、

表7-2 「核心素養」校本課程研究

階段	推動策略	行動綱領	經營團隊	配套措施
1.核心素養的課程研究	1.1成立學校課程發展委員會之組織。	1.1.1參考十二年國教課綱依據或核心素養相關理論,研擬學校課程發展委員會組織,成立學校課程發展委員會。 1.1.2透過課程發展委員會,進行課程研究,分析學校情境。	學校程發展委員會可以包括:校長、主任與組長等學校行政人員、課程學者專家、領域科目授課教師與各學年導師代表、學生代表、學生家長代表、專業組織代表(學會、公會、商會、工會)、地方社區關心教育的人士、如地方政府人員。	1.1重視校長課程領導,進行情境分析,發現問題與需求評估。
	1.2分析過去與現行課程發展狀況。	1.2.1分析過去課程發展經驗的利弊得失。 1.2.2分析現行課程發展經驗的利弊得失。		1.2強調校長課程領導的任務,召集課程發展委員會。
	1.3分析當前學校本位課程發展需求。	1.3.1分析當前課程改革的規模與範圍。		1.3配合校長課程領導,引導課程發展委員會成為課程論壇,應充分廣納各種意見,重視過程的專業化與民主化,而且學生的參與,應考量其認知能力是否勝任。
	1.4分析學校本位課程發展影響因素。	1.4.1分析官方政策對學校本位課程發展的要求。 1.4.2分析社會變遷對學校本位課程發展的衝擊。 1.4.3分析學科知識對學校本位課程發展的影響。 1.4.4分析學生特質對學校本位課程發展的需求。 1.4..5分析地方文化與地區特性對學校本位課程發展的可能影響。 1.4.6分析師資特色、學校組織文化、設備資源等對學校本位課程發展的可能影響。		
	1.5分析學校課程的發展方向特色。	1.5.1根據課程研究,了解學校優劣機會與威脅。 1.5.2根據研究,化影為光,列出可能行動方向。		

學校組織氣氛與成員參與滿意度。Bezzina(1989)研究發現,校長是影響學校本位課程發展成敗最為關鍵的人物。Marsh(1997)也曾分析回應者、管理者與倡導者等三種不同型態的校長角色,黃嘉雄(1999)曾指出校長的倡導者角色最適合實踐學校本位課程發展的理念。

校長身為「首席教師」,承襲前人的基業,創造並培養學校的特

色、信念與價值觀。校長也如「臨床治療的醫師」，應該發揮專業知識，以承擔學校發展的任務，並提供專業領導，診斷教育問題、提供諮詢（Sergiovanni, 1995）。尤其學校本位課程發展充滿許多的不確定性與變數，宛若乘著一艘會漏水的破船，在不合作的水手駕駛下駛向沒有航海圖水域的計畫旅程（Fullan, 1992）。因此，扮演船長的校長領導角色益形重要（蔡清田，2005）。

「核心素養」的學校課程改革必須及時回應學習者的需要，其重要性如同是面臨一場複雜多變的戰爭，其間涉及許多校內事務的分配協調，需要校長扮演課程領導者角色，廣結善緣，建立課程發展委員會成員間的良好關係與支持性的團體認同氣氛，進而形成進取的學習型組織文化，使團體成員分享決定權並協同合作地採取行動，共同進行情境分析與課程研究，了解過去現行與未來課程發展的趨勢，掌握學校優勢缺點與校外可用的資源及可能潛藏的外在威脅，努力化影為光，化「阻力」為「助力」，研擬學校本位課程發展可能方向（蔡清田，2016）。

二、強調校長課程領導的任務，召集課程發展委員會

校長為綜理校務的領導者，因應時代需要，應該加強「核心素養」的課程領導任務，召開學校課程發展委員會，領導學校整體課程研發。特別是學校本位課程發展的初期，校長的課程領導角色，應充分廣納各種意見，重視過程的民主性（歐用生，2000）。校長要參與課程發展委員會是基於四個理由：一是校長綜理校務，負責校務成敗，其認知與態度對課程改革成敗有著關鍵影響；二是校長比其他人更了解學校生態、校園氣氛和學校物質條件、有益於學校本位課程發展之決定；校長的親自參與，可增加與成員的互動機會，有助於教育專業成長；四是參與課程決策，增加校長辦學壓力，可促進學校課程革新（Schwab, 1983）。

就經營團隊而言，校長扮演「核心素養」的課程經營團隊領導者角色，召集課程發展委員會，要善於深思熟慮，具有良好溝通表達能力，閱讀課程專業書籍與同仁共用心得，了解課程實際並具備領導技能，使

學校達到確保學生學習品質目標的功能（Glatthorn, 2000）。Mcgrevin與
Schmieder於1993年提出十項領導者應具備之關鍵技巧，與校長在學校整體
課程經營的各階段所強調的課程行動有著密切關聯。

表7-3　校長課程領導的關鍵技巧（改自秦夢群，1999）

領導者十項關鍵技巧	整體課程經營階段	課程發展永續經營的具體行動
1.表明對於改善學校人員與學生生活之渴望	課程研究的情境分析	了解教師、學生、家長對學校教育的需求
2.了解環境改變是持續不斷的，而領導方式也應隨之而作調整	課程研究的情境分析	考量學校外與學校內的變遷與需求，調整課程發展模式
3.了解如何鼓勵社區團體參與學校事務	課程研究的情境分析	了解地方特性與家長對學校的期盼
4.對表達相關目標之步驟與方法具深入的覺知	課程規劃的目標擬定	規劃課程發展的目標與達成目標的計畫與進程
5.了解如何引導團體會談	課程設計的方案設計	學校課程發展委員會與各學習領域課程小組的會議中，鼓勵教師共同合作進行課程設計
6.對於他人的偏見、實力與弱點有所了解	課程實施的解釋實施	溝通與裝備教育人員相關課程知能
7.了解如何評價相關人員	課程評鑑的評鑑回饋	對學生、教師、行政支援等進行形成性與總結性評鑑
8.對於如何領導之「真實角色」（real role）責任評估有所了解	課程評鑑的評鑑回饋	對整體課程發展程式過程的檢討，並評估成員的責任
9.在工作上處處表現自信	任何階段	賦權給教師，使其亦成為一個自信的領導者
10.在專業價值與道德界限之間能建立平衡點	任何階段	在所有步驟中所做的決定，皆需尋求滿足需求與道德間的考量

三、配合校長課程領導，引導課程發展委員會成為課程論壇

　　校長身為「核心素養」的課程發展經營團隊之首，應當發揮「核心素養」的課程領導的功能，帶領學校課程發展委員會的主任與組長等學校行政人員、領域科目授課教師與各學年導師代表、學生代表、學生家長代表，並邀請專業組織代表（學會、公會、商會、工會）與地方社區關心教育的人士等相關人員，一起針對學校情境的地理環境、學校規模、硬體設備、教師專長、行政人員、學生特質、家長期望、社區參與、地方資源等，進行學校課程的相關研究（蔡清田，2005）。同時也要注意整體課程經營的配套措施，課程研究的情境分析旨在透過需求評估，發現學校課程的問題與需求，此階段為學校本位課程發展的初期，重視校長的課程領導角色，但是仍應充分廣納各種意見，重視過程的專業化與民主化，而且學生的參與，應考量其認知能力是否勝任（蔡清田，2016）。

　　就「核心素養」的經營團隊而言，校長可以透過扮演課程發展委員會的召集人，設法克服成員之間的溝通障礙，激發並深化慎思與討論的過程（Henderson & Hawthorne, 2000），讓課程發展委員會成為學校課程論壇，共同進行課程研究（歐用生，1999；Reid, 1999）。就學校課程發展委員會而言，可以結合學校與社區，視為一個整體，爭取社區資源人士參與，鼓勵討論重要教育議題。一方面具有行政簡潔與容易經營管理之優勢，可減少衝突歷程，改善溝通管道，確保協調一致與完整周密，得以優雅運作與順暢推動；另一方面並可節省時間，避免不必要而冗長的個別教學問題分析與需求評估。而且特定課程方案，可以獲得學校的全面支持與最大保障，確保課程發展的繼續性，避免朝令夕改的不穩定狀態（Doll, 1996）。更可邀請地方社區人士參與課程發展委員會，強化學生家長參與並善用地方資源，深入發現社區文化特色，了解校外的可能機會點與外部潛在威脅，進而結合社區意見與學校教育理念，研擬學校本位課程發展方向。總之，在學校整體課程發展的初期，學校成員對於進行的程式尚未熟悉，而學校課程的特色尚未建立，最需要校長扮演課程領導的角色，進行情境分析的課程研究，診斷教育問題與需求評估，以引導課程發展機制的

成長。校長對於課程發展有重要的影響，應領導課程發展委員會，進行學校情境分析的課程研究，甚至與同仁共同研議願景目標，進行課程規劃的慎思熟慮構想。作者將在下一節加以說明。

第二節 配合學校共同願景，引導「核心素養」校本課程規劃

本書第三章指出，就「核心素養」校本課程規劃推動策略而言，校長可以透過課程發展委員會，規劃學校本位課程發展共同願景、規劃學校整體課程目標、規劃達成整體目標的學校整體課程計畫架構、規劃學校整體課程計畫進程、確立學校整體課程之可行性（蔡清田，2007）。

校長扮演「核心素養」的課程領導者角色，如同交響樂團的指揮帶領全校教職員工，進行溝通協調（Glatthorn, 2000），並爭取家長和地方社區人士的認同與支持，共同打造學校教育的共同願景，發展共同的學校整體課程目標，進行學校課程整體經營。具主導者特質的校長，著重改革並劍及履及，積極領導全體教職員投入學校課程整體經營，才能事半功倍地進行學校整體課程發展（Marsh & Willis, 1995）。校長應設法透過課程發展委員共同勾勒學校願景，甚至促使課程發展委員會成為進行課程慎思熟慮構想的論壇（Schwab, 1983），使課程發展的觀念價值明確化，以便將學校共同願景，具體轉化為課程目標與方案計畫。

一、透過課程發展委員會，建構學校共同願景

就「核心素養」校本課程規劃行動綱領而言，校長可以透過課程發展委員會，組成學習型組織，透過提名小組技術，形成學校教育願景共識的「核心素養」；草擬可實踐共同願景的學校整體課程目標；明確指出可以實踐共同願景的學校整體課程目標；規劃落實學校願景目標的各處室正式與非正式方案計畫架構，區分為正式與非正式等不同的方案目標；規劃學習節數的整體分配計畫與彈性學習的課程方案；草擬可能達成整體目標的

表7-4　「核心素養」校本課程規劃

階段	推動策略	行動綱領	經營團隊	配套措施
2.核心素養的課程規劃	2.1規劃學校本位課程發展共同願景。	2.1.1依據課程研究結果，慎思構想學校本位課程發展的共同願景。 2.1.2組成學習型組織，構想學校教育願景。 2.1.3透過提名小組技術，形成學校教育願景共識。	2.1透過課程發展委員會，建構願景與整體課程目標計畫。	2.1透過課程發展委員會建構學校共同願景。
	2.2規劃學校整體課程目標。	2.2.1草擬可實踐共同願景的學校整體課程目標。 2.2.2明確指出可以實踐願景的學校整體課程目標。	2.2重視校長與處室主任的課程規劃與溝通協調專業角色。	2.2透過共同願景，凝聚共識。
	2.3規劃達成整體目標的學校整體課程計畫架構。	2.3.1規劃落實學校願景目標的各處室正式與非正式方案計畫架構。 2.3.2學習節數的整體分配計畫。 2.3.3彈性學習節數的課程方案規劃。		2.3透過共同願景，確立明確目標，擬定計畫進程。此階段的學校整體課程規劃，應注意整體目標與計畫的可行性，應清晰訂定目標，周詳擬定計畫，且課程整體目標與整體計畫應經課程發展委員會討論通過。
	2.4規劃學校整體課程計畫進程。	2.4.1草擬可達成整體目標的學校整體課程計畫進程。 2.4.2組織年度計畫。		
	2.5確立學校整體課程之可行性。	2.5.1確定學校整體課程願景、目標與課程架構。 2.5.2重視各課程方案目標計畫的整體貢獻。		

學校整體課程計畫進程；組織年度計畫；確定學校整體課程願景、目標與課程架構，並重視「核心素養」的各課程方案目標計畫之整體貢獻（蔡清田，2007）。

校長應該透過課程綱要賦予的權責，透過課程發展委員會負起課程規劃之責任，並且透過學校共同願景的「核心素養」，引導學校課程整體規劃，將《十二年國民基本教育課程綱要》，轉化成為學校課程計畫。特別是透過課程發展委員會之規劃，找出學校相關人員所真正關心的課程內容或焦點，善用資訊進行討論，釐清課程研究的情境分析結果，透過課程發

展委員會議，適時總結所獲得的進度與結論，並運用此資料，建構共同願景（蔡清田，2016）。

二、透過共同願景，凝聚共識

學校共同願景的提出，是用以凝聚團體向心力與齊一努力的目標方向，而非標榜個人風格，所以校長應善用轉型的領導（transformational leadership），建構學校共同願景（Henderson & Hawthorne, 2000），重視被領導成員的奮鬥目標，注重教師與學生所形成的社區觀念，特別是強調他們所共同擁有的價值情感與信念。是以校長如能領導課程發展委員會進行支持的對話，和課程發展委員會成員一起發展共同的語言和團隊精神，發展合作、批判、承諾、應付挑戰的能力，並且增強共同選擇的能力，將道德說服力轉化為信念，並將信念轉化為革新課程領導的實際經驗，將可引導學校課程發展委員會成為一個學習型組織，並進而推動課程革新方案（蔡清田，2008）。

就經營團隊而言，特別是經營團隊領導者的校長，扮演良好的組織者與協調者，應將師生的教育需求與關心焦點，轉化成為學校共同願景，將願景轉換為期望的課程目標（Doll, 1996），並且透過各種不同的方法，向其他相關人員進行溝通說明「核心素養」。校長要知道校內同仁如何願意被幫助去改變行為，而且他們本身自己有能力鼓勵別人進行重要的變革。校長不僅要領導校內同仁，更要影響社區人士，與外來的諮詢顧問或社區成員，密切合作，透過共同願景，凝聚共識。

三、透過共同願景的「核心素養」，確立明確目標，擬定計畫進程

在透過課程發展委員會建構願景與整體課程目標計畫的過程當中，學校本位課程發展共同願景的「核心素養」應經課程發展委員會討論通過，

而且此階段的學校整體課程規劃，應注意整體目標與計畫的明確性與可行性，而且課程整體目標與整體計畫也應該經課程發展委員會討論通過。以往課程革新往往忽略共同的願景與目標，學校教育人員往往注意到現實的問題、單一教材或單一教學演示的方案，其結果往往缺乏目標導向，欠缺共同願景的理想，因此課程改革推動者的熱忱常因挫折困頓而消失殆盡（Doll, 1996）。當課程領導者未能確立願景目標的「核心素養」，則學校教師並無法確知其教育價值的立場，不知往何處去，或不知如何肯定其努力成果。因此，確定共同願景目標的「核心素養」是改進課程的基本任務，而且確定目標的此項任務，最好能和課程發展委員會共同確定（蔡清田，2017）。

　　學校願景的塑造，可以透過校長辦學理念作為出發，但是應該不只是校長個人的願景，不是由校長擅自決定，一味要求別人忠實執行，否則被要求者可能情緒反彈，認為校長的個人願景應由校長個人獨自完成。其實校長的願景可能只是暫時性的，是提供學校成員共同討論的基礎，必須透過校內外相關者進行深思熟慮的討論對話，進行集體協商與民主的程式來形成學校整體課程的共識。因此，校長必須透過與學校成員充分溝通，凝聚「核心素養」的共識，將十二年國民基本教育課程綱要一貫課程理念結合學校特色與條件，營造學校課程願景，以願景領導「核心素養」的課程改革，將全體成員願望整合成共同目標，激發學校同仁的參與「核心素養」的貢獻（Aronstein & DeBenedictis, 1988）。

　　課程領導者也要透過學校共同願景塑造「核心素養」，傾聽學校內外的各種聲音，建構明確與合乎時代需要的目標。願景與聲音都很重要，沒有願景的聲音是混亂的雜因，是後現代社會的危機；沒有聲音的願景是人為勉強而不自然的口號標語，是現代社會的弊病（歐用生，2000）。因此，在進行「核心素養」的學校本位課程發展時，必須要讓教師發揮專業智慧，進行專業發聲，進行專業參與，而且校長如能要像指揮家，透過指揮棒，將各種不同的聲音加以協調統整，成為悅耳的和聲與音樂。因此，學校課程領導者有必要使其願景目標清晰明確，協助同事嘗試新觀念，努力讓所有成員發揮所長。同時，「核心素養」的課程規劃宜採用漸進的過

程以達成課程變革，激進的改革招致許多強大的壓力，漸進的改變則較為有效的。最有效的改變發生在領導者懷有遠大願景目標，並採取小計畫步驟來達成，要達成課程的改革最好是從小的計畫方案試辦開始，然後再拓展成功的計畫方案試驗，並且要調整不成功的計畫方案。

　　總之，學校整體課程規劃，應建立具體明確的學校整體課程目標的「核心素養」，一方面實踐學校教育願景，另一方面擬定可行的「核心素養」之課程方案計畫架構與實施進程。特別是學校課程發展委員會必須根據情境分析的結果，構想學校願景，進而轉化為具體的學校整體課程目標，以作為「核心素養」的方案設計、實施與評鑑之參考依據。而且「核心素養」的課程目標必須清晰簡潔的描述，並使學習者本身有能力了解（Skilbeck, 1984）。

第三節 配合教師專業合作，進行「核心素養」校本課程設計

　　本書第四章指出，就「核心素養」校本課程設計推動策略而言，學校必須成立「核心素養」的課程設計小組；設計「核心素養」的各課程方案目標；設計「核心素養」的各課程方案教學大綱與進度；設計「核心素養」的各課程方案教材；設計「核心素養」的各課程方案教學活動；設計「核心素養」的各課程方案評量工具；設計「核心素養」的教學相關配套資源；設計「核心素養」的課程方案試用修正；確定「核心素養」的學校整體課程方案內容；確定「核心素養」的整體課程方案後，完成報備。值得注意的是課程設計，並非要求教育工作者都要創造新課程，也可以是因應學校需要，選擇調整校外已經設計好的課程，或者做好校外課程在校內實施的各種準備（黃政傑，1999）。儘管「核心素養」的「學校本位課程發展」可以步驟清楚，任務井然，但實際學校運作情形卻受到學校特定情境影響。特別是由於臺灣的中學教師習慣於分科教學的傳統，十分依賴教科書，而目前「核心素養」的課程改革趨勢重視學習領域／科目的課程統整，需要各科教師協同合作設計「核心素養」的課程方案，這對大多數

表7-5 「核心素養」校本課程設計

階段	推動策略	行動綱領	經營團隊	配套措施
3.核心素養的課程設計	3.1成立課程設計小組。	3.1.1成立各課程方案設計小組，特別是學習領域課程小組與處室活動課程方案小組，構想學校整體課程。 3.1.2必要時成立學年小組，進行跨領域方案設計。 3.1.3結合整體學校教師專長，進行學校課程方案設計。	3.1強調各處室主任、組長與各課程方案領導者的協調與設計的專業角色。 3.2可由教務處首先示範，透過教務主任與教學組長召集領域科目授課教師與各年級級教師代表、分別組成領域科目課程設計小組。諮詢人員可以包括課程專家、學科專家、媒體專家、評鑑專家、學生代表、相關人員等。	3.1透過課程領導，引導教師進行課程選擇調整創造。鼓勵教師依據專長，善用資源，配合學校地區特色，進行方案設計。 3.2重視課程方案設計小組之間的分工與合作。兼重正式課程與非正式課程等學校整體課程的整體課程方案設計。
	3.2設計各課程方案目標。	3.2.1依據學校整體課程目標，確立各學習領域或各處室活動課程目標。 3.2.2依據整體課程目標，確立課程方案年級目標。		
	3.3設計各課程方案教學大綱與進度。	3.3.1設計中長程的課程方案大綱進度主題內容綱要。 3.3.2設計短程的課程方案大綱進度主題內容綱要。		
	3.4設計各課程方案教材。	3.4.1參考課程設計原則，進行方案教材設計。 3.4.2設計各課程方案主題的教材。		
	3.5設計各課程方案教學活動。	3.5.1設計課程方案教學活動流程。 3.5.2組織各課程方案所需師資。		3.3透過各課程方案設計小組的連貫統整，注重課程方案領域目標與內容的縱向連貫與橫向統整，合力進行整體課程設計並經適當的試用程式，增進新課程的實用價值。
	3.6設計各課程方案評量工具	3.6.1編選傳統的測驗。 3.6.2考量實作評量。		
	3.7設計教學相關配套資源。	3.7.1考慮相關支援人力、經費、教具資源、設施器材等配合措施。 3.7.2統整課程的相關資源設計。		
	3.8課程設計試用修正。	3.8.1試用與考量可行性並加修正。 3.8.2進行小規模課程實驗。		
	3.9確定學校整體課程的內容。	3.9.1結合各學習領域與活動課程方案，確定學校整體課程內容。		
	3.10確定整體課程後，完成報備。	3.10.1檢核年度計畫規準。 3.10.2實施前，學校應將年度整體課程呈報主管機關備查。		

教師而言，是一項具有難度的挑戰。特別是「核心素養」的學校整體課程方案的設計，與教師的教育專業合作關係密切，唯有不斷促成教師專業合作，才能設計優質的課程。

一、透過課程領導，引導教師進行課程選擇調整與創造

就「核心素養」校本課程設計行動綱領而言，學校必須成立「核心素養」的各課程方案設計小組，特別是成立領域科目課程設計小組與處室活動課程方案設計小組，共同設計「核心素養」的學校整體課程方案；必要時成立學年課程設計小組，進行「核心素養」的跨領域方案設計；依據「核心素養」的學校整體課程目標，確立「核心素養」的各學習領域／科目或各處室活動課程目標，結合整體學校教師專長，進行「核心素養」的學校課程方案設計；依據「核心素養」的整體課程目標，確立「核心素養」的各學習領域／科目或各處室活動課程目標；依據「核心素養」的整體課程目標，確立「核心素養」的課程方案年級目標；設計中長程的「核心素養」課程方案大綱進度主題內容綱要，設計短程的「核心素養」課程方案大綱進度主題內容綱要；參考「核心素養」的課程設計原則，進行「核心素養」的方案教材設計，設計「核心素養」的各課程方案主題的教材；設計「核心素養」的課程方案教學活動流程；組織「核心素養」的各課程方案所需師資；編選「核心素養」的測驗，考量實作評量；考慮「核心素養」課程方案的相關支援人力、經費、教具資源、設施器材等配合措施；統整「核心素養」課程方案的相關資源設計；試用與考量可行性並加修正，進行小規模課程實驗試用；結合「核心素養」的各領域／科目與活動課程方案，確定「核心素養」的學校整體課程內容；檢核年度計畫的規準，實施前，學校應將年度整體課程呈報主管機關備查。

就經營團隊而言，學校校長、教務主任、課務組長、教學組長、學年主任或領域科目召集人，是最接近學校教育現場的課程領導者，他們較能夠體會師生在教學情境當中的需求，因此，他們可以帶領教師進行「核心素養」的課程方案設計。特別是大多數教師往往忘記他們除了教科書之外

尚有許多教學資源，包括學校社區的人力資源與其他的資源，諸如自然環境的教材，如家庭特有的、商業生產的或借來的資源（Doll, 1996）。因此，課程領導者必須適時提醒教師，保持機警以充分運用各種可能的現有資源，並且持續尋求新的資源，使教學活動更爲生動活潑。

　　一方面，校內經營團隊的課程領導者，從事「核心素養」的課程領導與協調事項可以包括，進行「核心素養」的教科書需求評估會議之後，提出擬議採用教科書的建議書單，會商討論所採用「核心素養」課程方案的影響，建議學校採購其他教材的清單。另一方面，學校內部的課程領導者，更應該鼓勵教師選擇調整或創造教材，善用不同教學技巧、處理各種不同的教學問題，協調相關「核心素養」的課程事宜，鼓勵教師承擔「核心素養」的方案設計責任。

二、重視課程方案設計小組之間的分工與合作

　　就經營團隊而言，課程領導者，應努力引導成員共同合作，並達到「專業授權」。在「核心素養」的方案設計階段中，讓教師擁有最大的專業自主權以安排課程教學活動，特別是「核心素養」的擬定方案目標，設計方案活動，依學校需要調整「核心素養」的課程方案，依部門需要發展「核心素養」的新課程方案計畫，選擇或設計新教材，並引導教師進行「核心素養」的專業發展。

　　學校師生相見之處的教室，是「核心素養」的課程改革前線，因此「核心素養」的課程改革理想必須考慮實際的學校教室情境，必須圍繞在學校教師共同關心的「核心素養」方案課程之上（Doll, 1996）。但是進行「核心素養」的學校整體課程設計，除了將有才華的班級教師，視爲有創意的藝術家之外，也要努力追求教師間的團結一致與協調合作。因此，必要時，應適時召開跨越各領域／科目或各學年的聯席會議，針對「核心素養」的重要主題，規劃系列會議研商。

　　然而，教師在繁重的教學工作之後，不易找出時間與同仁交換心得，教師在教學中往往孤軍奮戰，用自己的方式解決問題；若因遇到困難而

向其他教師求援，將會恐懼他人批評自己能力不足，於是便不願虛心求教（Marsh & Willis, 1995）。特別是傳統上，各科教師往往從個別科目的本位觀念來看待「核心素養」的學校課程，在科目主導下之許多活動，往往旨在維持學校內部各科目舊有勢力的社會秩序（Young, 1998）。如要將個別科目目標融入「核心素養」的學校整體課程目標的作法，可能挑戰了科目教師專業認同的科目知識分化傳統，更涉及了教師角色的轉變，可能產生部分科目教師的抗拒。

例如：學校內部往往難免形成「小團體」，特別是跨處室或人事異動的協調，教師往往會有「認同」上的困難。甚至某一方案非跟著某一主任轉移到他處室的情形，「人制」往往混淆「法制」的運作。除了處室組織外，改革也可能遇到「學群」導師與科任各領域教師間的組合問題，總有人成為熱門「林志玲或言承旭」，也有人被戲以「磁場」不合，而打入「冷宮」；學校教師大致孜孜矻矻努力有加，卻也有逍遙「法」外的「觀望」者。因此，一方面，學校必須透過「核心素養」的整體課程目標來引導核心素養的學校本位課程發展。另一方面，課程領導者也要扮演「人性的工程師」，強調人際關係的協調以及有效的激勵，為教師們提供支援、鼓勵與成長的機會（Sergiovanni, 1995）。

三、透過各課程方案設計小組的連貫統整，合力進行整體課程設計

就經營團隊而言，「核心素養的學校本位課程發展」之課程經營，強調各處室主任、組長與「核心素養」的各課程方案領導者協調與設計專業角色；可由教務處首先示範，透過教務主任與教學組長召集領域科目授課教師與各年級教師代表、組成「核心素養」的領域科目課程設計小組；諮詢人員可以包括課程專家、學科專家、媒體專家、評鑑專家、學生代表、相關人員等。特別是在「核心素養」的課程設計配套措施上，宜兼重「部定課程」與「校訂課程」等學校整體課程方案設計；注重課「核心素養」

的程方案領域／科目目標與內容的縱向連貫與橫向統整；此階段應注重「核心素養」的課程實用性。而且鼓勵教師依據專長，依據可用的資源，並配合學校地區特色，共同合作進行「核心素養」的各方案課程設計，並經適當的試用程式，增進「核心素養」的新課程實用價值。

　　「核心素養」之校本方案設計，強調各處室與「核心素養」的各課程方案設計者的協調，尤應注意「核心素養」的各課程方案目標與內容的縱向連貫與橫向統整。課程領導者也要扮演「管理工程師」角色，提供「核心素養」的方案計畫、組織協調與學校計畫表，並運用適當策略，進行有效的方案設計（Sergiovanni, 1995）。教師在進行「核心素養」的學校課程整體經營過程中，不應該是受到科目束縛的僕人，而應扮演科目知識的主人。除了成立「核心素養」的各領域／科目課程設計小組之外，也可以配合組織成立教學團隊，打破科目領域界線、班級界線，結合不同專長教師，組成「教學群」，或者採取「班群」教學，進行協同教學。

　　只有當個別科目領域教師，心中擁有學校整體課程的未來願景，才可能要求個別科目領域教師能對學校的「核心素養」課程方案目標有所貢獻。是以必須配合教師在職進修的專業發展，或結合志同道合的同僚組成專業成長團體或讀書會，促成教師之間協同合作的學校文化（Henderson & Hawthorne, 2000），協助教師了解「核心素養」的學校課程整體經營，並不是沖淡稀釋教師的科目專業知識或貶抑教師專業地位，而是重新奠定教師的課程設計專家地位，應用本身具備的科目知識，理解其專門科目知識與「核心素養」的學校整體課程方案的連結關係，進行「核心素養」的課程整體經營。

第四節　配合學校組織發展，進行「核心素養」校本課程實施

　　就「核心素養」校本課程實施推動策略而言，學校宜進行「核心素養」的相關教育人員研習，溝通並裝備「核心素養」的新課程素養；完成實施前的行政支援準備；向學生家長進行宣導；實施教學過程與課程連

結；實施行政支援與課程視導。「核心素養」的學校整體課程之實施，必須配合學校組織發展（蔡清田，2016），針對師生與家長及地方資源人士作充分的溝通宣導，爭取認同與支持合作，應用更多的社區資源，進行課程實施（Henderson & Hawthorne, 2000）。一方面，必須發展教學人員與非教學人員之間的合作關係，協助全體人員去了解「核心素養」的課程方案的貢獻，進行協調合作，建立強而有力的教學支援系統，實施人力支援、設備支援、經費支援等。另一方面，也要針對「核心素養」的課程實施規劃、教學與行政措施的準備情形、實施過程遭遇問題與解決途徑，有效加以掌控（黃政傑，1999）。

表7-6　「核心素養」校本課程實施

階段	推動策略	行動綱領	經營團隊	配套措施
4.核心素養的課程實施	4.1進行相關教育人員研習，溝通並裝備新課程的知能。	4.1.1辦理教育人員在職進修，進行理念溝通，認識新課程。 4.1.2透過教育人員在職研習新課程，提升其關注焦點。 4.1.3透過教育人員的工作坊，提升其新課程的使用層次。	4.1與學校行政人員、教師、其他支援人員進行溝通協調。	4.1配合進修研習，提升學校教育人員課程實施知能。認識課程理念與內容，改變心態，樂於接受新課程。
	4.2實施前的行政支援準備。	4.2.1進行行政人員的協調準備。 4.2.2進行教學資源準備及教學實施情境的布置。 4.2.3完成學生編組。	4.2學生家長與行政單位的支持也是課程實施成敗的重要關鍵。	4.2配合溝通宣導，塑造積極的課程實施之組織氣氛。
	4.3向學生家長進行宣導。	4.3.1向學生家長進行新課程之宣導。 4.3.2引導家長參與學校教育活動。		4.3配合學校組織發展，落實課程實施
	4.4實施教學過程與課程一貫連結。	4.4.1按課程方案設計，實施教學與專業監控。 4.4.2參考課程類型，進行課程實施的一貫連結。		
	4.5實施行政支援與課程視導。	4.5.1實施各項行政支援措施。 4.5.2透過視導，監控行政支援課程實施。		

一、配合進修研習，提升學校教育人員課程實施知能

就行動綱領而言，宜辦理「核心素養」的學校教育人員在職進修，進行理念溝通，認識十二年國教核心素養的新課程，一方面透過教育人員在職研習「核心素養」的新課程，提升其「核心素養」的關注焦點，另一方面更透過教育人員的工作坊，提升其「核心素養」的新課程使用層次；進行行政人員的協調準備；進行「核心素養」的教學資源準備及教學實施情境的布置，完成學生編組；向學生家長進行「核心素養」的新課程之宣導，引導家長參與學校教育活動；按「核心素養」的課程方案設計，實施「核心素養」的教學與專業監控，並參考課程類型，進行「核心素養」的課程實施連結；實施各項行政支援措施，透過視導，監控行政支援「核心素養」的課程實施。

學校是一個複雜的交互影響的系統：改變一處便會在組織的其他部分引起連漪效應。因為變革是個複雜、連續、以及永遠沒有終點的現象，因為環境是不斷的改變（Fullan, 1992）。這些改變對我們學校有深遠的影響。因此，有必要透過在職進修活動的「核心素養」研習或工作坊等媒介管道，協助教師發現問題並面對問題，以滿足教師的需求，促成專業發展（Doll, 1996）。

例如：教育部補助各縣市政府配合新課程的實施，可提供三十小時的研習供任教新課程的國小一年級教師參加，以提升核心素養的相關專業能力，應該繼續透過「核心素養」的研習活動，協助教師認識「核心素養」的新課程的基本理念與內容，並改變教師心態，使教師樂於接受「核心素養」的新課程，且自願進修，增進實施「核心素養」的新課程的專業素養。十二年國民基本教育課程綱要強調以學校為主體，而學校亦成為在職教育之主體，學校應致力建構成為學習型的組織來規劃進修活動。「核心素養」的學校本位課程發展，必須不斷的溝通以得團體的共識，而且營造改變的氣氛，讓抗拒的少數人不會破壞多數人的努力。同理抗拒者，認可其正當反對的理由，以開放的心靈傾聽，並採取步驟解除其不必要的恐懼。課程實施必須透過學校不斷的反思與實踐，更是要在學校教育環

境中成長。爲強調學校多元發展的性質，尊重專業與自主，必須整合教育人力與資源，在實際工作環境中解決實際遭遇的問題，透過相互作用（interaction）、交互作用（transaction）、不平衡（disequilibrium）和平衡（equilibration）而促成「核心素養」的課程發展（盧美貴，2000）。讓教師學生們在討論對話中創造，比現有封閉性課程結構更活潑、更生動的進程；課程不再是跑道而成爲跑的過程自身；學習者不再是複製知識的人，成爲創造過程中的探險者。

二、配合溝通宣導，塑造積極的課程實施之組織氣氛

就經營團隊而言，校長應致力於塑造積極的「核心素養」課程實施之組織氣氛，利用正式與非正式的談話機會，向教師及行政人員進行理念與意見的溝通，使教師勇於表達心中的意見，以促成團體內的回饋機制，並規劃學習領域教師研討課程的共同時間與空間，鼓勵與促進成員之間的溝通，建立積極的學校組織氣氛，促成學校教育人員的專業成長（Aronsyein & DeBenedicts, 1988）。特別是「核心素養」的各課程方案領域科目任課教師應重視合科、協同與班群教學，以及教師專業互享的可能。因爲只有當學校的問題是「我們的」（教師的）問題時，而不是「別人的」（行政人員的）問題時，教師才會願意自由地分享規劃的任務與運作教學方案。

一方面，校長可以在日常行爲中進行「核心素養」的課程領導，在例常的活動中，如朝會講話、批示公文、與教師的正式與非正式對談、經費的規劃等等，都能展示其對「核心素養」課程內容的價值觀與信念，也能因此促進教師的課程實施活動，進而透過整體組織的氣氛，塑造有效能的行政組織來促成課程實施的效能（Glatthorn, 2000）。另一方面，校長也可以經由課程發展委員會決定教學視導方案、在職進修與專業發展方案、實驗與研究方案等各種不同的方式（Doll, 1996）。但值得注意的是，「核心素養」的課程實施沒有放諸四海皆準的萬靈丹或特效藥，要用哪一種方法，必須根據情境需要加以研究評估，靈活應用忠實觀、調適觀與落實觀的課程實施（黃光雄、蔡清田，2015）。

三、配合學校組織發展，落實課程實施

　　就經營團隊而言，此階段「核心素養」的課程實施，宜重視學校行政人員、教師、其他支援人員進行溝通協調，尤其是學生家長與行政單位的支持，是「核心素養」的課程實施成敗的重要關鍵。特別是就「核心素養」的配套措施而言，一方面學校進行「核心素養」的研習活動，必須先協助教師認識「核心素養」的新課程的基本理念與內容，並改變教師的心態，使教師樂於接受「核心素養」的新課程，且自願進修，增進實施「核心素養」的新課程知能。另一方面，「核心素養」的各課程方案領域／科目任課教師應重視合科、協同與班群教學。

　　組織發展所強調的重點，乃在於解決課程實施問題的團體歷程，而不在特定的解決途徑。教師可以透過改變其所屬學校團體的功能、或改進溝通方式、或採用新角色，以改善其工作團體的效能，而且學校組織發展通常也需要校外的課程顧問專家之協助。課程顧問專家的任務，在協助教師團體共同規劃課程並執行學校組織集體決策。為達此目的，分析「核心素養」的特定課程問題的資料，以及自我分析診斷，並擬議「核心素養」的新課程推動策略與行動綱領是相當重要的。一旦「核心素養」的新推動策略與行動綱領，被學校組織同仁所一致同意，就該付諸實施行動，進而改變自己的課程實施（Fullan & Stiegelbaner, 1995）。學校組織發展可以協助課程實施，學校組織發展的階段如下：

表7-7　學校組織發展階段（Henderson, 1985；引自黃光雄、蔡清田，2015）

階段	行動說明
1.進入組織	校外的課程顧問專家，鼓勵參與學校組織革新的教師建立合作指導原則，並進而培養出信任、友誼、與可靠的學校組織氣氛。
2.蒐集資料	蒐集有效的學校正式組織資料，有助於診斷與行動。因此蒐集學校課程的資料，必須包括學校組織整體、次級系統與組織歷程等方面的資訊。指導綱領，則建立在有效資料基礎之上，說明如何應用資料。

表7-7（續）

階段	行動說明
3.回饋診斷	將所蒐集的學校資料，送回學校組織成員，以便進一步分析診斷。參與者在沒有威脅的環境氣氛下，鼓勵參與者就所蒐集資料，進行自我分析，討論其對學校組織革新積極正面的蘊義。
4.規劃發展策略	根據參與者自我分析診斷的結果，指出困難與問題所在之處，並規劃研擬解決問題之道。
5.執行策略	利用彼此相互支援與增強的策略，包括參與者的再社會化歷程，參與者分擔其整體進步的共同責任。
6.評鑑	進行評鑑，提供回饋資料，作為參與者參考依據，鼓勵參與者反省其結果，並建立新的組織發展努力方向。
7.永續發展	學校組織必須發展教師主動革新的能力，透過適當的課程改革策略，進行自我革新改變。當學校組織能進行制度化的永續發展，則校外的課程顧問專家便可功成身退。

　　如果教師從學校組織發展過程中獲得愈多的支持協助，或教師對學校組織發展有基本的認識，並了解學校組織發展的潛能，則「核心素養」的課程實施就愈容易成功（Marsh & Willis, 1995）。「組織發展」是運用一種特定方式發展積極的學校正式組織氣氛，必須經過事前精心規劃，嘗試創造學校組織中更多的溝通管道與溝通機會，持續進行團體自我分析與反省批判，以改進學校正式組織的教育改革努力。其強調的重點在於將學校視為一種正式組織的社會體系，而不是強調組織中的個人。如果教師在組織發展過程中獲得學校同仁支援合作，並且獲得教師在職進修與專業成長機會，則會比其他學校類型的教師更容易進行「核心素養」的課程實施。

第五節 配合教育行動研究，進行「核心素養」校本課程評鑑

　　本書第六章指出，就「核心素養」校本課程評鑑推動策略而言，這是一種以學校為個案研究焦點的課程評鑑（Simons, 1971），此種評鑑

途徑與麥唐納（Barry MacDonald）所領導的「整體的評鑑」（holistic evaluation）途徑相互呼應（MacDonald, 1971），其評鑑包括評鑑學生學習效果，評鑑教師教學成果，評鑑行政支援成效，評鑑課程方案效益，評鑑整體課程成效。

　　伴隨「核心素養」的課程實施而來的是整個學校課程的評鑑與學校所提供的經驗品質之評價。「核心素養」的課程評鑑的目的，在於幫助學校本位課程發展人員、一般教師、學校行政人員、家長與社會人士了解「核心素養」的課程發展方案的重要特色與特定的時空背景，進而促成「核心素養」的校本課程發展的合理決策，以提升學校「核心素養」的課程品質。實施「核心素養」的評鑑時可能發生的問題，應於實施前進行心理建設，以澄清疑慮進而凝聚全體夥伴之共識，以減少排拒現象。學校應該於「核心素養」的學校本位教師進修課程中，規劃相當比例之「核心素養」的課程評鑑知能與教育行動研究知能等研習，以增進教師評鑑之基本知能，袪除監督考核之刻板印象、開放自我進而降低心防，建立評鑑共識。

　　以往教育改革之所以被譏諷為「紙上革命」，主要就是教育理論與實踐的鴻溝太大，理論無法說明教育事實，教育實踐也不能用來檢證和修正理論。教育行動研究就是在於縮短理想與現實的差距，其研究在於解決當下個殊的問題，或局部修正理論（蔡清田，2013）。教育部在十二年國民基本教育「核心素養」的課程改革中，特別重視行動原則，為提升新課程試辦效果，並及時解決相關問題，特別鼓勵各參與試辦學校宜盡可能結合「教育行動研究」計畫，同步進行試辦與研究工作，期望透過實際問題探討，研析其解決策略，增進實施新課程的能力，進而整理試辦成果，辦理經驗分享之相關活動，作為進一步推廣十二年國民基本教育核心素養的課程改革之參考依據。因此，學校應結合行動研究，有效列管「核心素養」的學校整體課程各項策略及行動綱領與重點工作，隨時檢討改進。

表7-8 「核心素養」校本課程評鑑

階段	推動策略	行動綱領	經營團隊	配套措施
5.核心素養的課程評鑑	5.1評鑑學生學習效果。 5.2評鑑教師教學成果。 5.3評鑑行政支援成效。 5.4評鑑課程方案效益。 5.5評鑑整體課程成效。	5.1.1進行形成性與總結性之學生學習成效評鑑。 5.1.2善用多元方式進行學生學習成效評鑑。 5.2.1評鑑教師的個別方案教學成效。 5.2.2評鑑教師的整體教學表現。 5.3.1內部行政自評。 5.3.2外部行政評鑑。 5.4.1評鑑課程方案教材。 5.4.2評鑑課程方案設計。 5.4.3評鑑潛在課程可能影響。 5.4.4透過行動研究評鑑課程方案。 5.5.1綜合各項課程評鑑成效資料。 5.5.2根據評鑑結果改進學校整體課程。 5.5.3總結課程發展成果與經驗，作為審查新學年度課程計畫之依據。	學校課程發展委員會成員與課程設計小組及教學研究會成員，可以結合校外的課程評鑑人員，共同組成課程評鑑小組，合力進行課程評鑑工作。	5.1配合評鑑小組進行整體課程評鑑，並在其他階段進行形成性評鑑，隨時提供回饋。 5.2配合教育行動研究，實踐課程改革願景。

一、配合課程評鑑小組，進行「核心素養」校本課程評鑑

就行動綱領而言，學校宜應進行「核心素養」的形成性與總結性之學生學習成效評鑑；善用「核心素養」的多元方式進行學生學習成效評鑑；評鑑「核心素養」的個別方案教學成效；評鑑教師的整體教學表現；內部行政自評；外部行政評鑑；評鑑課程方案教材；評鑑課程方案設計；評鑑潛在課程可能影響；透過行動研究評鑑課程方案；綜合各項課程評鑑成效資料；根據評鑑結果改進「核心素養」的學校整體課程方案；總結「核心素養」的課程發展成果與經驗，作為審查新學年度課程計畫之依據。

就經營團隊而言，「核心素養」的課程發展參與者，需要在核心素

養的學校本位課程發展過程中與隨後進行事中與事後的評鑑回饋。可以由課程發展委員會或由一小組的學校教職員、家長、行政人員、社區成員與一部分學術研究者，共同組成評鑑小組，扮演「核心素養」的課程方案設計小組人員的「批判的諍友」（critical friends），而且採用「形成性評鑑」的方法，提供回饋資訊，以作為「核心素養」的課程方案設計小組成員進行課程改革之參考（蔡清田，2016）。此一評鑑小組研擬提出問題，以便進行有焦點集中的探究，明確指出或創造蒐集資料的工具與歷程，建立規準或指標，蒐集資料，向設計小組與學校教職員報告說明資料，引導分析、詮釋與做判斷的歷程。此一評鑑小組的團體成員，應該包括不同角色、性別與觀點，而成員們應該以現有的問題而非未來可能的問題，作為探究的焦點（Henderson & Hawthorne, 2000）。

　　如果在此一團體當中，沒有任何一位成員曾經接受過任何課程評鑑的訓練或擁有相關經驗，則此一團體，可能有必要在評鑑進行過程中，首先要進行某種程度的評鑑訓練。可以聘請大學教授或具有評鑑經驗的專業人員作為培訓的師資來源，之後，接受過此種培訓之後的評鑑小組成員，可以作為整體學校教職員與社區人士接受課程評鑑培訓之師資來源。

二、配合教育行動研究，實踐核心素養的課程改革願景

　　就經營團隊而言，此階段為了進行核心素養的整體課程經營之課程評鑑，學校課程發展委員會成員可以結合校外的課程評鑑人員，共同組成課程評鑑任務工作團隊，扮演「批判的諍友」，其中一組可將評鑑焦點集中於規劃設計，一組集中於實施，另一組可將焦點集中於學生學習與其他結果，合力進行課程評鑑工作。特別是就配套措施而言，可以結合行動研究，並在其他階段進行形成性評鑑，隨時提供回饋；根據課程發展理論與經驗，確立評鑑規準。

　　「核心素養」的學校本位課程發展之整體經營，不同於過去傳統科目林立彼此分離，必須以學校全體教職員所界定並同意的「核心素養」學校課程目標為依據，爭取地方社區人士的認同與支持。學校應透過課程發展

委員會，積極審慎推動「核心素養」的學校本位課程發展，提出共同的未來願景，研擬「核心素養」的學校課程整體經營計畫，建構「核心素養」的整體課程方案內容，並且有效列管各項推動策略及行動綱領，隨時檢討改進（Skilbeck, 1984）。因此，有必要配合進行「核心素養」的教育行動研究，鼓勵核心素養的學校本位課程發展者，發現「核心素養」的課程問題並研究改進，或尋求學術機構的協助，合作進行行動研究，以促成學校組織發展，落實核心素養的學校本位課程發展理念。例如：嘉義大學附設實驗小學、彰化縣永靖鄉福德國小、臺南市復興國中、嘉義宏仁女中與嘉義竹崎高中，便都加入十二年國教課程改革的前導學校組成核心素養研究小組，分別針對「核心素養」的學校課程目標與各領域科目課程方案進行研究。高雄市新光國小也根據學校課程目標，成立「核心素養的研究小組」規劃設計各領域／科目「課程方案」，進行十二年國民基本教育課程綱要課程試辦研究工作，透過實際問題之探討，提出解決策略，作為學校願景、學校教育目標向上提升或修正之參考依據，努力落實核心素養的學校本位課程發展。

　　總之，學校在教育部課程綱要的授權之下，為了實踐「核心素養」的課程改革基本理念，以學校為課程發展的基地，教師為「核心素養」的課程設計者，對於「核心素養」的學習內容與方法，結合學校與地方社區的人力與物力資源，進行「核心素養」的學校整體課程經營的課程研究、課程規劃、課程設計、課程實施與課程評鑑。因此，除了鼓勵學校成立課程經營團隊，透過校長與課程發展委員會，領導進行學校整體課程研究之外；也要配合學校共同願景「核心素養」，引導學校整體課程規劃；配合教師團隊專業合作，整合學校教育人員，投入「核心素養」的學校整體課程方案設計；配合學校組織發展，協助學校教育人員獲得專業成長，增進實施「核心素養」的新課程的知能，進行學校整體課程實施；配合教育行動研究，進行學校整體課程評鑑，落實「核心素養」的學校本位課程發展理念（蔡清田，2017）。

　　另一方面，為了有效促成「核心素養」的課程改革（黃政傑，2000；歐用生，2000；陳伯璋，2001；蔡清田，2016），落實「核心素養」的

學校整體課程發展永續經營，教育部可考慮設置全國性與區域性的課程研發中心，提供全球性、全國性、區域性或本土性的核心素養的學校課程經營推動策略、行動綱領與配套措施。例如：鼓勵大學成立「核心素養」的課程研發中心，進行專案研究，並聘請課程經營指導委員分區巡迴輔導，協助縣市政府指導學校成立「核心素養」的課程經營團隊，進行「核心素養」的學校課程研發創新，規劃推動策略、行動綱領與各項配套措施。

　　特別是，宜針對人力物力不足而急待救援的學校，或需特別協助的臺灣中南部如新竹、苗栗、南投、彰化、雲林、嘉義、臺南、高雄、屏東、臺東、花蓮、宜蘭、澎湖等小型學校居多的縣市，成立「核心素養的學校本位課程發展優先區」或「核心素養的課程行動研究優先區」，針對「核心素養」的學校本位課程發展之人力物力資源採取優先協助行動，優先成立核心素養的學校經營團隊，並充實其「核心素養」的學校整體課程經營知能與資源，避免授權學校本位經營之後，造成「有課程改革之名，卻無課程變革之實」的現象，甚或產生雪上加霜或貧者益貧之惡性循環現象，有違教育機會均等之原則。企盼政府能結合大學教育研究機構，共同合作建立「核心素養的學校本位課程發展優先區」之支援系統，進行雪中送炭的支援配套，特別是透過「核心素養」的校本課程發展之教育行動研究，結合理論與實務，有助於突破時間空間與資源的限制，因地因校制宜，研擬「核心素養」的學校課程經營推動策略、行動綱領與各項配套措施，力行實踐「核心素養」的課程改革理想願景（蔡清田，2018）。

參 考 文 獻

一、中文部分

中華民國課程與教學學會主編（2000a）。**學校本位課程發展手冊(1)**。臺北：教育部。

中華民國課程與教學學會主編（2000b）。**學校本位課程發展手冊(2)**。臺北：教育部。

中華民國課程與教學學會主編（2000c）。**學校本位課程發展手冊(3)**。臺北：教育部。

中華民國課程與教學學會主編（2000d）。**學校本位課程發展手冊(4)**。臺北：教育部。

方德隆（1999）。**課程與教學研究**。高雄：復文。

方德隆（2001）。學校本位課程發展的理論基礎。**課程與教學季刊，4(2)**，1-24。

呂木琳（1999）教學視導與學校九年一貫課程規劃。**課程與教學季刊**，2(1)，31-48。

呂立傑、韓繼偉、張曉娟（2017）：學科核心素養培養：課程實施的價值訴求。第十九屆兩岸三地課程理論研討會。國立臺北教育大學。2017年10月20日至22日。

呂秀蓮（2017）。**課綱使用理論與實例：素養導向課程發展與設計入門概念**。新竹：大衛營文化出版社。

何雅芬、張素貞主編（2017）。總綱種子講師實地宣講問題解析Q&A（第三輯）。臺北市：國民及學前教育署。

何雅芬、張素貞主編（2018）。總綱種子講師實地宣講問題解析Q&A（第四輯）。臺北市：國民及學前教育署。

汪明帥、胡惠閔（2017）。核心素養本位的校本課程開發。**第十九屆兩岸三地課程理論研討會**。國立臺北教育大學。2017年10月20日至22日。

李子建、黃顯華（1996）。**課程：範式、取向與設計**。臺北：五南。

李坤崇（2001）國小學校總體課程計畫及發展歷程解析：以選用出版社教科書為例。載於：南一書局主編，**國小學校總體課程計畫及發展歷程解析與實例**。臺北：南一。

李隆盛（1997）。綜合高中學校課程的規劃與設計。**技術及職業教育**，41，26-29。

余文森（2017）。從三維目標走向核心素養。載于楊九詮主編。**學生發展核心素養三十人談（pp. 14-19）**。上海：華東師範大學出版社。

周淑卿（2002）。**課程統整模式——原理與實作**。嘉義市：濤石文化。

周淑卿、吳璧純、林永豐、張景媛、陳美如主編（2018）。**素養導向教學設計參考手冊**。臺北市：教育部國民及學前教育署。

吳明烈（2004）。**組織學習與學習型學校**。臺北：高等教育。

吳明清（1999）。國民教育的發展方向與重點措施。本文發表於國立中正大學八十七學年度地方教育輔導「**國民教育革新與展望**」研討會。教育部指導。

國立中正大學教育學程中心主辦。1999年3月22日。嘉義民雄。

行政院教育改革審議委員會（1996）。**教育改革總諮議報告書**。臺北：作者。

林文生（1998）。學校本位的課程發展：以一所學校課程發展的經驗為例。發表於**現代教育論壇：新世紀的新課程**。臺北師範學院主辦（87.12.9）。

林生傳（1999）。九年一貫課程的社會學評析。載於：中華民國課程與教學學會主編，九年一貫課程之展望。臺北：揚智。

林永豐（2017）。論十二年國民基本教育課程總綱學習重點的規劃思維與意涵，**課程與教學季刊**，20(1)，105-126。

林永豐、郭俊呈（2013）。國民核心素養與高中課程發展，《**課程研究**》，8(1)，101-127。

林清江、蔡清田（1997）。**國民中小學課程發展共同原則之研究**。嘉義：中正大學教育學程中心。教育部國民教育司委託專案。

林清江、蔡清田（1999）。國民教育階段學校課程發展之共同原則。**師大校友**，295，4-10。

林明地（2000）。**校長課程領導與學校本位課程發展**。載於臺南師院主編：九年一貫課程：從理論、政策到執行。高雄：復文。

林錫恩、范熾文（2017）。國民小學實踐核心素養的理念與評量。**臺灣教育評論月刊**，017，6(2)，31-34。

林佩璇（1999）。**學校本位課程發展的個案研究-臺北縣鄉土教學活動的課程發展**。臺灣師範大學教育研究所博士論文。未出版。

林崇德（2016）主編。**面向21世紀的學生核心素養研究**。北京：北京師範大學出版社。

崔允漷（2016）。素養：一個讓人歡喜讓人憂的概念。**華東師範大學學報**，35(1)，3-5。

范信賢（2016）。「2.素養導向」，潘慧玲主編十二年國民基本教育普通高中課程規劃及行政準備手冊（pp. 15-18）。新北市：國家教育研究院。

范信賢、溫儀詩（2017，10月）。新課綱彈性學習課程在清華附小的前導實踐。中小學師資課程與教學協作電子報。取自http：//newsletter.edu.tw/2017/10/05/%E6%96%B0%E8%AA%B2%E7%B6%B1%E5%BD%88%E6%80%A7%E5%AD%B8%E7%BF%92%E8%AA%B2%E7%A8%8B%E5%9C%A8%E6%B8%85%E8%8F%AF%E9%99%84%E5%B0%8F%E7%9A%84%E5%89%8D%E5%B0%8E%E5%AF%A6%E8%B8%90/

洪詠善、范信賢（主編）（2015）。**同行～走進十二年國民基本教育課程綱要總綱**。新北市：國家教育研究院。

黃光雄、蔡清田（2015）。**課程發展與設計新論**。臺北市：五南。

秦於絜（2017）。素養導向嘗試行動與心得。十二年國教課程前導實驗計畫社群。取自http：//k12cc.tw/tools/page/show_page.php?page_url=/Site/12pioneer/dir_c6f4mD&random_path=oz257F55440B26183B0265015C020BAS#fp=/Site/12pioneer/dir_c6f4mD

教育部（2000）。**國民中小學九年一貫課程暫行綱要**。臺北：作者。

教育部（2006a）。**中小學一貫課程體系參考指引**。臺北市：作者。（教育

部95年10月26日臺中（一）字第0950158737號函2009年5月26日，取自http：//140.116.223.225/concourse/CurriculumGuide(FinalText).pdf

教育部（2006b）。**推動十二年國民基本教育說帖**。臺北市：作者。

教育部（2007）。**強化中小學課程連貫與統整實施方案**。臺北市：作者。（96年7月5日臺中字第0960079476號函）2009年5月26日，取自http：//140.111.34.179/news_detail.php?code=01&sn=289

教育部（2008a）。普通高級中學課程綱要（97年1月24日臺中（一）字第0970011604B號）。臺北市：作者。

教育部（2008b）。職業學校群科課程綱要（97年3月31日臺技（三）字第970027618C號）。臺北市：作者。

教育部（2008c）。國民中小學九年一貫課程綱要。臺北市：教育部國教司。2010年11月15日，取自http：//teach.eje.edu.tw/9CC2/9cc_97.php

教育部（2009a）。綜合高級中學課程綱要（98年3月31日臺技（一）字第980048261B號）。臺北市：作者。

教育部（2009b）。**教育部品德教育促進方案**。2011年6月20日，取自http：//ce.naer.edu.tw/index3-1.html

教育部（2011a）。中華民國教育報告書：黃金十年百年樹人。臺北市：作者。

教育部（2011b）。十二年國民基本教育實施計畫。臺北市：作者。

教育部（2012a）。十二年國民基本教育：開啓孩子的無限可能。臺北市：作者。

教育部（2012b）。幼兒園教保活動課程暫行大綱。臺北市：作者。

教育部（2014）。十二年國民基本教育課程綱要總綱。臺北市：作者。

教育部106年10月26日臺教授國字第1060091824號函。國民中學及國民小學實施跨領域或跨科目協同教學參考原則。

教育部（2017年7月）。十二年國教課程前導學校協作計畫第二年度期末交流會，國立臺北教育大學。

褚宏啓（2017）。核心素養的概念與本質。載於楊九詮主編。**學生發展核心素養三十人談（pp. 1-6）**。上海：華東師範大學出版社。

國民及學前教育署（2017）。十二年國民基本教育課程總綱宣講（國中小課綱公播版一完整篇）。臺北市：作者。

國家教育研究院（2014a）。十二年國民基本教育課程發展建議書。臺北市：作者。

國家教育研究院（2014b）。十二年國民基本教育課程發展指引。臺北市：作者。

嘉義縣水上鄉北回國小（2017）。北回國小十二年國教課程前導學校計畫書。嘉義縣：作者。

郭昭佑、陳美如（1997）。學校本位的課程決定與管理一從澳洲三個學校的個案研究談起。教育資料與研究，14，87-89。

郭進隆（譯）（2004）。M. P. Senge著。第五項修練：學習型組織的藝術與實務。臺北市：天下文化。

張嘉育（1999）。學校本位課程發展。臺北：師大書苑。

張世平、胡夢鯨（1988）。行動研究。載於賈馥茗與楊深坑主編：教育研究法的探討與應用（pp. 103-139）。臺北：師大書苑。

黃光雄（1988）。課程設計的模式。載於中國教育的展望。臺北：五南。

黃光雄（1996）。課程與教學。臺北：師大書苑。

黃光雄、楊龍立（1999）。課程設計。臺北：師大書苑。

黃光雄、蔡清田（1999）。課程設計：理論與實際。臺北：五南。

黃光雄、蔡清田（2009）。課程發展與設計。臺北：五南。

黃光雄、蔡清田（2015）。課程發展與設計新論。臺北：五南。

黃光雄、蔡清田（2017）。核心素養：課程發展與設計新論。上海：華東師大。

黃炳煌（1996）。教育改革——理念、策略與措施。臺北：心理。

黃政傑（1987）。課程評鑑。臺北：師大書苑。

黃政傑（1991）。課程設計。臺北：東華。

黃政傑（1997）。課程改革的理念與實際。臺北：漢文。

黃政傑（1998）。教室本位的課程發展。臺北教師研習中心主編，教師天地（93），臺北教師研習中心。

黃政傑（1999）。**課程改革**。臺北：漢文。

黃政傑（2001）。課程行動研究的問題與展望。中華民國課程與教學學會主編**行動研究與課程教學革新**（pp. 223-239）。臺北：揚智。

黃嘉雄（1999）。落實學校本位課程發展的行政領導策略。**國民教育，** 44(1)，29-34。

黃顯智（2000）：**雲嘉南地區國中教評會運作與學校本位管理可行性之研究**。中正大學教育學研究所碩士論文，未出版。

高新建（1999）。學校本位課程發展的成功因素：綜合分析。載於：高雄師範大學教育學系主編，**新世紀中小學課程改革與創新教學學術研討會論文集**。高雄：高雄師範大學教育系。

高新建（2000）。**課程管理**。臺北：師大書苑。

秦夢群（1999）。校長職前教育之分析與檢討。**教育資料與研究，**29，11-15。

陳伯璋（1987）。**課程研究與教育革新**。臺北：師大書苑。

陳伯璋（1988）。行動研究法。**研究方法的新取向**（pp. 135-144）。臺北：南宏。

陳伯璋（1997）。**潛在課程研究**。臺北：五南。

陳伯璋（1999）。九年一貫新課程綱要修訂的背景及內涵。**教育研究資訊，** 7(1)，1-13。

陳伯璋（2001）。**新世紀課程改革的挑戰與省思**。臺北：師大書苑。

陳美如（1995）。躍登教師行動研究的舞臺：課程行動研究初探。**國民教育，**35(11, 12)，21-28。

陳佩英與愛思客團隊（2017）。**跨領域素養導向課程設計初階工作坊實踐手冊**。未出版。

陳佩棻（1999）。**國民中學《認識臺灣》課程實施之研究——一所學校之個案分析**。中正大學教育學研究所碩士論文。未出版。

陳聖謨（2010）。**學校價值領導的理念與實踐**。臺北市：麗文文化。

陳鳳珠（2007）。學校本位課程經營的行動研究。載於蔡清田（2007）**學校本位課程發展的新猷與教務課程領導**（pp. 63-94）。臺北：五南。

曾巧如（2000）。**國民中小學學校本位課程發展策略之研究**。中正大學教育學研究所碩士論文。未出版。

莊明貞、方廷彰、彭麗琦、潘志煌、劉淑芬（2017年10月20日）。學校本位課程規劃與實施。教育部國民及學前教育署辦理十二年國民基本教育課程綱要（總綱）實踐策略、教師增能課程設計及主題進階回流計畫簡報。

單文經、高新建、高博詮、蔡清田譯（2001）。**校長的課程領導**。臺北：學富。

趙偉黎、孫彩平（2017）。全球化下中國大陸「核心素養」改革的思維和實踐挑戰。載於白亦方主編課程實驗：**課綱爭議的出路（pp. 193-218）**。臺北：五南。

楊龍立（2001）。**學校為本課程**。臺北：五南。

楊國德（1999）。**學習型組織的理論與應用**。臺北：師大書苑。

楊九詮（2017）主編。**學生發展核心素養三十人談**。上海：華東師範大學出版社。

楊振富譯（2002）。P. M. Senge著。**學習型學校**。臺北市：天下文化。

歐用生（1996）。**教師專業成長**。臺北：師大書苑。32。

歐用生（1999）。**新世紀的學校**。臺北：臺灣書店。

歐用生（2000）。**課程改革**。臺北：師大書苑。

簡菲莉（2016年11月10日）。許高中教育一個值得等待的未來──大學考招想一想。引自https：//www.facebook.com/notes/簡菲莉/許高中教育一個值得等待的未來──大學考招想一想//1203279156403846

閻自安（1999）。**臺灣地區國民小學學校本位決策與校長領導方式、教師工作滿意度之關係研究**。政治大學教育研究所博士論文，未出版。

蘇哲賢（2017）。淺談國小階段培養學生核心素養之理念認知。**臺灣教育評論月刊**，2017，6(2)，83-87。

盧美貴（2000）。唭哚同心──學校本位課程發展的領導極其配合措施。載於中華民國教材研究發展學會主編：**邁向課程新紀元（下）（pp. 242-278）**。臺北：中華民國教材研究發展學會。

潘慧玲（2016主編)《十二年國民基本教育普通高中課程規劃及行政準備手冊》。新北市：國家教育研究院。

蔡清田（1999）。課程研究現況分析與趨勢展望。載於國立中正大學教育研究所主編教育學研究方法論文集（pp. 153-172）。高雄：麗文。

蔡清田（2000）。教育行動研究。臺北：五南。

蔡清田（2001）。課程改革實驗。臺北：五南。

蔡清田（2002）。學校整體課程經營。臺北：五南。

蔡清田（2002主譯）。學習領域的課程設計。臺北：五南。

蔡清田（2003）。課程政策決定。臺北：五南。

蔡清田（2004a）。課程發展行動研究。臺北：五南。

蔡清田（2004b）。課程統整與行動研究。臺北：五南。

蔡清田（2005）。課程領導與學校本位課程發展。臺北：五南。

蔡清田（2006）。課程創新。臺北：五南。

蔡清田（2007）。學校本位課程發展的新猷與教務課程領導。臺北：五南。

蔡清田（2008）。課程學。臺北：五南。

蔡清田（2009)「八年研究」課程實驗及其重要啓示，教育研究月刊，179(3)，94-105。

蔡清田（2010）。論文寫作的通關密碼。臺北：高教。

蔡清田（2011）。素養：課程改革的DNA。臺北：高教。

蔡清田（2012）。核心素養：課程改革的核心DNA。臺北：五南。

蔡清田（2013）。教育行動研究新論。臺北：五南。

蔡清田（2014）。國民核心素養：課程改革的核心DNA。臺北：高教。

蔡清田（2015）。臺灣十二年國民基本教育課程改革核心素養的回顧與前瞻，教育學術月刊，2015(10)，105-111。

蔡清田（2016）。50個非知不可的課程學概念。臺北：高教。

蔡清田（2017）。課程實驗：課綱爭議的出路。臺北：五南。

蔡清田（2018）核心素養的課程發展。臺北市：五南。

蔡清田等譯（2004）。課程行動研究。高雄：麗文。

蔡清田、陳延興、李奉儒、洪志成、鄭勝耀、曾玉村、林永豐（2009）。中

小學課程相關之課程、教學、認知發展等學理基礎與理論趨向。國家教育研究院委託研究報告。嘉義縣：國立中正大學課程研究所。

蔡清田、陳延興、吳明烈、盧美貴、陳聖謨、方德隆、林永豐（2011）。**K-12中小學一貫課程綱要核心素養與各領域連貫體系研究**。國家教育研究院委託研究報告。嘉義縣：國立中正大學課程研究所。

蔡清田、洪若烈、陳延興、盧美貴、陳聖謨、方德隆、林永豐、李懿芳（2012）。**K-12各教育階段核心素養與各領域課程統整研究**。國家教育研究院委託研究報告。嘉義縣：國立中正大學課程研究所。

蔡清田、陳伯璋、陳延興、林永豐、盧美貴、李文富、方德隆、陳聖謨、楊俊鴻、高新建、李懿芳、范信賢（2013）。**十二年國民基本教育課程發展指引草案擬議研究**。國家教育研究院委託研究報告。嘉義縣：國立中正大學課程研究所。

梁維慧（2014）。**國小教務主任課程決定之個案研究**。國立中正大學課程研究所碩士論文，未出版，嘉義縣。

鍾啓泉（2016）。基於核心素養的課程發展——挑戰與課題，**全球教育展望**，45(1)，3-25。

魏惠娟（2002）。**學習型學校**。臺北：五南。

蘋果日報（2018.1.26）。學測社會　教師團體：跨科考題大爆發。取自 https：//tw.appledaily.com/new/realtime/20180126/1286353/

二、英文部分

Aronstein, L. W., & DeBenedictis, K. L. (1988). *The principal as a leader of curriculum change: A study of exemplary school administrations*. Quincy: Massachusetts State Department of Education.

Ball, S. & Lacey, C. (1995). Introduction. In Siskin, L. & Little, J. (Eds.) *The subject in question* (pp. 1-22).New York: Teachers College Press.

Barnes, D. R. (1982). *Practical curriculum study*. London: Routledge & Kegan Paul.

Beane, J. A. (1997). *Curriculum integration: designing the core of democratic education*. New York: Teachers College Press.

Ben-Peretz, M. & Dor, B. (1986). *Thirty years of school-based curriculum development: A case study.* (ERIC Document Reproduction Service No.ED274096)

Bezzina, M. (1989). *Does Our Reach Exceed Our Grasp? A Case Study of School Based Curriculum Development.* (ERIC Document Reproduction Service No.ED366109)

Bird, T. (1986). Mutural adaptation and mutual accomplishment: Images of change in a field experiment. In A. Liberman (Ed.), *Re-thinking school improvement: research, craft, and concept.* (pp. 45-60). Alexandria, VA: Association for Supervision and Curriculum Development.

Brady, L. (1987). Explaining school-based curriculum satisfaction: A case study. *Journal of Curriculum Studies, 19*(4), 375-378.

Brophy, J., & Alleman, J. (1991). A caveat: Curriculum integration isn't always a good idea. *Educational Leadership, 49*(2), 66.

Brown, D.S. (1988). Twelve middle-school teachers' planning. *Elementary School Journal, 89*, 69-87.

Brubaker, D.L. (1994). *Creative curriculum leadership.* Thousand Oaks, CA: Corwin Press.

Bruner, J. (1960). *The process of education.* Cambridge, MA: Harvard University Press.

Caine, R. N., & Caine, G. (1997). *Educational on the edge of possibility.* Alexandria, V.A.: Associatioin for Supervision and Curriculum Development.

Carnegie Foundation for the Advancement of Teaching (1990). *The condition of teaching: A state-by-state analysis*, 1990. Princetin, N,J.: Author.

Cohen, D. (1985). School-based Curriculum Decision Making. In T. Husen & T. N. Postlethwaite (eds.) *International Encyclopedia of Education Research and Studies*. Oxford: Pergaman.

Connelly, F. M. & .D. J Clandinin. (1988). *Teachers as curriculum planners :*

Narratives of experience. N.Y.: Teachers College Press .

Corbett, H.D., & Wilson, B.L. (1992). The central office role in instructional improvement. *School Effectiveness and School Improvement*, 3, 45-68.

Cornbleth, C. (1979). Curriculum materials and pupil involvement in learning activity. Paper presented at the Annual Meeting of the American research Association, San Francisco.

Cotton, K. (1995). *Effective schooling practices: A research synthesis, 1995 update.* Portland, OR: Northwest regional Educational Laboratory.

Cronbach, L. (1963). Course improvement through evaluation. *Teachers' College Record, 64* (8), 672-83.

Dalton, T.H. (1988) . *The Challenge of Curriculum lnnovation*, N.Y.: Falmer.

Department of Education and Science (1975). *A language for life* (The Bullock Report) London: HMSO.

Dimmock, C., Lee, J. C. (2000) . Redesigning school-based curriculum leadership: a cross-cultural perspective. *Journal of Curriculum Supervision, 15* (4) , 332-358.

Doll, R. C. (1996). Curriculum leadership: Its nature and strategies. In Doll. R. C. *Curriculum improvement: Decision making and process* (489-544). Boston: Allyn and Bacon.

Doyle, W. (1986). Classroom organization and management. In M. C.Wittrock(Ed), *Handbook of research on teaching* (pp. 392-431).New York:Macmillan.

Drake, S. M. (1998). *Creating Integrated Curriculum*. N.Y. Corwin.

Eggleston, J. (1979). School-based curriculum development in England and Wales. In OECD *School-based curriculum developmen*t (pp. 75-105) Paris: OECD.

Eggleston, J. (1980). *School-based curriculum development in Britain.* London: RKP.

Eisner, E. W. (1994). *The educational imagination*. (3rd ed.) New York: Macmillan.

Eisner, E. W. (1995). Educational reform and Ecology of schooling. In Ornstein, A. C. Behar, L.S. (eds.) *Contemporary issues in curriculum*. Boston: Alley and Bacon.

Elliott, J. (1992). *Action research for educational change*. Milton Keynes: Open University Books.

Elliott, J. (1998). *The curriculum experiment: Meeting the challenge of social change*. Buckingham: Open University Press.

English, F. W. (1992). *Deciding what to teach and test: Developing, aligning, and auditing the curriculum.* Newbury Park, CA:Corwin.

European Commission (2005). *On key competences for lifelong learning.* Proposal for a recommendation of the European parliament and of the council. Brussels: Author.

Evertson, C. M. & Hickman, R. C. (1981). *The tasks of teaching classes of varied group Composition* Austin: University of Texas, Research and Development Center for Teacher Education.

Fogarty, R. (1991). Ten ways to integrate curriculum. *Educational Leadership*, *49*(2), 61-65.

Fullan, M. (1989). *Implementing educational change: what we know*. Ottawa: Education and Employment Division, Population and Human Resources Department, World Bank.

Fullan, M. (1990). Beyond implementation. *Curriculum Inquiry, 20* (2), 137-139.

Fullan, M. (1991). *The new meaning of educational change.* New York: Teachers College Press.

Fullan, M. (1992). *Successful School Improvement*. Milton Keynes: Open University Press.

Fullan, M. & Hargreaves, A. (1992). *What's worth fighting for in your school.* Milton Keynes: Open University Press.

Fullan M. & Miles, M (1992). Getting reform right: What works and what doesn't. *Phi Delta Kappan, 73*(10), 744-752.

Fullan, M. & Pomfret, A. (1977). Research on curriculum and instruction implementation. *Review of Education Research, 47*(1), 355-397.

Fullan, M. (with Stiegelbauer, S.) (1995). *The new meaning of educational change*. London: Cassell.

Gardner, H., & Boix-Mansilla, V. (1994). Teaching for understanding in the disciplines – and beyond. *Teachers College Record, 96*, 198-218.

Glatthorn, A. (1990). *Supervisory Leadership*. New York: Harper Collins.

Glatthorn, A. (2000). *The principal as curriculum leader: Shaping what is taught and tested*. Thousand Oaks, California: Corwin.

Goodlad, J. I. (1979). The scope of curriculum field. In Goodlad, J. I. et al., *Curriculum inquiry: The study of curriculum practice*. N. Y. McGraw-Hill.

Griffin, G.A. (1988). Leadership for curriculum improvement: The school administrator's role. In L. N. Tanner (Ed.), *Critical issues in curriculum* (pp.244-266). Chicago: University of Chicago Press.

Hall, G. E., & Loucks, S. F. (1977). A developmental model for determining whether the treatment is actually implemented. *American Educational Research Journal, 14*(3), 263-276.

Hall, G. E., Wallace, R. C. & Dossett, W. F. (1973). A developmental conceptualization of the adoption process within educational institutions. Unpublished paper. Austin: University of Texas, Research and Development Center for Teacher Education.

Hargreaves, A. (1994). *Changing teachers, changing times*. Toronto: OISE.

Harris, C. & Marsh, C. (2007). *SOSE curriculum structures: Where to now?*Paper presented at the ACSA Biennial Conference, Melbourne July 8-10, 2007.

Hass, G. & Parkay, F. W. (1993). *Curriculum planning: a new approach*. (6nd ed.). U.S.A: Allyn and Bacon.

Henderson, J. C. (1985). *Organisation development and the implementation of planned change*. Unpublished doctoral dissertation. Murdoch University, Perth, Western Australia.

Henderson, J. G. (1999). The Journey of Democratic Curriculum Leadership. In Henderson, J. G. & Kesson, K. R. (Eds.), *Understanding Democratic Curriculum Leadership* (pp. 1-22). NY: Teachers College Press.

Henderson, J.G. & Hawthorne, R.D. (2000). *Transformative curriculum leadership*. N.J.:Prentice Hall.

Henderson, J. G. & Kesson, K. R. (1999). *Understanding Democratic Curriculum Leadership*. New York: Teachers College Press.

Holt, M. (1980). *The Teritary Sector*. London: Hodder and Stoughton.

Hord, S. M., & Hall, G. E. (1983). *Three images: what principals do in curriculum implementation*. Austin: University of Texas, Research and Development Center for Teacher Education.

Horton, T. (1983). *The Whole Curriculum*. Buckingham: The Open University.

House, E. (1979). Technology versus craft: a ten year perspective on innovation. *Journal of Curriculum Studies, 11*(1), 1-15.

Jacobs, H. H. (1999). *Curriculum mapping: Charting the Course for Content*. Alexandria, Va.ASCD.

Juel. C. (1991). Beginning reading. In R. Barr, M.L.Kamil, P.B.,& P.D.Pearson (Eds.), *Handbook of reading research, Vol. 2* (pp. 759-788). New York: Longman.

Kelly, A.V. (1989). *The curriculum: Theory and practice*. London: Paul Chapman.

Kendall, J. S., & Marzano, R. J. (1997). *Content knowledge (*2nd ed.). Aurora, CO: Mid-continent Regional Education Laboratory.

Kennedy, K. J. (1992). School-Based Curriculum Development as a Policy Option for the 1990s: An Australian Perspective. *Journal of Curriculum and Supervision, 7*(2), 180-195.

Kerman, S., Kimball, T.,& Martin, M. (1980). *Teacher expectation and student achievement (TESA)*. Bloomington, IN; Phi Delta Kappa.

Klein, M. F. (1985). Curriculum design .In Husen & Postleth wasite Witt (Ed.). *Technology and the Curriculum*. N.Y.:Teachers College Press.

Knight, P. (1985). The Practice of School-Based Curriculum Development. *Journal of Curriculum Studies, 17*(1), 37-48.

Lashway, L. (1995). Facilitative Leadership, *ERIC Digest96*, Univ. of Oregon.

Lawton, D. (1983). *Curriculum Studies and Education Planning.* London: Edward Arnold.

Lawton, D. (1986). *School-based Curriculum Planning.* London: Hodder and Stoughton.

Leithwood, K. A. (1981). Managing the implementation of curriculum innovations. *Knowledge: Creation, Diffusion, Utilization, 2*(3), 341-360.

Little, J.W. (1990). Conditions of professional development in secondary schools. In M.W. McLaughlin, J.E. Talbert & N. Bascia (Eds.) *The contexts of teaching in secondary schools* (pp.187-223). New York: Teachers College Press.

Leithwood, K., Jantzi, D. & Steinbach, R. (1999). *Changing Leadership for Changing Times.* Philadelphia: Open University Press.

Loucks, S. F., Newlove, D. W., & Hall, G. E. (1975). *Measuring levels of use of the innovation: A manual for trainers, interviewers, and raters.* Austin: University of Texas, research and Development Center for Teacher Education.

Loucks-Horsley, S., Stiegelbauer, S. (1991). Using knowledge of change to guide staff development. In A. Liberman & L. Miller (Eds.). *Staff development for education in the 90s (pp. 45-60).* New York: Teachers College Press.

MacDonald, B. (1971). The evaluation of the Humanities Curriculum Project: A holistic approach. *Theory into Practice.* June, 163-167.

Marsh, C.J., Day, C., Hannay, L . & McCutcheon, G. (1990). *Reconceptualizing School-based curriculum development.* London: Falmer.

Marsh, C. & Willis, G. (1995). *Curriculum: alternative approaches, ongoing issues.* Englewood Cliffs, N. J.: Merrill.

Marsh, C. (1997). *Planning, management and ideology: Key concepts for understanding curriculum*. London: Falmer.

McCutcheon, G. (1995). *Developing the Curriculum: Solo and Group Deliberation*. NY: Longman.

McKernan, J. (1996). *Curriculum action research: a handbook of methods and resources for the reflective practitioner*. London: Kogan Paul.

McNei., L.M. (1986). *Contradictions of control: School structure and school knowledge*. New York: Routledge & Kegan Paul.

Miller, E. (1966, January/February). Early reports from Kentucky on cash rewards for "successful" schools reveal many problems. *Harvard Education Letter*, *12*, 1-3.

National Council of Teachers of English and International Reading Association. (1996). *Standards for the English language arts*. Urbana, IL: Author.

National Council of Teachers of Mathematics. (1989). *Curriculum and evaluation standards for school mathematics*. Reston, VA: Author.

National Curriculum Council (1990). *Curriculum Guidance 3: The Whole Curriculum*. York: The National Curriculum Council.

Nicholls, J. (1979). Quality and equality in intellectual development: The role of motivation in education. *American Psychology, 34*, 1071-1084.

Norris, N. (1990). *Understanding educational evaluation*. London: Kogan Page.

Nunan, T. (1983). *Countering educational design*. N.Y.: Nichols Pub. Co.

Oakes, J. (1985). *Keeping track: How schools structure inequality*. New Haven, CT: Yale University Presss.

OECD (1979). *School-based curriculum development*. Paris: OECD.

Organisation for Economic Co-operation and Development (OECD) (2005b). *The Definition and Selection of Key Competencies: Executive Summary*. Paris: Author. Retrieved June 12, 2013, From http://www.deseco.admin.ch/bfs/deseco/en/index/02.parsys.43469.downloadList.2296.DownloadFile.tmp/2005.dskcexecutivesummary.en.pdf

Oliver, A. I. (1977). *Curriculum Improvement: A Guide to Problems, Principles, and Process*(2nd ed.). N.Y.: Harper & Row.

Oliva, P. F. (1992). *Developing the curriculum (3rd ed.)*. New York: Harper Collins.

Parsons, C. (1987). *The curriculum change game*. London: falmer.

Posner, G. J. & Rudnitsky, A. N. (2001). *Course design: A guide to curriculum development for teachers (6th ed)* . New York: Longman.

Pratt, D. (1980). *Curriculum: Design & Development*. N.Y.: Harcourt Brace Jovanovich.

Pratt, D. (1992). *Curriculum Planning*. N.Y.: Harcourt Brace Jovanovich.

Price, D. & Stradley, A. (1981). The grassroots level of caring: An evaluation of school-based curriculum development. *Curriculum Perspectives, 2*(1), 33-37.

Prideaux, D. (1985). School-based curriculum decision-making in South Australia: Change of policy or change of action. *Curriculum perspectives, 5*(2), 7-10.

Reid, W. A. (1999). *Curriculum as institution and practice*. London: LEA.

Rogers, K.B. (1991). *The relationship of grouping practices to the education of the gifted and talented learner*. Scorrs: University of Connecticut, National Research Center on the Gifted and Talented.

Roth, K.J. (1994). Second thoughts about interdisciplinary studies. *American Educator, 18*(1), 44-47.

Sabar, N. (1985). School-based curriculum development: Reflections from an international seminar. *Journal of Curriculum Studies*, *17*(4), 452-454.

Sabar, N. (1991). School-based curriculum development. In A. Lewy (Ed.), *International encyclopedia of curriculum*.367-371. Oxford: Pergamon.

Sabar, N. & Silberstein, M. (1993). The contribution of a curriculum coordinator to school curriculum development: Two case studies. *Journal of Curriculum and Supervision, 8*(4), 306.

Schwab, J. (1983). The Practice 4: Something for curriculum professors to do. *Curriculum Inquiry, 13*(3), 239-265.

Senge, P.M. (1990). *The fifth discipline: The art and practice of the learning organization.* N.Y.:Doubleday.

Senge, P.M., Cambron-McCabe, N. , Lucas, T. , SMITH, B., Dutton, J. (2009). Schools That Learn (Updated and Revised): A Fifth Discipline Fieldbook for for Educators, Parents, and Everyone Who Cares About Education. N.Y.: Baker & Taylor Books.

Sergiovanni, T.J. (1995). *The principalship: A reflective practice perspective.* San Francisco, CA: Allyn & Bacon.

Short, E. (1991a). (ed.). *Forms of curriculum inquiry.* Albany: SUNY Press.

Short, E. (1991b). A perspective on understanding the nature of curriculum inquiry. *Curriculum and Teaching, 6*(2), 1-14.

Short, E. (1991c). Inquiry methods in curriculum studies: An overview. *Curriculum Perspectives, 11*(2), 15-26.

Simons, H. (1971). Innovation and the case-study of schools. *Cambridge Journal of Education, 3*, 118-23.

Skilbeck, M. (1976). School-based curriculum development. In J. Walton & Welton (Eds.), *Rational curriculum planning: Four case studies.* London: Ward Lock Educational.

Skilbeck, M. (1982). School-based curriculum development. In Victor Lee and David Zedin (eds.) *Planning in the curriculum*(pp. 18-34). London: Hodder and Stoughton.

Skilbeck, M. (1984). *School-based curriculum developmen*t. London: Harper & Row.

Slavin, R.E. (1989). Grouping for instruction in the elementary school. In R.E. Slavin (Ed.). *School and classroom organization.* Hillside, N.J.: Lawrence Erlbaum.

Stenhouse, L. (1975). *An introduction to curriculum research and development.* London: Heinemann.

Steward, J. (1996). *Managing Change Through Training and Curriculum*

Deveiopment. Philadelphia: Kogan Page.

Taba, H. (1962). *Curriculum development: theory and practice*. N.Y.: Harcourt Brace Jovanovich.

Tanner, D. & Tanner, L. N. (1995). *Curriculum Development: Theory into Practice* (3nd ed.). Englewood Cliffs, NJ: Prentice-Hall.

Taylor, P. H. & Richards, C. M. (1979). *An introduction to curriculum studies*. Windsor: NFER.

Tyler, R. W. (1949). *Basic principles of curriculum and instruction*. Chicago: University of Chicago Press.

Tyler, R. W. (1966). Resources, model, and theory in the improvement of research in science education. In Richardson, J. S. & Howe, R.W. *The role of centers for science education in the production, demonstration, and research.* (pp. 31-40). Ohio: Ohio State University. ED 013 220.

United Nations Educational, Scientific and Cultural Organization (UNESCO) Institute for Education. (2003). *Nurturing the Treasure: Vision and Strategy 2002-2007*. Hamburg, Germany: Author.

Vars, G. F. (1991). Integrated curriculum in historical perspective. *Educational Leadership, 49*(2), 14-15.

Walker, D. F. (1990). *Fundamentals of curriculum*. N.Y.: Harcourt Brace Jovanovich.

Young, M. (1998). *The curriculum of the future: From the 'new sociology of education' to a critical theory of leaing*.

Young, M., Lambert , D., Robert , C. & Robert, M. (2014). *Knowledge and the future school: curriculum and social justice*. London: Bloomsbury.

Zais, R. S. (1976). *Curriculum: Principles and Foundation*. N.Y.: Harper & Pow.

中英文重要名詞索引

二、英文索引

國家圖書館出版品預行編目資料

核心素養的學校本位課程發展／蔡清田著. --
初版. -- 臺北市：五南，2019.01
　　面；　公分
　　ISBN 978-957-763-116-9（平裝）

1.國民教育　2.核心課程　3.課程規劃設計

526.8　　　　　　　　　107018786

1I7D

核心素養的學校本位課程發展

作　　　者 ─ 蔡清田（372.1）

發 行 人 ─ 楊榮川

總 經 理 ─ 楊士清

總 編 輯 ─ 楊秀麗

副總編輯 ─ 黃文瓊

封面設計 ─ 姚孝慈

出 版 者 ─ 五南圖書出版股份有限公司

地　　　址：106台北市大安區和平東路二段339號4樓

電　　　話：(02)2705-5066　　傳　　真：(02)2706-6100

網　　　址：http://www.wunan.com.tw

電子郵件：wunan@wunan.com.tw

劃撥帳號：01068953

戶　　　名：五南圖書出版股份有限公司

法律顧問　林勝安律師事務所　林勝安律師

出版日期　2019年1月初版一刷
　　　　　2020年1月初版三刷

定　　　價　新臺幣520元

經典永恆・名著常在

五十週年的獻禮——經典名著文庫

五南，五十年了，半個世紀，人生旅程的一大半，走過來了。
思索著，邁向百年的未來歷程，能為知識界、文化學術界作些什麼？
在速食文化的生態下，有什麼值得讓人雋永品味的？

歷代經典・當今名著，經過時間的洗禮，千錘百鍊，流傳至今，光芒耀人；
不僅使我們能領悟前人的智慧，同時也增深加廣我們思考的深度與視野。
我們決心投入巨資，有計畫的系統梳選，成立「經典名著文庫」，
希望收入古今中外思想性的、充滿睿智與獨見的經典、名著。
這是一項理想性的、永續性的巨大出版工程。
不在意讀者的眾寡，只考慮它的學術價值，力求完整展現先哲思想的軌跡；
為知識界開啟一片智慧之窗，營造一座百花綻放的世界文明公園，
任君遨遊、取菁吸蜜、嘉惠學子！